泰顺县地方志丛书

西地村志

泰顺县泗溪镇西地村志编委员会编

王尚钱　主编

方志出版社
Publishing House of Local Records

图书在版编目（C I P）数据

西地村志 / 王尚钱主编 ; 泰顺县泗溪镇西地村志编纂委员会编. -- 北京：方志出版社，2017.5
ISBN 978-7-5144-2422-5

Ⅰ. ①西… Ⅱ. ①王… ②泰… Ⅲ. ①村史—泰顺县 Ⅳ. ①K295.54

中国版本图书馆CIP数据核字（2017）第123890号

西地村志

主　　编： 王尚钱
编　　者： 泰顺县泗溪镇西地村志编纂委员会
责任编辑： 刘方圆
出 版 人： 冀祥德
出 版 者： 方志出版社
地址　北京市朝阳区潘家园东里9号（国家方志馆4层）
邮编　100021
网址　http: //www. fzph. org
发　　行： 方志出版社发行中心
（010）67110500
经　　销： 各地新华书店
印　　刷： 温州市北大方印务有限公司
开　　本： 889×1194　1/16
印　　张： 28.25
字　　数： 556千字
版　　次： 2017年5月第1版　2017年5月第1次印刷
印　　数： 0001～1000册

ISBN　978-7-5144-2422-5　定价：128.00元

《西地村志》编纂委员会及编纂人员名单

编纂委员会

顾　　问：吴久赖　周祖平

主　　任：王尚钱

副 主 任：曾齐环

委　　员：包日富　郑爱秀　曾庆贤　包日相

　　　　　蔡连花　陈全娇　陈周南

编纂人员

主　　编：王尚钱

编　　辑：周祖雄　吴时凑　曾齐环　陈芳芳

摄　　影：王尚钱

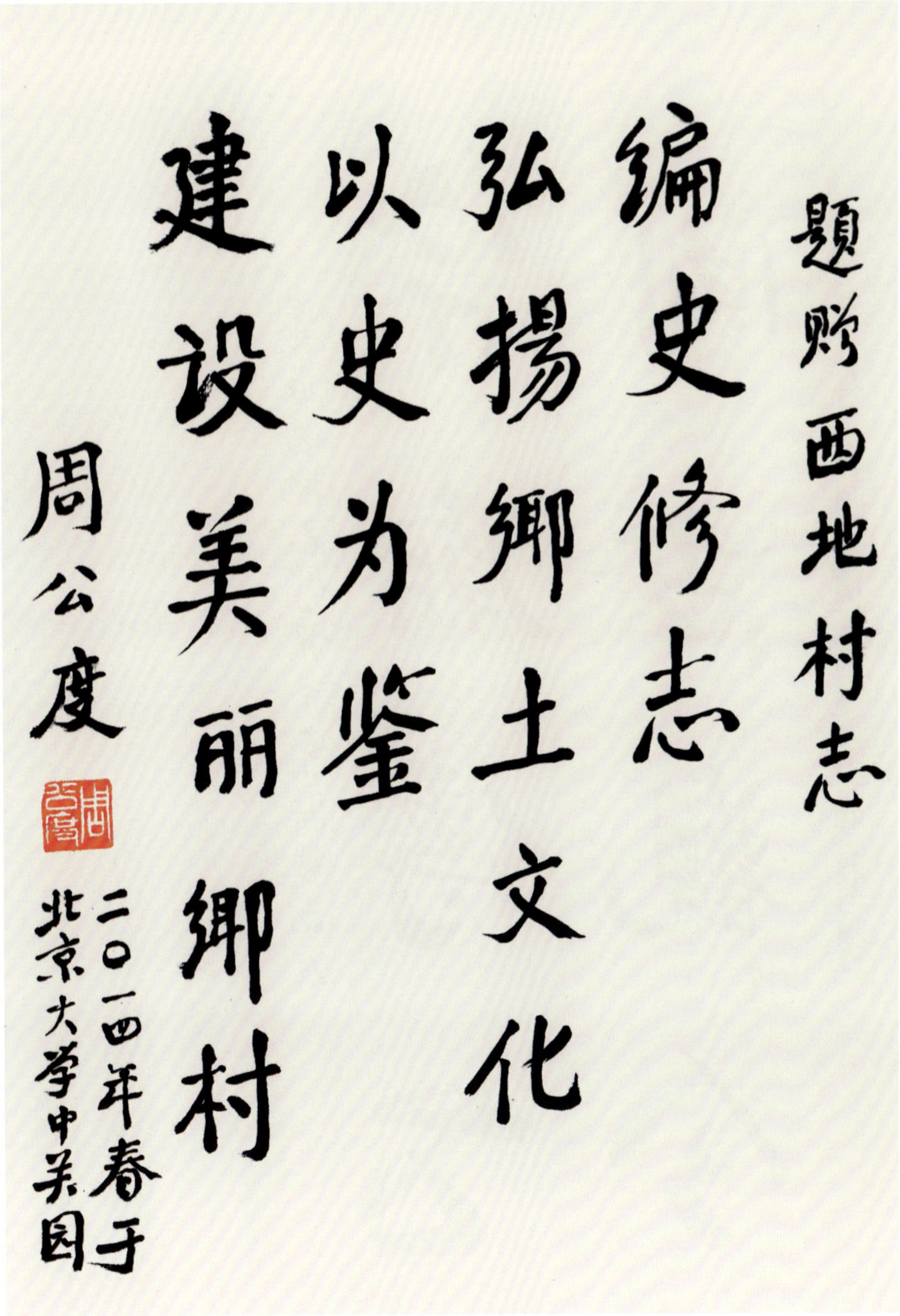

周公度　题赠

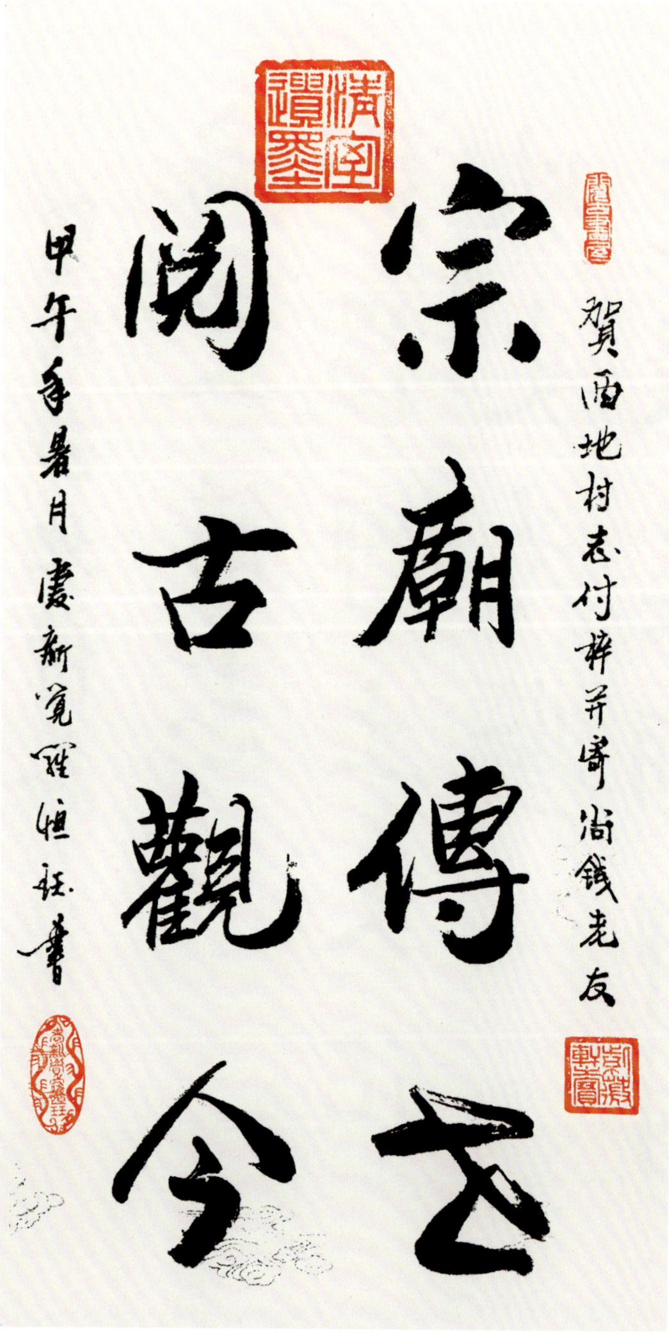

关维霖　题赠

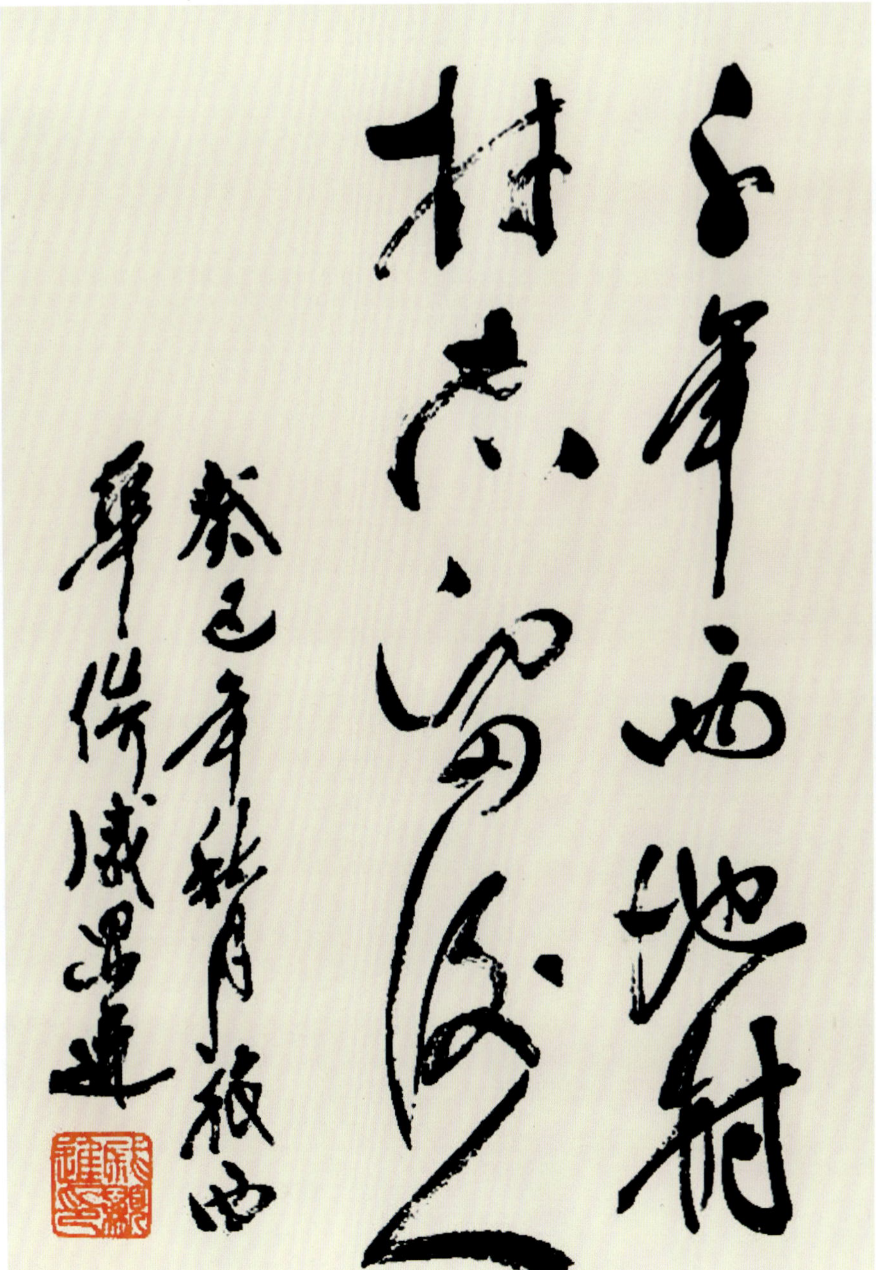

戚显进　题

1983 年，西地村一隅

2013 年，西地村（叶学驹 / 摄）

黄滩峡谷

龙虎岗石龙

黄滩瀑布（林上兆／摄）

新厝底红豆杉

白颈长尾雉

穿山甲

庄稼

鸭脚粟

春耕

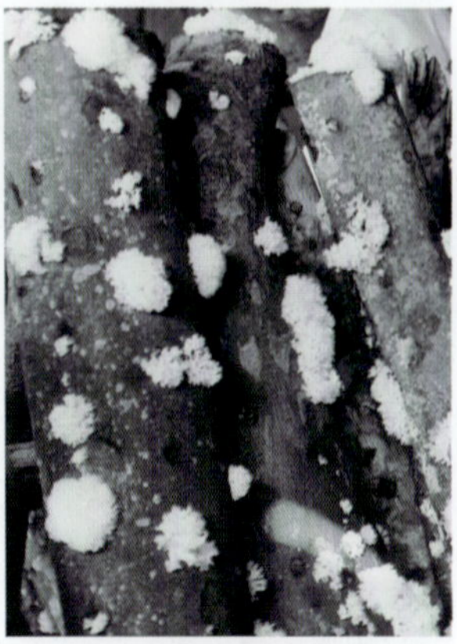

白木耳

鹭鸶墩原始次生林

山油茶

公路绿化

芙蓉

民国时期小学

九峰乡人民政府

玉西社区　西地村委会

文化活动中心

童之梦幼儿园

九峰中心校一角

玉西中学

信用社

中共泰顺中心县委第一届第四次扩大会议和
武装浙南第三县队驻地旧址

九峰革命历史纪念碑

中共泰顺中心县委机关办公旧址

中共泰顺中心县委驻地纪念碑

1995 年，中共浙闽边临时省委
成立 60 周年纪念大会

1976 年，民兵雪地行军（肖若驹 / 摄）

中共泰顺中心县委驻地纪念碑（梁平波题）

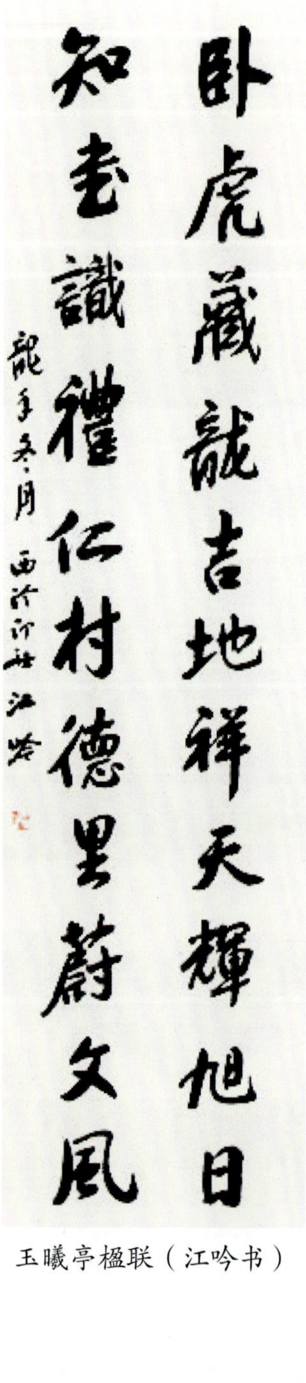

玉曦亭楹联（江吟书）

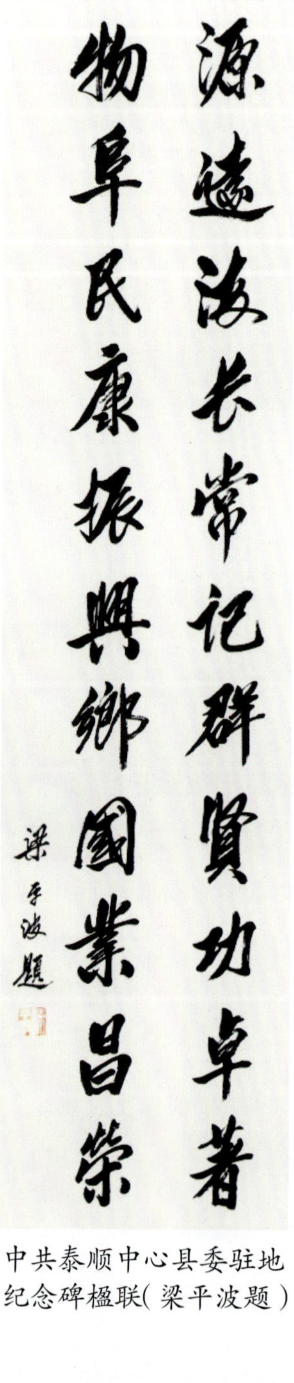

中共泰顺中心县委驻地纪念碑楹联(梁平波题)

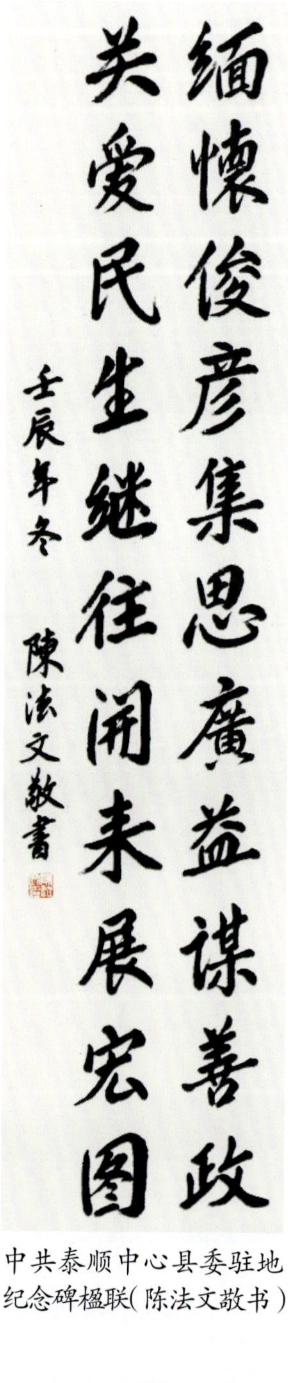

中共泰顺中心县委驻地纪念碑楹联(陈法文敬书)

宋真宗帝谱赞（龙港陈）

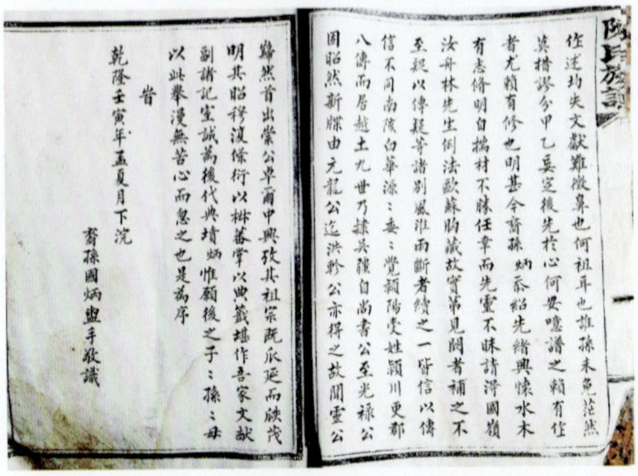

陈氏家谱（乾隆壬寅年）

咸丰三字经书

咸丰年康熙字典（36卷）

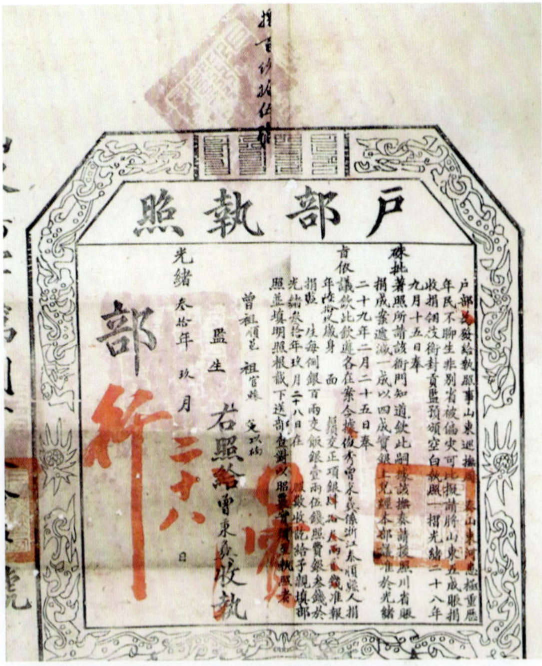

捐官护照（光绪甲辰年）

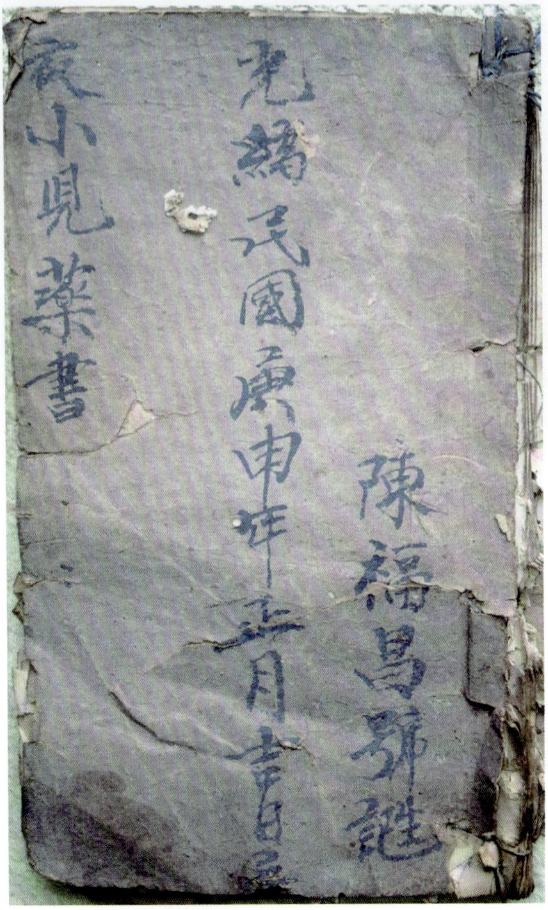

草药书（民国九年）

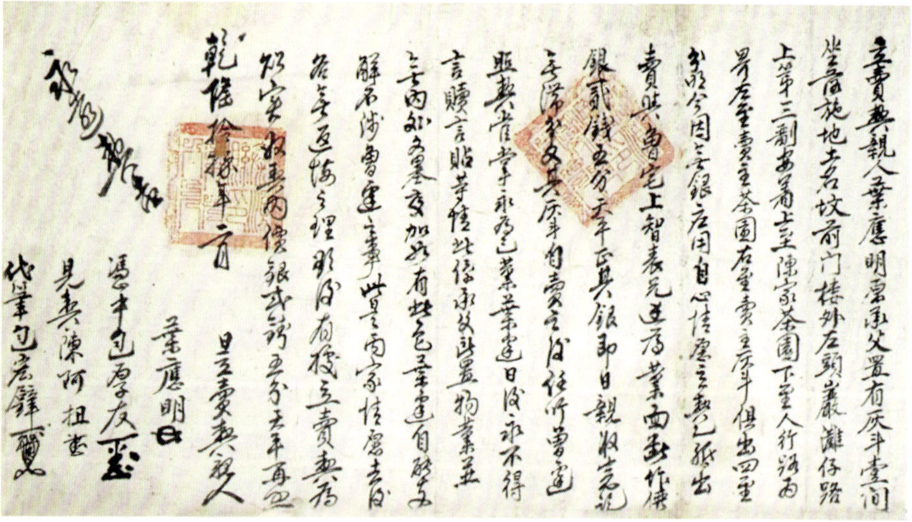

契约（乾隆癸酉年）

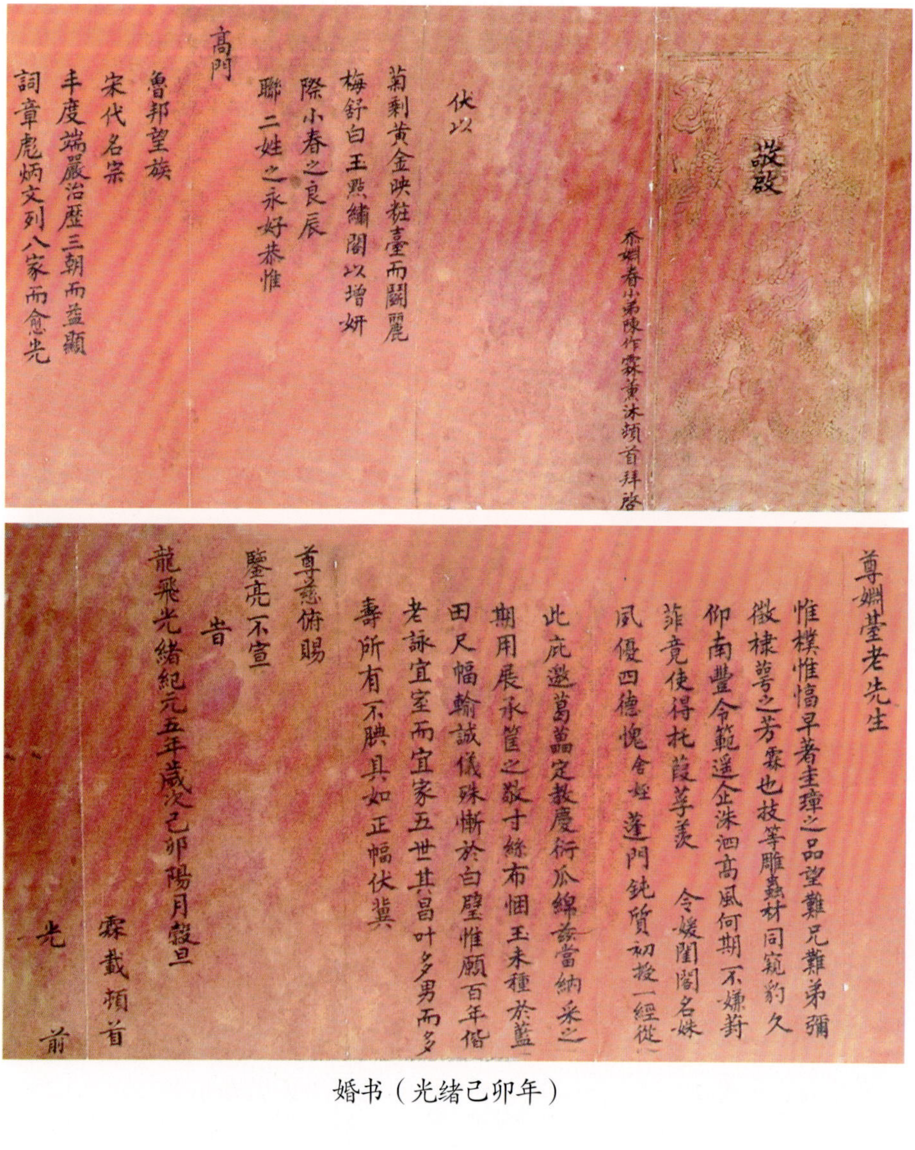

婚书（光绪己卯年）

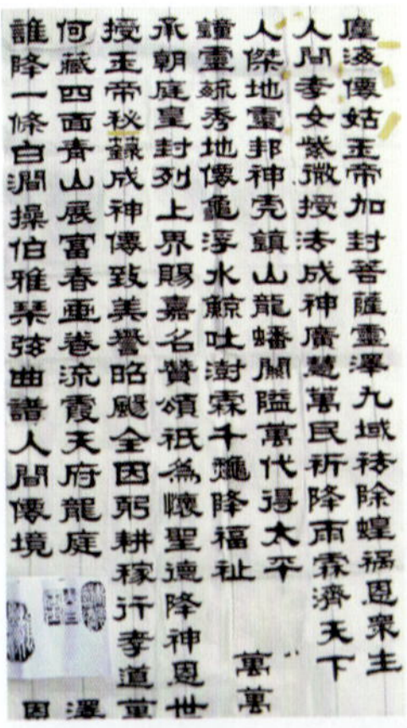

马仙宫楹联（张连坡撰　王西申书）

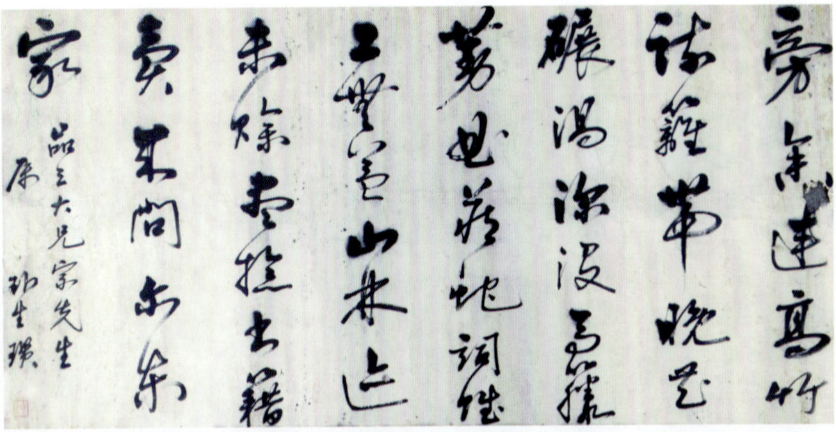

寿词（清道光丙申年）

画（清道光乙酉年）

画（清道光乙酉年）

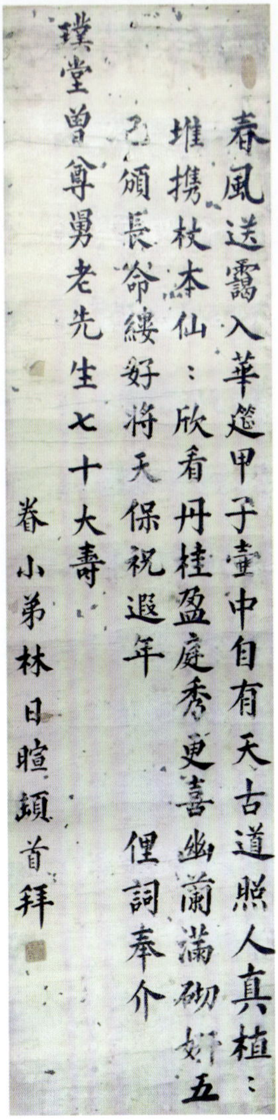

寿词（民国十四年）

荷花塔碑文（宋淳祐己酉年）

新厝下匾额（乾隆四十八年）

西地上厝匾额（道光二十八年）

谷印

米印

双鹊报喜（木刻）

石洗脚盆

石洗衣盆

石锁

油瓮

书箧

太师椅

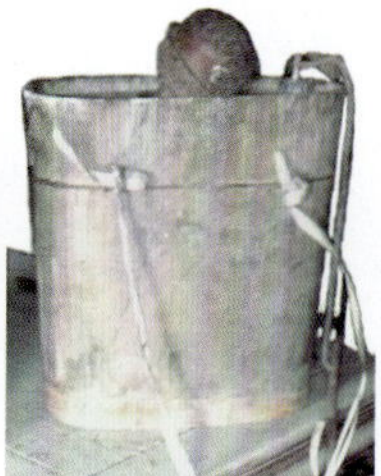
木制喷雾器

土布开襟长衫

刺绣品

带仔

堂鼓

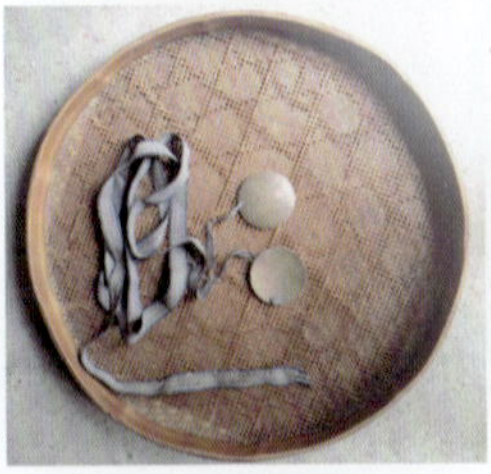

圣杯

吊五楼

莲花灯

逸心亭

颔颔亭

马仙宫

璜溪文化广场（富教知方碑坊、古道歇棚）（陈新全／摄）

1990 年，温州市路线教育工作队成员合影
第一排中队长孙宏杰、左起第三位副队长徐增培

温州市委党史研究室（地方志办公室）主任赵降英（左三）、副主任赵万磊（左五），泰顺县委党史研究室（地方志办公室）主任周祖平（左四）等领导莅临指导修志工作留影

《西地村志》评审会成员合影（陈新全 / 摄）
照片左起：

第一排　陈凤肥　董夫东　陈旭华　周祖雄　林延峰　吴久籁　林李省　周祖平
　　　　王尚钱　曾安镐　周细辉　包日家　曾齐环
第二排　包道良　陈凤南　曾家派　包玉华　陈芳芳　包顶和　包松云　曾家法
　　　　包日程　陈科凤
第三排　陈　祖　叶学驹　王行忠　张来凑　陈周南　陈新富　蔡莲花　曾德科
　　　　包序养　陈珏森　王伟峰
第四排　包松武　陈家锋　陈全顶　陈亦辉　曾齐快　陈值伟　曾庆相　陈全娇
　　　　包道美　包日富

西地通往四境古道交通示意图

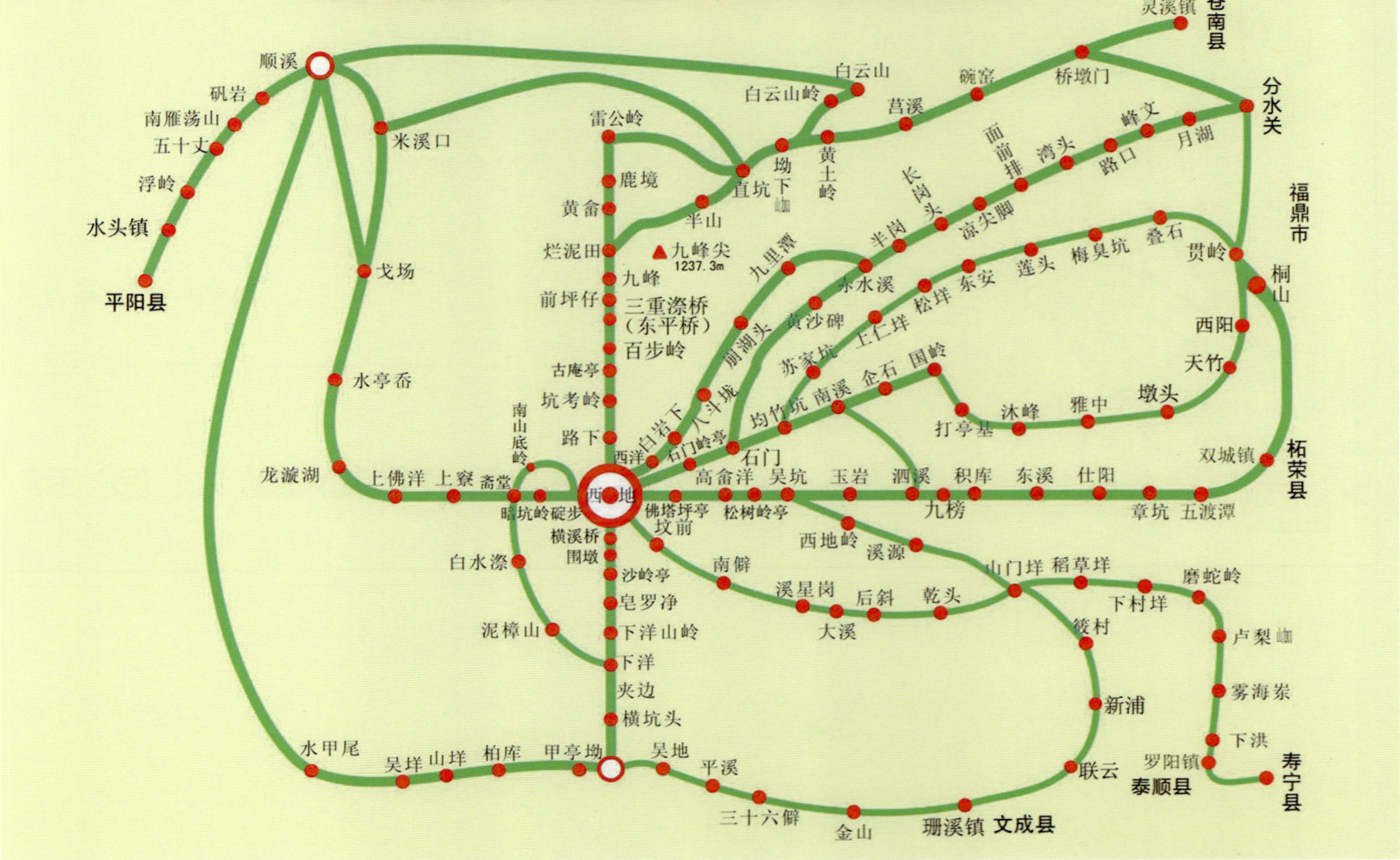

泰顺县九峰乡西地村建设规划

总平面图

（含地形）

1：1000

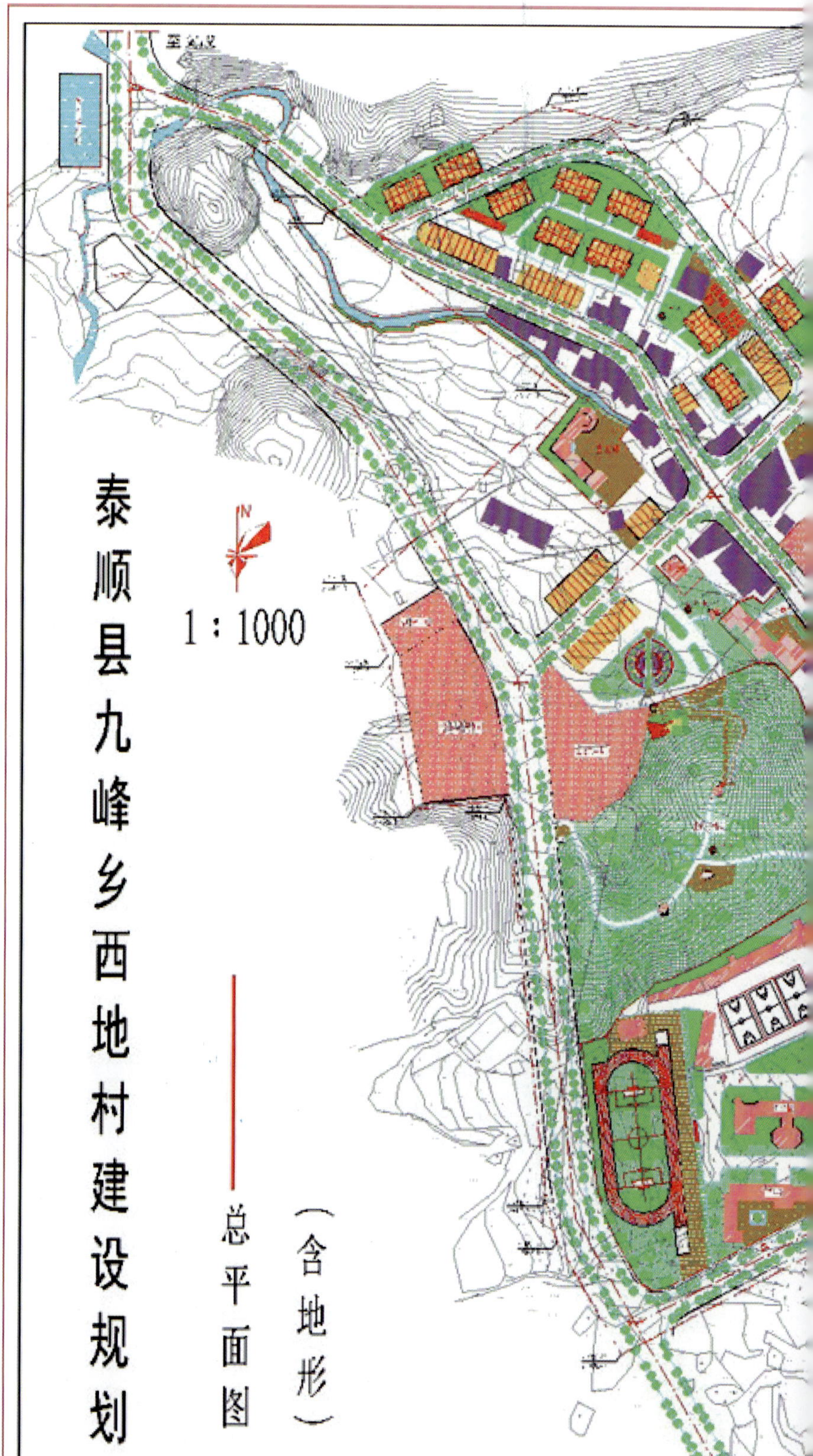

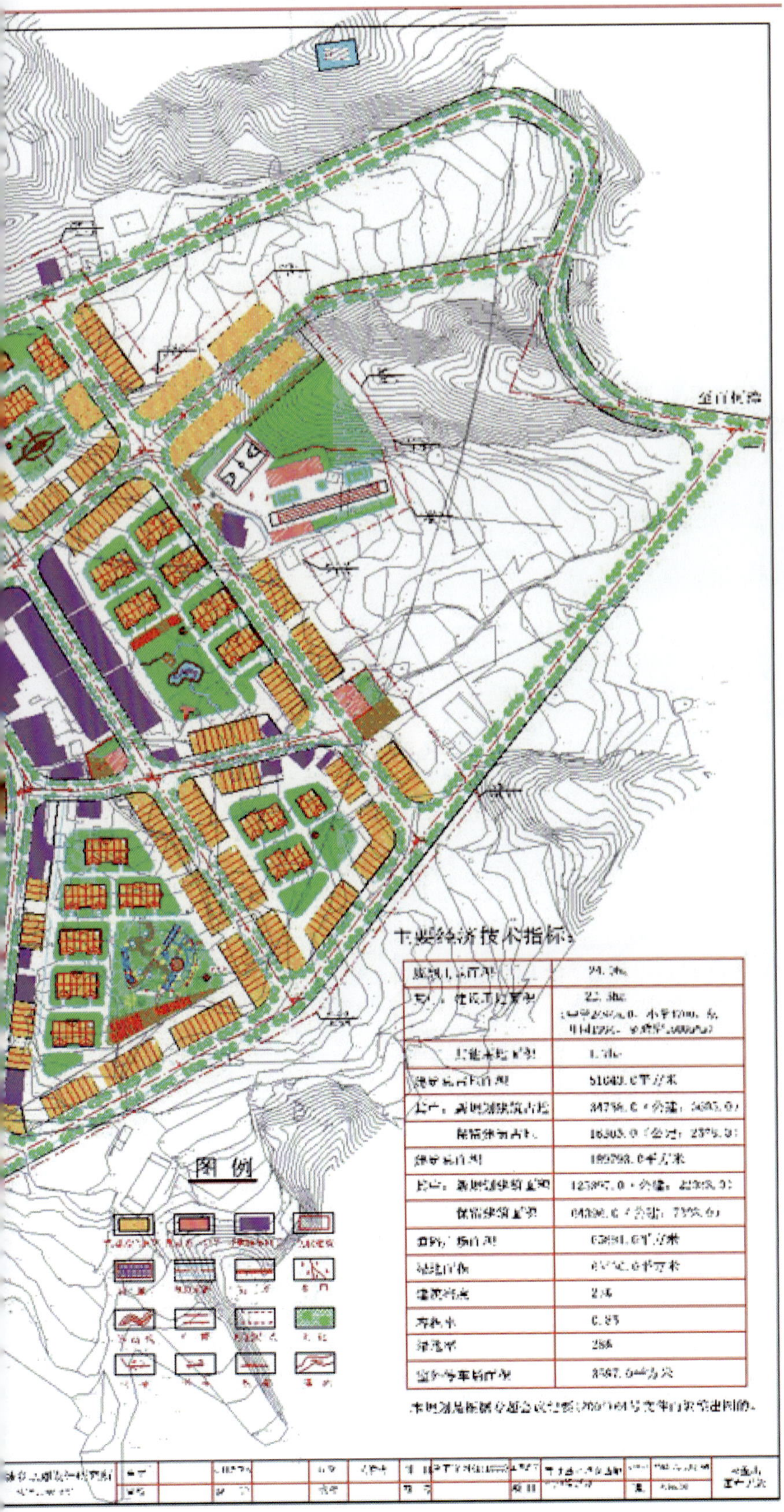

主要经济技术指标：

规划用地面积	24.2ha
其中：住宅用地面积	22.3ha（[illegible]）
其他用地面积	1.[illegible]ha
建筑基底面积	51040.0平方米
其中：新规划建筑占地	34736.0（公建：5605.0）
保留建筑占地	16303.0（公建：2375.0）
建筑总面积	189793.0平方米
其中：新规划建筑面积	125397.0（公建：[illegible]）
保留建筑面积	64396.0（公建：7395.0）
道路广场面积	63651.0平方米
绿地面积	[illegible]平方米
建筑密度	2[illegible]%
容积率	0.8[illegible]
绿地率	28%
室外停车场面积	3567.0平方米

本规划是根据专题会议纪要[illegible]号文件的要求编制的。

西地村三

下洋山
泥樟山
大湾坳
土地庙
园母洞岗
白水漈
中央横路
野猪塘坪
砂岭
大僻岭
大僻
火路岗
锅盖梁岗
长亭岫
牛脖子岗
白炭窑
长亭
青寮坪
暗谭
溪源
双联井
夹溪
新峰电站
横溪底
二重礤
水碓下
横溪
和尚田
黄泥洞
牛落礤
舂斗湾
黄滩
瀑奇礤
寒良下
牛皮摊地
宫下
石龙
石炮岗
宫岭
瓦窑
纸垅
龙坪岗
旁边
陈大翁宫
白叶湾
大溪阿翁
天星岗
南僻
大丘田
岩仓
长龙湾
马仙宫
龙虎岗
水碓仔
新庄
宫边
梧桐湾
红军洞
炉塘
坑坪
长岗
寮仔面
高鹞墩
洋心
锅炉
水碓仔
龙坪
邮电机房
长龙
九都乡
外井
中心小学
长龙岗
岩台岗
西地
信用社
新厝底
亭前仔
坟岭头
坟岭
纸塘垅
坟前
新厝下
寒泉底
山岗
山后底
新洋
庵丘
猪母垅
茶山僻
桥仔头
医院
阿对
尾条岗
流水丘田
良水尖
马二岗头
岭门
秀洋底
玉西中学
革命历史纪念碑
宗仔尾
天梯
仙翁宫
大坟山
观音亭
坑底洋
大丘
大路头
后臭湾
大旱塘
岗尾
田大翁宫
竹湾仔
下岗尾
猪场
大丘田
麻风湾
佛塔坪
亭仔
白岩下
上墩仔
崩塌岗
水塘垅
高畲垟
深湾
亭仔
大丘田
锅盖梁岗
松树岭
亭仔
长湾
暗山
外垅
底垅
外垅仔
松树林
董家坑
石门岭

地名图
北
上寮村
新斋村
漈园
水库
石墩漈
暗坑岭
上佛垟林场
九节狸垮
三十教
牛段仔
坑坪尾
斋堂岭
冷水湾
喜鹊岩
麻竹
大牛段
六十桶
坑头
四丘
长岗
老虎垮
十字路
田螺岭
蝼蝈塘
寮基
寨坪
仰天塘
六十桶岭仔
外岩皮
大萍湾
旱塘仔
底岩皮
单漈脚
牛落漈
驼象栏
冷水窟
林场林区
岭仔头
三重漈
前坪仔
大岗岭
磨石岗
古庵岗头
山茶花坑
大岗
亭仔
三重漈桥
（东平桥）
铁炉湾
瓠洋
瓠洋坳
柴栏头
红笋垮
皆湾庵基
冷水窟
路下洋
路下
古庵
东平桥亭仔
百步岭
南乾底
塘底庵基
齐家塘
塘底垅
南乾
乌岩
路下垅尾
后坑
北斗垅
电视转播基站
乌岩垅
竹叶岗
庵基坪
瓦窟岗
北斗垅
八分仔
岭脚庵
灰斗湾
长岗头
新厝

泗溪镇西地村生态公益林分布图

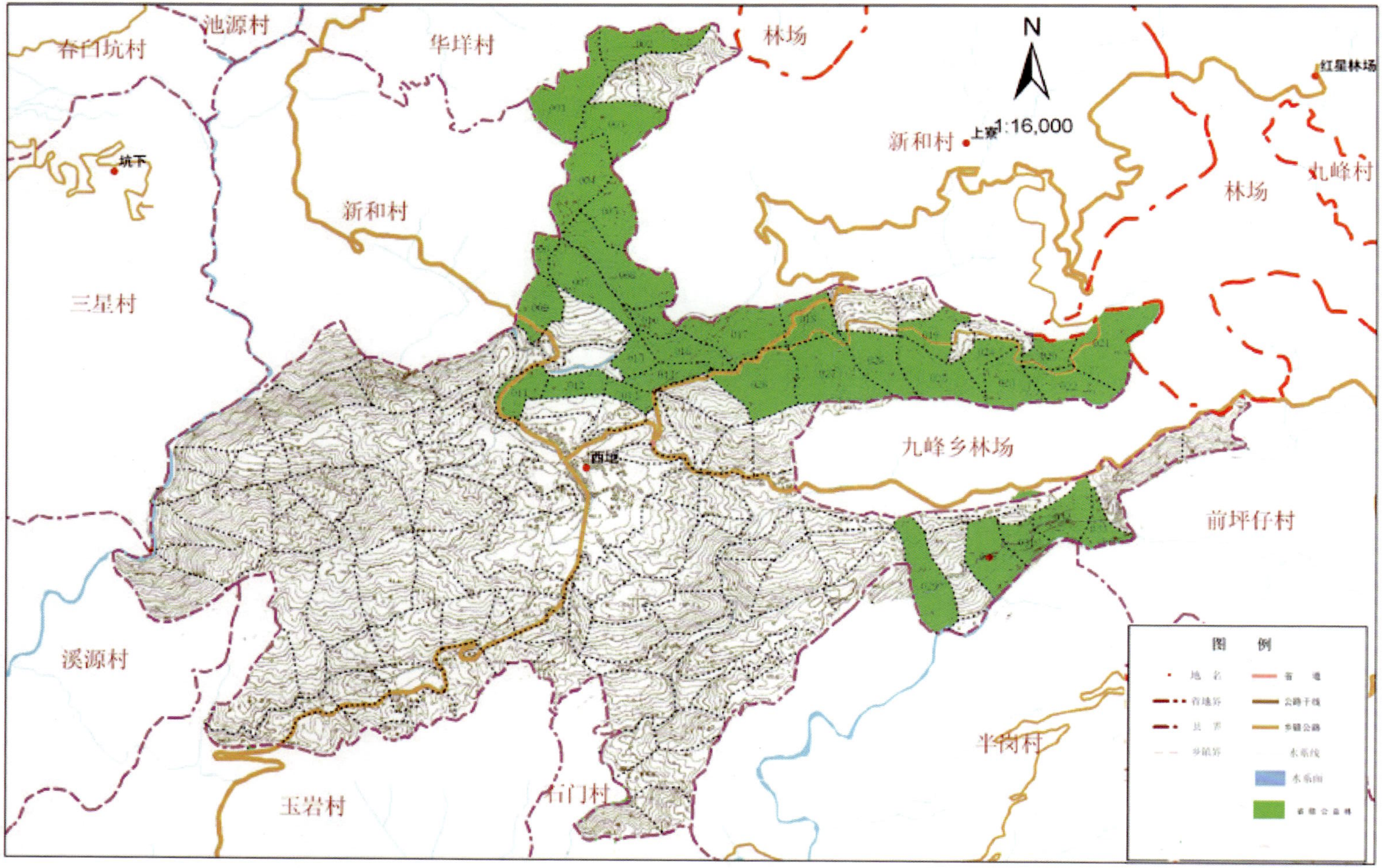

序 一

6月底，恰逢即将执行三年支援藏区任务前夕，接到尚钱前辈电话，委我作为西地村村民的后代传人，为故乡西地村村志作一序言之重任。虽感力有不逮，然报着为乡土做一贡献之心意，且借此序言，一舒游子之乡情。

故土，是每个人心里一方魂牵梦萦的土地，或因生活中的记忆，或因血脉里的共鸣，时刻牵动着远方游子的心魂。我的家乡西地村，其实我至今只来过一次，是在太婆过世时，为老人奔丧，小住了几日。但就是这小住的几日，仿佛激活了我血脉中对故土的眷恋与情感。徜徉在飘弥木香味的祖屋中，祖辈寝食行走的气息，缥缈于我的脑海；手抚祖屋围墙的砺砺青石，祖辈创业守家的坚毅脸容，浮现于我的眼前；漫步乡间小道听松涛拂拂，仿佛在诉说家族披荆斩棘开拓家业的艰辛；漫行林间小溪闻流水潺潺，仿佛在倾诉家族扎根西地的乡土眷恋。其后的很长一段时间，我也曾寻觅家乡和家族的一些传承信息，却遗憾地发现资料实在是太过稀少，唯有亲朋好友笑谈间，说一声“吾乃浙江省温州市泰顺县九峰乡西地村人是也”，但谈到家乡的风土人情、历史沿革，却因了解的少之又少，经常涩然而无以多谈。

收到尚钱前辈发来的村志稿件后，心情是喜悦，如获至宝，用了一个多月的时间细细品味。之前因为工作的关系，也看过不少的村志，毫不恭维地说，本村志内容之丰富、记述之翔实、体裁之完备，远超一般的村志水准。在流淌的文字间，西地的人文沿承、政治经济、民情风俗，脉络清晰地展现在我的面前；在丰富的图片中，西地的自然风光、古树名迹、祖辈的衣食住行，生动地跃然于纸间；在述、记、志、传体裁的记述中，家乡祖辈们勤恳发家、关心地方、怜老爱幼、心系教育、支持革命的淳朴民风与乡土情怀，如浩然暖风扑面而来，令我为之向往与感动。由衷感谢尚钱前辈和他的团队，他们晨兴夜寐、日旰忘餐地辛勤耕耘，结出了西地村村志这一甘硕果实，让祖辈的历史得以记载，让我们的奋发得以铭心，让西地的发展看到了未来，让我们这些身离故土的游子，能对自己的亲朋和后辈，自豪地叙述故土的美与善。

山川秀美，人杰地灵，文风鼎盛，这是祖辈留给我们的宝贵财富；望得见山、看得见水、记得住乡愁，则是我们这一代人的责任。家乡村落错落有致、曲径通幽、丰姿多彩的自然风貌，需要我们精心地保护与发展；那山那水那文化的风韵，更需要翔实地记录与传承，这才是乡愁的载体，是每个西地村人漂泊远方却仍能梦牵故乡的心灵归依。

身离乡土远，情绕故园边。
一卷思乡书，乡情萦绕间。

陈　超
2016 年 7 月于迪庆藏族自治州

序　二

温州有 5000 多个行政村，西地村是浙南最有特色的山村之一，已有一千多年的历史。世代居住生活此地的村民，视自己村庄的历史沿革、乡风民俗、文化遗产、相传口碑、姓氏谱牒等为精神支柱。出版《西地村志》，是“推古验今，所以不惑”的举动，给后人留下村庄权威的记载。是对祖先负责，对现实担当，对后人激励的功德之事。

四年前我就认识这个村庄，此村是我的修志同人尚钱先生的老家。每次到他家做客，他都会悉心地介绍村庄的历史，带我寻访文化遗存，让我对此村产生情感，也深切地感知到这个村庄发展变化的脉搏。今读这厚厚一叠《西地村志》志稿时，我被村志编纂者所折服，他们所收集到的资料是翔实的，图片是珍贵的，记述的语言是得当的，且框架体例符合志书的规范。特别是有关姓氏溯源、物产变化、风俗民情的章节写得可谓到位。而且此村的长者，多为地方上的热心人，在建造和恢复长廊，立牌坊建纪念亭，邀请领导为村庄题联题字等方面，做了大量的公益之事。修村志与保护文化均是功在当代、利在千秋的好事，值得褒扬。

《西地村志》虽属村志，却是一方地域性的资料书。于自然资源方面，记述了山川、溪流、道路、物产；于人文方面，记述了人口、氏族、遗存、村政；于经济方面，记述了农林水利、工商店号、手工业；于文化方面，记述了古今教育、方言地名、传说谚语。由于本地人修村志，对大量的文物方面调查仔细，史料尤为充实，祠堂、宫庙、亭阁、牌坊、碑记等均以明古详今的原则入志。

村志的撰写以突出地方特色为贵，《西地村志》的山区特色尤为明显。以图为例，编修者挖掘了历史的重大题材，精心绘制了一张西地通往各地的古道地图。现在多数古道已经湮没在荒草之中了，但在古代这些道路却是人们的生命之道。通过古道，人们向外运送茶叶、桐油、圆木制品等山货，并从山外运回山民的生活用品。泰顺的古道，是类似于“丝绸之路”和“唐诗之路”一样的“桐油古道”“茶叶古道”。《西地村志》编撰者将西地村通往平阳水头、福建福鼎、文成珊溪的古代交通图和古代地名图做了精心的绘制。如果没有相当阅历，不熟谙当地的道路和物产是画不出来的。

我是平阳人，对平阳北港山区地域是熟悉的，但从这张图上看清楚了原来西地村与鳌江港有密切关系，从西地、斋堂、上寮、上佛垟、龙漩湖、水亭岙、戈场桥、米溪口、顺溪、矾岩、五十丈、南雁荡、闹村、浮岭，一直到水头就是一条重要的泰顺外连古道，也就是西地村通往北边的要道。这张图还清晰地标明通向福建的福鼎、寿宁等地的古道。20 世纪 80 年代末，我为《浙江名镇志》撰写平阳各大名镇时，在顺溪和水头采访调查，就了解到顺溪镇是山区水路的闹市集镇，水头更是物资的集散中心，有大量的桐油和茶叶由此运抵鳌江港向全国各地销售。今从《西地村志》中验证了这一史料的准确性。此事可以让人体会到，修志人辛苦有功劳，志书存史弥足珍贵。

尚钱先生嘱我为《西地村志》作序，谨以一首七绝作为小序结尾：

修志兴村盛世年，验今问古德延绵。
青山故绕西斯地，明月犹窥脉脉泉。

东瓯修志者　张声和

2016 年 6 月 岁次丙申夏至于近书楼

序　三

2010年，西地村门楼的动工兴建，就是《西地村志》开始收集资料着手编修的开始。在西地村两委的首肯支持和全体村民的帮助下，经过王尚钱先生五年多的辛勤付出、精心编纂，《西地村志》即将问世了。当收到这本志稿时，我感觉到了西地村志的分量、能量和蕴涵；当读完这本志稿后，我为之骄傲、为之折服、为之点赞；当西地村民捧读西地村志时，我坚信他们也定会因之振奋、因之叫好、因之不断开拓前行。

西地村志，无疑是留给西地村子孙后代的一本丰富的村谱、一份珍贵的历史资料、一份宝贵的精神财富。只要悉心研读，便可见微知著，不仅可以从中感知源流的来龙去脉，感受沧桑的人情世事，感觅变迁的历史痕迹，感悟现实的生活启示，还可以从一个村的阅历中看到国家不断前进的矫健身影，听到时代发展的厚重足音。

西地村志，记述了西地村历代先辈们在这方热土上辛勤耕耘，繁衍生息，为建设美好家园奉献智慧和力量；他们前仆后继，不怕艰难困苦，为泰顺的革命和解放事业作出了贡献，谱写下许多可歌可泣的动人诗篇。

西地村志，记述了西地人继承祖辈聪明智慧、勤劳刻苦、诚信踏实、能干实干的优良传统，在改革开放之际，在泰顺人敢为人先、九州创业的大潮中，西地人同样涌现出了一批先知先觉，借改革开放的和煦春风，在全国各地经商和办起炼钢、弹棉、房地产等企业，使贫穷落后的农业村面貌发生了极大改变，生活水平不断提高。

西地村志，记述了西地人在创造大量物质财富的同时，积淀下厚实多彩的文化。山川秀美，人杰地灵，文风鼎盛。这是生长并热爱于此的每一位西地村民的荣耀。

西地村志，是西地村历史的真实写照和理性总结，内容丰富，体例编排科学，类目设置合理，资料翔实可靠，行文规范流畅，做到略古详今，图文并茂，雅俗共赏，体现出较高的编纂水平。它凝聚着王尚钱先生的无数心血。无论是查阅资料、史海钩沉，还是跋山涉水、调查走访，抑或伏案书写，整理分析，都付出了不可估量的心力。呕心沥血，淡泊名利，其心可鉴，其情可嘉，其精神与志书共存。

西地村志，全面记述了村境自然、政治、经济、文化、风俗等方面的历史变迁，并突出中华人民共和国成立以来机构变革、经济建设、文化教育、人才辈出，展现自然风貌、风俗习惯及社会生活的深刻变化和地方特色，将为境内其他村志、乡（镇）志乃至县志的编纂提供很好的资料和借鉴。我相信其意义深远而无穷。编修者其功至伟，善莫大焉。

西地是我家乡积库的隔壁邻村，是一个自然风景优美、人文积淀深厚的村落，有很多值得我神往和学习的文化、文人、贤才、秀士及长者，我衷心祝愿西地村代代相续，历久不衰。祝愿西地村父老乡亲更加精诚团结，更加奋发进取，更加富庶繁荣。

《西地村志》编成之际，王尚钱先生嘱我为之写几句前言，深感荣幸，但也诚惶诚恐，不揣浅陋，随笔数语，聊以为序，以待来者。

吴久籁

2016 年 6 月 于泰顺罗阳

凡　例

一、以马克思列宁主义、毛泽东思想、邓小平理论、“三个代表”重要思想和科学发展观为指导，贯彻落实习近平总书记系列重要讲话精神和治国理政新理念新思想新战略，坚持辩证唯物主义和历史唯物主义的立场、观点和方法。全面、客观、系统地记述西地村历史与现状。

二、本志为西地村有史以来第一部志书，上不划一，下讫 2013 年，少数重要内容延至 2014 年。

三、采用述、记、志、传、图、表、录等体裁，记载西地村的自然环境、政治经济、文化教育、民情风俗诸方面的历史和现状，力求弄清发展脉络，反映时代特色，突出地方特点。以专志为主体，首设概述、大事记，尾设丛录。

四、记述范围，基本上以西地村现行行政区划为准。如事物起讫于本村以外者，为记事完整，难免有所逾越。

五、本志对中华人民共和国成立前的纪年，仍用旧制，并加注公元纪年。1949 年 5 月 3 日泰顺全境解放的前、后称解放前、后。

六、人物生不立传。立传人物以本籍为主，以生年为序排列。

七、建置、地名、职官、计量、货币等用当时名称。

八、资料主要采用有关档案、旧志、宗谱、各种文献以及口述等，经考证鉴别后载入，一般不注明出处。

目　录

第一篇　地　理

第二篇　政　治

第三篇　经　济

第四篇　文　化

第五篇 社 会

人　物

丛　录

概　述

一

西地村位于泰顺县东南部，原九峰乡政府所在地。东至前坪仔，南界泗溪玉岩，西接凤洋（垟）坑下，北邻新和。东西横跨 5.5 千米，南北纵距 4 千米，村域总面积 10.94 平方千米，村居占地 15.93 公顷。村中心点北纬 27° 51′，东经 120° 04′，离县府驻地公路里程 40.06 千米。

西地原名“斯地”，几经更改，以音近浸为今名。地处九峰尖西南上佛垟山麓，冬无严寒，夏无酷暑，唐末五代初，先人在此繁衍生息，今天又是人们与时俱进、开拓创新的热土。一千多年来，先后有翁、陈、叶、包、林、曾、王、吴、曹、张、黄等 11 个姓氏家族徙此定居，形成了一个多姓氏村落。2013 年底，全村有 496 户，1984 人。

西地村，在明景泰三年（1452）置县前属平阳归仁乡 39 都，置县后为泰顺县六都二图属地。民国 24 年（1935）建立玉西乡后，隶属第四区玉西乡管辖，乡公所驻地。1946 年 11 月至 1949 年 9 月，中共泰顺中心县委机关常驻地。1949 年 5 月泰顺县全境解放。西地属于泗溪区玉西乡管辖。1958 年 11 月，政社合一，西地村改称西地生产队。1959 年 2 月，玉西生产大队改称玉西管理区，西地由新发、新桥、新垟（原心垟）、新庄 4 个高级社组成，改称新发生产队，1981 年，新发大队又更名西地大队。1984 年 5 月，改公社建制为乡镇建制。西地大队改称西地村民委员会。2011 年，全县撤乡并镇。西地属于九峰社区管理。2013 年 5 月，九峰社区分设玉西社区和九峰社区，西地为玉西社区驻地。

二

自建村至民国年间，村民生活大多贫苦。解放前夕，因生活所迫，外出扛长活、打短工的有 20 余户，手工艺者 10 多户。中华人民共和国成立后，西地村经历了土地改革、互助组、合作化、“大跃进”、人民公社、生产救灾、“文化大革命”等时期，走过了艰辛曲折的道路。1978 年，中共十一届三中全会召开后，西地村党支部、村委会率领全体村民建设具有中国特色的社会主义新农村，在推行联产承包的基础上，加大了产业结构调整的步伐，利用 30 余年的时间，各项事业取得了长足的发展，其业绩令人瞩目。至 2013 年，全村经济总收入达 1315 万元，村民人均收入 9158 元。

西地村历来以农为主，经济作物为辅。在计划经济时期，粮食生产逐年丰收，2000 年后，种植良种杂交水稻产量达 750 公斤 / 亩；栽培东魁杨梅 26.67 公顷；垦荒种茶 48.13 公顷，增加经济产值 300 多万元。为贯彻“以副养农”的方针，自 1952 年集体先后办起了圆木社、米粉加工厂、釉窑、茶叶加工厂、玉西综合厂等多项副业，从业人员达 500 余人。改革开放以来，加大境内企业境外创业的投资力度。境内企业有铸钢厂、天遥农业开发有限公司等 10 多家，其中市级龙头企业 2 家，铸钢企业历史悠久，清光绪二十三年（1897），村贤士陈茂庆创办陈顺泰炼铁厂，成为县内最早民营企业之一。境外创业资产上亿元的有沭阳杭泰机械配件有限公司等 5 家。现西地村经济正在由第一产业向第二、第三产业迅猛发展。

西地村的商贸、服务第三产业异军突起。1949 年全村只有药铺、零售商店几家小店铺。1980 年后，村上开始商业经营，门类繁多，供销社 1 家，药店、商铺 12 家，酒店旅社 2 家。从业人员 50 余人。

随着经济的发展，村民逐步走上了富裕道路。房舍、衣着、饮食、家具、交通工具、通讯设备等均向高层次发展。1969 年照明电入户，2002 年，发、供电分离，供电局接管供电。20 世纪 80 年代开始，住入砖木新瓦房；1986 年，村民用上自来水。1994 年，旧村改造开始，至 2013 年新建居民楼（混凝土结构）120 幢，建筑面积 6.3 万平方米，2000 年全村普及安装了程控电话。2013 年，村民全部实现了“楼上楼下，电灯、电话”的夙愿。

昔日，人们吃饭讲吃饱，后来吃饭讲吃好，如今吃饭讲营养。番薯原来是村民的主食，现在却用来改善生活。随之而来便是生活用品的不断更新。如 20 世纪 70 年代用上了“老三件”：自行车、手表、缝纫机；80 年代增添了“新三件”：电视机、电冰箱、洗衣机；90 年代后，摩托车、汽车、手机、VCD、热水器、微波炉、电脑等进入寻常家庭。村民的穿戴变化更大，以前衣着力求结实、保暖，现在穿戴追求新潮、美观。

三

经济要腾飞，赖以国民素质的提高。清至民国时期，西地村只有少数人读过私塾。清光绪元年（1875），西地村民合众创办蒙馆。民国元年（1912），西地村蒙馆更名为“西地小学”。但大多数村民生活贫困，能入学读书的极少。多数子弟未上完初小就退学回家帮助干活，高小毕业生仅占入校生的 1%，上初中者更为寥寥无几。村民的文化水平，基本处于文盲、半文盲状况。1950年后，教育事业开始得到发展。1962年，西地村普及了小学教育，1997年实施了“九年义务教育”，小学毕业生全部升入初中。之后，升入中专、大学的学生越来越多。至2013年，全村升入大、中专院校学生已达150人。

千百年来，人们通过劳动不断创造文化，发展文化，西地村民同样有其丰厚的传统文化底蕴。红白喜事专请弹唱班吹打。逢年过节，石门马灯队的沿村表演，秦腔戏演员情真意切的唱念做打技艺，当地百姓记忆犹新。20世纪50年代初，电影进村放映；60年代，广播喇叭拉到了厅堂前。之后，半导体收音机的普及，使人们的文化生活从形式到内容更新颖、丰富多彩。改革开放后，电视机、VCD遍及各家，听新闻，看节目，已成全家人茶余饭后不可缺少的事情。

看今朝，忆往昔，西地村曾白天蚊蝇乱飞，夜里蚊虫、跳蚤、虱子到处可见，加之各种传染、流行疾病时常发生，医疗条件又差，贫苦百姓得病无钱治，死亡率较高。1953年，开展了除“四害”活动，对群众广泛进行“爱国卫生”教育，卫生条件大有改观。1959年，公立玉西（九峰）乡诊所在西地村设立，医疗条件有所改善。1978年村成立了“卫生室”，2005年实行了“合作医疗”，医疗卫生事业得到进一步发展。近年“农村新型合作医疗保险”的实施，广大村民更有基本医疗保障。

西地村的计划生育工作开始于1982年，30年来，村党支部、计生协会，坚持计划生育基本国策，做了大量行之有效的工作，取得了良好效果。经上级“计生”部门多次考核，对西地村所取得的成绩予以肯定。

四

1955年中共西地村支部委员会成立以来，始终围绕着党的路线、方针、政策办事，狠抓党的政治思想建设，不断提高党支部一班人和全体党员的党性观念，加强党支部的战斗堡垒作用和党员的先锋模范作用，做了大量工作。

改革开放以来，村党支部按照“一个支部一面旗，一个党员一盏灯”的要求，牢固树立公仆意识，廉洁奉公，执政为民，为发展经济，改变村庄面貌做出不懈努力。2002年、2003年被评为县级“先进党支部”，多年被评为区、乡级“先进党支部”。2005年，中共泰顺县委授予“文明村”称号。

“情为民所系”是西地村党支部、村委会的优良传统。自农业合作化开始，对鳏寡孤独老人实行“五保”（衣、食、住、医、葬），到推行社会基本养老保险；从对独生子女两全保险，到新型合作医疗保险；从对60以上“老人”发放生活补助金，到为残疾人及生活困难户发放救济款，处处可见对村民的关爱之情。

“发扬革命传统，保卫社会主义祖国”，是西地村适龄青年的理想和愿望。中华人民共和国成立以来，有 54 名适龄青年应征入伍。

物质文明和精神文明的深入发展，村民的政治思想、文明素质也有了极大提高。一批又一批德才兼备的栋梁之材，输送到社会各个行业。据不完全统计，中华人民共和国成立以来，西地村在乡镇级以上单位任处、科（局）级职务有 17 人；聘为工程师、高级工程师、教授、高级教师等中级以上技术职务者有 22 人。

改革开放的浪潮汹涌澎湃，西地村的各项事业方兴未艾。在全面建设繁荣富强社会的宏伟目标中，全村干群将充分发挥现有优势，开拓进取，与时俱进，努力开创更加美好的未来。

大事记

唐

早期，祖先居住过皆塆、楼基等地（有遗址，年、姓无考），村人凡做“吉事”时，道士先生必须点“皆塆出佡生，楼基出夫人”之神位。

唐末，境内兴建有新厝下庵坧寺、皆塆庵基寺、堂底庵基寺、白岩下基寺、佛塔坪基寺、古庵基寺（有遗址、年无考）。

宋

乾德二年（964）

翁氏神程、神迁、神安三兄弟自瑞安大垟让下迁徙翁山暂居后，其中神程定居西地后徙居雅阳中村底，四世复徙西地小垟（秀垟）。

乾德三年（965）

陈氏（龙港陈支派）始迁祖遁公，由平阳河前迁到西地，后定居坭垟（湾头村），至十二世祖德、清兄弟于宋理宗乙酉年（1225）复迁至西地村居住，并择地天丘湾建立庄济庙，即陈大翁宫。

嘉祐三年（1058）

陈氏（新庄陈氏支派）世祖中迪（1039—1100）由苍南戈场高山坑底垟迁入境内坪边新庄居住，后迁居新垟。

宣和七年（1125）

先人首次择地村诸水门岙建立杨府爷庙。

靖康二年（1127）

先人首次择地于佛塔坪设坛建田大翁宫。

庆元元年（1195）

叶氏从霞浦赤岸第十三世祖伯广公派系第三世显六公迁徙坟前、坑坪阿对居住。

淳祐九年（1249）

和尚了一师父在新垟二桥头边建立塔刹（荷花塔）。为“建塔照灯营伤亡者住停空”，意以图“安民保太平”。

元

至元十三年（1276）

为抵御寇匪入侵，先后建有杨府爷宫岗壕沟、驼象栏寨坪壕沟和眺望台。

明

洪武元年（1368）

邑人择地村西水尾龙虎岗山脚鸬鹚墩畔，始建马仙宫。宫内奉有三位马仙娘娘、陈林李三位夫人、五显灵官大帝、马相公、罗相公、王老仙师、东海龙王、都天元帅、劝善大帝、土地尊神、黄梁二将、顺风耳、千里眼、招财童子等金身。

景泰三年（1452）

村域原属平阳归仁乡 39 都，明景泰三年置县后为泰顺县六都一图属地。

万历十一年（1583）

包氏开基始祖四房大谟公于泗溪玉岩村迁至西地居住。

清

顺治三年（1646）

为抵御寇匪入侵，在村尾石龙入村口修筑隘门。

康熙元年（1662）

重建水尾马仙宫，主殿三间，面前有戏台。

康熙四年（1665）

林氏从泗溪西潭迁徙至西地居住。

雍正二年（1724）

从福建、安徽分别引进番薯、玉米，大规模开山垦地种植番薯、玉米热潮。

乾隆十年（1745）

曾氏始祖心智从泗溪书院迁至西地坟前上厝仔居住后移垟心定居。

嘉庆二十年（1815）

来龙岗建造龙港陈氏宗祠 5 扇，建筑面积 300 平方米。

咸丰五年（1855）

重修马仙宫，庙由围墙、天井、主殿、戏台和门楼组成。

光绪元年（1875）

合众办蒙馆，翁、陈、叶、包、曾姓氏宗族划定专用学堂田，支付教师工资。

光绪二十三年（1897）

重修佛塔坪田大翁宫。庙由围墙、天井、正殿组成，占地面积约 300 平方米。

光绪二十四年（1898）

秀垟底曾宅民房发生火灾，烧毁民房 23 扇（92 间）、门楼（水城）5 扇。

中华民国

元年（1912）

西地蒙馆改名西地小学，学校从大坵民房搬往水碓仔乡绅陈茂庆民房上课。

3 年（1914）

3 月中旬，县政府严查种植罂粟，发现山仔岭山园有三株罂粟，“株连”全村，村各片负责人出面协调，将包建铿等人 5 间房屋当众当天烧毁，作为种植罂粟重罚。

5 年（1916）

全县开始实行街村制，旋改街为里。十户为邻，五邻为间，五间为村。户口工作由各村（里）长及间、邻长负责办理，至民国 18 年全面实行街村制。

7 年（1918）

山后底（现称山坳底）陈氏（新庄陈）祠堂，于民国戊午（1918）迁建新垟，后厅五开间，前堂七开间，面积约 1000 平方米，曾经设有商店、药铺。

19 年（1930）

9 月，村民陈麟威、陈麟逊、陈麟宣、陈麟雄四兄弟，参与曾官遇领导农民起义军。陈麟威在南溪菖蒲亭被国民党杀害，其人头被提进罗阳。

10 月，县政府派翁山国民党民团进村搜捕农民起义军，到西地普外砍掉陈麟威住所廊柱。

11 月，龙虎岗畔隘门重新修缮，村民轮换值班守护，以防国民党民团侵袭。

24 年（1935）

以辖地玉岩、西地二村村名首字得名，设立玉西乡，属第四区。乡政府驻地西地村，首任乡长陈茂庆。

10 月，设立西地南僻、坑坪、白水漈、第二岑 4 个共产党秘密交通站，属中共泰平区委领导。

33 年（1944）

1 月 11 日，赵传彬（原青景丽县委书记）认识县国民党民团副官陶汉文后投敌叛变，西地党组织遭受破坏，陈灵真等 10 位共产党员先后被迫“自新”。

34 年（1945）

11 月，陈茂庆在垟尾上马岩，将儿子陈一中（1945 年去台湾）送给自己的一支毛瑟驳壳枪，赠送给浙南游击队指导员林永中。

35 年（1946）

11 月至 1947 年 11 月，西地为中共泰顺县委机关驻地，办公设在堪兜民房。

36 年（1947）

11 月至 1949 年 4 月，中共浙闽边中心县委机关设在堪兜民房办公，中心县委直属武装力量浙南第三县队驻扎新厝底上厝。

37 年（1948）

在白水漈成立西地村农会，包建朱为首任会长。

38 年（1949 年 9 月 30 日止）

2—5 月，中共泰顺中心县委在白柯湾举办第三期青年组训练班，后移驻金竹坑和西地。

4 月 26 日，中共泰顺中心县委扩大会议在九里潭召开，会址后移西地村新厝底上厝。

5 月，中共泰顺中心县委机关设在堪兜民房办公，中心县委直属武装力量浙南第三县队驻扎新厝底上厝。

5 月 4 日，中共泰顺中心县委在西地村召开县城接管工作会议，成立泰顺县民主政府筹备委员会。

同月 17 日，国民党李延年兵团残余部队，逃经天井垟、九峰、湾头、西地等地，进行烧杀掠抢。

同月 20 日，中共泰顺中心县委和县民主政府筹委会从西地迁移白粉墙办公。

中华人民共和国

1949 年

10 月 1 日，庆祝中华人民共和国成立。

10 月，开始禁止使用银元，推行人民币。

是年，废除保甲制度。

1952 年

2 月，县土地改革工作队进村开展工作。

6 月，首次颁发农户土地房产所有证。

9 月，陈厚连、曾德应为首成立西地圆木社，是县内第一家生产圆木集体企业。

12 月，在新垟陈氏宗祠开展冬学运动，举办农民识字扫盲班。

是年，响应抗美援朝号召，发动群众捐资献物。

1953 年

7 月开始，历时半年第一次全国人口普查，村人口 765 人。

10 月，境内首次放映有声电影（使用磨电机发电）。
是年，以“入社自愿，退社自由”为原则，组建生产资料股份制西地初级农业合作社。
是年，响应县政府开展“贯彻婚姻法运动月”活动，建立新民主主义婚姻制度。

1954 年

3 月，学习和宣传中国共产党提出的过渡时期总路线：要在一个相当长的时期内，逐步实现国家的社会主义工业化，并逐步实现国家对农业、对手工业。和对资本主义工商业的社会主义改造。
9 月 15 日，首次实行棉布统购统销，发放每位村民年度棉布票证 18.5 市尺。
9 月 28 日开始，食用植物油料由供销社统一收购。
是年，实行国家粮食统购政策。
是年，在村内建立玉西乡农村信用合作社。
是年，拆除神垣下民房 5 廂，将木料运送上佛垟建林场。

1955 年

3 月，开展农业增产远动，开始改间作稻与连作稻。
7 月，建立中共西地村党支部，包道良任书记，党员 6 人。
是年，开始实行中国人民解放军义务兵役制，应征青年包序好参军入伍。

1956 年

全村开展学习和宣传《农业发展纲要四十条》。村互助组改为低级社。
开始推广使用脚踏打稻机。

1957 年

5 月，村集体在岗尾开办第一个集体养猪场。
6 月，开始反右派斗争，开展反右批斗会。
10 月，贯彻中共县委会议精神，打击一切反革命分子与其他犯罪分子，党员干部参加肃反学习。

1958 年

5 月，贯彻开展总路线、“大跃进”、人民公社三面红旗运动。
5 月 22 日，成立西地村除“四害”（苍蝇、蚊子、老鼠、麻雀）指挥部，发动群众突击歼灭麻雀。
10 月，成立玉西综合厂，厂房设在陈大翁宫。加工产品有：螺丝刀柄、雨伞头、羊毛刷。

11 月，实行“政社合一”，玉西乡改称玉西生产大队，西地村改称西地生产队。提倡“我为人人，人人为我”，“吃饭不要钱”，以生产队为单位办起集体食堂。

是年，以炭代煤，大炼钢铁，杂木林几乎伐尽，包括村居四周来龙岗的原始森林和上百棵千年古树。

是年，佛塔坪田大翁庙被拆除，木材送泗溪山槙垟建猪场，门楼石柱和走廊石板用来横溪水库做涵洞。

是年，动工兴建横溪水库，西地村民第一次尝试电灯照明。

是年，安装木匣式磁铁喇叭及通村电话。

1959 年

2 月，玉西生产大队改称玉西管理区，西地生产队由新发等 4 个高级社组成，改称新发生产队，隶属泗溪人民公社玉西管理区。

6 月，大刮“浮夸风”出现粮食高指标、高征购，农村食堂断粮停火。

9 月，开展“反右倾”斗争，“插红旗、拔白旗”浮夸风益盛。

10 月，联合诊所及个体医药人员改组为大队卫生所，采用中西医结合方法治病。

是年，各生产队开展茶叶手工制作加工。

1960 年

8 月 9 日受台风侵袭，暴雨成灾，横溪水库被洪水冲毁。

是年，受干旱灾害，以及虚报高产量缴粮多留粮太少，造成断粮因饥饿引起患浮肿病，产生逃荒现象。

1961 年

10 月，兴建横溪水泥桥，属县内第二座钢混水泥桥。

1962 年

1 月，实行人民公社改区建制，玉西管理区改称玉西人民公社，新发生产队（西地）改称新发大队，下设 24 个生产小队，隶属雅阳区玉西人民公社。

5 月 25 日，贯彻执行中共中央《关于改变农村人民公社核算单位指示》，落实人民公社、生产大队、生产队三级管理；并对土地权属作出明确规定，生产队范围土地归生产队集体所有。

9 月 5—6 日，遭受 14 号台风暴雨袭击，阵风达 11 级以上。损失粮食、树木无数，冲毁水坝，房屋损坏严重，马仙宫门楼前千年柳杉刮倒 2 棵。

是年，西地大队卫生所更名玉西公社医院。

1963 年

5 月，开始宣传计划生育。

是年，首次引种绿肥作物紫云英（红花草籽）。

1964 年

7 月 1 日，开展第二次人口普查。全村 283 户，979 人。

9 月 24 日，上佛垟林场与新发大队（西地村）签订域界协议。

是年，开展社会主义教育，各生产队开展“小四清”运动，多吃多占干部要退赔。

1965 年

2 月，贯彻中央二十条文件精神，开展“农业学大寨、工业学大庆”运动。

8 月 19—21 日，遭受强台风暴雨袭击，淹没番薯地、晚稻田 40 多公顷。

1966 年

8 月，开展“破四旧”（旧思想、旧文化、旧风俗、旧习惯）运动。

9 月，“文化大革命”运动开始，学生停课“闹革命”。

1967 年

7 月，“革命造反派”之间开始针锋相对，互相冲突。

同月，大队购置境内首台碾米机，设在新垟陈氏宗族祠堂。

1968 年

9 月 15 日，根据有关部门决定小学复课。

是年，省革命造反派联合总指挥部对泰顺实行经济封锁，长达 11 个月境内商店关闭、医院停诊，油盐粮紧缺。

1969 年

10 月，玉西公社成立贫下中农管理学校委员会。

是年，玉西公社医院（原西地大队卫生所），从新垟陈氏祠堂规划迁至于崇仔尾新建医院。

是年，陈氏（新庄陈）祠堂改建为政府办公楼。

1970 年

9 月，根据“学校办到家门口”要求，沙岭、高畲垟、白岩下、路下生产大队相继办小学，教师工资实行工分制加补贴。沙岭、高畲垟、白岩下小学校舍竣工。

12 月，有线广播达标验收。通达每座厝，入户率 95%。

是年，开始塑料薄膜育秧，推广种植杂交水稻，平均每公顷增加 3000 公斤。

1971 年

1 月 29 日，大雪积雪深度超过 30 厘米，是有记录以来最深一次。农作物损失惨重。

6 下旬至 8 月，连续干旱 64 天，有史记录中连续干旱时间最长，造成水稻受灾严重。

1972 年

8 月 17 日，遭 12 级台风袭击，最大风速每秒 31 米，雨量达 454 毫米，全村作物受损过半。

是年，将龙港陈支派陈氏宗祠，改建为玉西公社学校砖木结构校舍，共 2 层 6 个教室。

是年，响应上级造林号召，兴起造林运动，同时引进栽培苦莲树。省市万亩林业基地会议在玉西公社（西地）召开。

是年，玉西综合厂，在陈大翁宫新建砖木结构厂房 5 间，建筑面积 400 平方米。

1973 年

3 月，西地生产大队（村）创办茶叶加工厂，安装茶叶加工制作设备一套。

10 月 10 日，第 15 号台风雨量大，农作物损失严重。

1974 年

1 月 18 日至 6 月，开展所谓“批林批孔”运动。

2 月 11 日，上佛垟林场同西地生产大队签订《关于赠送国营林场山地合同书》。

8 月 17 日，第 13 号台风，本村农作物受到影响。

1975 年

2 月，民办公助动工兴建泗溪至西地公路。

3 月，在路下、匏垟创建新发生产大队林场，场工 28 人，包道良任场长。养殖猪、牛各 3 头。继后，开垦茶园 4.67 公顷，植树造林 80 公顷，

是年，农业学大寨，在秀垟底（横溪火路岗，现玉西中学校址）造田 6.67 公顷。

1976 年

1 月 8 日，村民沉痛悼念周恩来总理逝世。

2 月 11 日，上佛垟林场与新发大队补签《关于赠送国营林场山地合同书》条款，

单礤脚塆片山划给林场造林。

8月，组织种植（高山）蔬菜专业队。

9月9日，全村干部、群众怀着极其悲痛和无限崇敬心情，隆重举行追悼毛泽东主席逝世大会。

10月，村民、学生组织集会游行，庆祝粉碎江青反革命集团。

1977年

7月，在玉西公社大会堂召开控诉江青反革命集团大会。

1978年

在新垟（信用社隔壁）开办村集体旅社，两层砖木结构，8个房间。

是年，全面推广杂交水稻，每公顷产量高达10500公斤。

是年，村合作医疗停办，村民卢爱玉创办第一家个体中草药店。

1979年

8月，遵照中央《关于地主、富农分子摘帽问题和地富子女成分问题的决定》，村内“地主、富农、反革命分子、坏分子”全部“摘帽”。

是年，建成横溪电站，装机容量160千瓦发电机组，水渠1000米，落差148米。

1980年

通过稳定山林权、划定自留山、确定林业生产责任制“三定”工作，进一步完善林业承包责任制。

10月1日，泗溪至玉西公路8.4千米，正式通班车。

1981年

1月，投工投劳修建白岩下至水塘垅机耕路1.1千米。是全公社第一条通自然村简易公路。

8月，公社补助资金改造大队茶厂。

是年，新发大队更名为西地大队。

是年，横溪电站竣工投产，供电区域涉及西地、沙岭、斋堂、上寮、上佛垟和平阳县龙漩湖、泗溪吴坑、吴坑岗头和溪源等村。

1982年

2月，全县三级干部大会上宣告全县人民结束以番薯丝为主粮历史。

6 月 30 日，开展全国第三次人口普查，全村总人口 1389 人。

7 月，陈爱月考入温州卫生学校护士专业，是大中专院校恢复统一考试招生后，境内第一位录取生。

12 月，计划生育被定为国策，农村开始实行计划生育。提倡晚婚晚育优生优育和一对夫妻只生一个孩子。

是年，基督教传入西地，村民林桂莲为第一位信徒。

1984 年

3 月 28 日，玉西公社分设九峰公社。

是年，西地村人均收入达到 120 元，口粮 200 公斤。

是年，开始使用第一代居民身份证。

1985 年

3 月，随玉西公社改为建乡制，西地大队领导小组改为西地村民委员会，生产小队改为村民小组，社员改称村民。

9 月 10 日，村干部参加乡中心校第一个教师节庆祝大会。

是年，村北麻竹水源建成饮用水工程，村民用上自来水。

是年，泗溪邮电支局设立西地邮电代办所，乡政府内设电话交换机。电话首次进入农户，有 9 户安装步进制手摇电话。

1986 年

市路教工作组引入梨、橘苗分配各户栽植。

1987 年

3 月 25—26 日，出现罕见倒春寒，给春花生产带来严重危害，马铃薯绝收。

5 月，西地村农村扫盲工作通过验收。

10 月，横溪翻水站建成，总扬程 74 米，装配电动机 37 千瓦，流量每小时 80 立方米。届时属全县最高扬程标志性翻水站。

1988 年

9 月，村干部、知名贤士、广大村民集资创办玉西附中，校址选设秀垟底。

11 月，村民开始按人口缴纳土地使用费、国防义务费、教育附加费和五保统筹金。

1989 年

1月13日，下暴风雪，气温降到 -6℃，农作物损失惨重，许多成材树木折倒，毛竹折断。交通受阻，1/3 的电力线路发生倒杆。

是年，省级“普及初等义务教育”验收合格。

1990 年

6 月 30 日，全国第四次人口普查。西地村总人口 1464 人。

8月20日，境内受12号台风正面袭击，日降雨量达387毫米，酿成百年未遇特大洪灾，公路、电站、桥梁、电力线路等基础设施遭到毁灭性破坏。

1991 年

9—11 月，泗溪区委路线教育工作队进驻西地村，开展路线教育工作。

是年，村贤包顶和主事，组织重建田大翁宫庙，庙址选大路头。

1992 年

1 月 10 日，县老区建设办公室颁发（泰老区〔1992〕01 号《关于重新印发老区乡、村的通知》文件，西地确定为革命老区村。

5 月，玉西中学门口至垟尾主道水泥路，届时属县内唯一村级水泥路。建设资金，来自政府补助及沿路农户以每廇出资 500 元。

8 月，南僻发生森林火灾，烧毁森林面积 40 多公顷。

是年，在大路头岗仔建成境内地面电视接收站。

是年，玉西、九峰两乡合并，称九峰乡，政府驻地西地村。

1993 年

村贤包细兰主事，集资修缮杨府爷庙。

1994 年

10月9日，电话号码由原来6位升到7位，并进入温州本地电话网，统一使用“0577”长途区号。

1995 年

9 月，玉西附中升格为独立中学“玉西中学”，学区涉九峰、横坑两乡。

11 月 7 日，县委、县府在大路头举行九峰革命历史纪念碑揭碑仪式，纪念中共闽浙边临时省委成立60周年。出席会议有省、市、县领导，有关部门人员及群众1000多人。

是年，建成新厝底开发区下山移民点住房 72 廂，集聚 72 户 292 人。

是年，市人民银行捐资 15 多万元，兴建小学“精英教学楼”。

1996 年

10 月，引入白水漈水源，满足村民生活用水需求。

1997 年

7 月 1 日，乡政府与村委联合召开香港回归庆祝大会。

是年，全村安装有线电视，村集体补助农户每台电视 300 元。

1998 年

实行“亮化工程”，投资 10 万元安装路灯 45 盏。

1999 年

11 月，完成大垅头蓄水池改建，即自来水二次供水改造。从而稳定水压、保证水质。

12 月 20 日，澳门回归。在新垟会场组织全体村民，免费观看电影等庆祝活动。

2000 年

11 月 1 日，全国第五次人口普查，全村总人口 1703 人。

是年，大坪仔移动基站建成使用。

是年，居民身份证号码由原来 15 位升到 18 位。

是年，全县开始实行殡葬改革。改革土葬，推行火葬。

2001 年

5 月 18 日，固定电话号码从 7 位升为 8 位。

2002 年

兴建大坪仔联通基站，实现宽带到户。

是年，横溪水电站实行发、供电分离，全村用电由供电局接供。

是年，兴建大岙仙坛、西山宫。

2003 年

4 月，遵照政府部署，做好“非典”预防控制工作。

2004 年

8 月 12 日，受 14 号台风“云娜”风力外围影响，普降暴雨，农作物受损严重。

8 月 24 日，受 18 号台风“艾利”风力外围影响，普降暴雨，农作物受损严重。

2005 年

6 月，在村水尾建成境内第一座石亭逸心亭。

7 月 18 日，受第 5 号台风“海棠”影响，普降暴雨，农业受损惨重。

9 月 1 日，受第 13 号台风“泰利”影响，普降暴雨，农业受损惨重。

10 月，开始实行政府资助、集体扶持和个人缴费相结合新型农村合作医疗保险。

12 月，经县有关部门批准，在横溪规划用地 3000 平方米，建成生态公墓 160 穴。

2006 年

2 月 9 日，珊溪水库周边乡镇连续发生地震，凌晨 3 时 24 分，发生 4.6 级地震。西地有明显震感。

12 月，全村开展农业普查工作。

2007 年

8 月 19 日，受 9 号台风“圣帕”影响，普降暴雨，农作物受损严重。

2008 年

4 月 1 日，县政府命名西地村为县级生态村。

7 月 28 日，受第 8 号强台风“凤凰”影响，降雨持续时间长，强度大，农业、水利、交通等基础设施受损严重。

是年，建成六分岗下山集居点住房 32 间，集居 32 户 136 人。同年，九峰村甘竹自然村 7 户村民移迁西地居住。

是年，村文化中心楼落成并投入使用。是集学习、运动、休闲等为一体综合性文化娱乐活动场所。

是年，县政府拨款 40 多万元，改造全村自来水管网。

2009 年

8 月 8 日，受第 8 号台风“莫拉克”影响，农业损失严重。

11 月，西地村扶贫资金互助会成立。会员 62 户，帮扶种养生产周转资金。

2010 年

11 月 1 日开始第六次人口普查。西地村有户数 463 户，总人口 1851 人。

是年，利用小学富余校舍资源，创办西地村幼儿班。

是年，新建富教知方门楼，庄济庙从白叶湾迁回天垟湾原址。

2011 年

9 月，以校网布局优化，玉西中学并入于泰顺第二中学。

10 月，全村开通数字电视。

是年，拆乡扩镇，西地村并入泗溪镇管辖。

是年，村投资 80 万元，建成新村委综合楼（建筑面积 800 多平方）；投资 380 多万元，改造完善全村排污工程；投资 90 多万元，整治垟尾溪流美化工程；投资 40 多万元，修建路灯亮化工程；投资 100 多万元，建成古道歇棚长廊；投资 30 多万元，兴建璜溪文化园；村民捐资 200 多万元，扩建杨府爷宫；捐资 250 多万元，扩建马仙宫。成为村容村貌、公益事业大建设年份。

2013 年

7 月 27 日，建立溪流禁约通告碑 7 块。辖区内全面禁止毒鱼、捕鱼等损害鱼类生态行为。

是年，建立双墩垟（水甲垅仔）下山移民点 19 匫，白岩下、路下等村民迁入居住，19 户 72 人。

是年，投资 40 多万元兴建額額亭。

2014 年

中共泰顺县委党史研究室，中共泗溪镇党委，泗溪镇人民政府和西地村两委在大路头建立玉曦亭、中共泰顺中心县委机关驻地牌坊、中共泰顺中心县委机关驻地纪念碑简介碑和九峰革命历史简介碑，在新厝底建立中共泰顺中心县委扩大会议旧址简介碑，在堪兜建立中共泰顺中心县委机关驻地旧址简介碑。

第一篇

地理

第一篇 地 理

西地村地处泰顺县域东南面，以先人开基于这里，得名斯地，民国开始称西地。民国 24 年（1935）建立玉西乡，为乡政府驻地。支南雁荡山脉主峰九峰尖延伸入境，群山环抱，山峦层叠。船形村庄，片片梯田，涓涓细流。四季分明，气候温和，雨量充沛。境内有百米奇石犹如龙，赶考远征上马岩，遥似白练鸳鸯瀑等胜景；国家一级保护珍稀植物红豆杉、水杉、伯乐树、莼菜等 4 种，二级保护植物 13 种；国家重点保护动物有白颈长尾雉、水獭、穿山甲、青鼬、猫头鹰等；列为县级文物保护名木古树 9 株。2013 年，境域面积 10.94 平方千米，全村 496 户 1984 人。有汉族、畲族、彝族、壮族、水族、回族、苗族、侗族、黎族、满族 10 个民族，81 个姓氏。

第一章 村域 人口

第一节 地理位置

位于县城东南面，东至上佛垟林场、前坪仔、与白柯湾隔溪相望，东南邻九里潭、石门、玉岩村，南接玉岩吴坑，西南界溪源、后斜，北接沙岭、华垟、斋堂、上寮。境域面积 10.94 平方千米。村委会住址北纬 27° 51′，东经 120° 4′，海拔 650 米。距县政府驻址公路里程 40.06 千米。

第二节 村庄地名

西地自然村

以先人在这里开基立业得名斯地。旧时村内庵寺香火兴旺，任信徒施舍，又名施地，因“斯、施、西”近音，故名西地。西地自然村分为新垟、垟心、垟头、新厝底、大垭

5 个片区，共 25 个小地名。村庄地名，内涵深远。如村委驻地新垟（原名心垟），以位于 5 个片区中心地段得名心垟；大垢以村内面积最大一垢田取名；锅炉以铁炉之址得名；陈茂庆祖屋水碓仔以左边有一水碓取名；水甲垅仔原名双墩垟，由于民宅两侧有小山故称双墩垟等。

西地自然村地名简录

表 1-1

地名		位置（新垟为起点）	备注
片区地名	所含小地名		
心　垟	炮台岗、山坳底、燕垟	村中心点	乡政府驻地
垟　心	水碓仔、六分岗、内厝、下厝、横楼、外厝、垟尾、锅炉、坟前	向西北 200 米	居民曾氏后裔居多，陈姓和包姓
垟　头	水甲垅仔、八凤垟、池垢、新厝下、外厝、里厝、堪兜	向东 200 米	居民以包氏居多；乡小学处王氏家族祖屋堪兜左侧 30 米
新厝底	上厝、下厝、宫边	向东北 100 米	居民为陈氏（称龙港陈）
大　垢	大垢、普外、秀垟底、领门、南乾、大路头	向南 200 米	居民包氏居多，玉西中学地处秀垟底

边沿自然村

边沿自然村 9 个、小地名 10 个。1980—2000 年，坑坪、南僻、白水漈、泥樟山 4 个自然村居民全部迁移，1993 年沙岭析设为行政村，2013 年仍有居民居住自然村有路下、古庵、匏垟、高畲垟、白岩下 5 个。

边沿自然村地名简录

表 1-2

<table>
<tr><th colspan="3">地名</th><th rowspan="2">位置（新垟为起点）</th><th rowspan="2">居民情况</th></tr>
<tr><th colspan="2">自然村地名</th><th>所含小地名</th></tr>
<tr><td colspan="2">沙岭</td><td></td><td>向西 2 千米</td><td>1993 年分设行政村</td></tr>
<tr><td>路下</td><td rowspan="3">属路下片</td><td rowspan="3">乌岩、红笋湾、铁炉湾</td><td rowspan="3">向东 3 千米</td><td rowspan="3">乌岩陈氏居住，其他以包氏居民为主</td></tr>
<tr><td>匏垟</td></tr>
<tr><td>古庵</td></tr>
<tr><td colspan="2">高畲垟</td><td>上墩仔</td><td>向南 3 千米</td><td>包氏居多。上墩仔原曾氏 1 户，20 世纪 90 年代民居失火，后迁居高畲垟</td></tr>
<tr><td colspan="2">白岩下</td><td>第二岭</td><td>向东南 2 千米</td><td>均包氏居民，2000 年部分居民迁入村内（西地自然村）下山移民点</td></tr>
</table>

续表 1-2

地名		位置（新垟为起点）	居民情况
自然村地名	所含小地名		
坑　坪	阿对、大溪	向西南 2 千米	原有叶、曾氏居民，20 世纪 80 年代迁入村内
南　僻	寮仔湾、溪心岗、大垢田	向西 2 千米	原叶、包、徐氏民居，20 世纪 90 年代迁居村内下山移民点
白水漈	坳仔外、席草湾	向北 2 千米	居民均包氏，2000 年迁居村下山移民点
泥樟山	底垟、牛段岗	向北 3 千米	清静独屋，居民为包氏，2000 年迁居村内下山移民点

第三节　村史沿革

中华人民共和国成立前

唐朝末期　有先人在这里开基立业，以先民居住此地得名斯地。境内和周边，寺庙、庵堂甚多，人来人往，香火兴旺。众多善男信女、僧道施主，向寺院、庵堂施舍财物，故又称施地。

明清时期　西地村辖地，明景泰三年（1452）前属平阳归仁乡 39 都，景泰三年置县后为六都辖地。清承明制，隶属未变。

民国时期　由于“斯、施、西”方言近音，习惯称施地为西地。民国初，县内区划沿清旧制。民国 24 年（1935），以辖地玉岩、西地两村首字得名，建立玉西乡，隶属第四区玉西乡管辖，乡公所驻地西地。民国 27 年（1938）7 月，泗溪设区署，西地属泗溪区署玉西乡管辖。民国 35 年（1946）划泗溪区尚仁乡公所管辖。1946 年 11 月至 1947 年 11 月，西地为中共泰顺县委机关常驻地；1947 年 11 月至 1949 年 4 月，为中共浙闽边中心县委机关常驻地；1949 年 4 月至 1949 年 9 月，中共泰顺中心县委机关常驻地。1949 年 5 月 3 日，泰顺县县城解放，废除保甲制。9 月，全县划分为罗阳、百丈、泰南、泗溪 4 个区。属泗溪区玉西乡管辖，为乡政府驻地。

中华人民共和国成立后

1949 年 10 月 1 日，全县区划归属未变。1952 年 4 月，全县划为罗阳、百丈、筱村、大安、仕阳、泗溪、松东 7 个区。西地仍属第六区（泗溪区）玉西乡。1956 年，撤销罗阳区，所属乡镇由县直属；撤销松东区，所属乡镇划入泗溪区。百丈、筱村、大安、仕阳 4 个区区划未变。西地隶属未变。

1958 年 11 月，实行“政社合一”（乡镇政府与农业合作社合为社会基层组织），全县划分为罗阳、司前、百丈、筱村、大安、仕阳、泗溪、雅阳、彭溪 9 个人民公社。玉西乡改称玉西生产大队，西地村改称西地生产队。1959 年 2 月，玉西生产大队改称玉西管理区，西地生产队由新华（垟心）、新桥（大垭）、新东（垟头）、新垟（新厝底）4 个高级社组成，改称新发生产队，隶属泗溪人民公社玉西管理区。

1962 年 1 月，实行人民公社改区建制，全县 9 个人民公社改为罗阳、百丈、筱村、大安、仕阳、雅阳 6 个区，管理区改称人民公社。新发生产队（西地）改称新发大队，隶属雅阳区玉西人民公社，下设 24 个生产小队。1981 年，新发大队更名西地大队。

1984 年 5 月，公社改为乡镇建制，玉西人民公社改称玉西乡，西地大队改称西地村民委员会，隶属泗溪区玉西乡。下辖生产小队改称村民小组。1992 年 5 月，全县撤区、扩镇、并乡。玉西、九峰合并称九峰乡，西地村为九峰乡政府驻地。2011 年全县撤乡并镇，九峰乡并入泗溪镇。原九峰乡辖区设立九峰社区，西地属于九峰社区管理。2013 年 5 月，九峰社区分设玉西社区和九峰社区。玉西社区辖西地、新和、石门三个行政村，西地为玉西社区驻地。

第四节　人口

人口数量

1952 年末，境内人口 754 人。1963 年 12 月，进行国民经济调查统计，全村 283 户 979 人，其中劳动力人口 260 人。1978 年 12 月，全村 306 户 1365 人（其中沙岭 177 人）。1990 年末，全村 385 户 1464 人，其中劳动力人口 730 人，外出人口 142 人。1993 年析设沙岭建制村，析人口 247 人。2002 年末，全村 408 户 1728 人（包括扶贫下山迁入人口）。2011 年末，全村三分三改 460 户 1868 人

2013 年，坑坪、南僻、白水漈、泥樟山 4 个自然村，原以包氏曾氏家族居住为主，已全部迁出。西地（包含垟心、新厝底、垟头、大垭四个片区）、高畲垟、白岩下、路下 4 个自然村，496 户 1984 人。

2013 年各自然村人口数量

表 1-3

自然村		人口（人）	主要姓氏
西　地	垟心片	536	陈（新庄陈）、曾、包、翁、黄、王
	新厝底片	308	陈氏（龙港陈）家族
	垟头片	380	包、翁、王，包氏居多
	大垭片	271	陈（新庄陈）、包、吴、曾，包氏居多

续表 1-3

自然村	人口（人）	主要姓氏
高畲垟	168	包、曾，包氏居多
白岩下	131	包氏家族
路　下	190	包、陈

20 世纪 50—80 年代，年均出生人数多于死亡人数。90 年代开始，年均出生人数少于死亡人数，2000—2013 年，年均出生人数 10 人，死亡人数 15 人。

20 世纪 50—80 年代年均出生与死亡人数

表 1-4　　单位：人

年代	年均出生	年均死亡	年代	年均出生	年均死亡
50 年代	10	6	80 年代	14	8
60 年代	11	10	90 年代	13	19
70 年代	12	8	—	—	—

人口构成

民族　1978 年以前，全村人口都是汉族。1978—2013 年，许多青壮年到全国各地务工创业，娶嫁女性中有畲族、彝族、水族、壮族、苗族、侗族。2013 年，少数民族人口 17 人，占总 8.57%。

性别　中华人民共和国成立后，全国进行 6 次人口普查。1990 年，西地村男女人口比例较为协调，性别比（每 100 名女性所对应男性人口数）103。2000 年，西地村男女人口比例较为悬殊，性别比 118。

第一至第六次全国人口普查时村人口性别比

表 1-5

全国人口普查	性别比	全国人口普查	性别比
第一次（1953 年）	112	第四次（1990 年）	103
第二次（1964 年）	110	第五次（2000 年）	118
第三次（1982 年）	108	第六次（2010 年）	111

年龄　1952 年，土地改革（土地税收、产权、使用等制度改革）人口调查，14 岁以下儿童人口占 35%，65 岁以上老年人口占 5%。1963 年 12 月，进行国民经济调查统计，儿童人口占 37%，65 岁以上老年人占 6%。1978 年，儿童人口比例为最高 40%，65 岁以上老年人口占 10%，村人口进入老龄化。

1978 年后，贯彻计划生育基本国策，人口出生率得到控制，同时随着生活质量不断提高，老年人口逐年增加。1990 年，14 岁以下儿童人口占 30%，65 岁以上老年人口占 13%。平均寿命 65 岁，比 1970 年增加 5 岁。2000 年，14 岁以下儿童人口占 18%，65 岁以上老年人口占 17%。2010 年，全国第六次人口普查，14 岁以下儿童占 15%，65 岁以上老年人口占 21%，村人口进入高龄化。村民平均寿命 71 岁。

文化程度 解放初，能识字村民不到 10%。1950 开始，经过“农闲多学，农忙少学，有空一定学”等方式扫盲教育，至 1963 年，具小学文化程度以上村民占总人口 10% 左右。1978 年，95% 以上适龄儿童接受全日制教育，具小学、初中、高中文化程度人数，分别占应识字人口 40%、10%、3%。1986 年 7 月，开始实施九年义务教育，至 2013 年，具小学、初中、高中以及大专文化程度人数，分别占应识字人口 20%、50%、20%、9%。其中，本科学历 93 人，研究生毕业 6 人。

从业 1964 年，从事农业生产村民占在业人口 98%。1965 年开始，少部分青壮年篾工赴福建各地打工。1978 年，开始实行改革开放政策，至 1983 年，半农半商、半农半工人数占在业人口 50% 以上。2000 年以后，外出创业、务工年轻人越来越多，其中有专门从事工业、商业、运输业等。至 2010 年，兼营或专门从事工商、运输业等非农行业人数，占在业人口 65%，常年就地从事农业均是中老年人。

第五节 姓氏

从唐末开基至 2013 年，先后迁居村内有翁、陈、叶、包、林、曾、王、吴、曹、张、黄姓氏 11 个，随夫嫁入有徐、陶、胡、洪、韦、艾、蒋、常、侯、郭、孙、杨、李、周、施、许、柴、毛、缪、贺、邱、汪、郑、潘、廖、柏、童、蔡、杜、季、饶、苏、范、任、宋、金、刘、石、卢、赵、吕、颜、马、何、朱、章、邓、钟、陆、藤、丁、彭、姚、欧、复、雷、兰、祖、车、樊、罗、简、傅、戴、占、文、董、佘、赖姓氏 70 个。各氏族迁居时间不同，其后代繁衍各有差异。

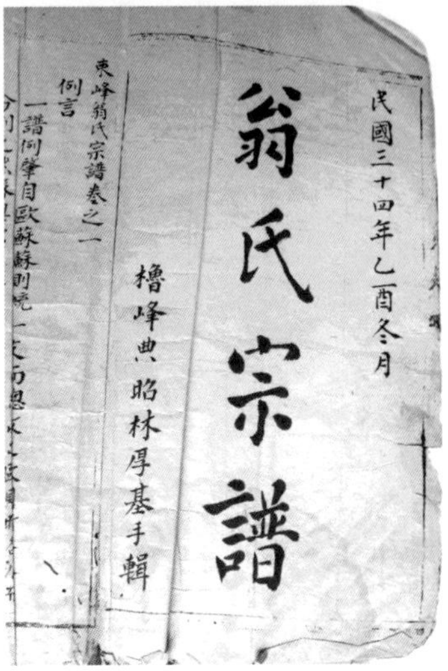

翁氏宗谱

翁氏

民国 34 年（1945）东峰翁氏宗谱：宋乾德二年（964），翁氏神程、神迁、神安三兄弟自瑞安大垟让下迁徙翁山暂居后，神程徙居雅阳中村底，四世复徙西地小垟（秀垟）；神迁移居西地，神安迁翁家山。至今，翁氏迁居已 1049 年。由于前后迁移，翁山始祖神迁公第二十一世孙魁方公，于康熙年间从温垟迁入西地岭门，来孙孔乙于光绪己亥年（1899）投亲移居东安半岭。

翁山温垟派系惟禄公，于道光二十年（1840）从翁山和平坑投亲迁入西地村坟前。至 2013 年，衍 6 代，居村

173 年。现居 1 户，共 7 口人。

翁山坑底第四房道约公派系，孟福公于光绪四年（1878）从秀涧苏家山迁居西地村坟前。至 2013 年，衍 5 代，居村 135 年。现居 1 户，共 4 口人。

翁山神迁公第三十二世孙士清公，于民国 26 年（1937）从山峡墩头投亲迁入西地村垟头。至 2013 年，衍 5 代，居村 73 年。现居 4 户，共 10 多口人。

陈氏

新厝底陈氏 始迁祖遁公，宋乾德三年（965）避五季乱，由平阳河前迁到西地，后又定居坭垟（湾头村），至十二世祖德、清兄弟于宋理宗乙酉年（1225）复迁至西地村居住，也称龙港陈。至 2013 年底，已为廿八世，共 17 代，现定居约 90 多户，300 多口人。第十一世祖文完公派系十三世祖伯盛公（贞房派）徒迁前坪仔居住，文品公派下第十六世祖君辉公繁衍三子始分元、亨、利三房派系，元房迁宫边居住，亨房下厝祖屋居住，利房上厝居住。

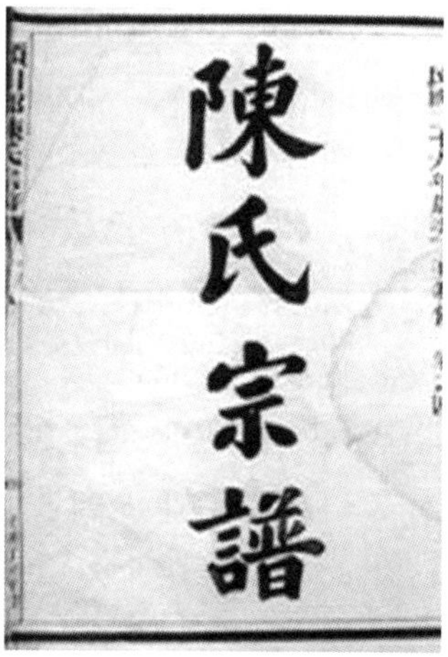

新厝底陈氏宗谱

新厝底陈氏开基岁图

新厝底陈氏世系：第一世 德公、清公 → 二世 2 → 三世 2 → 四世 5 → 五世 5 → 六世 4 → 七世 3 → 八世 4 → 九世 5 → 十世 5 → 十一世 9 → 十二世 19 → 十三世 30 → 十四世 35 → 十五世 15 → 十六世 7 → 十七世 10 → 十八世 4 → 十九世 → 至 2013 年繁衍 27 世辈 300 余人。

新厝底陈氏世系略解：

第十六世	第十七世	第十八世	繁续至 27 世辈
君辉公 讳廷论 生五子 四五两子 抱祠翁姓	元 房 阿养公 讳士荣 （1699—1780）	4 子（6 孙）	后裔孙 60 余人 另有 19 世祖则树公于嘉庆年间徙迁匏垟居住
	亨 房 阿盛公 讳士贵 （1711—1779）	1 子（3 孙）	后裔孙 110 余人
	利 房 阿旺公 字士富 （1706—1778）	4 子（11 孙）	后裔孙 110 余人

新庄陈氏 系黄帝后裔，自满公受姓以来子孙螯匕遍布神州，时彦辈出，星散海内外，难述尽乎，各立祠宇不计其数。新庄陈氏是西地第一世祖中迪公（1039—1100）由戈场高山坑底垟于宋嘉祐庚子年（1060）徙迁本村坪边新庄居住，后迁居山坳底在雍正壬子年（1732）迁居新垟。第十九世祖正道公于乾隆乙未年（1715）构屋本村垟头陈凤垟居住。自第一世开基祖繁衍至第十九世祖正道公派系第二十世祖共有七房族，第一房祖国炳公生二子于嘉庆丁丑年（1817）徙迁沙岭居住，其六房祖居住西地村，2013 年有后裔 200 余人。

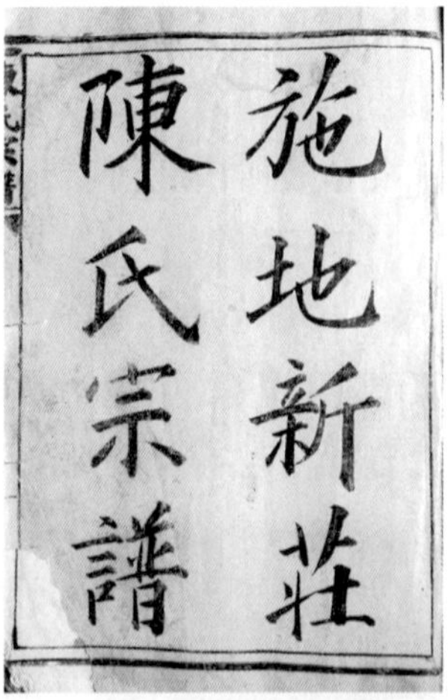

新庄陈氏宗谱

新庄陈氏世系：第一世祖中迪公（1039—1100）→ 二世 1 → 三世 1 → 四世 1 → 五世 4 → 六世 1 → 七世 1 → 八世 1 于宋嘉祐庚子年徙迁本村 → 九世 1 → 十世 1 → 十一世 1 → 十二世 3 → 十三世 7 → 十四世 10 → 十五世 2 → 十六世 2 → 十七世 3 → 十八世 4 → 十九世（正道公）。

新庄陈氏派系简表

表 1-6

十九世	二十世	继宗	2013 年后裔
正道公 字惟一 号中亭 （1721—？）	国炳公 字克光号辉山 （1743—1805）	2 子→	于嘉庆丁丑年（1817）徙迁沙岭居住后裔 260 余人，现属新和村
	国恒公 字克光号辉山 （1745—1829）	6 子→ 13 孙→	28 世辈后裔孙 120 余人；其有 25 世辈裔孙凤票派系迁居温州市红枫山庄
	国炯公 字克炎号逸山 （1747—1827）	6 子→ 13 孙→	26 世辈后裔迁居凤垟
	国辉公 字克灼号昭山 （1749—1830）	5 子→ 14 孙→	28 世辈有后裔孙 40 余人
	国煜公 字克耀号山 （1751—1823）	3 子→ 9 孙→	28 世辈有后裔孙 40 余人；其有 25 世辈裔孙凤笠迁居岭北北坑村、凤猛迁居罗阳西门外
	国炜公 字克盛号焕山 （1754—1812）	4 子→ 6 孙→	26 世后裔不详
	国璁公 字克薰号烈山 （1758—1801）	5 子→ 7 孙→	25 世后裔不详

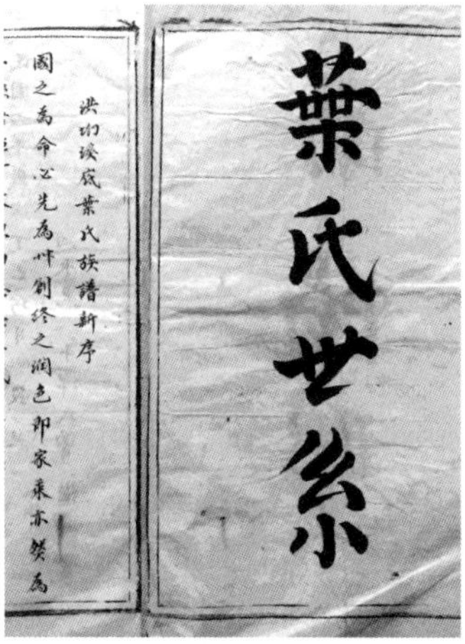

叶氏宗谱

戈场派系陈氏迁徙史，始祖中道公后裔（鹿境有彬公支派五房祖）第二十五世孙守松公，于民国 30 年（1941）间从鹿境迁居西地新垟，至今，繁衍 4 世 13 人。

叶氏

宋庆元元年（1195），迁徙史记：具考查洪坳叶氏宗谱记载，叶氏是从霞浦赤岸第十三世祖伯广公派系第三世显六公迁居于坟前、坑坪阿对居住。居住 800 多年，因裔孙陆续外迁无法对应考查核对，至 20 世纪 80 年代剩余 1 户 1 人。

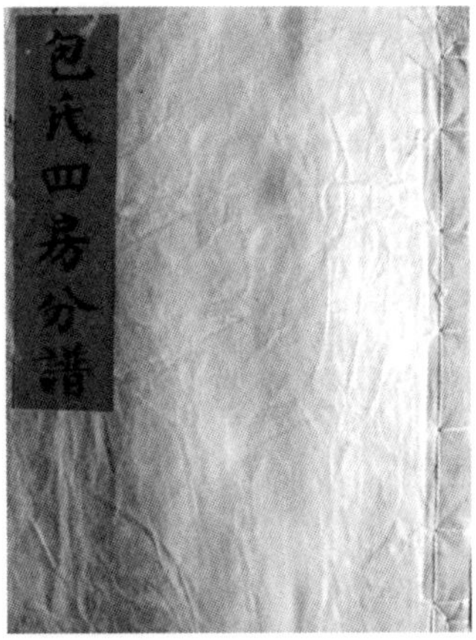

包氏分谱

包氏

西地包氏系玉岩包氏四房派第十一世祖大谟公明万历十一年（1583）徙迁西地亭前仔有繁衍五房子，长房世瑚公育生三子，二房家骝公继绍世玖公祠后。五房家駓公繁衍一房子惟赋公派系居住八凤垟，家骝公衍四房子，唯有二房惟义公繁衍四房子，长房祈叶公派迁居高畲垟，四房子祈宝公移居大垅居住，其中有后裔迁居南僻、前坪、沙岭。其他房派迁居宗谱尚未记载。

包氏派系简表

表 1-7

一世	二世	三世	四世	五世	……
大谟公 字子猷 号定国 （1583—1658）	世瑚公	家骝公	出绍世玖公祠后		
		家驹公			族谱未详
		家駓公	惟赋公	祈亮公	→光 4→上 11→国 22→启 8→断支
				祈长公	→八凤垟房派系
	世琛公				族谱未详
	世瑛公				族谱未详
	世渻公				族谱未详
	世玖公	家骝公	惟仁公		
			惟义公	祈叶公	→高畲垟房派系

续表 1-7

一世	二世	三世	四世	五世	……
大谟公 字子猷 号定国 （1583—1658）	世玖公	家骝公	惟义公	祈俊公	族谱未详
				祈曾公	族谱未详
				祈宝公 大垣房派	→光涟公→第九世民国癸酉年迁白岩下
					→光公→繁衍五房子二房迁居南僻
					→光润公→繁衍七房子二房迁居沙岭五房子迁居前坪
					→光纕公→繁衍五房子一、二房迁居白岩下，三、四、五房迁居沙岭
			惟礼公		族谱未详
			惟智公		族谱未详

八凤垟包氏族系　开基始祖大谟公（字子猷号定国）长房子（二世）世瑚公派系五子（三世）家丕公派系次子（四世）惟赋公派系，至 2013 年，繁衍十五世辈有后裔孙 210 余人。

八凤垟包氏宗族派系简表

表 1-8

四世	五世	六世	七世	八世……2013 年繁衍十五世辈
惟赋公 字仲友 （1691—1778）	祈亮公 字正辉 号采庭 （1719—1794）	光 4	上 11	国 14 → 9 世启 5 →断支
	祈长公 字正远 号静庭 （1721—1798）	光越公	上温公	国 3 →断支
		光潘公	上昴公	国 1 →启 2 →建 7，于 1771 年迁居古庵，2013 年后裔 40 余人
			上乙公	国 1 →断支
		光旺公	上良公	国 5 → 9 世启 2 → 10 世建，2013 年后裔 100 余人
			上钒公	断支
			上易公	国 1 → 9 世启 3 →建 1 道清公兼祠

续表 1-8

四世	五世	六世	七世	八世……2013 年繁衍十五世辈
惟赋公 字仲友 （1691—1778）	祈长公 字正远 号静庭 （1721—1798）	光旺公	上力公	断支
		光天公	上寺公	国 5 → 启 14 → 建 17，2013 年后裔 110 余人。其中 13 世辈日顺公民国期间入伍史居台湾高雄
		光龄公	上　公	断支
		光　公	上甲公	国 2 →启 1 →建 4，原祖辈迁往上寮后裔于 1993 年间迁回西地，2013 年后裔 20 余人
惟科公 字登友	祈和公 字正乐	光慧公 字方敏 名　运 号睦村	派迁 上寮居住	

大垢包氏族系　始祖大谟公在八凤垟开基，二世第五房世玖公，衍三世家骝公，衍四世次子惟义公，衍五世第四房祈宝公迁居大垢。2013 年，繁衍十五世辈，后裔孙 300 余人。

大垢包氏宗族派系简表

表 1-9

第五世	第六世	第七世	第八世……
祈宝公 字正美 号辉庭 （1721—1805）	光涟公 字方漪 号清圆 （1738—1814）	上灏公	国 4 →断支
		上洁公	断支
		上淇公	国 2 →启 2 →繁衍 2013 年裔孙 20 余人
		上潢公	国 2 →启 2 →建 3 于 1933 年徒迁白岩下，后裔于 1993—2013 年陆续迁回西地，2013 年裔孙 50 余人
	光云公 字方波 号瑞山 （1746—1824）	上　公	断支
		上漩公	国 5（国芙公乾隆年间迁居南僻）→启 2 →建 2 后裔于 20 世纪 80 年代迁回西地，2013 年后裔 10 余人
		上溉公	国 1 →启 1 →断支
		上淡公	国 1 →启 3 →建 2013 年裔孙 10 余人
	光润公 字方慈 号简亭 （1753—1849）	上淦公	国 2 →启 1 →断支
		上汜公 迁居沙岭	国 2 →启 2 →建 2 →后裔 20 世纪 90 年代迁回新厝底，2013 年后裔 10 余人
		上智公	国 3 →启 4 →断支
		上涯公	国 5 →启 4 →建 4 →迁居半溪腾水垟（有后裔迁居前坪）

续表 1-9

<table>
<tr><th>第五世</th><th>第六世</th><th>第七世</th><th>第八世……</th></tr>
<tr><td rowspan="10">祈宝公
字正美
号辉庭
（1721—1805）</td><td rowspan="3">光润公
字方慈
号简亭
（1753—1849）</td><td>上渥公</td><td>国 1 →启 1 →建 2 →迁居前坪</td></tr>
<tr><td>上皆公</td><td>国 4 →断支</td></tr>
<tr><td>上源公</td><td>国 1 →启 4 →断支</td></tr>
<tr><td rowspan="7">光缵公
字方湖
号肥圆
（1756—1815）</td><td rowspan="2">上浦公</td><td>国英公迁居白岩下→启 5 →建 13，于 2000 年间陆续迁回西地，2013 年后裔 70 余人</td></tr>
<tr><td>国芊公于 1890 移居南乾→启 4 →建 11，现有后裔孙 50 余人</td></tr>
<tr><td>上许公</td><td>国 1 →启 3 →建 5，2013 年后裔孙 110 余人</td></tr>
<tr><td>上溱公</td><td>迁居沙岭</td></tr>
<tr><td>上济公</td><td>乾隆年间迁居沙岭，其中启建公派系于 1950 年迁回西地水碓仔，2013 年裔 15 余人</td></tr>
<tr><td>上灌公</td><td>嘉庆年间迁居沙岭</td></tr>
</table>

高畲垟包氏族系 原西地八凤垟包氏开基始祖大谟公派系次房（二世）世玖公派系（三世）家骝公派系次子（四世）惟义公长房子（五世）祈叶公（字正本、生失考）徙迁高畲垟居住，至 2013 年繁衍十五世辈有后裔孙 170 余人。

高畲垟包氏宗族派系简表

表 1-10

<table>
<tr><th>六世</th><th>七世</th><th>八世</th><th>九世</th><th>2013 年繁衍十五世辈</th></tr>
<tr><td rowspan="3">光士公
字方能
（1728—1803）</td><td>上华公
字伯深
（1760—1818）</td><td>世 3</td><td>世 9</td><td>10 世 1……15 世后裔孙 10 余人</td></tr>
<tr><td rowspan="2">上诠公
字仲弊
号混源
（1767—1835）</td><td>国葱公（监生）
字珩成
原名景
号秀圆
（1809—1880）</td><td>世 4</td><td>10 世 6……15 世辈后裔孙 150 余人，其有道箱公派系迁大坵后裔孙 10 余人；道焕公派系下 13 世孙迁福建柘荣城关</td></tr>
<tr><td>国仁公（监生） 字苏成
原名通 号概圆
（1815—1900）
9 世 2 10 世 4
15 世辈现有后裔孙 10 余人</td><td>世 2</td><td>10 世 4……15 世辈后裔孙 10 余人</td></tr>
</table>

白水漈、坟前包氏族系 泗溪玉岩下坪包氏第十三世家梅公派房，系第十五世祈戬公之派系光英公长子上耕公徙迁白水漈居住，光连公长子上昔公、光撄公子上耦公、光榭公长子上俐公各徙迁坟前居住。

白水漈与坟前包氏宗族派系简表

表 1-11

<table>
<tr><th>一世</th><th>二世</th><th>三世</th><th colspan="2">四世……2013 年繁衍后裔</th></tr>
<tr><td rowspan="12">祈戬公
字正昌
号慰村
（1723—1807）</td><td rowspan="4">光英公
字方架
号谨园
（1747—1824）</td><td rowspan="2">上耕公
（白水漈派房）</td><td rowspan="2">国 4 →启 1</td><td>建贤公派移居沙岭</td></tr>
<tr><td>建录公派下二子移居沙岭；次子于 2010 年移居西地，2013 年后裔 10 余人</td></tr>
<tr><td>上耘公
居岩头下坪</td><td colspan="2"></td></tr>
<tr><td>上耜公
迁居瓜埸</td><td colspan="2"></td></tr>
<tr><td rowspan="2">光撄公
字方栽
（1749—1824）</td><td rowspan="2">上耦公</td><td colspan="2">国存公→启 1 →建 3，……2013 年后裔 20 余人</td></tr>
<tr><td colspan="2">国桐公→启 1 →建 1，……2013 年后裔 15 余人</td></tr>
<tr><td>光连公</td><td>上昔公</td><td colspan="2">国 1 →启 1 →断支。</td></tr>
<tr><td rowspan="4">光榭公
字方序
号艺台
（1761—1836）</td><td>上俐公</td><td colspan="2">国 2 →启 6 →建 4，……2013 年后裔 20 余人</td></tr>
<tr><td>上纫公</td><td colspan="2">断支</td></tr>
<tr><td>上介公</td><td colspan="2">国缨公→后裔迁居杭州富阳县九庄大山脚大垟</td></tr>
<tr><td>上讷公</td><td colspan="2">国 2 →启 3 →建 3，……2013 年后裔 15 余人，其建监公派下迁居九峰（灵章山）</td></tr>
<tr><td>光槎公</td><td>派系
迁居斋堂坑</td><td colspan="2"></td></tr>
</table>

池垢、路下包氏族系 泗溪玉岩下坪包氏第十三世祖家松公派房次子惟旗公长子祈勉公之长房（十六世祖）光斌公徙迁西地池垢居住，次子房上鲇公移居路下，三房子上元公系池垢房派。至 2013 年，繁衍裔孙 160 余人。

池坵、路下包氏宗族派系简表

表 1-12

一世	二世	三世	四世……2013 年繁衍后裔
祈勉公 字正任 号坚亭 （1725—1798）	光斌公 字方邑 号心平 （1751—1862）	上 公	移居不详。
		上鲇公 字起兴 号重山 （1787—1858）	国 4 →启 9 →建 23 → 2013 年繁衍后裔 120 余人（路下派房）
		上元公 字起断 号仰山 （1792—1862）	国 4 →启 5 →建 2 → 2013 年繁衍后裔 40 余人（池坵派房）
	光必公 字方宣 （1765—1820）	上 1	国 1 →启 1 →断支

垟头里厝、外厝包氏族系　玉岩深度包氏第六房开派祖存愈公派系，六十五世祖世敏公长子家宦公派系下六十八世祖祈规公迁居西地垟头，现繁衍 10 世，有后裔 100 余人。其中上卯公派系下七十四世清派公于 1959 年从部队转业江西弋阳定居后，现有后裔孙 7 人。

垟头里厝、外厝包氏宗族派系简表

表 1-13

一世	二世	三世……十世现有后裔孙 100 余人
祈规公 字正员号敏亭 （1742—1804）	光昕公 字方旦号明付 （1762—1842）	上子公—国 2—敀 4—建 8—道 7—现有后裔孙 55 余人
		上卯公—国 3—敀 3—建 3—道 5—现有后裔孙 12 余人清派公派下迁居泗溪白粉墙
		上双公—国 1—断支
		上佺公—国 1—敀 1—建 1—断支
	光盼 字永昶号温庭 （1969—1836）	上骊公—国 3—5—建 2—现有后裔孙 10 余人
		上驱公—断支
	光易 字方学号恒付 （1776—1835）	上骈公—国 1—断支
		上骆公—断支
		上骍公—国 3—敀 1—断支
	光晓 字方瑜号曙付 （1779—1832）	上骞公—国 2—敀 5—建 4—现有后裔孙 15 余人
		上鹄公—断支

林氏

林氏迁徙史，泗溪莘阳派系廿四世瑞材公第六房日广公，清康熙四年（1665）从西潭迁徙西地，繁衍11世，居西地4人；2005年上育公携家属复徙白粉墙。

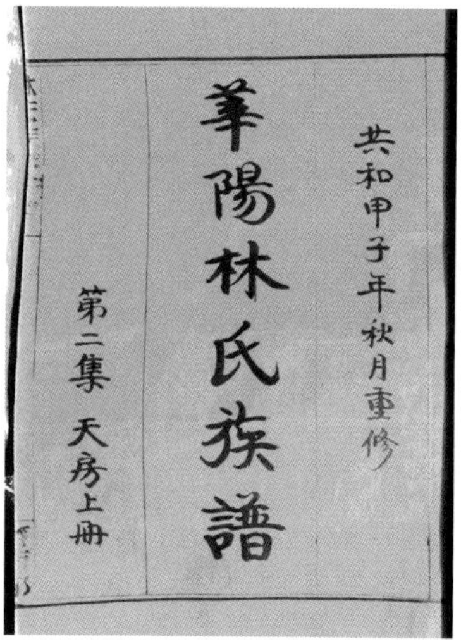

林氏族谱

曾氏

于乾隆乙丑年（1745）从泗溪书院迁徙西地坟前上厝仔，繁衍二房道光辛巳年（1821）构屋迁居垟心，第一房祖文华公派下第四世祖道光庚戌年（1850）由垟心移居横溪至第六世祖断支。第二房祖顺邑公繁衍三房，其中第三房祖官珍公于咸丰八年（1858）构屋本村秀垟底迁居，后因屋在光绪二十四年（1898）失火返回垟心居住。2013年，后裔孙有400余人。

曾氏宗谱

坑坪派系原籍泗溪三槇垟十三世祖锡金公派系，曾顺凰，顺鸣公第三房子，曾秋官，孔静公，于清嘉庆乙亥年（1815）迁居坑坪，第十八世祖曾大利，亨园公，于1986年迁居西地垟尾，现有20余人。

垟心曾氏宗族派系简表

表1-14

<table>
<tr><th>一世</th><th>二世</th><th>三世</th><th>四世</th><th>五、六世2013年繁衍后裔</th></tr>
<tr><td rowspan="3">心智公
字邦玺
号玉斋
（1722—1797）</td><td>文华公
原名茂晏
（1743—1772）</td><td>官1</td><td>清6</td><td>民2自2—断支</td></tr>
<tr><td rowspan="2">顺邑公·耆宾
乳名光祖
又名茂旭
字秀岐
又字秀荣
号居山
（1749—1826）</td><td rowspan="2">官轩公·耆宾
乳名怀忠
字希施
号朗园
（1771—1836）</td><td>清1</td><td>未取室断支</td></tr>
<tr><td>清漩公·
监生</td><td>3子→3孙→2013年后裔36余人</td></tr>
</table>

续表 1-14

一世	二世	三世	四世	五、六世2013年繁衍后裔
心智公 字邦玺 号玉斋 （1722—1797）	顺邑公·耆宾 乳名光祖 又名茂旭 字秀岐 又字秀荣 号居山 （1749—1826）	官轩公·耆宾 乳名怀忠 字希施 号朗园 （1771—1836）	清漪公·监生	1子→3孙→2013年后裔100余人
		官辕公 原名怀贤 字三 号璞堂 （1776—1854）	以楠公·庠生	3子→11孙→2013年后裔130余人
			清枫公	3子→9孙→2013年后裔20余人；家钏公迁居湖州
		官珍公·贡生 原名怀纯 字道转 号方衢 （1782—1867）	清桢公	1子→2孙→2013年后裔50余人
			震东公·监生	8子→4孙→2013年后裔30余人安元公派系已迁居福建漳州华安县沙建乡官古村

王氏

西地王氏是泗溪�竹坑迁基始祖派系第四世祖于邦公派元四公派房（八世祖）贞十四公派系（十三世祖）—龙公派（十六世祖）正明公派，以两个支派前后迁入境内。

茂端公派系 系一龙公十九世祖，于民国25年（1936）徙迁西地堪兜，至2013年，衍六世辈裔孙60余人。

王氏茂端公派系简表

表 1-15

一世	二世	三世……繁衍2013后裔
茂端公 字清原 号和轩 （1821—1941）	昌施公 字子有 （1894—1932）	居住上寮祖屋第四世于1995年迁居西地，2013年裔孙10余人
	昌救公 字子恩 （1912—1964）	子2→孙6→2013年裔孙30余人
	昌猛公 字子威 （1917—1959）	子1→孙3→2013年裔孙20余人
	昌袱公派系	居住原上寮村

神盛公派系 系一龙公十七世祖（第六子），于乾隆甲申年（1764）迁居上寮，衍第二十一世孙行友、行砚，分别于1978年、1991年迁入西地大垟，至2013年，衍裔孙7人；同派系（第五子）第二十一世孙行春，于2008年从斋堂纸园迁入西地坟前开发区，至2013年，衍裔孙8人。

吴氏

章满公，于民国28年（1939）从卢梨投亲迁入西地大垟，至2013年，衍4世，6人。

曹氏

仁庄公，于民国37年（1948）从九峰投亲迁入西地垟头，至2013年，衍3世，7人。

张氏

村民恒宝，于1997年从苍南天井沙坑迁入西地新厝底，至2013年，衍3世，10多人。

黄氏

村民加焱、加金、加雪、细应、益伟、礼新、礼鹤，于2008年随扶贫下山政策落实，从甘竹迁入西地坟前开发区，至2013年，7户26人。

第二章 自然环境

第一节 地 貌

山峦

境内以南雁荡山脉主峰九峰尖（海拔1237.3米）从上佛垟延伸入境。远处东大岗头、西南良水尖（海拔801米），构成首尾高峻之形。近处南大坪仔、西南炮台岗、西北龙坪、东北来龙岗，海拔448 ~ 890米，群山环抱，山峦层叠。

盆地

东旁堪兜垟，南面皆塆、南乾、坑底垟，西边坟前长蛇，北向纸垄、宫前垄，片片梯田、层层依偎，四周山麓、园地连绵，整体犹如船形盆地。

溪流

境内有1条穿村小溪，涓涓细流，温情脉脉。还有2条过境溪流，重山复水，汩汩而过。

新垟溪仔 以南向西、穿村流淌，源于大庵堂山脚，经岭门至中学门前折北流向大垟，过岽仔尾一桥到信用社门前，再经新垟二桥、于水碓仔前左转西南到垟心出口，流向鸬鹚墩、汇入横溪。流长1100米。

三重漈溪 位于境域东南方向，源于九峰尖西南侧山麓，以西向南经古院、旁槐垟，至前坪仔水库与九峰溪流汇合，直下三重漈，经九里潭至车水溪与大长坑合流，经石门、

三重漈溪

玉岩折向泗溪下桥注入大溪，流程约 25 千米。

横溪　位于境域西北方向，源于上佛垟西南侧林地，流入上寮村直下漈园至横溪桥，以东向西流经新峰电站，于黄滩交汇横坑溪后出溪源，在下桥泗水汇合。流程约 20 千米。其中，境内流程 4 千米。

湿地

境内水源丰富，湿地诸多。双墩垟、秀垟底、宫前垅湿地，分别为 6.67 公顷、2.67 公顷、2 公顷。还有垟心纸垅、坟前长垅、古庵、路下垟、高畲垟、坑坪和芦塘、麻竹、仰天湖、驮象岚、大庵塘等 10 多处，计 34 多公顷。

横溪黄滩峡谷

第二节　土　壤

村域耕地总面积 97.2 公顷，其土壤均属黄泥土土种。土壤母质为流纹岩和凝灰岩风化体残积坡积物，土层较深、一般大于 70 厘米。土壤质地多属重壤土和黏土、以重壤为主，土壤酸碱度 pH5.0 ~ 6.3，酸性至微酸性反应。

由于植被生长较繁茂，土壤养分含量较高，表土层有机质含量达 7.01% ~ 15.12%。山地黄泥土氮钾养分中等偏高，全磷养分偏低，适于绿化造林、培植毛竹林或育草。山地黄泥田土层厚达 60 厘米以上，土壤养分钾素丰富，氮素中等偏下，磷素极低，适合种植单季杂交水稻。如种好绿肥，增施有机肥与磷肥，可以改一熟为二熟，提高复种指数和单产水平。

第三节　气　候

西地村属中亚热带海洋型季风气候，四季分明，气候温和，多山近海，雨量丰沛。春夏水热同步，秋冬光热互补，高山云雾弥漫，低山空气湿润。偶尔有旱、涝、风、冻和倒春寒自然灾害现象。

四季特征

春季　自 3 月下旬至 6 月中旬，历时 80 多天，季平均气温 16.5℃ ~ 18.5℃。其间，冷暖气流交换频繁，气温波状上升，偶有“倒春寒”和晚霜、雪、冰雹出现。4 月极端最高气温 32℃（1987 年 4 月 13 日），极端最低气温 -0.8℃（1965 年 4 月 5 日），变幅 35℃。4—5 月雨日 43 天，月平均降水量约在 200 毫米以上，降水较冬季显著增多。

夏季　入季时间 6 月中旬至 9 月中旬，持续 90 多天，季平均气温 23℃ ~ 25℃。初夏梅雨期阴雨连绵，常有大雨、暴雨出现。7 月初出梅进入盛夏后，晴热少雨，易出现伏旱。7—8 月台风活动较频繁，常伴有降水过程，有时可解除或缓和旱情，但影响严重时即造成风灾和洪涝灾害。

秋季 9 月中旬至 11 月下旬，时长 65 天左右，季平均气温 14℃ ~ 16℃。秋分前后，暖、冷气流再次交绥，气温缓慢下降，昼夜温差大。中秋后，秋高气爽，易旱少涝。

冬季 自11月下旬至翌年3月下旬，历时120多天，季平均气温6℃ ~ 8℃。其间降水量少，天气干冷，1—2 月极端最低气温在 -8℃。遇寒潮侵袭时，出现降雪、冰冻等灾害性天气。

附录：按稳定气温全县各季平均历时

1991—2010 年泰顺县按稳定气温四季平均历时

表 1-16

季节	按月份	按气候		
		稳定气温	平均入季时间	平均历时
春	3—5	10℃ ~ 22℃	3 月 28 日至 6 月 18 日	83 天
夏	6—8	＞22℃	6 月 19 日至 9 月 13 日	87 天
秋	9—11	10℃ ~ 22℃	9 月 14 日至 11 月 21 日	69 天
冬	12—2	＜10℃	11 月 22 日至 3 月 27 日	126 天

说明：稳定气温，指连续五天稳定通过气温

气温

1961—2013 年平均气温 14.4℃，年际变动范围 13.7℃ ~ 15.0℃，变幅 1.3℃。常年最高气温出现在 7 月和 8 月份，年际最高气温变动范围 33.5℃ ~ 37.7℃。2003—2013 年，气温≥ 32.5℃年均日数 13 天，其中 7 月份平均 4 天，8 月份平均 9 天。2010 年极端最高温度 34.1℃，出现在 8 月 14 日，2013 年极端最高气温 37.7℃，出现 2013 年 8 月 8 日 14 时 42 分。常年最低气温出现在 12 月和 1 月份，年际最低气温变动范围 -8.1℃ ~ 1.5℃。极端最低气温先后出现有 1963 年 1 月 8 日 -6.7℃、1983 年 12 月 31 日 -8.1℃和 1999 年 12 月 23 日 -7.3℃。

农业生产丰歉取决于农业技术和投工投肥外，气候因素影响起着至关重要作用。村民们在长期劳动实践中，逐渐认识到季节更替和气候变化规律，为各时段农事活动提供依据。

二十四节时常年气候及主要农事

表 1-17

月份	节气	平均气温（℃）	主要农事（未包括水稻、番薯粮食作物）
1 月	小寒	6.3	春花作物培育管理，大棚蔬菜田间管理，防冻工作
	大寒	6.0	

续表 1-17

月份	节气	平均气温（℃）	主要农事（未包括水稻、番薯粮食作物）
2月	立春	5.7	马铃薯、蔬菜、蒲瓜、春草莓、番茄等播种及田间管理
	雨水	7.6	
3月	惊蛰	9.5	种植各种豆类、春大白菜、西瓜、大棚茄子、番茄等蔬菜
	春分	10.7	
4月	清明	13.6	苦瓜、生姜、春黄瓜、大棚茄子、番茄等蔬菜等田间管理、除草，及部分蔬菜中后期病虫害防治管理
	谷雨	17.6	
5月	立夏	18.5	毛芋、大葱、大白菜、小白菜、辣椒、茭白田间管理，茄子、番茄采收
	小满	20.0	
6月	芒种	22.0	西瓜、丝瓜、辣椒、夏番茄、夏黄瓜田间管理及病虫害管理
	夏至	23.9	
7月	小暑	25.8	可种植南瓜、豇豆、秋黄瓜，田间管理及病虫害防治等
	大暑	25.7	
8月	立秋	25.2	可种植葱、蒜、香菜、盘菜、夏大白菜等，除草、病虫害及田间管理
	处暑	24.9	
9月	白露	23.6	种植大白菜、小白菜、花菜、芹菜等
	秋分	20.3	
10月	寒露	18.4	种植菠菜、萝卜、大白菜；注意除草、病虫害等
	霜降	16.4	
11月	立冬	14.9	种植芥菜、蚕豆等
	小雪	10.9	
12月	大雪	8.7	种植蚕豆、西兰豆、油菜等
	冬至	6.9	

降水

西地多山近海，雷雨频繁，雨量丰沛。1961—2013年，年平均降水量2208.1毫米。降水量最少每年份是1971年1282.8毫米，降水量最多每年份是2010年2656.6毫米。2011年降水量2578.7毫米，是全县降水量最多乡村。

年降水量季节分布不均，6月降雨最多，12月降雨最少。3—4月春雨期，雨日多，降雨强度小。5—6月梅雨期，暴雨增大，降雨强度加大，降雨量约在690.3毫米，占年雨量26%。7—8月台风雷阵雨期，雨日55天，总雨量928.8毫米，占年雨量35%。4—9月月平均降雨量均在260毫米以上，占年雨量62%。冬、春、夏季雨量明显偏多；秋季偏少。

年连阴雨日最长113天，出现在1973年3月29日至7月2日。年降雨日最多1970年235天，最少1969年167天。日降水量最大772.2毫米，出现在1960年8月9日。

云雾 日照

西地为泰顺境内多雾山村之一，2010年共出现大雾（能见度≤1000米，能见距离1000米以内）31天，平均每月2.6天，8月平均5.6天为最，3月平均3.8天次之。

1961—2013年，年平均日照时数1622.6小时。最多是1963年有2156.2小时，最少是1973年仅1410.0小时，相差746.2小时，高出年平均日照时间的1/3。2013年日照时数1595.8小时，比年平均日照偏少26.8小时，最多7月为220.5小时，最少2月为85.5小时。

湿度 蒸发

1991—2013年，平均相对湿度83%。相对湿度最大1991年和2004年为86%，最小是2004年和2008年为78%。平均年蒸发量1339.6毫米，与年均降水量2338.5毫米相差998.9毫米。蒸发量最多2003年为1592.3毫米，最少1999年1032.1毫米。

霜雪

2013年无霜期270天，比历年（历年平均按省统一规定1971—2000年取值标准）平均241.2天，偏多28.8天，比上年偏少4天，初霜出现在12月8日，比历年平均偏迟23天，终霜出现在3月12日，与历年平均时间相同，比上年偏早9天。常年初霜出现在11月中旬，终霜以3月上旬为最。

常年初雪出现在11月上旬，最迟在2月下旬，初终间隔60～70天。初雪期最早在1981年11月9日，最迟是1987年2月27日。终雪期最早在1972年12月31日，最迟是1987年4月13日。最大积雪是1983年12月30日和1985年3月30日，深度为33厘米，最长积雪时间在1984年12月20—29日10天。21世纪始至2013年，较大两场雪出现在2003年1月7日、2010年12月15日夜里到16日，积雪深度分别为20厘米和28厘米。

灾害性天气

干旱 梅雨季节结束后，受太平洋副热带高压控制，炎热少雨，易形成伏旱。太平洋副热带高压异常稳定强大时，易发生伏秋连旱。冬季大陆性冷高系统南下，若控制时间过长或途径偏西，易发生冬旱。1961—1981年，出现伏旱或伏秋连旱10次，其中连续21～40天无降雨小旱7次，连续41～60天无降雨中旱1次，连续60天以上无降雨大旱2次。秋冬旱共15次，大、中、小旱各5次。

暴雨 多受台风影响，常有暴雨（日降水量≥50毫米）发生，1961—2013年，年平均6～7次，5—9月暴雨次数为最、占全年85%左右，50毫米≤日降水量≤100毫米，占暴雨总数80%左右，日降水量≥100毫米占暴雨总数10%左右。因地势陡峻，溪门狭窄，汇流时间短，上游蓄洪能力低，下泄速度快。一旦暴雨来临，极易导致山洪暴发，引起洪涝。

台风 地域靠近苍南、福鼎沿海，1961—2013年，受台风影响共65次（其中成灾19次），8月最为集中，约占一半。台风常伴有大雨或暴雨，过程降雨在50～100毫米20多次，占40%左右，其他都在100～200毫米以上。影响最早是6104号台风，出现在5月21日至6月1日，影响最迟是7315号台风，出现在10月2日至10月10日。

冰冻　主要是大雪冰冻和倒春寒。1960—2013年，出现大雪冰冻13次，倒春寒7次。

冰雹　多出现在春末夏初下午，降雹时间短，常伴有大风。小如豆粒，大似鸡蛋（少见），近年来降雹经常，但灾害性不大，只是偶尔一遇。

第四节　灾　害

自然灾害采于泰顺县志、档案馆档案及口碑资料。台风与暴雨交织，台风只记时间，灾情于水灾中记载。

台风

清·嘉庆十四年（1809）七月，飓风。

民国24年（1935）8月，台风暴雨。

民国28年（1939）7月，台风暴雨。

民国29年（1940）夏，飓风。

1952年7月21日，7号台风。

1955年8月23—27日，19号台风。

1956年9月3日、23日，分别22号、27号台风。

1958年9月4日，22号台风。

1961年5月19—20日台风雨，10月3—4日有8—10级台风。

1962年9月5—6日，台风暴雨。

1963年9月11—16日，台风雨。

1965年8月19—21日，强台风暴雨。

1969年9月27日，台风暴雨。

1973年10月11日，强台风暴雨。

1977年8月1日，台风暴雨。7月29—31日，台风暴雨。

1985年8月22—25日，强台风暴雨。

1990年8月17—22日，12号台风。

2004年8月12日，14号台风“云娜”。8月24日，18号台风“艾利”。

2005年7月18日，台风“海棠”。9月1日，13号台风“泰利”。

2006年8月10日，苍南县马站登陆8号台风“桑美”。

2007年8月19日，9号台风“圣帕”。9月18日，苍南登陆13号强台风“韦帕”。

2009年8月8日，8号台风“莫拉克”。

水灾

明·成化十九年（1483）六月十九日，大水。

明·正德十三年（1518）十一月十八日，大水。

明·嘉靖十一年（1532）七月二十四日，特大雨雹。二十七日，大风雨。

明·嘉靖二十七年（1548）七月初一，大水，坏庐舍。

明·嘉靖二十八年（1549）八月，大水，坏民居、田园。

明·隆庆二年（1568）七月二十六日，大雨一昼夜，漂民居、田园。

清·康熙三十八年（1699）九月，大水，漂民居。

清·康熙五十一年（1712），大水。

清·乾隆十七年（1752）七月十五日，大雨水，田地受灾。

清·嘉庆二年（1797）三月，特大雨雹，秧苗尽伤，人畜有被击死，是年大饥。

清·嘉庆十四年（1809）十月，淫雨，山种歉收，腊月饥。

清·嘉庆二十四年（1819）夏，大雨雹。

清·嘉庆二十五年（1820）四月，大雨雹。

清·道光二十八年（1848）秋，大水。

清·咸丰三年（1853）六月十二日至二十四日大风雨，全村似欲陷。年饥。

清·咸丰十年（1860）夏，大水，西地尤甚，民居、田园多被漂坏。

清·咸丰十一年（1861），大水，田多被淹。

清·同治十二年（1873年）六月，大雨雹。

清·同治十三年（1874）三四月间，雨雹。

清·光绪二年（1876）春、夏，淫雨。六月十一日大水，田地多被坍没。

清·光绪四年（1878）正月，多雨，一月仅晴六日。

民国元年（1912）8月15日前后，大风雨，洪水泛滥。

民国24年（1935）8月，暴雨，4—8日降雨346.3毫米。

民国28年（1939）7月，大暴雨，14—16日降雨301.8毫米。

民国29年（1940）夏，洪水大作，庄稼严重歉收。

民国32年（1943）7月，大水，月降雨949毫米。

1952年7月21日，台风大暴雨，日降雨193.5毫米。

1955年1月，8月23—27日，台风暴雨，降雨209.2毫米。

1956年9月3日，台风大暴雨，降雨167.4毫米；23日台风特大暴雨，降雨1931毫米。

1958年9月4日，台风大暴雨，降雨185.0毫米。

1960年7月28日至8月14日，两次台风暴雨，降雨量达772.2毫米，8月9日西地横溪水库冲毁。

1961年5月8日，冰雹。5月19—20日，台风雨。

1962年9月5—6日，台风暴雨。

1963年9月11—16日，台风雨，房屋倒塌，稻田受损。

1965年8月19—21日，强台风暴雨，塌、坏房屋，淹番薯、晚稻。

1967 年 7 月 19 日，冰雹大风，瓦碎 4.3 万张，农作物受损失。

1969 年 9 月 27 日，台风暴雨。

1970 年 9 月 19 日，大暴雨。

1973 年 3 月 29 日至 7 月 26 日，连续阴雨 113 天，水土流失严重。10 月 11 日，强台风暴雨，水稻、番薯基本绝收。

1977 年 4 月 25 日下午，冰雹。8 月 1 日，台风暴雨，淹农田，毁桥梁，塌房屋。

1979 年 8 月 20 日，山洪暴发。

1982 年 3 月 5 日，冰雹、大风，房屋受损。7 月 29—31 日，台风暴雨受灾，倒、折电讯线杆。

1984 年 7 月 16 日，大风雨，早稻成片倒伏。

1985 年 7 月 14 日，局部大风雨、冰雹。7 月 25 日，大雨冰雹，水稻、番薯受灾。初秋，暴雨，9 月 16—28 日降雨 372.9 毫米，晚稻生长受严重影响。8 月 22—25 日，强台风暴雨。

1989 年 4 月 19 日、6 月 18 日，大暴雨，日降雨量超 100.0 毫米，山洪暴发，淹田毁路。7 月 21—22 日，特大暴雨。

1990 年 8 月 17—22 日，台风暴雨，发生百年未遇特大洪灾。

2004 年 8 月 12 日，台风暴雨。8 月 24 日，台风暴雨。

2005 年 7 月 18 日，台风暴雨。9 月 1 日，台风暴雨。

2006 年 8 月 10 日，台风暴雨，损失严重。

2007 年 8 月 19 日，台风暴雨。9 月 18 日台风暴雨。

2009 年 8 月 8 日，台风暴雨，受灾严重。

旱灾

明·正德三年（1508）五至九月，大旱、岁饥。

明·正德五年（1510），大旱、年饥。

明·嘉靖五年（1526 年）五至八月，旱，无禾。

明·嘉靖六年（1527），大旱，无禾，旱情比上年更重。

清·康熙四十五（1706）、四十六年（1707），夏秋旱，米腾贵。

清·乾隆十六年（1751）六、七月，大旱。

清·嘉庆十六年（1811）夏，旱，禾多枯槁。

清·道光十三年（1833），旱。

清·光绪四年（1878）六月，旱。

民国 18 年（1929）8 月 29 日至 11 月 5 日，旱。

民国 22 年（1933）9 月 20 日至次年 1 月 31 日，秋冬连旱。

1950 年 8 月 29 日至 11 月 5 日，旱 65 天。

1953 年 6 月 8 日至 8 月 15 日，晴热少雨，夏旱严重。

1954 年 9 月 11 日至 11 月 4 日，干旱少雨，45 天仅降雨 53.6 毫米。

1956 年 6 月 18 日至 9 月 2 日，旱 72 天。

1960 年 1 月 26 日至 3 月 1 日，旱 35 天降雨仅 5.0 毫米。9 月 30 日至 11 月 14 日，旱 46 天降雨 7.9 毫米。

1961 年 6 月中旬至 8 月初，旱，水稻受灾。

1962 年 11 月底至次年 2 月，71 天干旱少雨。

1964 年 10 月至次年 1 月 23 日，旱 83 天降雨 24.1 毫米。

1967 年 7 月 11 日至 11 月 12 日，干旱少雨。

1971 年 6 月 25 日至 8 月 28 日，旱 64 天降水仅 67 毫米，蒸发量 285 毫米，水稻受灾，人工降雨两次。

1979 年 9 月 26 日至 11 月 2 日，干旱无雨。

1983 年 7 月 19 日至 8 月 20 日，旱。8 月 21 日，人工降雨。10 月 29 日至 12 月 15 日，秋冬旱，48 天无雨。

1985 年 12 月 12 日至次年 1 月 31 日，旱 51 天降雨 15.9 毫米，水电停发。

1986 年 7 月 21 日至 8 月 20 日，旱 31 天降雨 51.6 毫米，水库无水，水电停发，二季晚稻无法播种。11 月 20 日至次年 2 月 11 日，旱 84 天降雨 35.0 毫米，同期蒸发量 206.4 毫米，水电停发，森林火灾频繁。

1988 年 9 月 30 日至 12 月 29 日，旱 3 个月降雨 33.7 毫米。

寒灾

明 · 嘉靖十年（1531）九月初九，降霜害稼，岁大饥。

清 · 道光十三年（1833）十二月至次年正月，大雪连旬，高山林木尽折，牛羊野兽冻死很多。

清 · 光绪三年（1877）十二月，雨雪间作，寒冱特甚。

1955 年 1 月，严寒。

1957 年 2 月中旬，严寒。

1960 年 1 月 23 日至 26 日，大雪冰冻，最低温度 –8℃，猪、羊冻死 60 多头。3 月 31 日至 4 月 4 日，倒春寒，马铃薯冻死，烂秧烂苗严重。

1964 年 2 月 21 至 26 日，大雪冰冻。

1968 年 2 月 1 至 10 日，大雪冰冻，压断竹木无数。

1971 年 1 月 29 日，大雪，超过 1971 年前有记录最深一次。

1972 年 2 月 7 至 9 日，大冰冻，断电力线杆，折竹木无数。

1974 年 4 月 1 至 3 日，倒春寒，烂秧烂苗严重，马铃薯冻死。

1983 年 12 月 29 至 31 日，大雪冰冻，交通中断，竹木折断甚多。

1984 年 1 月下旬至 2 月上旬，冰冻，交通中断，自来水管冰裂，树木压折。

1985 年 2 月 17 日至 3 月 6 日，低温阴雨，马铃薯下种、春茶开采推迟，大小麦、春花作物生长缓慢。3 月 30 至 31 日，春雪，积雪深度 2 厘米，为历年罕见。

1987 年 3 月 25 至 26 日，春雪冻害，首轮春茶冻萎，马铃薯冻烂无收。

1989 年 1 月 11 至 13 日，大雪冰冻，交通中断，树木被毁。

其他

明・正德九年（1514）八月初一，日食一时辰复光，不久地震。

清・嘉庆二十五年（1820）四月，地震。

清・咸丰三年（1853）三月，地屡震，近闽界尤甚。

清・光绪三年（1877）秋，虫蚀稻，近城一带尤甚，晚稻歉收。

民国 29 年（1940）夏，虫蝼成灾。

1956 年稻飞虱、螟虫为害严重。

1971 年水稻白叶枯病发生。

1973 年麦类赤霉病流行，番薯瘟危害严重。

1982 年 6 月下旬至 7 月上旬，稻瘟病。

1985 年单季杂交稻普遍发生穗瘟。

1986 年稻飞虱为害，每公顷虫量达 3000 万 ~ 7500 万只；稻秆潜蝇为害。

第三章　自然资源

境内野生动植物资源丰富，属国家一级、二级保护珍稀植物有 13 种，属国家重点保护动物有白颈长尾雉、水獭、穿山甲、青鼬、猫头鹰等。百年古树 14 株，还有奇特石龙、百米瀑布等。

第一节　植　物

伯乐树

野生植物有种子植物（裸子、被子植物），藻类、苔藓类和蕨类植物。知名维管束植物 2748 种，其中食用植物 636 种、药用植物 1397 种，属国家一级保护珍稀植物有南方红豆杉、水杉、伯乐树和莼菜等 4 种，二级保护珍稀植物有香果树、胡豆莲（山豆根）、野大豆、凹叶厚朴、闽楠、乐东拟单性木兰、短萼黄连、八角莲、紫茎兰等9种，三级保护珍稀植物有黄山木兰、银鹊树、沉水樟、银钟花等10多种，列为省级保护有青钱柳、野含笑、波叶红果树、龙须藤、绿樟、浙江红山茶、大叶三七（竹节人参）、东方古柯等。

藻类植物

蓝藻、绿藻、硅藻、甲藻、金藻、裸藻、黄藻7门。有平裂藻、微囊藻、胶鞘藻、最小胶球藻、细颤藻、隐球藻、蓝球藻、蓝针藻、螺旋藻、项圈藻、纤维藻、鱼林氏藻、普通小球藻、新月鼓藻、金团藻、四棘藻、螺形藻、梭形鼓藻、尖端舟形藻、直链藻、羽纹藻、针杆藻、舟形藻、飞燕角甲藻、沟环藻、凹沟裸形藻、宽腰多甲藻、复甲藻、黄丝藻、黄团藻、单鞭藻、小尖尾裸藻、最近裸藻、深绿囊裸藻、扁裸藻37属。

苔藓类植物

提灯藓、地钱、叶苔、细鳞苔、石地钱、泥炭藓、葫芦藓、真藓、羽藓、蛇苔、葫芦藓、羽平藓等。

蕨类植物

石松、江南卷柏、紫萁、松叶蕨、阴地蕨、观音座莲、海金沙、膜蕨、碗蕨、满江红、华东瘤足蕨、野鸡蕨、铁线蕨、细叶铁线蕨、狗脊蕨、耳蕨、宽羽线蕨、石韦、褐柄剑蕨、菜蕨、芒萁、贯众、反爪蕨、绵马鳞毛蕨、骨碎补等。

裸子植物

常见裸子植物有8科29种。苏铁科：铁树；杉科：杉木、樊柳杉、秃杉、水杉；松科：马尾松、华山松；柏科：圆柏、铺地柏、罗汉柏；罗汉松科：罗汉松、竹柏；罗汉板科：罗汉松；三尖杉：三尖杉、篦子三类杉、粗榧；红豆杉科：三尖杉、南方红豆杉、榧树；南垟杉科：南垟杉、萱麻。

被子植物

原有靛青、萱麻等植物，已绝迹，常见被子植物有68科348种。杨柳科：响叶杨、贵州白毛杨、滇杨、沙兰杨、大关杨、小青杨、意大利白杨、垂杨；杨梅科：杨梅；壳斗科：丝栗栲、贵州栲、水青冈、亮叶水青冈、米心水青冈、猴栗、西南米槠、厚皮栲、钩栲、高山栲、青冈栎、滇青冈、贵州青冈、亮叶山毛榉、多脉青冈、窄叶青冈、细叶青冈、岩青冈、包石栎、枇杷石栎、红丝栗、硬斗石栎、贵州石栎、粗穗石栎、乌冈栎、麻栎、桷栎、毛叶栎、岩栎、白栎、灰栎、板栗、毛栗等；桑科：家桑、岩桑、构树、柘树、竹叶榕、无花果；樟科：香樟、乌樟、臭樟、油樟、楠木、大叶樟、金丝楠、润楠、竹叶楠、大叶楠、香桂子、香叶树、猴舌楠、山枝茶、山胡椒、木姜子、绢毛木姜子、红叶木姜子、老鹰茶、檫木；杜仲科：杜仲；悬铃木科：法国梧桐；豆科：皂荚、中国槐、垟槐、紫穗槐、铁扫帚、黄檀、山合欢、紫荆、藤黄檀、红豆树、木蓝、岩豆藤、葛藤、山豆根、羊蹄甲、黑荆树、云实、银荆、苦参；苦木科：阎王刺、臭椿、刺臭椿；木樨科：白蜡树、桂花树、女贞、油橄榄、茉莉、迎春花、野桂花、青藤仔；鼠李科：拐枣、枣树、冻绿、鹿角刺；楝科：苦楝、香椿、毛椿、红椿、川楝；大戟科：重阳木、油桐、乌桕、毛桐、算盘子、野梧桐、山麻杆；山茶科：木荷、茶、油茶、贵州毛桧厚皮香、毛果桧、茶花；冬青科：冬青、小果冬青、大果冬青、刺叶冬青、铁冬青；玄参科：白花泡桐、紫花泡桐、川泡桐、毛泡桐、兰考泡桐、楸叶泡桐；台湾泡桐；漆树科：大木漆、小木漆、盐肤木、红麸杨、青麸杨、野漆树、黄连木、酸枣；紫薇科：楸树、梓树、花楸、滇播、白楸、凌霄花；蔷薇科：苦桃木、金樱子、刺藜、苹果、花红、黄梨、青皮梨、鸭梨、结桃、血桃、山毛桃、鸡血李、空心李、樱桃、野樱桃、中国樱花、日本樱花、杏子、海棠、野山楂、枇杷、木瓜、救军粮、月季、玫瑰、野蔷薇、小果蔷薇、山莓、悬钩子、黄刺玫、白枝泡、乌泡子、鸡爪茶、椙叶莓、山羊屎条、地红子、水杨梅、小叶石楠；五加科：鸭脚水、刺楸、五加、榴木、梁王刺、大卫梁王刺、通花、葛木、藤五加、常春藤；四照花科：灯台树、贵州灯台、车梁木；梧桐科梧桐；胡桃科：木兰、玉兰、广玉兰、厚朴、二月花、毛叶玉兰、五味子、八角、核桃、山核桃、枫杨、青钱柳、化香、黄杞；榛科：榛子；桦木科：光皮桦、桤木、云贵耳枥、遵义耳枥；芸香科：吴茱萸、花椒、野花椒、竹叶椒、降香、黄柏、山枇杷、柑、桔、柚、佛手、金橘、构橘、柿树、油柿子；榆科：多脉榆、小叶榆、榆树、沙棠、大果榆、青檀、朴树、西川朴、小叶村、青楸、牛筋树、糙叶树；金缕梅科：枫香、三角枫、莲木、合掌木、山荔枝、假桤；茜草科：黄栀子、丁木、水冬瓜、六月雪、铧钩藤、鸡矢藤等；莲香树科：山白果；石榴科：有石榴；无患子科：灯笼花；槭树科：五角枫、青榨槭、伯乐树；云叶科：岩风子；水青树科：水青树；杜英科：杜英、野杜英、水枇杷、红果猴欢喜、贵州猴欢喜；忍冬科：西南六道木、接骨木、金银花、细苞忍冬、水红木、山枇杷；椴树科：椴树；胡颓子科：胡颓子、牛奶子；茄科：枸杞；猕猴桃科：京梨、中华猕猴桃；杜鹃科：杜鹃、贵州杜鹃、小花杜鹃、小果南烛等；大风子科：山枫子、山拐枣、檬子树；锦葵科：木芙蓉；葡萄科：有葡萄、野葡萄、岩爬藤；马桑科：桑；蜡梅科：蜡梅、野蜡梅；木通科：三叶木通；小蘖科：十大功劳、南天竹、三颗针；虎耳草科：木亚木；夹竹杉科：夹竹桃、黄花夹竹桃、络石；海桐科：光叶海桐；清风藤科：罗泡花、清风藤；黄杨科：爪子黄杨；卫矛科：大叶黄杨、大花卫矛、苦皮藤、南蛇藤；省沽油科：接骨丹；山矾科：山矾、灰木；安息科：赤杨、云贵山茉莉、秤锤树；珙桐科：喜树；千层菜科：紫薇、马铃光；柳科：三春柳；山柳科：贵州山柳；交让木科：木冬瓜、海通；马鞭草科：黄荆、牡荆、臭牡丹、班鸠蒜；八角枫科：八角枫；桑寄生科：桑寄生；棕榈科：棕榈、棕竹；禾本科：斑竹、慈竹、金竹、楠竹、方竹、水竹、苦竹、刺竹、黑竹、箭杆竹、罗汉竹；木麻黄科：细枝木麻黄；三白草科：蕺菜（鱼腥草）、三白草；胡椒科：风藤；金粟兰科：及已、草珊瑚；杨柳科：垂柳、银叶柳；杨梅科：杨梅；胡桃科：青钱柳、少叶黄杞、化香；桦木科：亮叶桦、雷公鹅耳枥、川榛；壳斗科：板栗、茅栗、米槠、甜槠、南岭栲、马榍栲、苦槠、钩栗、青冈、赤皮青冈、云山青冈、卷斗青冈、米心水青冈、水青冈、巴山水青冈、石栎、硬斗石栎、多穗石栎、麻栎、白栎；榆科：糙叶树、紫弹树、朴树、青檀、山油麻、青榆、榔榆、榉榆；桑科：藤葡蟠、构树、大麻、桑；荨麻科：细野麻、苎麻、庐山楼梯草、糯米团、艾麻、毛花点草、紫麻、赤车、冷水花、雾水葛；山龙眼科：银桦、红叶树；檀香科：百蕊草；桑寄生科：槲寄生；马兜铃科：马兜铃、福建马兜铃、尾花细辛、马蹄细辛；蛇菰科：杯茎蛇菰；蓼科：金线草、荞麦、野荞麦、竹节蓼、虎杖、何首乌、荭草、杠板归、酸模；藜科：厚皮菜、藜、土荆芥、地肤、菠菜；苋科：牛膝、柳叶牛膝、喜旱莲子草、莲子草、刺苋、苋、鸡冠花、千日红；番杏科：粟米草；马齿苋科：大花马齿苋、马齿苋、土人参；落葵科：落葵；石竹科：蚤缀、簇生卷耳、石竹、瞿麦、霞草、牛繁缕、孩儿参、漆姑草、女娄菜、雀舌草；睡莲科：莼菜、莲；金鱼藻科：金鱼藻；毛茛科：小升麻、女萎、小木通、威灵仙、单叶铁线莲、短萼黄连、芍药、牡丹、毛茛、杨子毛茛、天葵、尖叶唐松草；木通科：木通、大血藤、短药野木瓜；小檗科：长柱小檗、八角莲、淫羊藿、十大功劳、南天竹；防己科：木防己、防己、金线吊乌龟、千金藤；木兰科：南五味子、鹅掌楸、黄山木兰、玉兰、广玉兰、紫玉兰、凹叶厚朴、木莲、含笑、野含笑、深山含笑、乐东拟单性木兰、两色五味子；蜡梅科：蜡梅；樟科：华南樟、细叶香桂、浙江樟、沉水樟、樟树、乌药、香叶树、山胡椒、山鸡椒、木姜子、薄叶润楠、建楠、红楠、浙江新木姜子、闽楠、浙江楠、紫楠、檫木；罂粟科：紫堇、小花黄堇、血水草、博落回、虞美人；白花菜科：醉蝶花；十字花科：芥菜、荠、碎米荠、臭荠、武功山泡果荠、松蓝、北美独行菜；钟萼木科：钟萼木；茅膏菜科：圆叶茅膏菜；景天科：瓦松、费菜、珠芽景天、凹叶景天、佛甲草、垂盆草；虎耳草科：落新妇、人心药、大叶金腰、溲疏、常山、圆锥绣球、矩形叶鼠刺、扯根菜、蛛网萼、绢毛山梅花、冠盖藤、虎耳草、粉绿钻地风、黄水枝；海桐花科：海桐；金缕梅科：蕈树、细柄蕈、蜡瓣花、圆头蚊母树、枫香、木、尖叶半枫荷、水丝梨；杜仲科：杜仲；悬铃木科：二球悬铃木；蔷薇科：龙芽草、假升麻、贴梗海棠、野山楂、蛇莓、白鹃梅、草莓、蛇含、郁李、樱桃、日本樱花、豆梨、沙梨、绣毛石斑木、硕苞蔷薇、野蔷薇、金樱子、玫瑰、掌叶覆盆子、蓬、茅莓、木莓、地榆、江南花楸、绣球绣线菊、野珠兰、波叶红果树；豆科：羽叶金合欢、合萌、合欢、三籽两型豆、龙须藤、云实、鲌子梢、锦鸡儿、紫荆、响铃豆、野百合、黄檀、鱼藤、小槐花、蔓茎葫芦茶、毛野扁豆、胡豆莲、皂荚、野大豆、华东木蓝（山豆根）、马棘、鸡眼草、中华胡枝子、美丽胡枝子、马鞍树、南苜蓿、香花崖豆藤、含羞草、常春油麻藤、花榈木、豆薯、猴耳环、老虎刺、野葛、刺槐、田菁、苦参、槐树、红车轴草、回籽野豌豆、野豇豆、紫藤；酢浆草科：酢浆草、红花酢浆草；野老鹳草、天竺葵；古柯科：东方古柯；芸香科：柚、佛手、柑橘、吴茱萸、金豆、金橘、臭常山、枸橘、茵芋、飞龙掌血、竹叶椒、两面针；苦木科：臭椿、苦木；楝科：米兰、楝树、香椿；远志科：瓜子金、狭叶香港远志；大戟科：铁苋菜、黑面神、巴豆、泽漆、算盘子、白背叶、野梧桐、山靛、青灰叶下珠、蜜柑草、蓖麻、大油桐；漆树科：

南酸枣、盐肤木、野漆树、木蜡树、漆树；冬青科：满树星、枸骨、台湾冬青、广东冬青、小果冬青；卫矛科：南蛇藤、哥兰叶、卫矛、扶芳藤、冬青卫矛、雷公藤；省沽油科：野鸦椿、省沽油、银鹊树；茶茱萸科：甜果藤；槭树科：三峡槭、小鸡爪槭、建始槭；无患子科：无患子；清风藤科：绿樟、异色泡花树、鄂西清风藤、尖叶清风藤；凤仙花科：牯岭凤仙花；鼠李科：多花勾儿茶、枳椇、圆叶鼠李、雀梅藤；葡萄科：牯岭蛇葡萄、白蔹、乌蔹莓、爬山虎、三叶崖爬藤、刺葡萄、毛葡萄；杜英科：杜英、薯豆、猴欢喜；椴树科：田麻、黄麻、扁担杆、粉背椴、单毛刺蒴麻；锦葵科：黄蜀葵、苘麻、蜀葵、陆地棉、垟麻、木芙蓉、朱槿、木槿、白花重瓣木槿、冬寒菜、白背黄花稔、梵天花；梧桐科：梧桐、马松子；猕猴桃科：中华猕猴桃、毛花猕猴桃；山茶科：黄端木、浙江红山茶、闪光红山茶、冬红茶梅、毛枝连蕊茶、红山茶、红淡比、微毛柃、隔药柃、紫茎、木荷、厚皮香；藤黄科：地耳草、金丝桃、元宝草；堇菜科：蔓茎堇菜、紫花堇菜、三色堇、堇菜、紫花地丁；大风子科：山桐子、柞木；旌节花科：中国旌节花；仙人掌科：仙人柱、仙人掌、仙人指、令箭荷花、量天尺；瑞香科：毛瑞香、结香、南岭荛花；胡颓子科：巴东胡颓子、宜昌胡颓子；千屈菜科：紫薇、福建紫薇、圆叶节节菜；安石榴科：安石榴；蓝果树科：喜树、蓝果树；八角枫科：八角枫、爪木；桃金娘科：赤桉、大叶桉、华南蒲桃、赤楠；野牡丹科：秀丽野海棠、肥肉草、地稔、金锦香、楮头红；菱科：野菱；柳叶菜科：牛泷草、谷蓼、长籽柳叶菜、水龙、丁香蓼、草龙、月见草；小二仙草科：小二仙草；五加科：五加、白勒、树参、中华常春藤、刺楸、大叶三七、鹅掌紫、通脱木、短梗幌伞枫；伞形科：紫花前胡、旱芹、积雪草、明党参、蛇床、鸭儿芹、红马蹄草、天胡荽、藁木、水芹、山芹、白花前胡、异叶茴芹、薄片变豆菜、小窃衣；山茱萸科：窄斑叶珊瑚、灯台树、青荚叶、山茱萸；山柳科：江南山柳；鹿蹄草科：鹿蹄草；杜鹃花科：灯笼花、毛果南烛、马醉木、刺毛杜鹃、云锦杜鹃、鹿角杜鹃、满山红、羊踯躅、白花杜鹃、马银花、猴头杜鹃、杜鹃、泰顺杜鹃、乌饭树、扁枝越橘；紫金牛科：朱砂根、百两金、莲座紫金牛、当归藤、网脉酸藤子、杜茎山、光叶铁籽、密花树；报春花科：点地梅、泽珍宿菜、细梗香草、过路黄、聚花过路黄、点脉过路黄、假婆婆纳；柿科：浙江柿、罗浮柿、老鸦柿；山矾科：薄叶山矾、华山矾、白檀、老鼠矢、山矾；野茉莉科：拟赤杨、银钟花、小叶白梓树、赛山梅、白花龙、野茉莉、郁香安息香、红皮树；木樨科：金钟花、白蜡树、清香藤、云南黄素馨、华素馨、茉莉花、女贞、小蜡、银桂、木樨、异株木樨榄；马钱科：驳骨丹、醉鱼草、蓬莱葛；龙胆科：华南龙胆、龙胆、莕菜、獐牙菜、华双蝴蝶；夹竹桃科：念珠藤、夹竹桃、络石、毛药藤；萝藦科：牛皮消、白前、萝、黑鳗藤、毛果弓藤、七层塔、球兰；旋花科：旋花、丝子、马蹄金、番薯、牵牛、茑萝；紫草科：柔弱斑种草、厚壳树、盾果草、附地菜；马鞭草科：华紫珠、老鸦糊、红紫珠、兰香草、大青、臭牡丹、豆腐柴、马鞭草、牡荆；唇形科：藿香、筋骨草、光风轮、细风轮、香薷、广防风、小野芝麻、活血丹、香薷状香简草、宝盖草、野芝麻、益母草、硬毛地笋、石香薷、石荠苎、夏枯草、香茶菜、南丹参、荔枝草、一串红、半枝莲、假活血丹、水苏、血见愁；茄科：夜香树、曼陀罗、枸杞、烟草、挂金灯、白英、龙葵、珊瑚樱、牛茄子；玄参科：毛地黄、石龙尾、狭叶母草、泥花草、通泉草、山萝花、纤毛鹿茸草、泡桐、江南马先蒿、浙玄参、紫色蝴蝶草、婆婆纳、爬岩红、毛叶腹水草；紫威科：凌霄、梓树；胡麻科：胡麻、茶菱；列当科：野菰、列当；苦苣苔科：苦苣苔、温州长蒴苣苔、半蒴苣苔、降龙草、石吊兰；狸藻科：黄花狸藻、少花狸藻；爵床科：穿心莲、白接骨、九头狮子头、爵床、少花马蓝；透骨草科：透骨草；车前科：车前、大车前；茜草科：水团花、风箱树、盾叶木、虎刺、香果树、猪殃殃、栀子、金毛耳草、白花蛇舌草、榄绿粗叶木、五叶金花、薄叶假耳草、蛇根草、鸡屎藤、九节、山黄皮、茜草、白马骨、六月雪；忍冬科：南方六道木、忍冬、接骨木、珊瑚树、水马桑；败酱科：黄花败酱、白花败酱；山萝卜科：续断；葫芦科：盒子草、绞股蓝、浙江雪胆、棱瓜、苦瓜、佛手瓜、南赤瓟、括缕；桔梗科：轮叶沙参、羊乳、半边莲、山梗菜、铜锤玉带草、蓝花参；菊科：杏香兔儿风、香青、牛旁、黄花蒿、野蒿、三脉叶紫宛、白术、鬼针草、东风草、金盏菊、飞镰、天名精、石胡妥、大蓟、大白酒草、大丽、野菊、东风菜、鳢肠、一点红、一年蓬、泽兰、鼠曲草、白背鼠、曲草、两色三七草、泥糊菜、羊耳菊、剪刀股、鸡儿肠、稻搓菜、鹿蹄橐吾、凤毛菊、除虫菊、黑眼菊、蒲儿根、千里光、豨莶、一枝黄花、苦苣菜、兔儿伞、万寿菊、孔雀草、蒲公英、苍耳、黄鹌菜、百日菊、甜叶菊；香蒲科：水烛；眼子菜科：菹草、眼子菜；茨藻科：草茨藻、日本茨藻；泽泻科：泽泻、矮慈姑、慈姑；水鳖科：水筛、黑藻、水鳖；禾本科：刚竹、桂竹、慈竹、阔叶箬竹、方竹、紫竹、剪股颖、看麦娘、荩草、野古草、野燕麦、蔄草、假稻、淡竹叶、多花黑麦草、竹叶茅、五节芒、芒、多枝乱子草、类芦、求米草、糠稷、雀稗、狼尾草、芦苇、早熟禾、鹅观草、斑茅、甘蔗、狗尾草、苞子草、菅、三毛草、结缕草；莎草科：球柱草、浆果苔草、亚大苔草、风车草、异型莎草、龙筛草、荸荠、牛毛毡、黑莎草、水蜈蚣、鳞子莎、砖子苗、萤蔺、庐山藨草、毛果珍珠茅；棕榈科：棕竹；天南星科：菖蒲、石菖蒲、魔芋、天南星、海芋、滴水珠、半夏、盾叶半夏、大䔰、马蹄莲；浮萍科：浮萍、紫萍；谷精草科：谷精草；鸭跖草科：鸭跖草、水竹叶；雨久花科：凤眼莲、鸭舌草；灯芯草科：翅茎灯芯草、灯芯草、多花地杨梅；百部科：百部；百合科：粉条儿菜、芦荟、天门冬、文竹、吊兰、宽叶吊兰、深裂竹根七、宝铎草、浙贝母、萱草、玉簪、紫萼、野百合、百合、山麦冬、麦冬、华重楼、多花黄精、玉竹、吉祥草、万年青、虎尾兰、锦枣儿、菝葜、土茯苓、油点草、老鸦瓣、牡岭藜芦、凤尾兰、丝兰；石蒜科：君子兰、文殊兰、朱顶兰、石蒜、水仙、玉帘；薯蓣科：黄独、参薯、薯蓣；鸢尾科：射干、唐菖蒲、蝴蝶花、马蔺、鸢尾；芭蕉科：芭蕉；姜科：山姜、姜花、䕡荷；美人蕉科：蕉芋、美人蕉；兰科：细葶无柱兰、竹叶兰、白及、广东、石豆兰、齿瓣石豆兰、大序隔距兰、蜈蚣兰、建兰、蕙兰、多花兰、春兰、寒兰、铁皮石斛、天花、斑叶兰、叉唇角盘兰、小沼兰、黄花鹤顶兰、石仙桃、小舌唇兰、密花舌唇兰、独蒜兰、绶草、带唇兰。

第二节　动　物

野生动物主要有淡水水生类、哺乳类、羽毛类、爬行类、两栖类、昆虫类和蜘蛛类七大类别。属国家重点保护动物有白颈长尾雉、水獭、穿山甲、青鼬、猫头鹰等。属省级重点保护动物杜鹃科有红翅凤头鹃、大杜鹃、四声杜鹃、小杜鹃、中杜鹃 5 种，啄木鸟科也有黄嘴噪啄木鸟、星头啄木鸟、斑啄木鸟、姬啄木鸟、黑枕绿啄木鸟 5 种，鸦科有红嘴蓝鹊、灰树鹊、松鸦、喜鹊 4 种，还有白额山鹧鸪、黑枕黄鹂、相思鸟、戴菊、红胸啄花鸟、叉尾太阳鸟，以及平胸龟、脆蛇蜥、黑眉锦蛇、滑鼠蛇、眼镜蛇、五步蛇等；属省级一般保护动物有黄鼬、野猪、华南兔（野兔）、狗獾、猪獾、蝙蝠、王锦蛇（菜花蛇、大王蛇）、紫灰锦蛇、灰鼠蛇（青梢蛇、黄金条）、水赤链游蛇（水蛇、肚皮）、赤链蛇、玉斑锦蛇、银环蛇、烙铁头、黄喉水龟等等。境内曾经生存繁衍有老虎、老鹰、斑鸠、穿山甲、竹鸡、小溪螃蟹等现已绝迹，狐狸、乌龟、雉鸡（野鸡）极为罕见。

白颈长尾雉

水生（淡水）类

鳗鲡科：河鳗；鲤科：中华细鲫、草鱼、青鱼、南方马口鱼、宽鳍鱲；鳅科：中华花鳅、薄鳅；平鳍鳅科：拟腹吸鳅、原缨口鳅；胡子鲶科：胡子鲶；鲶科：鲶鱼。还有虾、鳝鱼、细鳞鱼、鲤鱼，团鱼、鲫鱼、甲鱼等。

哺乳类

菊头蝠科：角菊头蝠；蹄蝠科：大蹄蝠；蝙蝠科：大棕蝠、折翼蝠、中华鼠耳蝠、伏翼；穿山甲科：穿山甲；兔科：华南兔；松鼠科：赤腹松鼠、长吻松鼠；仓鼠科：黑腹绒鼠；鼠科：小家鼠（耗子）、针毛鼠、黄毛鼠、褐家鼠；豪猪科：豪猪；鼬科：猪獾、水獭、青鼬、狗獾、鼬獾、黄鼬；猫科：虎；猪科：野猪；鹿科：小麂（山羊）、林麝（獐子）。

羽毛类

鸭科：绿翅鸭、赤颈鸭、凤头潜鸭、普通秋沙鸭；鹰科：苍鹰；隼科：小隼、燕隼、红隼；雉科：白额山鹧鸪、灰胸竹鸡、白鹇、吐绶鸡、勺鸡、白颈长尾雉；鸠鸽科：山斑鸠；杜鹃科；红翅凤头鹃、大杜鹃、四声杜鹃、小杜鹃、中杜鹃；鸱科：斑头鸺、鹰；夜鹰科：普通夜鹰；雨燕科：白腰雨燕；翠鸟科：普通翠鸟（打鱼郎）、斑鱼狗、蓝翡翠、白胸翡翠；啄木鸟科：黄嘴噪啄木鸟、星头啄木鸟、斑啄木鸟、姬啄木鸟、黑枕绿啄木鸟；百灵科：云雀；燕科：金腰燕、家燕；黄鹂科：黑枕黄鹂；鸦科：红嘴蓝鹊、大嘴乌鸦、白颈鸦、灰树鹊、松鸦、喜鹊；鹊鸲、黑背燕尾、蓝点颏、蓝头矶鸫、紫啸鸫、红肋蓝尾鸲、灰背鸫、乌鸫、宝兴歌鸫、斑鸫、虎斑地鸫、灰眶雀鹛、画眉、灰翅噪、黑领噪鹛、白颊噪鹛、黑嘴相思鸟、灰头鸦雀、棕头鸦雀、栗头凤鹛、短翅树莺、山树莺、棕扇尾莺、褐柳莺、褐山鷦莺、戴菊、棕脸鹟莺、栗头鹟莺、鸲姬鹟、白眉姬鹟、白喉林鹟；山雀科：红头山雀、煤山雀、大山雀、黄腹山雀；啄花鸟科：红胸啄花鸟；太阳鸟科：叉尾太阳鸟；文鸟科：斑文鸟、白腰文鸟、麻雀、山麻雀；雀科：金翅雀、黄雀、黑头蜡嘴雀、褐灰雀。

爬行类

龟科：乌龟、黄喉水龟、平胸龟；鳖科：鼋、鳖（团鱼）；壁虎科：铅山壁虎、多疣壁虎；石龙子科：石龙子、蓝尾石龙子、北草蜥；蛇蜥科：脆蛇蜥；游蛇科：尖尾两头蛇、赤链蛇、王锦蛇、玉斑锦蛇、紫灰锦蛇、黑眉锦蛇、黑背白环蛇、水赤链游蛇、乌游蛇、渔游蛇、草游蛇、虎斑游蛇、小头蛇、台湾小头蛇、翠青蛇、灰鼠蛇、滑鼠蛇、黑头剑蛇、乌梢蛇、绞花林蛇、中国水蛇；眼镜蛇科：银环蛇、福建丽纹蛇、丽纹蛇、眼镜蛇、银镜王蛇；蝰科：五步蛇、白头蝰、山烙铁头、烙铁头、竹叶青。

两栖类

蝾螈科：东方蝾螈、肥螈、中国瘰螈；锄足蟾科：淡肩角蟾、挂墩角蟾；蟾蜍（癞蛤蟆）科：大蟾蜍、黑眶蟾蜍；雨蛙科：中国雨蛙、三港雨蛙；蛙科：弹琴蛙、沼蛙、日本林蛙、阔褶蛙、泽蛙、大绿蛙、黑斑蛙、花臭蛙、棘胸蛙、虎纹蛙、崇安湍蛙、华南湍蛙；树蛙科：斑腿树蛙；姬蛙科：小弧斑姬蛙、饰纹姬蛙。

昆虫类

大蜓科：硕大蜓；蜓科：广马大头；蜻科：赤卒、六斑蜻、白尾灰蜻、黄蜻蜓；蜚蠊科：美洲蠊；姬蠊科：德国蠊；螳螂科：日本螳螂、二斑螳螂、薄翅螳螂；鼻白蚁科：家白蚁；白蚁科：黄翅大白蚁、黑翅大白蚁；螽斯科：绿螽斯、纺织娘；蝗科：中华蚱蜢、黄脊竹蝗、青脊竹蝗、大青蝗、日本黄脊蝗、云斑车蝗、长额负蝗；菱蝗科：日本菱蝗；蝼蛄科：非洲蝼蛄；蟋蟀科：大蟋蟀、油葫芦；枝蝓科：跳竹节虫；蝽科：硕蝽、谷蝽、日本米蝽、稻绿蝽；缘蝽科：褐奇缘蝽、瘤绿蝽；猎蝽科：黑哎猎蝽、黄足猎蝽；蝉科：蚱蝉、草蝉、红娘子、蛉蛄；叶蝉科：二点叶蝉、小绿叶蝉；蚜科：茶蚜、松蚜；虎甲科：中华虎甲、日本虎甲；步甲科：拉步甲、二星步甲；叩头甲科：细胸叩头甲、黄边叩头甲；谷盗科：大谷盗；瓢甲科：瓜茄瓢虫、四斑月瓢虫、黑绿红瓢虫、七星瓢虫、十斑盘瓢虫、马铃薯瓢虫、异色瓢虫、华鹿瓢虫；蜣螂科：蜣螂、婪駉蜣螂；粪蜣科：犀粪蜣、粪蜣、粪金龟；独角仙科：独角仙；丽金龟科：茶色金龟子、葡萄金龟子、樱桃金龟子、泡桐金龟子、铜绿金龟子、赤铜金龟子、脊黄金龟子；鳃角金龟科：光肩金龟子、土黄金龟子、云斑金龟子、大褐金龟子；绒金龟科：黄绒金龟、阔胫鳃金龟；

锹甲科：叶甲科：茶扁角叶甲、梨光叶甲；天牛科：茶天牛、杉棕天牛、星天牛、松天牛、竹红天牛；象甲科：柑橘灰象、甘薯象甲、竹大象甲；草蛉科：大草蛉、中华草蛉；蚁蛉科：褐蚊树蚁蛉；巢蛾科：苹果巢娥；蓑蛾科：桉袋蛾、茶蓑蛾；斑蛾科：竹斑蛾、梨斑蛾；刺蛾科：黄刺蛾、扁刺蛾；卷蛾科：柑橘卷蛾、茶叶卷蛾、松梢小卷蛾；螟蛾科：稻丛卷叶螟、松梢螟、三化螟、豆荚野螟；尺蛾科：油茶尺蛾、油桐尺蛾、茶尺蛾、柑橘尺蛾、粉尺蛾、桑尺蛾；天蛾科：葡萄天蛾、豆天蛾、松黑天蛾、霜天蛾；舟蛾科：甘舟蛾、竹篓舟蛾、栎掌舟蛾、梨威舟蛾；毒蛾科：茶毒蛾、乌桕毒蛾；灯蛾科：孔灯蛾、四点苔蛾、枇杷瘤蛾、粉蝶灯蛾；夜蛾科：桃剑纹夜蛾、大地老虎、小地老虎、竹笋夜蛾、南夜蛾、橘梢毛翅夜蛾、梭夜蛾；天蛾科；水青蛾、樟蚕、蚕；枯叶蛾科：马尾松毛虫、黄山松毛虫、松小毛虫、柳杉毛虫、橘毛虫、栎毛虫、竹黄枯叶蛾、松大毛虫、杨枯叶蛾；凤蝶科：大尾凤蝶、褐斑凤蝶、同斑凤蝶、樟青凤蝶、碧凤蝶、台湾碧凤蝶、黄凤蝶、多型凤蝶、兰凤蝶、春风凤蝶、木兰青凤蝶；粉蝶科：大草粉蝶、黄粉蝶、角翅粉蝶、东方粉蝶、菜粉蝶、暗脉粉蝶；斑蝶科：青斑蝶；环蝶科：林环蝶、鱼纹环蝶、赭环蝶；眼蝶科：白带眉眼蝶、黛眼蝶、白带竹眼蝶、暗竹眼蝶、小竹眼蝶、蛇眼蝶、稻眼蝶、眉眼蝶、巨眼蝶、黑眼蝶、黄斑眼蝶、矍眼蝶；蛱蝶科：绿豹蛱蝶、老豹蛱蝶、白带蛱蝶、五花蛱蝶、樟蛱蝶、翠蛱蝶、黑白蛱蝶、线蛱蝶、黄环蛱蝶、中环蛱蝶、小环蛱蝶、大紫蛱蝶、黑大紫蛱蝶、黄带蛱蝶、猫蛱蝶；喙蝶科：朴喙蝶；蚬蝶科：褐蚬蝶、花蚬蝶、黄带蚬蝶；灰蝶科：金灰蝶、蓝灰蝶、艳灰蝶、银灰蝶、黑灰蝶、燕灰蝶、赭灰蝶、小灰蝶；弄蝶科：大弄蝶、黑弄蝶、带弄蝶、黄弄蝶、无纹弄蝶、大环弄蝶；叶蜂科：樟叶蜂；姬蜂科：顶姬蜂、纵卷叶螟红腹姬蜂、松毛虫黑胸姬蜂、蓑蛾瘤姬蜂；茧蜂科：绒茧蜂、内茧蜂、白螟茧蜂；小蜂科：竹小蜂；赤眼蜂科：松毛虫赤眼蜂；青蜂科：上海青蜂；土蜂科：白毛长腹土蜂、金毛长腹土蜂、黄额土蜂；胡蜂科：黄环铃胡蜂、金环胡蜂；异腹胡蜂科：印度侧异胡蜂、变侧异胡蜂；马蜂科：约马蜂；蛛蜂科：斑额蛛蜂；泥蜂科：长背紫蜂、黄纹瘦泥蜂、黑泥蜂；蜜蜂科：东方蜜蜂；瘿蜂科：栗瘿蜂；虻科：高野长吻虻、庐山虻；蜂虻科：长吻蜂虻；丽蝇科：大头金蝇、宽颊闪速蝇；盗虻科：中华盗虻、黑盗虻、虎斑食虫虻；黄潜蝇科：稻秆潜蝇。

蜘蛛类

拟壁钱科：环拟壁钱；花皮蛛科：胸纹花皮蛛；幽灵蛛科：家六幽灵蛛；壁钱科：华南壁钱；圆蛛科：横纹金蛛、黄斑圆蛛、大腹圆蛛、丽圆蛛、叶斑八氏蛛、四突艾蛛、八角圆蛛、黑尾圆蛛、七瘤尾圆蛛、黄金肥蛛、四点亮腹蛛、黄褐祈圆蛛、茶色新圆蛛；鳞蛸科：肩斑银鳞蛛、纵条银鳞蛛、锥腹鳞蛸、圆尾鳞蛸；球腹蛛科：八斑鞘腹蛛、日本希蛛、白银斑蛛、橘红银斑蛛、尖球腹蛛；皿蛛科：草间小黑蛛、花腹盖蛛；漏斗蛛科：机敏漏斗蛛、缘漏斗蛛；狼蛛科：拟环纹豹蛛、星豹蛛、拟水狼蛛；盗蛛科：锚盗蛛；猫蛛科：斜纹猫蛛；平腹蛛科：武昌狂蛛；管巢蛛科：棕管巢蛛、日本管巢蛛；栉足蛛科：田野安蛛；蟹蛛科：亚洲长瘤蟹蛛；逍遥蛛科：滨海长蟹蛛、柔弱长蟹蛛；跳蛛科：叉线菲蛛、冠卡蛛、黑色蝇虎、距埃普蛛、白斑近跳蛛、瘤兜跳蛛、白纹猎蛛。

第四章 景观景点

第一节 西地二景

革命历史纪念碑景点

景点位于西地中心村南部，占地400平方米。1935年11月7日，在九峰乡白柯湾村成立中共闽浙边临时省委。从此，当地百姓不惜一切，有的甚至献出生命支持红军武装斗争，为新中国诞生作出重要贡献。由纪念碑、永乐亭、玉曦亭、牌楼等组成。碑亭题词、楹联，均名人、书画家撰书，字字俊雅，笔笔遒劲。数十棵柏树参差其中，使景色平添一份载史苍凉之感与启新负重之意，已成为全县革命历史教育胜迹之一。

九峰革命历史纪念碑

纪念碑，位于景点中央，高9米，建于1995年，正面镌原浙江省人大常委会副主任、省委党史征集委员会主任邢子陶题词“九峰革命历史纪念碑”9个魏体大字，背面碑文刻有九峰革命历史主要内容。纪念碑右方永乐亭。纪念碑左方牌楼，高8.1米宽12米，牌楼前方玉曦亭，高4.8米宽8.7米，均建于2014年。牌楼正面上方镌原浙江省委副书记梁平波题词“中共泰顺中心县委驻地纪念碑”，背面镌上方原浙江省委副书记陈法文题词“先贤德耀光辉”。杭州西泠印社出版社社长江吟为“玉曦亭”题词。

古道歇棚景点

景点位于西地中心村村尾。由富教知方牌楼、村名岩：上马岩、古道歇棚、逸心亭、颔颔亭、马仙宫、石龙、双龙桥、鹭鸶墩原始次森林、千年古道、古

古道歇棚

隘门遗址等所组成。其中景观，极具人文。可以说，处处都有名家联书，景景不乏高手赋记。而且，其周围自然之景，也值得一提。如良水一峰独擎，蛇虎两山双围；璜水九弯而下，鹭鸶狮子相对；几树古樟吟唱，一山次原森林；等等。其中，就极富古人题唱。而且，在西地水尾自然风景中，传说迭出，典故纷然。如岩期上马，炉驻宫成；双龙合水，石碓糠谷；等等。闲暇之时，徜徉于其中，无不令人神往。

第二节　自然景观

奇峰怪石

上马岩　古时村民步送亲人经商、赶考等远征到村尾方石边上马，故称此石为上马岩。石高于路面 1.3 米，边长 3 米。

上马岩

石龙　位于西地村尾龙虎山，头东尾西、沿山而下，首伸溪潭、尾隐树丛。龙长约百米、胸围十余米，背青如碧瓦，龙鳞斑驳，犹如银圆闪烁。颌边石纹波涌，龙须飘拂。可谓“有身莫犯飞龙鳞，有手莫辩猛虎须”。

龙虎山石龙

鸳鸯瀑（黄滩瀑布）

位于西地村西南方向 1 千米、深山幽谷中晶莹碧绿横溪。瀑高约 60 米、宽 10 米。垂直而下，气势磅礴，跌落潭中，白浪翻卷，水雾腾空。瀑布两侧层崖峭壁，遥似白帘悬挂，近若蒙蒙细雨。

黄滩瀑布（林上兆/摄）

崖下巨石如席，足以敷坐观瀑，即使夏阳盛暑，也感寒气袭骨。

古树名木

20世纪60年代前，境内古树名木甚多。马仙宫前千年巨榅（柳杉），伐于“文化大革命”期间；塔刹沿溪两株古枫，胸围、树高、树冠覆盖面，分别均超5米、20米、500平方米，古枫下方有一株乌桕，周围约2米，树高约10米，均伐于20世纪70年代。今剩百年古树14株，被列为县级文物保护9株，有一株属国家一级重点保护植物红豆杉，树龄为最长610年。

名木古树

表1-18

<table>
<tr><th>树名</th><th>坐落地址</th><th>树龄（年）</th><th>树围（米）</th><th>树高（米）</th><th>备注</th></tr>
<tr><td>红豆杉</td><td>新厝底外井</td><td>610</td><td>2.25</td><td>23</td><td rowspan="8">县级文物</td></tr>
<tr><td>红　枫</td><td>新厝底外井</td><td>590</td><td>2.20</td><td>22</td></tr>
<tr><td>杜　英</td><td>高畲垟</td><td>430</td><td>2.75</td><td>13</td></tr>
<tr><td>圆　柏</td><td>岽仔尾</td><td>350</td><td>2.56</td><td>8</td></tr>
<tr><td>米　槠</td><td>大　垳</td><td>320</td><td>2.45</td><td>9</td></tr>
<tr><td>木　荷</td><td>大　垳</td><td>320</td><td>1.85</td><td>14</td></tr>
<tr><td>白　柯</td><td>宫　边</td><td>310</td><td>2.70</td><td>14</td></tr>
<tr><td>杨　梅</td><td>高畲垟</td><td>250</td><td>2.30</td><td>6</td></tr>
<tr><td>乌　槠</td><td>古庵百步岭</td><td>210</td><td>2.80</td><td>8</td><td>—</td></tr>
<tr><td>青刚栗（红槠）</td><td>垟心纸垅</td><td>110</td><td>1.62</td><td>10</td><td>—</td></tr>
<tr><td>扁　柏</td><td>白岩下</td><td>105</td><td>2.00</td><td>10</td><td>—</td></tr>
<tr><td>创花楠（南逢）</td><td>匏　垟</td><td>100</td><td>1.85</td><td>13</td><td>—</td></tr>
<tr><td>青刚栗（白槠）</td><td>白岩下</td><td>100</td><td>2.01</td><td>10</td><td>—</td></tr>
</table>

新厝底红豆杉、枫树

高畲垟杜英

岽仔尾圆柏

水塘垅乌柏

大坵苦槠·木荷

宫边白柯

高畲垟杨梅王

百步岭头乌槠

垟心红槠

白岩下扁柏

匏垟创花楠

白岩下白槠

古树名木图片剪辑

第二篇
政治

第二篇 政 治

西地是革命老区村，社会和谐、家庭和睦。早在1935年境内建立中国共产党坑坪等地下交通站。1946年11月至1949年9月，是中共泰顺县委、浙闽边中心县委、泰顺中心县委常驻地，前后建有赤卫队和民兵组织。青年村民参加游击战争殉难后被追认为革命烈士2人，参加抗日战争阵亡5人、前后参加志愿兵、义务兵退伍军人54人。民国末，成立农民协会，妇女会组织，为解放战争、土地改革等革命事业和经济建设发挥重要作用。1949年5月废除保甲制，相继由村长、大队长、生产队长、村委主任行使村政。1950年，建立西地村治安小组，1951年，建立西地村少年儿童团，1953年，设立西地村调解小组，1957年，组建中国共产主义青年团西地村支部委员会。1955年，成立中共西地村支部委员会，至2013年，党员由6人发展到65人。

第一章 政党 群团

第一节 中国共产党

地下交通站

1935年4月，泰平区委先后在西地坑坪、南僻、白水漈、第二岑成立中国共产党地下交通站。参加地下党组织和红军交通员有陈灵真、包建满、陈厚德、包建今、包道渺、包建珠、赖大利、包建银、包建干等10人。1944年1月11日，赵传彬通过方福昌（赵传彬堂弟）认识泰顺县国民党民团副官陶汉文，由陶汉文带到民团团长俞士雄处叛变逃敌，是境内第一位共产党叛徒，西地党组织遭受破坏。共产党员被迫自新。

县委机关驻地

西地村是中共泰顺县委（1946.11—1947.11）、中共浙闽边中心县委（1947.11—1949.4）及直属武装力量浙南第三县队、中共泰顺中心县委（1949.4—1949.9）常驻地。

1949年5月，中共泰顺中心县委第一届第四次扩大会议留影

1949年5月，中共泰顺中心县委委员合影

陈辉

刘宝生

1949年2—5月，中心县委举办第三期青年组织训练班，开办地点在白柯湾，后移驻西地村，负责人李元勋、文化教员。温兴路为训练班负责人。1949年4月26日，中共泰顺中心县委扩大会议在九里潭村召开，会址后移西地村于5月1日闭幕。

1949年5月4日，中心县委在西地村决定成立泰顺县民主政府筹备委员会，并任命陈辉为主任委员，刘宝生为副主任委员，筹委会下设财政、军事、文教、宣传4个组；6日，中心县委警卫队随同民主政府筹备委员会进城（罗阳）接管。5月16日，为加强泰顺南部工作，并同福鼎、鼎平周边县工作密切联系，筹委会从西地移到泗溪白粉墙办公。

西地村党支部

1956年，建立中国共产党西地村支部委员会，包道良任书记，曾家镇、包细仲任副书记，党员6人。

1959年、1962年，前后选举产生第二、三届支部委员会，原支部书记、副书记继续当选连任。随乡、村改制改称，支部名称分别为西地生产大队支部委员会、称新发大队支部委员会。1965—1974年，前后选举产生第四至第七届（新发大队）支部委员会，包道相连任书记。

1977年，“文化大革命”结束，选举陈风家为书记、曾家镇为副书记第八届（新发大队）支部委员会，1980—1992年，前后选举第九至十三届支部委员会，原支部书记、副书记继续当选连任。1981年新发大队更称西地大队，1983年，第十届支部更名西地大队支部委员会。1984年公社、大队改制，1986年，第十一届开始，支部名称恢复西地村支部委员会。1995—2013年，曾齐环连任第十四至十六届西地村党支部委员会书记，包日富连任第十七至二十届支部委员书记。2013 年，全村党员 65 人。

中共西地村党支部历届书记　副书记　委员名录

表 2-1

<table>
<tr><th colspan="2">时间</th><th>书记</th><th>副书记</th><th>委员</th></tr>
<tr><td>第一届</td><td>1956—1958</td><td rowspan="3">包道良</td><td rowspan="3">曾家镇
包细仲</td><td>陈厚定、包建候</td></tr>
<tr><td>第二届</td><td>1959—1961</td><td>陈厚定、包细仲</td></tr>
<tr><td>第三届</td><td>1962—1964</td><td>包细仲、陈招宣</td></tr>
<tr><td>第四届</td><td>1965—1967</td><td rowspan="4">包道相</td><td rowspan="3">曾家镇
包细仲</td><td>包细仲、陈招宣</td></tr>
<tr><td>第五届</td><td>1968—1970</td><td>包细仲、包道登</td></tr>
<tr><td>第六届</td><td>1971—1973</td><td>包细仲、包道登</td></tr>
<tr><td>第七届</td><td>1974—1976</td><td>陈风家
曾家镇</td><td>包细仲、包何祥</td></tr>
<tr><td>第八届</td><td>1977—1979</td><td rowspan="6">陈风家</td><td rowspan="6">曾家镇
王尚钱</td><td>包细仲、包何祥</td></tr>
<tr><td>第九届</td><td>1980—1982</td><td rowspan="2">包细仲、包何祥、陈招宣</td></tr>
<tr><td>第 十 届</td><td>1983—1985</td></tr>
<tr><td>第十一届</td><td>1986—1988</td><td rowspan="3">包细仲、包何祥、王尚钱</td></tr>
<tr><td>第十二届</td><td>1989—1991</td></tr>
<tr><td>第十三届</td><td>1992—1994</td></tr>
<tr><td>第十四届</td><td>1995—1997</td><td rowspan="3">曾齐环</td><td rowspan="3">陈风家</td><td>陈风家、陈凤南、陈招位</td></tr>
<tr><td>第十五届</td><td>1998—2000</td><td>陈风家、陈凤南、蔡莲花</td></tr>
<tr><td>第十六届</td><td>2001—2003</td><td>陈风家、曾爱芳、蔡莲花</td></tr>
<tr><td>第十七届</td><td>2004—2006</td><td rowspan="4">包日富</td><td>陈亦辉</td><td>曾齐环、蔡莲花、陈招禹</td></tr>
<tr><td>第十八届</td><td>2007—2009</td><td>曾齐环</td><td>蔡莲花、包日相、郑爱秀</td></tr>
<tr><td>第十九届</td><td>2010—2012</td><td rowspan="2">郑爱秀</td><td>曾齐环、蔡莲花、包日相</td></tr>
<tr><td>第二十届</td><td>2013—</td><td>曾齐环、蔡莲花、陈周南</td></tr>
</table>

中共西地村党支部党员名录

表 2-2

姓名	性别	出生日期	入党时间	姓名	性别	出生日期	入党时间
包道良	男	1929-11-01	1955-04-01	陈厚贵	男	1949-09-02	1989-12-14
曾家镇	男	1931-08-01	1956-10-21	包祖放	男	1950-11-18	1989-12-14
曾安镐	男	1934-08-01	1958-11-01	曾家派	男	1951-07-20	1989-12-14
陈凤肥	男	1933-10-01	1958-11-25	曾齐环	男	1964-02-13	1992-04-02
陈凤家	男	1939-02-04	1958-11-25	包鼎和	男	1939-12-28	1992-04-02
陈全机	男	1937-10-18	1961-11-28	陈正华	男	1972-04-19	1993-11-25
包序贤	男	1941-11-01	1967-12-01	陈增飞	男	1962-01-26	1993-11-25
陈凤尔	男	1935-10-01	1968-10-01	曾 长	男	1975-04-01	1995-09-04
陈全环	男	1947-07-14	1969-12-23	林冬香	女	1957-12-31	1994-10-01
陈细训	男	1950-07-10	1970-12-16	陈全顶	男	1956-12-25	1997-09-16
曾齐快	男	1950-07-20	1974-06-20	包爱华	男	1958-12-10	1997-09-16
曾齐旺	男	1953-11-06	1976-11-13	曾爱芳	女	1958-08-16	1997-09-16
林上育	男	1945-05-27	1979-04-06	王尚政	男	1968-01-15	1997-09-16
包日家	男	1943-12-30	1984-02-01	包日富	男	1964-07-12	2000-01-12
陈珏森	男	1946-05-23	1985-01-15	陈亦辉	男	1968-05-17	2000-01-12
蔡莲花	女	1961-02-10	1986-09-11	陈赛伟	男	1980-07-01	2002-03-26
包日相	男	1961-08-05	1986-09-11	陈招禹	男	1957-11-24	2002-03-26
陈凤南	男	1935-11-01	1986-09-11	陈冬云	女	1976-11-23	2006-01-15
周旭斌	男	1965-02-12	1986-10-27	杜本强	男	1979-11-07	2006-01-15
王淑青	女	1950-11-08	1986-12-01	陈昭从	男	1973-05-01	2007-05-18
林勉华	女	1956-11-26	1986-12-01	包申波	男	1971-06-17	2007-05-18
王行忠	男	1939-05-18	1986-12-18	包松财	男	1970-04-01	2007-05-18
陈科凤	男	1949-04-26	1987-01-01	包松军	男	1987-05-12	2008-06-05
包玉华	男	1947-11-26	1989-12-14	郑爱秀	女	1983-08-07	2008-07-13

续表 2-2

姓名	性别	出生日期	入党时间	姓名	性别	出生日期	入党时间
包松渐	男	1984-01-16	2008-09-22	曹一松	男	1974-08-09	2011-10-25
曾乃军	男	1985-04-30	2009-02-04	曾圆圆	女	1979-04-24	2011-10-25
包丽燕	女	1987-02-07	2009-06-04	陈祥艳	男	1979-10-19	2011-10-25
包海区	男	1989-09-27	2009-06-28	包松足	男	1974-01-03	2011-10-25
包松云	男	1988-10-12	2009-10-30	包松明	男	1984-04-02	2011-10-25
陈全娇	男	1963-12-28	2010-05-05	曾婷婷	女	1991-02-02	2012-04-18
陈值伟	男	1964-08-13	2010-05-05	包云芬	女	1992-04-14	2012-06-01
陈周南	男	1969-06-17	2010-05-05	胡月平	女	1991-12-07	2012-06-09
包婉珍	女	1989-08-07	2011-06-02				

附录：中共西地村支部工作职责与制度（1991 年 10 月 11 日制定）

（一）支部书记主要职责

在中共党支部委员会集体领导下，按照支部党员大会、支委会决议，负责主持党支部日常工作。

① 组织发动党员和群众，结合本单位具体情况，认真贯彻执行党的路线、方针、政策和上级指示、决议，保证完成党的各项任务；研究安排党支部工作，将党支部工作中重大问题，及时提交支委会和支部大会讨论决定。

② 认真搞好党的自身建设，掌握党内外思想动向，做好经常性政治思想工作，把政治思想工作做到生产、业务中去。

③ 负责召集支部委员会和支部党员大会，组织检查支部工作计划、决议执行情况，了解执行中问题和反映，按时向支部党员大会和上级党委报告工作。

④ 经常与各委员和同级行政领导保持密切联系，交流情况，支持他们工作，充分调动各方面积极性。

⑤ 抓好支委会学习，按时召开支委生活会，认真开展批评和自我批评，搞好党风廉政建设，充分发挥集体领导作用。支部副书记协助支部书记进行工作。支部书记不在时，由支部副书记主持支部日常工作。

（二）组织委员主要职责

在党支部委员会集体领导下，分工负责党支部组织建设工作。

① 负责了解和掌握支部组织状况，根据需要提出党小组划分和调整意见，检查和督促党小组过好组织生活，做好换届改选准备工作。

② 了解掌握党员思想情况，多方面地关心和帮助党员，做好党员管理教育工作；搜集、整理党员模范事迹，及时向支委会提出表扬、奖励党员建议。

③ 安排好党组织生活，了解党员过组织生活和遵守纪律情况，帮助党员正确开展批评和自我批评。

④ 做好发展党员工作，认真学习和掌握发展党员工作方针，了解入党积极分子情况，提出发展党员意见。组织对入党积极分子和预备党员培训教育和考察，具体办理接收新党员和预备党员转正手续。

⑤ 负责党内统计，收缴党费、接转党员组织关系等组织工作。

（三）宣传委员主要职责

在党支部委员会集体领导下，分工负责党支部思想建设工作。

① 负责了解和掌握党内外思想情况，围绕每个时期工作任务，宣传党的路线、方针、政策，做好政治思想工作。

②根据上级党委决定和党员思想实际，提出宣传教育意见，拟定学习计划。组织党员学习马列主义、毛泽东思想、邓小平理论、“三个代表”重要思想、学习时事政策和党章、党的基本知识；组织好党课学习。协同支部组织委员有计划地对入党积极分子进行教育工作。

③ 指导本单位干部群众学习科学技术、文化知识和组织开展文化体育活动。

④ 充分利用各种宣传工具，开展宣传教育工作，宣传优秀党员典型事迹。

⑤ 搞好党报、党刊通迅报道工作。

（四）党员目标管理责任制

① 党员必须带头响应党和国家号召。完成上级交给各项任务，积极参加组织活动，在群众中起先锋模范作用。

② 党员必须带头学习政治理论、科学文化知识，钻研本职业务，积极参加学习科技培训，掌握 1 ~ 2 门实用技术。

③ 凡有活动能力党员，都要就近联系 1 ~ 2 户农民群众，力年能及帮助联系户解决生产、工作、生活中困难。

④ 党员必须积极参加党的组织生活，坚持定期过组织生活制度，按时交纳党费。党员因公外出，时间在 6 个月以内的，要办理党员临时组织关系，超过半年的，要转移党组织关系。

⑤ 长期在外党员，2 个以下要定期向党组织汇报思想，3 个以上的，可对立临时党小组，年底参加民主评议党员活动。

⑥ 老弱病残党员。如参加组织生活困难，由支部派人向其传达党文件和重要活动，从政治上、生活上关心他们。

⑦ 对党员纪律处分。须经支部大会讨论按照处分党员批准权限逐级上报，做到事

实清楚，证据充分，处理恰当，手续完备，经得起历史考验。

（五）党内政治生活若干准则

① 坚持党的政治路线和思想路线。

② 坚持集体领导，反对个人专断。

③ 维护党的团结和集中统一，严格遵守党的纪律。

④ 坚持党性，杜绝派性。

⑤ 要讲真话，言行一致。

⑥ 发扬党内民主，正确对待不同意见。

⑦ 保障党员权利不受侵犯。

⑧ 选举要充分体现选举人意志。

⑨ 同错误倾向和坏人坏事作斗争。

⑩ 正确对待犯错误同志。

⑪ 接受党和群众监督，不准搞特权。

（六）党员干部廉政自律规定

① 深入开展讲学习、讲政治、讲正气为主要内容党性党风教育，坚定共产主义信念，以自己模范行为去影响和带动群众。

② 政治上与党中央保持一致，坚决反对阳奉阴违、弄虚作假、虚报浮夸行为，反对和抵制散布反对党基本路线言论，反对自由主义，反对一切破坏党的团结行为。

③ 认真贯彻民主集中制原则，凡属重大决策，干部任免，重大项目和较大数额资金使用，必须经集体研究决定，不准个人或少数人专断。

④ 提倡清正廉洁，艰苦奋斗，勤俭节约，禁止讲排场，比阔气，杜绝铺张浪费，不准违反规定用公款旅游。

⑤ 公开活动不超标准接待，不准参加用公款支付营业性歌舞厅、夜总会等娱乐活动，在同其他单位和个人交往中，不准接受可能对公正执行公务有影响宴请礼金、有价证券。

⑥ 不准利用本人及家庭成员婚丧嫁娶、过生日、迁新居等机会大操大办，接受各种礼金，不准动用公款，公物操办和借机敛财。

⑦ 不准利用职权拖欠公款；不准借用公款为个人及新友从事各种营业活动。

第二节　其他党派　群团

中国国民党

乡长　保长　民国24年（1935）设立玉西乡，先后任国民党玉西乡乡长有陈茂庆、包建款等人。民国期间任保长有包道香、陈灵绍、包道明、包建绸、包建珊、包建转、王昌猛。

碉堡　战壕　民国 24 年（1935），在陈氏宗祠后面山岗建造国民党碉堡 1 座，占地面积 500 多平方米，建筑面积 1000 多平方米。同时，国民党四保第一大队在碉堡挖建战壕 1 条，长 800 米。1946 年 11 月，中共泰顺县委驻扎西地村办公，1946 年，碉堡被撤除，从此，村民将陈氏宗祠后面山岗称叫炮台岗。

共青团

1954 年，建立中国新民主主义青年团西地村支部委员会，团员 8 人，包建侯任书记。1957 年 5 月，更名为中国共产主义青年团西地村支部委员会（简称西地村团支部），团员 12 人，包序偶任书记。1966—1975 年"文化大革命"期间，团组织处在瘫痪或半瘫痪状态。1976 年，团工作逐渐转向正常，1976—2004 年，前后由曾成荣、陈全美、包日富担任团支部书记。2005 年起，团支部组织工作有所削弱，2013 年，共有团员 30 人，归镇团委领导。

妇女会

民国时期，曾经成立妇女编织会，从事做布鞋、编结草鞋等生产自救活动。民国末，成立妇女会组织，局限在有文化阶层少数人，95% 以上劳动妇女没有参加组织。1949 年 5 月 3 日，泰顺解放，全村妇女积极参加各种民主改革与社会活动。1950 年 10 月，成立解放后首届妇女会，垟心曹氏任妇女会主任，并带领西地村妇女开展土地改革工作。1956—2013 年，曾阿凤、王菊（沙岭）、包林春、蔡连花等先后担任妇女会主任。

农民协会

民国 37 年（1948），为推行"二五"减租，随乡农会组建，成立西地村农民协会，包建珠任会长。1950 年 10 月，开始实行"依靠贫、雇农，团结中农"土地改革，玉西乡成立农会，林家德任农会主任。相应成立西地村农会，包道暖任会长，1954 年 12 月，全县农民协会组织撤销。

儿童团

1951 年 1 月，全面开展土地改革，为协助村农会站岗放哨等工作，建立西地村少年儿童团（队），前后有曾安镐、陈凤义、曾家钊等任儿童队长。1954 年 12 月土改结束，儿童队自行解散。

第二章 村 政

第一节 村政机构

民国时期推行保甲制，村政事务由保长行使。解放后，1949 年 5 月，废除保甲制，村级行政、经济工作及各项政治运动由农会和村长行使。1954 年 9 月，改称人民代表制，村级行政由人民代表主任行使。1955 年冬，建立高级农业生产合作社，西地属新发生产大队，村政事务由大队长代政。1958 年 11 月，实行人民公社制，玉西乡改称生产大队，西地称生产队，村政事务由生产队长代政。

1969 年 10 月，建立生产大队革命委员会，由生产大队革命委员会主任（大队长）代政。1980 年 11 月，人民公社革命委员会复称管理委员会，由管理委员会主任代政。1982 年，推行联产承包责任制，生产大队革委会改称大队管委会，由管委会代主任。1984 年 7 月，建立村民委员会，由村民委员会主任行使村政事务。

玉西社区 · 村委会办公楼

1953—1976 年历届大队长、班子成员、会计名录

表 2-3

时间	大队长	领导班子成员	会计
1953—1955	包道良	包道吉、包何祥、包细仲	包道钵
1956—1958	包道良	包细仲、包建横、包建侯	包道钵
1959—1961	陈灵帮	包细仲、包道凑、陈凤肥	包道钵
1962—1964	陈灵帮	包细仲、陈凤肥、包道凑	陈全再
1965—1967	陈灵帮	包细仲、陈凤肥、包道凑	陈全再
1968—1970	陈灵帮	包细仲、陈凤肥、包道凑	包日家
1971—1973	陈灵帮	包细仲、包道凑、陈凤肥	林上育
1974—1976	曾安祥	包细仲、包道凑、陈凤肥	包玉华 林上育

1977—2013 年历届村主任、村委成员、会计名录

表 2-4

时间	主任	村民委员会成员	会计
1977—1979	陈招位	包细仲、包何祥、陈凤肥、陈凤南	陈珏森
1980—1982	陈招位	包细仲、包何祥、陈凤肥、陈凤南	陈珏森
1983—1985	陈凤南	包细仲、包何祥、陈招位、陈凤肥	陈珏森
1986—1989	陈凤南	包细仲、包何祥、陈招位、陈凤肥	陈珏森
1990—1992	王尚钱	包玉华、陈凤南、包子放、包林春	陈珏森
1993—1994	包顶和	曾齐环、陈珏森、包子放、包林春	陈珏森
1995—1997	陈全顶	包玉华、陈招和、曾爱芳、包日相	陈 祖
1998—2000	陈全顶	包玉华、陈招和、曾爱芳、包日相	无
2001—2003	陈全顶	包玉华、陈招和、曾爱芳、包日相	无
2004—2006	陈亦辉	曾庆贤、陈招禹、包日相、曾齐环	无
2007—2009	陈值伟	曾庆贤、包日相、蔡莲花、曾齐环	无
2010—2012	曾齐环	曾庆贤、包日相、陈全娇、陈周南	无
2013—	曾齐环	陈周南、陈全娇、陈新富、包晚霞	无

第二节 村政管理

传统自治

历史上，西地村治安曾以宗族自治为主。其中，新庄陈宗族对败坏玷污祖宗名誉子孙，有“谱削其名，祭除其胙”族规。对犯有严重罪行者，除由“王法”处置，并被逐出宗族与村庄，即俗称赶出族；对犯有一般劣迹者，族长与族众都可按族规对其处置。晚辈对长辈及老人谩骂或侮辱等不敬，至亲叔伯就会出面干预，处罚晚辈“敬酒”认错，及至跪地磕头。康熙五十五年（1716）族规制定对族人行为、道德曾起到一定制约与规范作用。

附录：西地新庄陈氏族谱规条

（每岁元旦，老少衣冠齐集小宗宅舍祝岁，祝后将谱请出细读讲究一番，后生小子端肃倾听不许喧哗）

——大宗小宗之法谱中，直图横图已自详明，古圣贤良法美意皆具于此。若能各知所宗则纲纪不紊，大小相维分有所尊事有所统，行之一族而一族亲睦，行之一国天下而一国天下辑宁。故明道先生曰：宗子之法治道最切诚哉，是言吾子姓相与守之庶增故家

大族之美。

——族大人贫树大枝枯不能无也。虽然天运循环无往不汤，若能安贫守分不作非为，则今日岁贫贱安知他日不富贵呼。使无廉耻心取非吾有势必放辟邪侈无所不至，则明而人非之幽而鬼责之。一时发露而刑宪加之，无往不受戮辱也，戒之哉。

——男训曰，人家盛衰系乎积善与积恶。何谓积善？居家必尽孝悌，处事必存仁恕，凡所以济人利物者皆是也。何谓积恶？或恃己之强以凌弱，或驱人之财以利己，凡所以欺天罔人者皆是也。是故，爱子孙者必遗之以善，不爱子孙者必遗之以恶。岂不闻积善之家必有余庆，积不善之家必有余殃。天理昭然，各宜深省。

——女训曰，家之和与不和，关健妇人之贤否。何谓之贤？事舅姑以孝敬，处夫子以恭顺，待娣姒以温和，接亥孙以慈爱，相乎内以应乎外，如此之类皆是贤。何谓不贤？傲慢公姑不敬丈夫欺凌妯娌，谬言妄语变乱是非，如此之类皆是不贤。吁天道甚近报应甚速，为妇人者不可不知。

——兄弟性格不同每生乖异，分门割户势所必至。虽曰群分各家，犹然类聚一处。若尊匕卑匕秩然有礼，出入相友德业相规，有无和通守望相助，患难相恤疾病相扶持。不以服尽亲尽为言曰，以情至义至为念，则自相亲睦而不失和气也。

——庶人之职耕读为先。族中子弟之后秀者必令读书，读书必焚膏继略，学乃有成。子弟之质鲁者必令耕种，耕种当日作夜息，家乃足食。如此庶可称耕读之家。

——子弟有过失，当长者呵责，不论是非应俯首默然，毋得分理。待长者怒释，可因伯叔兄弟陈其是非。听长者以义裁取庶无悖逆争斗之非。

——孤儿寡妇人之不幸，伯叔兄弟宜加存恤不可侵扰。若欺人孤寡妄加侮害，彼虽无能天道循还，安知他日不转移于己耶。

——子侄处族党间，当恂匕孝友。见尊长，坐必起行必序，应对必以名。年菲六十者，不许与伯叔连坐，如此则不失为雁行之次。庶免贻笑于外人。

——不幸嗣乏必取旁枝入继，不许外姓抱养。欲种嘉禾必除粮萧，非其类者锄而去之。如既入继一概承当户役，嗣续统绪，岂可出入无时来去自便。而有负心背义之事倘傲慢不遵约束，族众必共相责罚，仍执迷不悟定当经公究治。

——本族呼名甚属不雅，不拘伯叔兄长直呼大名。自今取有号表，各宜照其称谓。如再呼名，众议公罚。

裔孙　有祥　有正　有伦　仝撰

村规民约

村规民约是村民共同讨论制定与遵守规章制度，西地村历来称为“禁令”。解放前，村规民约都是同姓族人共同研讨制定，多属封山护林及保护田间作物禁令，也称族规。保存完整族规有：清道光二十七年（1847）六月订立《保护垟尾马氏真仙周围山场禁约》，民国 9 年（1920）6 月 24 日订立《马仙宫前古榅树二株和路下三株不得砍伐禁约》。

解放后，1949 年 5 月至 1952 年 12 月，订李村规民约有《西地村防火防匪公约》、《西地村爱国卫生公约》，以及民兵大队部、治保会“三防会”等制定公约，深受广大民众拥护。1991 年 9—11 月，泗溪区委书记蔡贻望率群众路线工作队进驻西地村，对西地村经济、政治等社会发展进行全面规划，并制定规章制度 20 多项，为村两委班子工作规范化建设奠定坚实基础。

第三节　治保调解

治保小组

1950 年 9 月，随玉西乡武装治安委员会成立，建立西地村治安小组，包建横任组长。1951 年 10 月，乡武装治安委员会改称治安保卫委员会，村治安小组改称治保小组。1968 年 11 月至 1972 年，治保小组被村清理阶级队伍组织与群众专政小组取代。1973 年，村治保小组随县公安局恢复而恢复。1978 年，落实政策工作队进驻西地村，进一步整顿与健全治保组织。1981 年，治安保卫归属村治保调解委员会工作范畴。

治保调解委员会

历史上，民间细小事故多由讲事人调停，家庭成员纠纷由娘舅与姑丈来家劝和，叔伯邻居纠纷由宗亲或头脑人出面调解；涉及宗族房派或与外姓、外村发生较大纠纷，则请族长、族绅或县内大绅士会同调解。民国期间，政府明文规定，民事争讼由当地就地调解，民国后期，较大纠纷始请保长或乡长会同族绅调解，群众称之为投保长、会堂众。

1953 年，设立西地村调解小组，曾家镇担任组长。1981 年春，征求村民意见确定人选，经上级党委、政府及司法部门批准，成立西地村治保调解委员会，调解员 3 人，至 1994 年，曾家镇续任委员会主任。1995—2003 年，曾齐环担任村治保调解委员会主任。2002 年，曾家镇被浙江省司法厅评为先进个人。2004—2013 年，包日富担任村治保调解委员会主任。2013 年，村治保调解委员会调解员 3 人，依据《中华人民共和国人民调解法》《中华人民共和国民法通则》等法律法规，深入调查，耐心劝说，及时调解，依法结案；协助公安部门，打击盗窃、聚赌、斗殴等违法犯罪行为，为全村社会和谐、家庭和睦取得一定成绩。

第三章　兵　事

第一节　兵　役

募兵

明代实行募兵制，招募兵员少数驻防，多数屯田；农时耕田，农隙训练，战时出征。清代实行世袭兵役制兼行募兵制，八旗兵实行世袭制，绿营兵由招募组成。地方官员根据战争及防守需要，还可临时募勇守城。民国前期，仍推行募兵制。

征兵

民国22年（1933）1月，中央政府公布《兵役法》，改行征兵制。兵役分为常备兵役和国民兵役。凡18 ~ 45岁男子，除服常备兵役外，均须服国民兵役。25年8月，县内开始征兵，由县公安部门负责办理。27年11月，省政府颁布《战时纳金缓役暂行办法》，规定凡适龄壮丁，只要向政府缴纳200元，即可缓服兵役，导致“富人三男四女不当兵，穷家独子也被征”。29年，县政府改军事科为兵役科，负责全县兵役工作，并设县壮丁常备队，编训应征壮丁。32年，兵役科归并县国民兵团，改为征募股。34年，兵役工作归军事科负责。常备兵征集分调查、抽签、检查、征集、优待五个步骤，先对适龄壮丁进行家庭调查和免缓役审核，确立应征对象，分类编号。乡（镇）根据县政府配给征集数额组织壮丁抽签，中签者经身体检查合格，由当地乡保长转达征兵令，限期到县政府兵役机关报到，由县统一组织送交征集部队。

民国时期，中央和地方政府曾先后颁布诸多兵役法规，设立征兵优抚机构，鼓励民众从戎，但在具体征集过程中，营私舞弊现象严重。在国民党发动内战期间，需求兵员量激增，县政府为凑足兵员数，采取抽丁、抓丁，押解、囚禁等手段，仍然达不到征兵额。

志愿兵役制

中国共产党领导下，招收志愿人员参加军队承担军事任务制度。民国24—26年（1935—1937），许多村民参加中国工农红军挺进师闽浙边临时省委特务班、闽东红军独立师和当地游击队，其中有2人殉难后被追认为革命烈士。抗日战争、解放战争时期，许多村青年自愿参加中国人民解放军浙南游击纵队、泰顺县大队，在抗日阵亡5人。

义务兵役制

1955年，《中华人民共和国兵役法》颁布，推行义务兵役制。县人民政府设立征兵办公室，乡设征集站。应征年龄为18 ~ 23周岁（6月30日之前登记）。西地村首批义务兵1人。1978年，实行义务兵与志愿兵相结合兵役制，服役期满战士，经申请批准，可改服志愿兵。1984年5月，颁发新《兵役法》，应征年龄18 ~ 22周岁，实行以义务兵役制为主体，义务兵与志愿兵相结合、民兵与预备役相结合兵役制度。1988年，开展“四自行”法制化征兵，自行到兵役机关登记、自行参加目测初检、自行到站体检、自行到集结地报到办法。

1940—2013 年参军人员名录

表 2-5

姓名	出生年月	入伍时间	退伍时间	姓名	出生年月	入伍时间	退伍时间
包道礼	1917-03	1940-08	1971-01	曾家敏	1952-01	1970-12	1978-01
包道佃	1926-03	1946-01	1949-05	曾齐旺	1953-12	1972-01	1977-02
包日拱	1938-08	1948-01	1952-09	包子钦	1954-01	1972-12	1977-03
包道派	1927-11	1948-08	1959-11	曾家肥	1956-06	1974-12	1978-01
包何祥	1925-12	1949-03	1952-02	包松偶	1958-08	1975-12	1978-12
包道庙	1931-06	1949-08	1952-07	周细辉	1958-12	1975-12	1980-01
包道梅	1927-12	1952-03	1954-01	曾齐万	1959-09	1978-12	1991-12
曾安镐	1934-09	1953-08	1957-07	包誉华	1960-07	1978-12	1981-12
包好序	1932-07	1955-02	1958-02	曾　碧	1962-08	1981-01	1984-01
陈思期	1936-12	1956-01	1959-02	王　锋	1969-02	1986-01	1990-01
陈全机	1936-12	1959-03	1964-03	陈招怀	1970-03	1986-01	1988-12
包松江	1942-07	1960-09	1965-03	曾　长	1975-05	1990-12	1995-12
包序贤	1949-12	1963-03	1968-03	陈昭从	1973-10	1992-12	1995-12
包日记	1938-08	1963-03	1966-01	陈全斌	1975-03	1993-12	1997-01
曾家法	1945-07	1963-12	1969-02	包松尧	1975-02	1994-12	1997-12
包周晓	1942-05	1964-12	1969-02	陈河锋	1980-09	1998-12	2001-02
陈风尔	1942-02	1965-02	1967-01	王钰铭	1981-09	2000-12	2009-12
曾家钏	1941-05	1965-12	1968-03	陈家胜	1981-05	2002-12	2005-12
陈全环	1946-11	1966-03	1964-11	包松渐	1984-01	2002-12	2004-12
陈全载	1944-08	1966-03	1973-07	王宇刚	1984-04	2002-12	2004-12
陈细训	1950-08	1968-01	1973-02	包华科	1985-02	2003-12	2005-12
包日方	1947-05	1968-03	1971-02	包松晶	1988-11	2007-12	2009-12
包道善	1948-01	1968-03	1971-02	陈法位	1988-01	2008-12	2012-12
陈厚良	1955-03	1969-12	1975-03	曾伟鹏	1989-09	2009-12	现役
包日吕	1949-04	1970-12	1974-02	包伟松	1994-04	2012-12	现役
包日读	1949-05	1970-12	1974-02	包仰松	1994-07	2012-12	现役
曾齐快	1949-09	1970-12	1976-02	包松齐	1994-06	2013-12	现役

第二节 民 兵

1946年11月至1949年9月，中共泰顺县委、浙闽边中心县委、泰顺中心县委常驻西地村，前后建有赤卫队和民兵组织。1949年，村民兵队员45人，配合泰顺中心县委警卫队，进行除恶反霸、发展生产、维护社会治安等工作。至2013年，先后历届民兵连长是包建横、包道吉、陈全佃、包序偶、曾家庄。

1962年，台湾国民党派特务偷渡登陆。南下沿海各级政府组织民兵全副武装，配合军队备战。西地村组织基干民兵加强营参加武装部各种军事训练。

1984年5月，颁发新《中华人民共和国兵役法》，服现役外年满18 ~ 35岁男性公民，编入民兵组织和服预备役，其中18 ~ 28岁青壮年经过军事训练青年和退伍军人，编入第一类预备役基干民兵组织，为战时兵员动员对象，其余编入第二类预备役普通民兵组织。至2013年，历任西地村民兵队长有包建横、包道吉、陈全佃、包序偶、曾家庄，指导员陈风家。2013年，西地村民兵队员55人，其中基干民兵队员27人。

实地讲课

实地讲课

打靶训练

前赴瞄准

雪地行军

枪支保洁

理论实践

训练研究

站岗放哨

工作汇报

预备役民兵

忆苦思甜

民兵活动图片剪辑（1969—1983）（肖若驹/摄）

第三篇
经济

第三篇　经　济

旧时，由于社会制度束缚，工农业生产发展缓慢。建国后，进行土地改革，经历互助组、合作化，耕者有其田，激发村民生产积极性，继以兴修农田水利、改良土壤、选用良种、推广农业科技等措施，农业生产得到不断发展。1952 年创办县内第一家集体企业西地圆木社，相继兴办釉窑、米粉加工厂、茶叶加工厂、西地综合厂等集体企业。1958 年“大跃进”以及“文化大革命”期间，工农业生产几经受挫。20 世纪 80 年代开始，推行家庭联产承包责任制，种、养业连动发展，专业化商品性生产占有一席之地。2013 年，村域面积 10.94 平方千米。其中林地面积 866.67 公顷，森林覆盖率 85%。耕地面积 97.2 公顷，耕地面积中水田 50.53 公顷，水稻每公顷产量达 11250 公斤。垦荒种茶 48.13 公顷，栽培东魁杨梅 26.67 公顷，增加经济产值 300 多万元。境内企业有铸钢厂、天遥农业开发有限公司等 10 多家，其中市级龙头企业 2 家。药店、商铺 12 家，酒店农家乐 2 家。境外创业资产上亿元有沭阳杭泰机械配件有限公司等 5 家。

第一章　农　业

第一节　耕　作

西地村处于群山盘结，地势平坦，便于耕作。水源充足，适于种植水稻、番薯、马铃薯、大小麦、大豆、玉米、高粱及蔬菜类等作物。

土地

土地面积　西地村总面积 10.94 平方千米，其中林地面积 866.67 公顷，耕地面积 97.2 公顷，其余部分为荒山。黄土层深厚，土质肥沃、耐旱易耕，可种庄稼，也适宜林木生长。95% 以上耕地分布在村庄周边，耕地面积中，水田 50.53 公顷，旱地 46.67 公顷，正常年份水稻每公顷产量达 11250 公斤。

封建土地所有制　解放前，绝大部分土地属地主阶级及封建性“公堂”所有，包括祠堂田、学堂田、祭坟田、庙宇田、寺院田等。可以自由买卖、典当和出租。

附录：解放前土地交易方式

绝卖：买卖双方协商，立字契，由中人见证，钱契两交，永无回赎。

活卖：定下期限，期满赎回，逾期不赎，作自动转为绝卖。

典当：则定典当期，期满回赎，若无力回赎，可按时价找贴，转为绝卖。

出租：为长租、临时租两种，长租期限为一年或数年以上，临时租可按季节或一年以内。纳租也有定租和分租之别。定租制租额固定，每年按亩数向出租者交纳稻谷，如遇灾情可面议酌减。分租制是每年秋收时在田头现称现分“田面谷”，一般为三七或四六分成，田主占大头。

土地改革　1952年1月，县土改工作队住进村里，深入开展土地改革运动。执行“依靠贫、雇农，团结中农，中立富农，有步骤地、有分别地消灭封建剥削制度，发展农业生产”总路线，发动群众，划分阶级，清查田地，没收征收，统一分配，复查总结，确权发证与整顿、健全乡村政权等。1952年6月土地改革结束，摧毁封建土地所有制，真正实行“耕者有其田”。

农具

传统农具，均为铁、木、竹质，结构造型简单，凭手工操作，犁、耖则辅以牛力，世代沿用，少有改进。农业合作化开始，逐步引进农业机具。

主要农具

表3-1

类别	传统农具	引进机具
耕作农具	步犁（畜力犁）、耙、耖、锄头、尖锄、耘田圈、四齿耙等	手扶拖拉机、四轮拖拉机、喷雾器、喷粉器等
排灌农具	脚踏水车、手牵车、吊桶等	柴油机、电瓶机、农用水泵、喷灌机等
运输工具	扁担、竹杠、箩筐、畚箕、泥箕、棒柱、绳子、麻袋（布袋）等	手推车、拖拉机、农用汽车等
收获农具	镰刀、草割、柴刀、斧头、木锯、番薯刨、番薯锤、蔑扁、竹簟、番薯篓、蔑丝箩、双层箩、谷筛、畚斗、稻桶、稻梯、桶簟等	脚踏打稻机、电动打稻机等
加工农具	手推石磨、手推木砻、米谷扇、米筛、糠筛、铜勺、踏碓、水碓、水磨等	碾米机、磨粉机、饲料粉碎机等

犁、耖、轭

耕田踏

锄头、田圈、耙、耖、耙仔

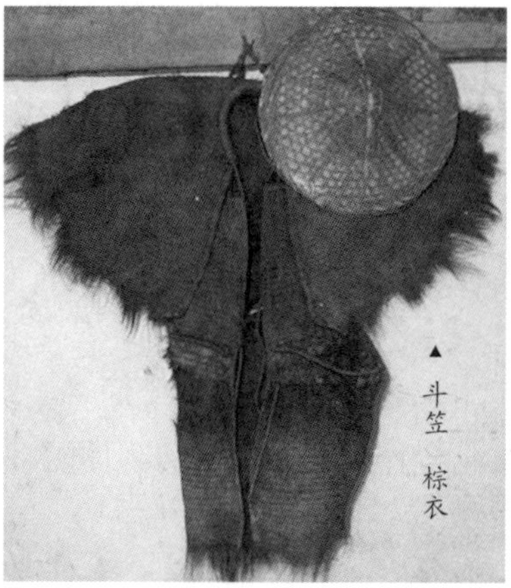

棕衣、斗笠

木制喷雾器

传统耕作农具

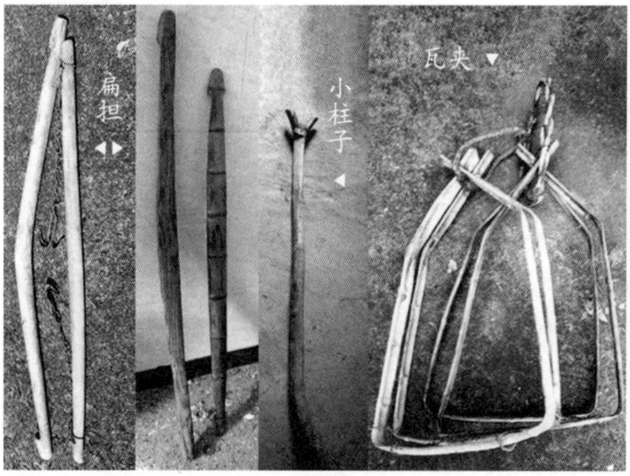

扁担、木柱子、瓦夹

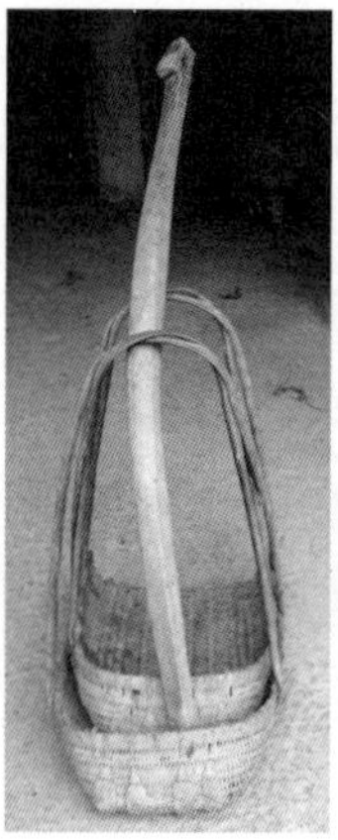

畚箕、扁担

尿桶

手拉车

拖拉机

运输农具

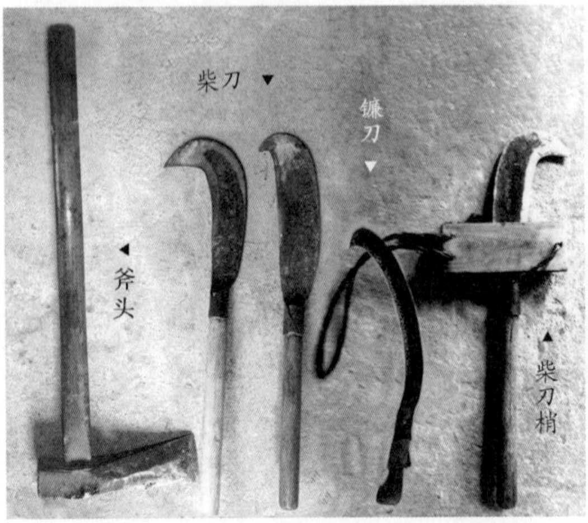

斧头、柴刀、镰刀、柴刀削

梁锯、手锯、柴皮铲、削刀

谷坊

谷梯

番薯刨、番薯锤

番薯篮

米箩

畚斗

菜篮、土箕、篾畾

簟、笄

收获农具

石猪槽

虾斗、鱼篓

砍兜

篾鸡笼

长鸟铳（土枪）

饲养　渔猎农具

大秤

盆秤

石秤砣

谷印

米印

米升、米斗

算盘

秤量算印农具

风扇

谷笼

石磨

踏碓

石臼

加工农具图片剪辑（1）

谷筛

糠筛

簸箕、米箩

米坊、笊篱、饭甑、酒拍、篘

酒瓮

年糕印

加工农具图片剪辑（2）

切草机

碾米机

刨番薯机

磨粉机

加工农具图片剪辑（3）

肥料

相沿耕作依靠自积农家肥料。民国时期，始有施用化肥硫酸铵。20 世纪 50 年代开始，引用化肥品种逐步增多、用量逐步增大，20 世纪 80 年代后期开始，农家肥用量渐减。

常用农家肥

表 3-2

名称	使用
人粪尿	多种元素有机肥料，经发酵以后，可加水冲淡，直接用来浇农作物，习惯采用掏孔施肥
厩肥	也称栏肥，以家畜、家禽粪尿为主，混以各种垫圈材料积制而成肥料。采用发酵或直接施入水田，山园地采用掏孔施入当作基肥
草木灰	草木灰质轻且呈碱性，可作根外追肥
焦泥灰	含有钾素效应机制，可作基肥或追肥
饼肥	主要有大豆饼、菜籽饼，含氮量比较多，常做基肥
绿肥	绿肥有种、养、野生三种。种植绿肥有紫云英（草子）、田菁、苕子（蓝花草子）、大荚箭舌豌豆、大绿豆（印尼绿豆）。养用绿肥有红萍、细绿萍等。野生绿肥系用嫩竹叶和嫩橡子（苦槠）叶压青踏田

引用化肥

表 3-3

类别	品种
氮肥	硫酸铵、氨水、碳酸氢铵、氯化铵、尿素等
磷肥	过磷酸钙、重过磷酸钙、钙镁磷肥、磷矿粉等；钾肥有硫酸钾、氯化钾等
微肥	硼砂、钼酸铵、稀土微肥等

耕作制度

水田　农业合作化前，水稻品种古老，主要有籼稻、粳稻和糯稻三种，部分良田可以“马铃薯（麦、蚕豆）—水稻”两熟制，大部分种植制度为一年一熟。1956 年，曾改为三熟制，水稻种植连作稻，推广 503 早稻，由于地处海拔高，受气候限制，试种失败。1963 年开始种绿肥紫云英（红花草籽）改良土壤，产量有所提高。1970 年开始，全面种植连作稻，实行两熟制。1978 年开始，种植杂交水稻，不少生产队改为“蔬菜（马铃薯）—杂交水稻”两熟制。

旱地　历史以来是“番薯—麦（青菜、蚕豆）”或“黄豆—马铃薯”等，有部分为“麦—烟叶”或“麦（油菜）—花生”等二熟制。

第二节　种　植

粮食

水稻　种植历史长，品种多。按气候生态型分有籼稻、粳稻、糯稻；按季节生态型分有早稻、中稻和晚稻。清代，籼稻品种有赤芒、白秋、黄稻、金成、白谷、马稻、草

鸭脚粟

鞋籼、晏白、香晚、百花秋、柳叶精、齐黄等；糯稻品种有赤糯、早糯、大糯、松花糯、赤芒糯、草鞋糯等；粳稻品种有早粳、大冬粳、香粳等。民国时期，以中籼为主，还有晚籼、晚糯、晚粳。籼稻品种有铁秋、龙江秋、红米仔、早义信、旧谷、四一青、平阳白、花秋、柴红、红米铁秋、黄花福安秋、三日齐、迟稻秋、罗起京；糯稻品种有大冬糯、酒糟糯；粳稻品种有乌芒满、白芒满、红须满、三百粒、猪毛簇、野猪粳。

中华人民共和国成立后，引进推广水稻良种较多。20 世纪 50 年代中期，引进高杆早稻、503、南特号、陆财号、矮南早、莲塘早、南特 16、卫国、北京粳、二九丰等 13 个品种。60 年代至 1977 年，引进推广早、中稻良种：矮脚南特号、广场矮、圭陆矮、珍汕、龙革、二九南等 13 个品种；晚稻良种：农垦 58、京引 15、沪选、飞老虹糯、台中糯等 13 个品种。1978 年开始，单季晚稻老品种被杂交品种所取代，杂交组合有汕优、协优、威优、白优、南优等 12 个品种；杂交晚稻有浙丽 1 号、桂朝 2 号、浙粳 66、矮粳 23、双糯 40、姬糯、荆糯、秀水 11、秀水 48。早稻有汕优 64、威优 64，晚稻有汕优 63、67、浙农大 40 等。1990 年开始，水稻品种又新为汕优 63、汕优 67、Ⅱ优 63、Ⅱ优 62、汕优 10、Ⅱ优 46。2000 年开始，推广杂交单季稻有汕优 67、Ⅱ优 162、D 优 527、D 优 68、Ⅱ优 46、汕优 10。2010 年开始，改种杂交水稻良种有中浙 1 号、中浙优 8 号、粤优 938、两优培九。

番薯 南方也叫番莳。谣云“泰顺三件宝，火笼当棉袄，火篾当灯草，地瓜丝吃到老”，番薯是泰顺人主粮历史悠久。明万历二十二年（1594），福建长乐人陈经纶父子到菲律宾经商，偷运薯蔓入境。初在福州栽植，又从福建南方引入本地。民国时期，品种有台湾红、台湾黄、琉球、大番红、大番白、红皮白心六十日、白皮红心六十日、金瓜番、五爪龙等。20 世纪 50 年代开始，推广品种有胜利百号、北京 284、广东白、新种花、红红一号、浙薯 2 号、瑞薯 1 号等。1978 年开始，随杂交稻推广，大米充裕，农户逐渐少种或不种番薯。1982 年，改变以番薯为主粮历史。

玉米套种番薯

大小麦 中华人民共和国成立前，主要品种有和尚麦、立夏黄和六棱大麦等。20 世纪 50 年代开始，引进广碧马一号、矮粒多、吉利、浙麦 1 号、浙麦 3 号、温麦 5 号、温麦 6 号、温麦 9 号、扬麦 4 号、浙农 17 号、南大 2419、矮脚二棱米麦和米麦早熟 3 号等 23 个品种。20 世纪 90 年代，由于水稻比小麦高产，农户基本停种小麦。

马铃薯　西地人称“芋卵仔”。由于原产南美洲安第斯山区，于清朝传入本地，故称“洋芋”。品种有白洋芋、腰子芋、六十日、红芋、深眼窝、克山2号、甘肃芋、克新3号、白花芋等。每年2—5月，西地气候凉爽、日照聚集、水分充足，主粮和蔬菜兼用马铃薯生长快，个子大。农户喜欢种植，少者几百斤，多者上千斤。

1953—2010年部分年份粮食生产情况

表3-4

年份	耕地面积（公顷）	水稻			番薯		
		播种面积（公顷）	亩产量（公斤）	总产量（吨）	播种面积（公顷）	亩产量（公斤）	总产量（吨）
1953	82.27	48.07	126	90.8	50.00	210	157.5
1963	97.20	49.87	215	160.8	45.40	250	170.3
1980	97.87	50.53	503	381.3	46.67	620	434.0
1987	108.27	29.00	550	239.3	43.80	580	381.1
1989	98.00	44.60	570	381.3	52.00	540	421.2
1992	97.53	46.73	550	385.6	43.60	570	372.8
1995	85.20	50.67	555	421.8	34.73	590	307.4
1997	93.60	52.00	580	452.4	41.33	610	378.2
2000	82.47	46.07	600	414.6	36.00	640	345.6
2003	84.53	49.47	590	437.8	34.67	630	327.6
2007	79.93	44.93	650	438.1	34.67	680	353.6
2009	74.93	50.00	700	525.0	28.00	800	366.0
2010	68.27	45.33	750	510.0	22.73	810	276.2

年份	春粮			大豆			其他杂粮		
	播种面积（公顷）	亩产量（公斤）	总产量（吨）	播种面积（公顷）	亩产量（公斤）	总产量（吨）	播种面积（公顷）	亩产量（公斤）	总产量（吨）
1953	60.00	42	37.8	0.47	42	0.3	2.20	89	3.0
1963	70.67	48	50.9	0.67	82	0.8	1.20	91	1.6
1980	66.67	74	74.0	0.20	100	0.3	0.47	160	1.1
1987	29.13	84	36.7	1.47	103	2.3	20.67	177	5.5
1989	69.53	132	137.7	0.73	89	1.0	0.67	381	0.4
1992	39.33	110	64.9	0.20	98	0.3	0.33	354	1.1

续表 3-4

年份	春粮			大豆			其他杂粮		
	播种面积（公顷）	亩产量（公斤）	总产量（吨）	播种面积（公顷）	亩产量（公斤）	总产量（吨）	播种面积（公顷）	亩产量（公斤）	总产量（吨）
1995	41.40	189	117.4	0.27	96	0.4	0.20	370	1.1
1997	49.33	187	138.4	0.13	101	0.2	0.13	380	0.8
2000	40.67	178	108.6	0.20	98	0.3	0.20	410	1.3
2003	42.67	185	118.4	0.13	110	0.2	0.27	450	1.8
2007	36.00	190	102.6	0.10	120	0.2	0.20	500	1.5
2009	34.67	210	109.2	0.13	110	0.2	0.10	490	0.7
2010	31.33	205	96.4	0.07	125	0.1	0.13	510	1.0

油料

油菜 民国时期种植面积不多，农民榨油自给食用。1949年品种有芥菜型和白菜型之分。20 世纪 50 年代中后期，引入胜利油菜、东胜 14 号、川油 2 号、480、秀油 7 号、丰收 4 号、浙油 7 号、92 油菜、92—13 系、92—58 系。1990 年，种植面积 8.67 公顷，菜籽每公顷产量 1755 公斤。2000 年开始，少数人有种植。

山油茶

油茶 别名茶子树、山茶树，俗称善籽。茶油色清味香，营养丰富，耐贮藏，是优质食用油；也可作为润滑油、防锈油用于工业。茶饼既是农药，又是肥料，可提高农田蓄水能力和防治稻田害虫。

村内生产油茶历史悠久，主产地在高畲垟、白岩下、路下、白水漈等自然村。一般种在山园上，有除草，缺施肥。传统榨油方法：焙干—碾粉—蒸熟—包成饼，最后放硬木凿成油槽中，用重锤打入楔子，油则从底槽流入桶中。一般 2 公斤油茶籽可榨 0.5 公斤油，0.5 公斤油可换 2 公斤米。因价格高，常在采摘后有人去拾“善籽癞”，甚至偷摘。民国时期，村民自发规定霜降日开始摘油茶籽，提前采摘者予以处罚。仍是屡禁，屡犯，屡罚。1953 年，油茶籽纳入统购范围。1956 年，贯彻多产多得，增产多留方针，至 20 世纪 70 年代，村内农户平均收采茶子蒲 1000 多公斤，可榨油 130 公斤。1990 年，改统购为议价收购，由于外出打工收入远超在家从事农业，油茶园无人修整、管理、采摘，油茶产量大大下降。2013 年，随人们对生活质量认识提高，提倡食用植物油，种植油茶有了复兴希望。

油桐 清至民国时期，梧桐籽油是西地村民经济收入重要来源，所有旱地都套种梧

梧桐籽

桐树，常年种植面积 33.33 公顷。每年 10 月过后，商贩到农户收购成品油，主要运往平阳水头、福建桐山销售。1953 年开始，梧桐籽纳入国家统购范围，贯彻多产多得，增产多留方针，1958 年，桐籽大丰收。1959—1961 年，灾害粮食紧缺，出现毁梧桐种粮食现象，梧桐籽产量下降。20 世纪 80 年代中期，梧桐树数量仅有 6.67 公顷，90 年代只剩零星几棵。

山苍子　村民惯称山厅子。1973 年引种，主要种植山园坎。在大坪仔岗尾村集体种植 20 公顷，榨成山苍油均送泗溪供销社收购。20 世纪 90 年代仅剩几株。

山苍子

蔬菜

村民蔬菜种植自食为主，有少数村民种植蔬菜，每逢集市日运到泗溪市场销售。

蔬菜种植品种

表 3-5

类别	品种
叶茎菜类	小白菜、大白菜、油冬菜、山东乌、香菇菜、菊花菜、芥菜、球菜、榨菜、甜菜、苋菜、芹菜、菠菜、马蹄菜、牛心菜、茼蒿菜、空心菜、油菜苔、雪里蕻、莴苣笋（莴苣）、苦荬、香菜（芫荽）
花菜类	花菜、黄花菜（金针菜）
根菜类	胡萝卜、白萝卜、红萝卜、盘菜、大头菜、姜
豆类	蚕豆、豌豆、豇豆、四季豆、刀豆、白扁豆、大白银豆（皇帝豆）、白银豆、饭豆（粒子升）、赤豆、绿豆、皂荚豆、泥鳅豆
瓜类	黄瓜、冬瓜、丝瓜、南瓜、苦瓜、瓠瓜（蒲瓜）、佛手瓜
茄果类	茄子、辣椒、西红柿、甜椒
薯芋类	旱毛芋、水芋、槟榔芋、薯芋、菊芋、马铃薯
葱蒜类	葱、洋葱、大蒜、韭菜
食用菌类	蘑菇、香菇、白木耳、黑木耳
水生类	藕、茭白
竹笋类	毛竹笋、石竹笋、乌壳竹笋、黄竹笋、雷竹笋、白箬竹笋
野生菜类	酸菜、苦菜、蕨菜、马齿苋、荠菜、豆腐柴

茶叶

明代开始，西地茶叶种植十分兴盛。茶叶品种古老单一，多用种子繁殖，少数采用分株或压条无性繁殖，个别村民从福鼎白琳引进部分白毛茶。一般种植在番薯园坎边或中间，多株大丛生长。

茶园改种东魁杨梅

中华人民共和国成立后，采取移植归并，补植缺株。合作化开始，单独垦殖。1958年开始，推广条式密播或条栽，行距50 ~ 166.7厘米，株距26.7 ~ 33.3厘米，每公顷1.5万 ~ 2万丛，每丛3株。1975年，建立公社茶场（鲍垟），开垦茶园4.67公顷；1972年，建立新发（西地）大队茶场，大路头、岗尾及横溪大僻等山地复垦茶园17.33公顷。至1980年，共有茶园48.13公顷。20世纪90年代开始，西地茶园地处高山地段，采茶季节赶不上市场价格，多数茶园改植东魁杨梅，部分茶园荒芜。2013年，只有茶园33.33公顷。按山坡平缓，用草皮叠坎，梯形茶园，环境美化。新垦茶园推行矮化密植，行距33.3厘米，株距20 ~ 26.7厘米，二行、三行式居多，四行式较少，每亩公顷植茶22.5万 ~ 30万株。

附录：茶叶摘制

茶叶采摘　20世纪80年代开始，立足于名优茶制作，推广“采芽茶、分批采、留叶采、采大留小”等技术，不再出现“一把捋”或“一扫光”传统采摘方法。

茶叶制作　最早炒青，居次烘青。乾隆、嘉年间，出现黄茶、白茶。民国初期，传入红茶技术。1928—1936年期间，新采制黄汤、银针、旗枪等名茶。中华人民共和国初，推广红茶。红茶制法，在加热茶锅中炒软茶青，进行分次揉捻，调节温湿度，掌握适度发酵，然后用阳光晒干或高温烘干。绿茶制法，推行“分级制造，现采现制”。1953年实行“红改绿”，大量产制青绿茶，红茶逐年减少。1968年，开始引用电炉杀青，改变全凭人工操作传统制茶方法，1975年，推广79 ~ 84型电炉杀青机，进一步提高茶叶品质。2013年，新制名茶有雪龙茶、龙井茶、三杯香等品牌。

其他

20世纪，境内曾经盛兴靛青、苎麻、烟草种植，略有药材、花生、向日葵、芝麻、棉花等种植。21世纪开始至2013年，断断续续有人种植花生，其余均无人种植。

靛青　又名蓝草、靛蓝，西地人习惯叫簟青。靛青是一种染料和药用植物，梗作繁殖，叶用印染。根可入药，有清热、解毒功效，能医疗疮肿、丹毒等症，并作“青黛”

中药。一般每公顷栽植 4.5 万株，每年采摘 2 次。

西地人种植靛青历史悠久。清代民国时期，横溪、黄滩一带 67 公顷山地均种植靛青，故名青寮坪。20 世纪 40 年代，大部分靛青出售福建桐山，有的远销中国台湾及日本等地。100 市斤靛青最高价格卖到 25 银，相当 700 斤谷。靛青销路好、价格高，村民王昌猛所有田地种植靛青。曾有经营与种植靛青发家农户评为地主富农。20 世纪 50 年代中期，进口“洋靛”（化学合成染料）充斥市场，传统靛青受到冲击，逐渐衰落，20 世纪 60 年代后，村内无人种植。

药材　境内土质适合白芍、白术、黄芪之类药材种植。20 世纪 60 年代，村民陈三权、包日新等少数人，采用山地或屋边园地种植。70 年代，因药材市场竞争竞争激烈，停止种植。

苎麻　多年生宿根性作物，栽麻一次，多年收益，而且每年可收割三次（季）。清代与民国期间，村民用于制作夏衣、蚊帐、麻布袋等。同时，境处平阳、苍南相邻，苎麻销路好，种植面积大。至 20 世纪 90 年代淘汰。

烟草　旧时村民有零星种植，收获烟叶制作烟丝自用。20 世纪 70 年代，在横溪底村集体种植 50 亩，由供销社收购之外，销往平阳和桐山等地。20 世纪末，自村民不抽干烟，已灭迹。

第三节　养　殖

境内主要养殖有猪、牛、羊、兔，鸡、鸭、鹅。淡水养殖没有形成产业，只少数家庭房前屋后围个鱼塘，养有草鱼、鲤鱼、鲫鱼等，自供自食。

家畜

猪　农户养猪历史悠久，长期是各户散养，主要品种为传统黑毛生猪。解放前，多数农户经济来源靠养猪，由于口粮不足，以青菜、番薯藤和野菜作为饲料，生猪成长慢，饲养时间需要一年以上，许多农户只养一头。养猪也是为种地积肥，故有“养猪不赚钱，回头看看田”谚语。

白岩下养猪场

20 世纪 50 年代开始，引进优良种猪有中约克、盘克夏、金华两头乌、长白、苏白、温白、杜洛克、大约克等品种，并进行杂交改良。1950—1958 年，生猪饲养量随粮食产量提高而逐年增长。1958 年开始，倡办集体与个人（养猪能手）合作养猪场。1959—1961 年粮食减产，生猪饲养量下降。1962 年，落实自留地和饲料地，实行母猪饲料粮和生猪收购奖售等政策，调动农民养猪积极性。1965 年，全村生猪饲养量 400

多头，户均饲养 2 头，年末存栏 180 多头。1966—1970 年，生猪饲养徘徊不前，饲养量在 120 ~ 180 头之间。1978 年，全村集体与个人（养猪能手）合作饲养生猪 290 多头。

1982 年开始，随家庭联产承包责任制落实，以及县家畜良种推广站提供公猪良种化，生猪生产稳定，1989 年，全村肉猪饲养量 308 头，户均 1.5 头。1990 年，受洪灾、粮食减产影响，全村肉猪饲养量 250 头，户均饲养不到 1 头。1963 年开始，紫云英普遍种植，复合精饲料大批供应，使生猪日增重 550 克以上，从而缩短饲养期，至 2013 年末，饲养生猪专业户有 3 家。

牛 历来利用耕牛犁田，饲养耕牛品种有水牛和黄牛。由于水牛强壮耐力，适合深水田耕作，以饲养水牛居多。民国时期，少数富裕农民才有条件饲养耕牛，无耕牛农户只好租牛耕地。饲养耕牛也是一种最大投资，村民有句农谚“家有一头牛，吃用不用愁”。

1951 年以后，政府制定“保护耕畜、奖励繁殖”政策，严禁滥宰牲畜。公社化时期，耕牛归属集体，每生产小队饲养 2 ~ 4 头，多数生产小队采取农户轮流饲养管理方法。1982 年，实行农业家庭联产承包责任制，结束公社化耕牛管理方法。20 世纪 80 年代开始，出现曾有礼、包阿员等养牛专业户，方便农户租牛耕地。

羊 饲养山羊传统品种有普通山羊和奶山羊，呈白、黑、褐色。20世纪50年代中后期，政府出台“公有户养”政策，繁殖小羊集体与个人四六分成，调动农民养羊积极性。家庭子女多，为了生计，家家户户养有羊，多者三司十头，少者六七头。漫山遍野都是孩子在放羊。1964 年开始，封山育林，限制饲养，1975 年，全村山羊存栏仅有 100 多只。由于山羊产出周期长，经济效益低，1981—1999 年，全村山羊年均存栏量不超 100 只。2000 年开始，出现养羊专业户，不断引进波尔山羊、小尾寒羊、黑山羊、湖羊等优良品种。2013 年，全村养羊专业户 5 家，年存栏量 100 多只。

兔 饲养家兔成为农户传统习惯。养殖家兔以供食为主，常用于改善生活和滋补身体，也作赠送亲朋好友礼品。过年过节、红白喜事不少“腊兔”一菜。1973 年开始，兔毛价格够，长毛兔饲养量占 80% 以上。1978—1985 年，前后引进余杭、日本、德国、新西兰等国内外种兔。1993 年，家兔存栏 1800 只，是最多年份。21 世纪开始，农户住进新房，一般不养兔。

家禽

家禽主要有鸡、鸭、鹅。个别农家饲养吐绶鸡（俗称火鸡）、珍珠鸡、肉鸽、白鸽等家禽。20 世纪 80 年代，曾有养鸭专业户。1990 年饲养家禽数量最多，1900 多只。

鸡 本地“农家鸡”大小形色各异，成年鸡体重 1 ~ 2 公斤，母鸡年产蛋 150 枚，蛋重约 42 克。2000 年，出现笼养肉鸡专业户，先后引进品种有新浦东、罗斯、星杂 579、红宝、海佩斯、宝星、迪卡、伊莎、海曼、罗曼、

母鸡孵蛋

艾维茵、丝毛乌骨鸡等。

鸭　农家主要饲养麻鸭（俗称田鸭）和肉用番鸭（全番、半番两种），成年麻鸭一般体重 2 公斤，年产蛋 180 枚，蛋重 62 克，成年鸭体重为 2.5 ～ 3.5 公斤。兼养北京鸭、狄高鸭、樱桃谷鸭、法国番鸭。

鹅　品种有本地鹅、灰鹅、狮头鹅等，少数农户零星饲养。成年鹅体重约 4 ～ 6 公斤。小鹅饲养 6 个月开始产蛋，年产蛋 60 多枚，蛋重 150 克左右。

1963—2013 年部分年份畜禽养殖数量

表 3–6　　　　　　　　　　　　　　　　　　　　单位：头（只）

年份	家畜（年末存栏数）				家禽（饲养数）
	猪	牛	羊	兔	
1963	175	32	187	518	887
1980	285	122	150	610	1060
1987	534	97	352	698	1292
1988	419	84	60	609	780
1989	308	68	56	840	906
1990	440	63	41	655	1900
1993	380	36	89	1800	980
1994	361	34	65	1750	1100
1995	350	39	30	980	970
1996	360	45	46	1200	1020
1997	345	38	45	1100	1000
1998	520	43	50	1130	1430
2001	340	28	60	1000	1100
2002	280	31	63	980	1200
2003	340	34	64	950	1800
2005	350	36	90	1100	1500
2007	370	38	78	890	1500
2008	450	33	69	960	1200
2009	460	26	120	760	980
2010	360	28	150	690	890
2011	390	32	180	520	1300
2012	320	30	140	630	1400
2013	350	35	135	650	950

其他

蚕 民国年间，提倡养蚕。抗战时期，养蚕村民有陈大秀。蚕丝制成丝线做刺绣和缝制衣服等。20世纪60年代，唯有王玉一人养蚕。

蜜蜂 西地养蜜蜂历史悠久，采用自制圆木桶养殖土蜜蜂（中华蜜蜂），习惯放在民房二楼屋椽上，清代已有村民规模化养殖，清咸丰年间，村民陈灵旺父子在麻竹、坑头一带养蜜蜂，借天然万亩山场杂木林，养了六十桶蜜蜂。后人将该片山名改称六十桶。现个别家庭还有养殖。

蜜蜂

第四节 病虫害

农作物病虫害

病虫害 鼠害 水稻病害有稻瘟、纹枯、白叶枯、矮缩病害；主要虫害是二化螟、三化螟、稻飞虱、白翅叶蝉，还有纵卷叶螟、稻苞虫、稻秆潜蝇、负泥虫、稻蝽象、稻蓟马等。番薯病害有番薯瘟、黑斑、疮痂、软腐、蔓割、丛枝、紫纹羽，虫害是金龟子、华叶虫、小象、白蚁等。麦类主要病害是赤霉、黑穗、白粉和锈病，虫害有蚜虫、黏虫和白蚁等。马铃薯主要病害是晚疫、青枯、腐烂病害，虫害有二十八星瓢虫、块茎蛾等。农田鼠害，以褐家鼠、黄胸鼠为主，小家鼠、黑绒姬鼠为次。20世纪80年代开始，农田鼠害日益严重，1985年最为严重。

防治措施 民国时期，农民用烟茎秆浸液除螟虫，桐油滴田防治蚰虫，油茶籽饼防治蛴螬等地下害虫。20世纪50年代，发动群众性治螟运动，采取摘虫卵、点灯诱蛾、拔除枯心苗、挖光稻根桩、铲光田岸和拔光田坎杂草，选育稻麦抗病高产良种，并用冷浸日晒防治麦类黑穗病等方法。开始使用六六六粉、滴滴涕和西力生、赛力散防治病虫。1963年，县农业局建立病虫预测预报站，按时发布病虫害情报，指导防治。70年代，推广有机氯、有机汞、有机磷、有机锌，除草醚等农药。80年代，推广高效低毒有机氮和杂环类似除虫菊脂类农药。1986—1988年，专对杂草防治，推广禾大壮、杀草丹、丁草胺、丁西、草甘膦、绿麦隆、盖草能、敌杀得等农药。

畜禽疫病

疫病种类 猪传染病有瘟、传染性胃肠炎、流行性感冒、流行性乙型脑炎、喘气病、丹毒、肺疫、破伤风、仔猪副伤寒、仔猪白痢、仔猪黄痢、水肿病、红皮病、弓形虫病、蛔虫病、肺丝虫病等。牛病主要有流行感冒、炭疽病、气仲疽、巴氏杆菌病、肝片吸虫病等。羊病主要有肝片吸虫病。兔病有瘟（暂定名）、球虫病、疥癣病、食毛癣等。鸡病主要有：新城疫、马立克氏病、瘟、传染性气管炎、白痢、葡萄球菌病、球虫病、禽霍乱（禽出败）、禽曲霉菌病等。鸭病有瘟、鸭病毒性肝炎等。常见中毒性病害有牛甘薯黑斑病中毒、牛栎树叶中毒、猪亚硝酸盐中毒。

疫病流行　原山区交通闭塞，畜禽疫病较少发生。20 世纪 50 年代后期，从金华、平阳两地引进种猪，带入病原，致使猪喘气病和猪瘟发生并流行蔓延。60 年代，猪肺疫、猪丹毒、仔猪白痢、仔猪黄痢流行；牛巴氏杆菌病始发。70 年代，有仔猪副伤寒、猪水肿蔓延，1971 年夏秋季多数耕牛流行性感冒。80 年代开始，农村养鸡专业户增多，农贸市场扩大，流通渠道增多，疫病菌原传播快。1983 年，当时罗阳新城鸡疫病大流行，死亡无数，1985 年 1 月的 20 天，许多家兔发病死亡，原由平阳县水头镇传入彭溪和雅阳区公路沿线乡村，继而快速蔓延全县各地。

预防措施　民国时期，全县没有畜牧兽医技术人员。1953 年，建立县（含区所在地）畜牧兽医站，开始对猪丹毒进行预防注射。1956 年、1959 年先后对牛炭疽病、猪瘟进行预防注射。20 世纪 70 年代开始，逐步推行应用猪肺疫、禽霍乱（禽出败）、鸭瘟、鸡痘、鸡马立克氏病、兔瘟等 10 种疫病疫（菌）苗注射防治。1963 年，建立乡畜牧兽医站，有村级兽医防疫员及民间阉割员。1980 年开始，建立和健全疫情季报制度，对过境畜禽及其产品进行严格检疫。开展产地检疫和农贸市场白肉检疫工作。屠商屠工进行登记发证，并组织学习《家畜家禽防疫条例》和肉品卫生知识。

第二章　林　业

土地改革时期，境内林多、古树多。林地面积 611.67 公顷，占村域面积 64%，森林覆盖率 70% 以上。“大跃进”期间，大炼钢铁，多处建窑烧炭代煤，山林破坏严重。“文化大革命”期间，古树几乎砍光。1972 年，开展林业基地建设，至 1980 年，基地造林 333.33 公顷。1981 年，开始实行稳定山权林权、划定社员自留山、落实林业生产经营责任制政策，村民积极栽培用材木、果木等。2013 年，林地面积 866.67 公顷，占村域面积 79%，森林覆盖率 85%。

第一节　林木分布

经济林

境域阳光、雨水充足，地层深厚，适宜果林生长。村民种植果树历史已久，许多房前屋后、田园空间、溪坎沿田边种有梨、柿、桃、李、葡萄等果树。

1972 年，开始发展经济林，因地制宜，开办茶场，垦荒种茶，发展茶叶面积 67 公顷，得到一定经济效益。20 世纪 90 年代，栽种杨梅、柿树 40 公顷，水果产值高于粮食产值，成为全村主要经济收入。2005 年，种植水果收入达到巅峰，仅东魁杨梅收入 50 万元（每公斤 40 多元）。2011 年开始，西地村委带领村民发挥地域优势，调整品种结构，突出品牌效益，为西地林业经济发展奠定长远基础。

用材林

树林 境内有 50 余树种，马尾松、刺杉乔木居多。枫木、樟木、乌柏不少，属零星分布。1958 年前，马尾松遍布所有山地，村周森林中大松树占 50%。刺杉到处可见，80%属野生自然林。“大跃进”期间乱砍滥伐，所剩树木无几。1964 年，恢复造林护林制度，20 世纪 70 年开始，人工栽种杉木，以垟头、新厝底、大坵、坑坪、南僻、路下居多。2013 年，树木总面积 400 多公顷，其中 60%都是马尾松。

毛竹低改

竹林 以毛竹为主，在海拔 550 米以上山地有零星散布白箬竹、金竹、麻竹、黄竹、苦竹等。1958 年前，境内竹林随处可见。“大跃进”期间，毛竹基本砍光，幸存无几。20 世纪 80 年代开始，实行联产承包制，毛竹畅销，村民大量培植。2013 年，毛竹林总面积 67 公顷左右。竹林较集中有坑坪、麻竹、白岩下、高畲垟等地。

薪炭林

早年，村民具有伐薪烧炭技术经验，1958 年，大炼钢铁，需要大量木炭代煤。按政府要求，在三重漈、黄滩等地安排村民专业烧炭，杂木林划尽。1964 年开始，经过 50 年防护，恢复绿树成荫。2013 年，三重漈、黄滩一带杂木林有 333 多公顷。

第二节　绿化管护

植树造林

鹭鸶墩原始次森林

西地村民向有植树造林传统，常在房前屋后四旁、寺庙、坟墓、路旁营造风景林、防风林、护荫林。1975 年 3 月，在匏垟创建新发生产大队林场，植树造林 80 公顷。设法采种育苗，培育有刺杉、松马尾、柳杉、水杉等苗圃，四坵至六十桶、三重漈、匏垟林场、坑底、大垅头，以种植刺杉、松马尾、柳杉为主。山势平软地带采取人工造林，其他地带系飞机播种造林。至 2013 年，植树造林总面积 400 多公顷。

护林管理

土改前（1951 年前），多数山林属宗族所有，有专人看管。土地改革后（1954 年后），坐落外村山林分配当地所有，境内山林，按距离远近、山势高低、林木好差，统一搭配，归属行政村集体所有，设立护林组织，历届护林员有曾家镇、包道良、包日拱、包美忠、陈全机。护林员以巡逻为主，常用立牌禁约、敲锣告示等方式。20 世纪 70 年代初，由于统一搭配造成相互串插、零星分散局面，为方便护林管理，重新调整布局。合作化开始，严禁砍柴、禁止放牧等封山育林成为惯例。20世纪80年，实行土地承包制，采取"挑伐间疏"方法，既解决生活用柴又达到封山育林效果。2013年，树径15～20厘米以上树木占50%以上。

森林防火宣传

砍伐管理

历来山林采伐由所有者自行主张。1960年开始，境内林木采伐实行"三个一"，即审批一支笔，采伐一把斧，管理一本账。每年采伐有计划、有定量。1985年开始，木材市场开放，出现乱砍滥伐现象。1987年，县政府颁发《关于木材采伐管理办法》，加强林政执法管理，严格控制林木过量砍伐及林竹非法运偷现象发生。用材单位和个人凡砍伐胸径6厘米以上林木，事先申请批准，领取采伐许可证方能采伐。村委会实施林政改革，采取荒山育苗造林、幼林抚育承包制，制定护林公约，落实山林管理责任制。境内森林资源得到有效保护。

林地划给

村域部分林地，历经三次划给上佛坪国营林场造林、管护。1964年9月24日，上佛坪林场与新发大队（西地村）签订域界协议：村域外至坑坪尾起直至东南老虎塆尾方坪为界，上至岗头，东到庵堂仔转东北至底岩皮岗为界，内下至坑坪尾随坑头塆直到九节狸塆头为止划为给林场。1974年2月11日，上佛坪林场同西地生产大队签订《关于赠送国营林场山地合同书》：北至牛落礤脚大岗头分水线为界，南至单礤脚塆，东至下面横路，西到单礤塆头岗至防火线沿线到九节狸塆大坑为界，包括九节狸塆北面林场已造林山林在内划送给林场绿化造林。1976年2月11日，新发大队与上佛坪林场补签《关于赠送国营林场山地合同书》：单礤脚塆片山划给林场造林，外至防火线为界，林场支付大队幼林补酬98元。

公益林界定

2004年，为保护生态环境、维持生态平衡、保存物种资源，深化森林分类经营改革。根据《国家公益林认定办法》，将六十桶、大岗头、三重漈等林地界定为省级生态公益林202.67公顷。

第三章　水　利

第一节　水源储引

水井

祖辈屋基择地时，一选环境，二选水。境内旧时建有水井19口，清澈见底、冬暖夏凉，其中 15 口终年不涸。新垟古井、宫边古井呈椭圆形，其他均是圆形。1985 年开始，逐步以自来水取代井水。2013 年，亭前仔、水甲垅仔、大垢、坟前、宫边、王宅水井仍保留使用。

原有古井一览

表 3-7

古井名称	位置	建设年间	直径（米）	深（米）
亭前仔古井	岽仔尾	明万历十一年（1583）	1.5	2.0
新厝下古井	厝后	乾隆乙未年（1775）	1.6	2.0
水甲垅仔古井	厝右边	咸丰四年（1854）	1.2	1.5
南乾古井	厝后	光绪十四年（1888）	2.2	1.5
大垢古井	厝后	乾隆年间（1736—1795）	2.1	2.1
新垟古井	厝后	雍正壬子年（1732）	长 2.3 宽 2	3.5
坟前古井	岩坛仔	宋庆元元年（1195）	2.2	1.6
宫边古井	宫下田边	康熙五十年（1711）	长 2.3 宽 2	2.1
下厝古井	红豆杉边	宋理宗乙酉年（1225）	2.1	2.3
上厝古井	左厢房后	康熙五十年（1711）	2.1	2.1
王宅古井	屋内	民国丁丑年（1937）	1.5	3.0
路下上厝古井	屋后	咸丰年间（1851—1861）	1.5	1.5
路下下厝古井	屋后	乾隆丁未年（1787）	1.5	1.5
路下中央厝古井	屋后	道光年间（1821—1850）	1.2	1.5
高畲垟大路头古井	大路头	道光年间（1821—1850）	1.2	1.5
高畲垟中央厝古井	屋后	道光年间（1821—1850）	2.1	1.5
白岩下老厝古井	屋后	乾隆戊午年（1738）	1.0	1.5
白岩下中央厝古井	屋后	乾隆癸酉年（1753）	1.5	1.3
白岩下下厝古井	屋后	乾隆丙子年（1756）	1.2	2.1
垟心上厝古井	后爿山	乾隆癸亥年（1743）	1.0	1.5
垟心锅炉古井	锅炉后爿	乾隆丙申年（1776）	1.0	1.3
垟心纸垅古井	纸垅神坛下	乾隆壬寅年（1782）	1.2	2.0
垟心水碓仔古井	故宅后	嘉庆二十二年（1817）	1.2	2.1

塘库

三重漈大坝

三重漈水库 位于西地与前坪仔村交接三重漈上游。始建于1968年，改建于1995年。砌石拱坝坝高14.7米，顶部长56米、宽1.2米，控制集雨面积12.96平方千米，总库容量20.8万立方米。水库防洪能力按20年一遇设计，100年一遇校核。坝顶自由泄洪量最大289立方米/秒。

横溪水库大坝

横溪水库 坐落横溪底夹溪。1958年，横溪外洋水库作为县重点工程动建，1959年建成，1960年被洪水冲毁。1979年，由村集体建造，2005年改建，水库坝高17.2米，集雨面积7平方千米，库容量7.98万立方米。

山塘 境内用于农田抗旱节水灌溉山塘（常称水塘）8座，均建于1958—1960年。位于西地村尾（石龙处）1座，其余7座均建在山间田野。

灌溉山塘

表3-8　　单位：立方米

水塘名称	蓄水量	山塘名称	蓄水量	山塘名称	蓄水量
西地石龙	8000	匏垟	5000	塘底	3000
柱门坳	10000	长蛇	4000	垟头	1000
大路头	8000	纸垅	3000		

水渠

历史上，村民顺山开凿、泥筑水渠引水灌溉。在火路岗、横溪栋底、白岩下、高畲垟等地段泥筑水渠1000多米。2007年，在坑底、深垅垟、垟头等处，底坪和两侧均用水泥砂浆浇灌“三面光”渠道2200多米。2012年，塘蛇垅、横溪等处浇灌“三面光”渠道2000多米。大垅头至外井渠道500米，是境内最长“三面光”渠道，最长泥筑水渠是后坑至白岩下渠道，1200米。

翻水站

境内翻水站1座，坐落横溪暗潭边，建于1987年。装配电动机37千瓦，总扬程

74米，当时全县最高扬程标志性翻水站。流量每小时80立方米，可灌溉农田20多公顷，提供全村饮用水补给。因电力费用过高，2000年停止运行。

横溪翻水站

自来水

1985年，引村北麻竹水源建成饮用水工程。

大垅头净水池

1987年开始，由横溪翻水站补供。1992年，增建六十桶拦水坝。1996年增设白水漈自来水管道。1998年，随用水量增多供水困难，在大垅头建设蓄水池蓄水量300立方米，并改设上、下片16厘米、11厘米大口径主管道，使日常生活用水得到保障。2008年，因管网老化再次改造，政府补助40多万元。

第二节　水能利用

加工

水碓，是村民唯有借水力加工工具，用于舂米、舂粉、榨油等。水碓动力机械是一个立式大水轮，轮上装有若干板叶，转轴上装有一些彼此错开拨板，拨板用来拨动碓杆。每个碓用柱子架起一根木杆，杆一端装一块圆锥形石头。下面石臼里放上加工原料。流水冲击水轮转动，轴上拨板臼拨动碓杆梢，使碓头一起一落进行作业。明清至20世纪70年代，境内共建水碓作坊5座。分别是垟心水碓、宫下水碓、深垅垟水碓、横溪（岽底）水碓、水碓下水碓，均以坐落地址取名。

水碓

1968年，三重漈电站架线

发电

三重漈水电站　坐落三重漈，建于1968年。电站水库集雨面积12.96平方千米，装机容量50千瓦。1981年发动机烧毁，1995年重建，总库容量20.8万立方米，装机容量500千瓦，年均发电量130万千瓦时。

新峰水电站　坐落横溪黄滩，原称横溪水电站。1959 年，为县重点工程建成，坝高 20 米，土石结构。1960 年 8 月 9 日被洪水冲毁。1979 年，由村集体建造，引水渠 1000 米，落差 148 米。装机容量 160 千瓦，年发电量 80 万千瓦时。供平阳县龙漈湖，泗溪镇吴坑、溪源，乡内西地、沙岭、斋堂、上寮村，以及上佛垟林场照明用电。2003 年 9 月改建，属机改合伙企业，并网运行。装机容量 1260 千瓦，设计年发电量 280 万千瓦时，年均发电量 230 万千瓦时。

第四章　工商　金融

第一节　手工艺

竹木加工手艺

木工　惯称做木司，是一门传统古老工艺。通常木工分为三种：造房建筑类木工，称大木司；做桌凳、衣柜、床榻等家妆类木工，称小木司；做盂、桶、甑等圆形家具木工，称圆木司。20 世纪 50 年代，境内木工最多，仅圆木工匠 50 多家。如大木司有包道干、包序梅、包松华等，小木司有曹忠玉、曾家木。圆木司：陈厚节、陈忠环、曾安湖、陈厚连、曾德应、陈翁倪、陈凤义、包道渺、包日员等。

圆木工匠整理工具

锯板　旧时锯木板，先把被锯圆木固定，左右二人使用长锯，一推一拉将圆木破开若干块片状（板）。操作过程使劲适当，锯路吻合，需要一定力气和丰富经验。1970 年后，村里能锯板只有曹仁庄、陈凤桃、陈上加等人。1980 年开始，随电锯普遍使用，手工锯板停业。

制勺　将锯成一尺长木头对中劈成两半，用刀斧砍成粗坯，再经挖勺、削口、削把、削背等工序。制成小的有饭勺、木瓢，大的有水槽、木臼等。20 世纪 60 年代，制作木勺师傅有林守满、包日新、包日久等。随金属、塑料勺广泛运用，1990 年开始，村内再也无人制作木勺。

烧炭　西地村烧制薪炭历史悠久。旧时村民用炭取暖比较普遍，薪炭曾经是高烟冶炼主要燃料，薪炭烧制程序：先将薪炭材长短切齐，竖直装入窑灶，盖上泥土。烧烬（观察事先在各烟囱上面放一根小木条以烧焦为止）后封闭灭火，冷却取炭。窑灶设建：平地上掘一个坑，呈三角形，设三个烟囱一个倍仔（烧柴口）。

炭窑

薪炭

1958年大炼钢铁，境内建有炭窑12处，薪炭林几乎划尽。这年，曾德元、陈全佃、陈全高、王行堪被招为正式工，到乌岩岭林场万斤窑专业烧炭，1962年困难时期下放回乡。

篾匠编织

篾工 习惯称作篾司。篾制品是农家常用工具，长期从事篾工有师傅包日献、翁士清、包建不等。20世纪六七十年代，地少人多，劳动力剩余，许多篾工村民到福建各地打工，其中50%以上是十四五岁篾工学徒。2013年，村内篾工有陈全如、陈新田、包细好等。

造纸 主要原料是麻类、树皮、竹子和稻单，主要工序有泡料、煮料、洗料、晒白、打料、捞纸、榨干、焙纸。成纸呈黄色，有四方形方纸和长方形花纸占两种，清末开始，在垟心设有造纸泡料腌纸塘，故称纸塘垅，烘纸焙笼设在水碓仔，南僻、炉堂、坟前。境内手工造纸续至1955年，前后能掌握造纸工艺有包道俊、包道钵、陈灵度、包道庄、曾家镇等。

石土加工手艺

石工 即“石匠”，惯称做石司。历来从事石工手艺村民很多，2013年，有陈昭羽、陈昭信、陈宝全、包日厚、陈昭雄等石匠。有开采石方，砌墙基，雕刻坟墓用石，雕刻石碑、石狮、石磨、石碓等手艺作业。

爆破 旧时建房、造墓、修路等石料，都是人工撬挖、砧采。偶有富人使用自制火药炸裂石壁开采。1958年修建横溪水库，第一次开山放炮进行采石。1990年开始，政府加强爆破采石安全管理，爆破手必须通过技术培训，持证上岗。村内爆破手有包建候、包祖莲、曾满钦、包顶忠、包日敬等人。

泥水工 惯称泥水司，指盖房子砌墙技工。通常泥水工分为砌石和砌砖两种。2013年，砌石泥水工有包建珊、包建满、曾友连、包日辉等，砌砖泥水工有曾安春、曾家镇、曾家业、曾家松、曾齐寿、曾成荣、曾齐迎、陈招亮、曾伟江、陈新伟、曾齐永、包松区、包日蒜、翁士华等。

砖瓦制作 境内手工制作砖瓦历史悠久。旧时砖瓦均为自制自用，解放后，开始生产出售。20世纪60年代，是烧制砖瓦出售顶峰时期，匏垟、横溪和路下白水漈等处都有建窑烧制。制作工匠有包建至、包大久、曾有礼、包玉华、包道江等。80 年代开始，机械制作替代人工制作，同时添加煤砖坯，替代柴火引燃。手工制作砖瓦，大致分为泥胎制作、初坯制作、装窑烧制。

泥胎制作：选择具黏性黄土或深水田土，倒入直径 8 米圆形泥塘（每塘 80 ~ 100 担泥土），清水拌合后利用耕牛转圈踩踏 8 小时以上，用木棍弓紧钢丝切成泥块。

初坯制作：砖坯，将泥胎砸填满模具，用三根钢丝钢丝弓一拉，割除模具上、下多余泥胎，及分割模具中上、下两块，打开模具，两块砖坯即成。瓦坯，将泥块均匀割成厚 0.6 ~ 1 厘米围成瓦筒上，转动搓磨光滑，取出瓦筒，分解四片，即成瓦坯长 25 厘米，宽 35 厘米。

装窑烧制：砖瓦坯装入长 5 ~ 6 米，宽 4 米椭圆形瓦窑，砖可独窑烧制，瓦无法单独装窑，只与砖混烧。烧制一窑砖瓦，需要 300 担柴草，烧三天两夜，约 60 小时后封闭，闭后 15 天开窑、25 天出窑。一窑出瓦 8 万 ~ 10 万张、砖 15000 块。

塑佛像　西地东、南、西、北出口立有庙宇。泥塑佛像历史悠久，清末明初，新厝底陈老拾是塑佛巧匠，其塑造一尊工艺绝妙软体马仙佛像，“文化大革命”期间被盗，同时塑佛工艺失传。

泥塑佛像，首先选用黏性、细腻泥土，稍加一些棉絮、纸、蜂蜜等，经过捶、摔、揉制成黏泥。再经制子儿、翻模、脱胎、着色四个步骤朔成。制子儿（原形）：按设计佛像，在一块和好泥上进行雕、塑、捏而成，再经修改、磨光、晾干即可，若经火烧强度更好。翻模：把粘泥印在原形上形成片模。脱胎：把制好粘泥擀成片压进模型，再把两片（或多片）压好模型合拢压紧，底部粘封一片泥形成内空外严，顶部留个孔通气。着色：一般先上一层底色，以保持表面光洁，便于吸收彩绘颜色，彩绘颜料多用品色，调以水胶，以加强颜色附着力。

编织加工手艺

纺织　分为纺纱与编织两道工序。清代开始，有农户种植棉花，由家庭妇女纺纱织布、织带仔、织拦身裙等，民国时期村有纺织能手胡英。20 世纪 80 年代开始，随着市

纺织车

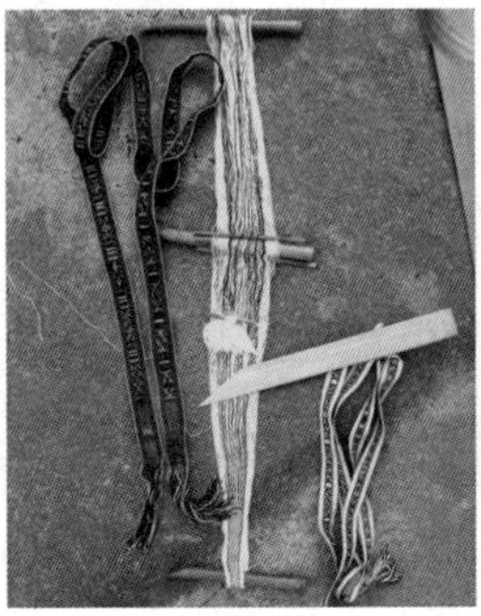

织带仔

带仔

土布

纺织车部分纺织用品

场商品日益丰富，再没有农家妇女纺纱编织。

成衣 称裁缝司。旧时都是手工成衣，20 世纪 50 年代开始改用缝纫机。80 年代前，诸多新郎衣、出嫁衣，以及过年穿新衣，都请裁缝司来家量体裁衣。不少村民从事缝纫职业，女性居多。包建槽、毛仁杯、曾家应、包美钏、王行友、吴包金、包新海、包新波、包新浓是村里博有名气裁缝司。80 年代末开始，随服装市场发展，以体购衣逐渐取代量体裁衣，至 2013 年，成衣店只有曾家应 1 家。

部分织绣工艺品

绣花 也称刺绣，惯称针绣。旧时绝多女子没有文化，能绣花女子算是巧女。绣花工艺往往成为选娶媳妇一个标准，便使普遍女子都能刺绣。民国时期有针绣能手陈大秀，建国后，巧女“标准”潜移，机械化生产发展，传统绣花逐渐失传。王玉是境内外一带博有名气针绣能手，2013 年为村里唯一仅剩继承人。

做布鞋 旧时，村民穿的鞋都是家做布鞋。鞋面，一般都是黑棉布或黑灯芯绒布。每家妇女用纸剪成大大小小鞋样，邻居们经常互换照样。鞋底，先用破旧不能再穿衣服、铺单、被里等，撕成一片一片，糊粘，叠平、铺匀，晒干成为袼褙。按照脚码大小将袼褙剪成鞋底形状，一般鞋底为五、六层袼褙。再用锥子在鞋底上扎出小孔，针从小孔穿过，再用顶针一顶，翻过鞋底，捏住针将绳拽出，直到拽不动。“慈母手中线，游子身上衣。临行密密缝，意恐迟迟归。谁言寸草心，报得三春晖”，妇女们能使老人、丈夫、孩子穿上鞋，以做鞋为荣，十六七岁女子都学会做布鞋。20 世纪 80 年代开始，家做布鞋逐步减少，2013 年，虽然手工布鞋，透气、吸汗、养脚，但家做布鞋极为少数。

编草鞋 草鞋是村民自古以来劳动用鞋。男女老少，上山下地、不分晴雨都穿草鞋。木槌、腰杆、撬耙、鞋耙工具简单，稻草、麦秸、萱麻材料具备，多数农家自编自用。解放后，随村民生活水平提高，多数买用草鞋，20 世纪 80 年代开始，劳动时逐渐改用解放鞋、雨鞋。

编织草鞋工具　草鞋

编草席 旧时，草席是村民不可少床上用品。20 世纪 50 年代，能编草席有陈厚只、陈风妞等人。70 年代后期，随机械制造业发展，以及床上用品商品化，境内草席停止生产。

织蓑衣　也叫“串棕衣”。棕衣是以棕树皮丝搓“线”，串钉棕树皮所制成雨具，不仅可以挡风遮雨，还可以御寒保暖。20世纪90年代开始，雨具改用塑料雨衣、雨伞等。2013年，个别村民下地干活依然使用棕衣。境内曾安华、陈厚享等是串棕衣技术精湛工匠。

蓑衣

饮食加工手艺

索面制作　索面是一种以麦粉为原料用手工拉成晾干素面。因是面类中最修长的面，俗称“长寿面”，索面有两种：宽、厚约5.1毫米扁面；直径不到1毫米含适量食盐呈线状细面，也称线面。20世纪70年代，村民曾家庄、王丽青具制作索面工艺，没有继传。

粉干制作　大米清洗、粉碎、蒸煮，挤压、出条、冷却，挫松、水洗、脱干。20世纪60年代开始，前后有村民曾安桂、包建珠、陈昭和、陈昭永、包祖和等制作粉干行业。至2013年，仅剩陈昭和1家。

豆腐制作　旧时，几乎家家户户自种黄豆自制豆腐历史传统。将干黄豆浸泡10个小时后，以1 ：5水一起经石磨磨成浆，再用纱布包挤豆浆。在保持80℃温度豆浆里慢慢点入卤水，用勺子顺一个方向搅拌，至出现絮状沉淀物，即形成豆腐花。又用纱布裹好豆腐花把水挤出，剩下就是要制豆腐。民国29年（1940），村民陈梅连、林爱莲、包尾谨开设豆腐坊（店），以便村民购买豆腐或用黄豆兑换豆腐。至2013年，还有村民洪尾员制作豆腐供应。

油坊

榨油　民国年间，陈风秀在横溪水碓下建有油坊，为村民提供榨油使用。手工榨油程序：油菜籽焙干、碾粉、蒸透，将稻草包成油饼叠入油槽，重锤打入楔子使油饼中油流到桶中。20世纪80年代开始，改用机器榨油。

附录：手工榨油具体工序

手工榨油是一古老技艺。老榨坊工人们先将碾烂快成坨状茶籽粉用起子（一种从碾槽里铲出粉子工具）起上来，倒进一个大型甑子里面开始蒸，待蒸到适当湿度，香味也特别浓厚后，便是做茶枯饼。茶枯饼是用准备好“千斤草”“围草”（都是稻草）及铁圈，细致地把茶籽粉末用一个小蒸子做保护，压到铁圈子里，先是用脚踩紧，再用稻草裹住。第一榨13个枯饼很快做好，堆放好后，便是摇饼（一个人要站到堆放好13个饼上去摇晃几下，使它们之间没有什

茶籽饼

么空隙)。之后就是将摇好枯饼按照顺序由师傅放进榨舱体中去，在枯饼一侧塞进木楔，都固定好后，变开始拨枯(将舱体里面枯饼铁圈拨得非常均匀)。全部准备就绪后，工人开始用吊着撞杆撞击上下两层木楔之间两个三角形行楔，随着楔子被打入榨仓，榨仓中横放木块会对油饼产生挤压力量。

在弥漫着茶油香气屋子里，榨油师傅踩着悠然“舞步”，朝着榨仓向上方荡起“秋千木撞”，每当荡到一定高度和角度时，便迅速反转过身子，只听师傅“嘿”一声大吼，木撞杆携带着师傅重量落下向行楔击去，“轰！”行楔即慢慢地向油仓嵌入。如此反复。随着“嘿”“轰”有节奏沉闷撞击声，黄亮醇香木榨茶籽油便油饼里溢出。一滴滴香油从榨床沁出，香气四溢，飘香数里。随着撞杆撞击，楔子一点点吃紧，工人一次又一次地更换楔子，那油饼便一点点变薄，直到榨干。

木榨榨油从筛籽、车籽、烘干、磨粉、蒸粉、饼踩、上榨、插楔、撞榨到沉淀成油，有将近 20 多道工序，除磨粉外，其他全部靠手工完成。

制糀 民国28年(1939)，境内吴氏从卢梨迁入，吴宏忠、吴建云、吴章满、陈凤肥、曾安桂相继传承制糀技艺。制糀程序：选用优质大米蒸到透心，冷却至 20℃左右拌同醋糟配制红糀霉。经 40℃左右温室发酵 9 ~ 14 天，出房均匀曝晒或晾干。乌衣红糀既是酿酒糀种之一，也是调味及色素品。

酿酒 因用红糀制作黄酒惯称红酒。西地粮好水好酒也好，历来，节庆待客，分娩养身不缺红酒，几乎家家户户能制酒、都酿酒。

酿酒酒缸

其他手工艺

弹棉 惯称弹棉司。传统手工弹棉，工具有木弓(牛筋为弦)、木棰、铲头、磨盘等。弹时用木棰频频击弦，使板上棉花渐趋疏松；将棉絮两面用纱纵横布成网状，以固定棉絮；最后用磨盘压磨，使之平贴，坚固。中华人民共和国成立前，每年 5 月、6 月，村上一批弹棉工肩挑棉弓磨盘到福建泉州、漳州和尤溪一带打工。1980 年开始，改用电动扎棉机。2013 年，在福建各地开棉店 5 家，从事弹棉老前辈有曾安华、陈厚享、陈家宣、包松金、包松如等。

理发 俗称“剃头”。旧时不讲究理发美容，清朝入关后才兴起剪发。20 世纪五六十年代，男士曾兴三七、四六、中分等分缝发型。至 70 年代，由理发师挨家挨户上门理发，成年按西装头包括分缝发型(3 ~ 10 元)、平头(2 ~ 8 元)、光头（1 ~ 7 元）价格，年度收取；16 岁以下理发轮饭餐不收费，每位一个年度提供师傅一顿饭。80 年代开始，改为坐店理发，按次数及发型收费。2013 年，村有理发店 1 家，曾庆相所开。

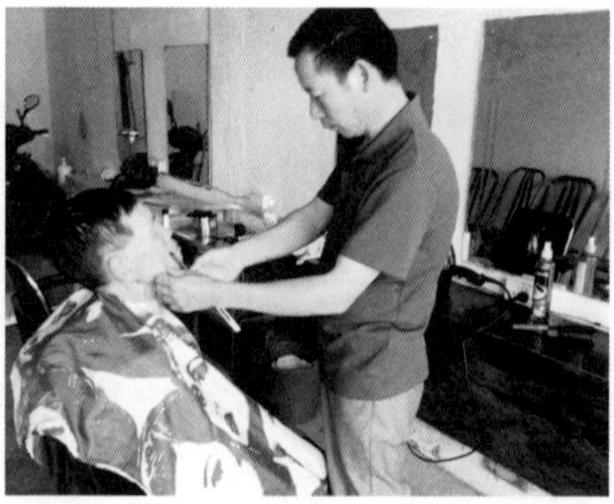

理发

打铁铺

打铁 解放前，村内有自产自销打铁铺 1 家。曾安心、曾家恩、曾齐怀以打造铁制工具为生。20 世纪 80 年代，由于成本高、销路差，村内打铁业停产。

抬轿 村上称抬轿人为“轿夫”。旧时村里轿夫有包道午、陈凤支等人。轿分“大轿”与“小轿”两种。“大轿”四人抬，又称“花轿”“四人轿”，吹唢呐、提锣、提灯、提篮、抬箱、打火把者等执事人员 8 ~ 12 人。“大轿”又分两类，一是有功名人家开锣用大轿，也称“鸣锣轿”；二是富有人家不开锣用大轿。“小轿”二人抬，又称“青布轿”“二人轿”，吹唢呐和提篮者 2 ~ 4 人。贫穷人家和二婚者用属“小轿”。

屠工 自清末开始，有村民 5 人经营生猪肉屠宰行业，1998 年后，根据生猪屠宰管理条例，除个人自宰自食外，其余由政府定点屠宰。

第二节 企业

村办企业

茶场 1972 年，创办新发（西地）大队茶场，大路头、岗尾及横溪大僻等山地复垦茶园 17.33 公顷，套种有番薯、烟叶、山听等植物。1983 年，茶场改制，茶园分片到各生产队自行管理。

1972 年，大坪仔茶场（肖若驹 / 摄）

1972 年，佛塔坪茶叶基地（肖若驹 / 摄）

菜场 1976年8月，西地村党支部和村委会，根据境内土层深厚，地高雾多，雨量充沛、阳光充足，气候温和等优势，选种菜地17.33公顷，创办横溪、岗尾菜场。陈招位任场长，24个生产小队各抽调劳动力1人，组成种菜专业队26人。种植青菜、茄子、辣椒，豆类、瓜类等高山无公害蔬菜。

匏垟林场

林场 1975年3月，创建匏垟林场。场内建有土木结构综合楼，坐落路下匏垟，2层5廇，建筑面积240平方米，设办公室、厨房、宿舍及厕所；另建猪圈、牛栏14间，110平方米。包道良任场长，共有场工28人。开垦茶园4.67公顷，植树造林80公顷（主要栽培松木、杉木），养殖猪、牛各3头。

猪场 1957年组建，坐落佛塔坪岗尾，占地面积1200平方米，土木结构猪圈30间。陈凤肥任场长，从事人员10人。养殖生猪150 ~ 180头，1961年停办。

综合厂 1958年创办，厂房设在庄济庙（陈大翁宫）。加工螺丝刀、雨伞头、羊毛刷等产品，产品主要运往辽宁绥中县五金厂。1978年，为原料采购和运输方便，厂址移设福建三明雪峰。1983年停办，工人自行解散。

茶叶加工厂 20世纪五六十年代，各生产队自行加工茶叶，由供销社收购以及茶贩前来购买。1973年，大队集体创办茶叶初制厂，前后由村技术人员曹仁庄、包细仲、陈招位、陈切凤、包玉华等指导操作，统一加工茶叶。送往泗溪茶叶收购站定点收购，实行国家统购统销。1980年开始，茶叶各自出售，1988年集体茶厂停办。

面条加工厂 1972年创办手工面加工厂，厂址设在新垟陈氏宗祠内。制作艺人有陈昭和、曾家庄、包日程等人。1985年开始，村上小麦无人种植，面条加工厂自然停办。

米粉加工厂 1962年创办，利用陈氏宗祠作为厂房。1980年村集体停办。随后，有陈昭和、包子和、陈昭永、曾安驹等创办个体米粉加工厂。

桥仔头茶叶加工厂

陈昭和米粉加工厂

圆木社 1952年，以陈厚连、陈翁倪、曾德应为首成立西地圆木社，职工30多人。地点设在陈大翁宫，是泰顺境内第一家集体企业。主要生产桶、盆、盂等圆形木制盛具，是当时普遍家具用品，普通人家陪嫁一般都有圆形家具。圆木产品畅销平阳莒溪、福建福鼎等地。1958 年，划木大炼钢铁，木料紧缺，圆木社解散。

旅社　建于 1970 年，坐落于新垟溪边。占地面积 220 平方米，两层砖木结构，建筑面积440平方米。1995年，因新厝底开发区建设征（经）用土地，旅社被拆除。

釉窑　1969 年创办，坐落于大垳，占地面积 90 平方米，泥木结构建筑面积 90 平方米。红釉供应当地、九峰、横坑。1971 年，按税务机关规定，由泗溪税务所统一制作。1978 年，因亏损停办。

圆盘锯

切截工坊

车间一眸

部分产品

圆木社图片剪辑

大垳釉窑

横溪电站　坐落于黄滩，1979 年建成。电站水库集雨面积 7 平方千米，库容量 7.98 万立方米，引水渠 1000 米，落差 148 米。2003 年改装，装机容量 160 千瓦，年发电量 80 万千瓦时。供平阳县龙漩湖，泗溪镇吴坑、溪源，乡内西地、沙岭、上寮村，以及上佛垟林场照明用电。2005 年 9 月机改为合伙企业，并网运行。

1979 年，横溪电站

民营企业

营业执照　工作证　境内前后创办民营企业有炼铁、铸造、仪表设备、电机设备、电器设备、塑料加工厂，果蔬专业、养殖专业合作社，农牧、农业开发公司，生猪养殖场等。其中，西地炼铁厂创办于 1897 年，是泰顺境内较早一家民营企业。2013 年，继续运转有浙江天遥农业开发有限公司、泰顺县贵龙果蔬专业合作社、泰顺县博凯养殖专业合作社、泰顺县兴业生猪养殖场、九峰农牧有限公司。

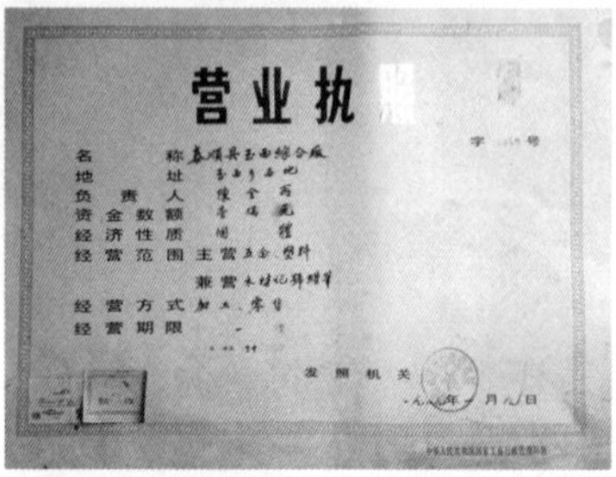

营业执

名称
地址
负责人
资金数额
经济性质
经营范围
经营方式
经营期限
发照机关

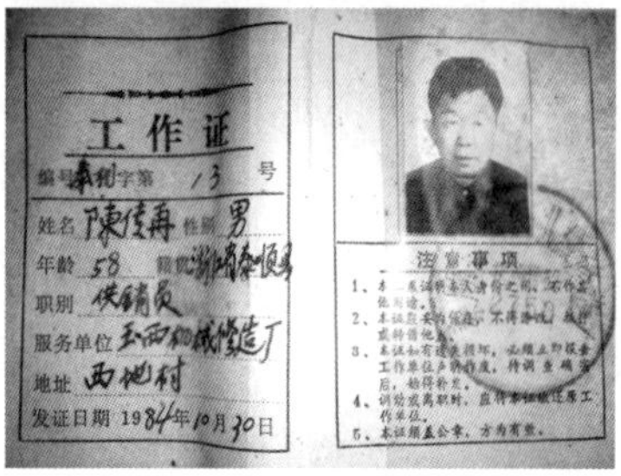

工作证
编号　字第 13 号
姓名 陈德再 性别 男
年龄 58 籍贯
职别 供销员
服务单位
地址 西地村
发证日期 1984年10月30日
注意事项

玉西综合厂营业执照 工作证

炼铁厂　清光绪二十三年（1897），村贤陈茂庆在水碓仔创办陈顺泰炼铁厂。木炭燃料就地取材，铁砂原料雇佣100多人劳力从平阳莒溪西厅挖铁沙矿，洗成铁砂挑运到西地炼铁，再人工挑运到莒溪，用船运往温州等地出售。操作有冶炼、炒铁两道程序。冶炼：五人同时操作送炭、送砂、看炉头、拉风箱炼铁。炒铁：四人用一把大钳将大块（三盘铁）切成若干块，进炉炼熟；三人用一把大钳将炼热熟铁打成小块（豆腐铁）。

豆腐铁

1950年，陈茂庆以村民自愿参股，另办炼铁炉2家。相继有曾有横、曾有礼、曾广安在村水尾办炼铁厂，包道枝在亭前仔办炼铁厂。1958年，全民大炼钢铁，薪炭林划尽、多数古树被砍伐烧炭，境内炼铁自然停办。至20世纪70年代，王行忠重新开办玉西铸钢厂，80年代末企业外移。

1958年，炼铁风箱

1987年，地条钢

九峰农牧有限公司 创建于2002年，法人代表陈国先，系温州市农业龙头企业、温州市家禽基地和温州市放心农产品基地。基地养殖法国朗德鹅种鹅5000只，年产鹅肥肝50吨，年出栏山地鸡16万羽。“九霄峰”鹅肥肝产品，获国家无公害农产品认证，2004年获浙江省农博会金奖。2010年，企业生产迁往月湖工业区。

浙江天遥农业开发有限公司 成立于2007年7月，注册资金2000万元，董事长吴大遥。集经济林种植、畜禽养殖、农业休闲观光、农业开发咨询，农产品销售于一体农业综合性开发企业。发展种养基地2个，基地面积100公顷，通过国家无公害农产品基地产品一体化认证。2009年4月，中央电视台《致富经》栏目专程采访公司创业之道。2010年，被评为浙江省科技型农业企业，温州市“百龙工程”农业龙头企业、重点示范农业龙头企业、林业重点龙头企业、重点扶贫龙头企业。2013年9月，完成股份改制，致力成为中国私人农场专业运营服务商。

民营企业

表 3-9

企业名称	法人代表（创办人）	时间
陈顺泰炼铁厂	陈茂庆	1897—1958
玉西铸造厂	王行忠	1973—1986
泰顺县仪表设备厂	包松云	1975—1990
泰顺县电机设备厂	包松云	1976—1990
玉西综合厂	陈全再	1978—1989
泰顺县工艺厂	包周松	1985—1989
泰顺县塑料加工厂	曹忠玉	1985—1990
泰顺县电器设备厂	包周松	1986—1990
泰顺县贵龙果蔬专业合作社	包日亮	1990—
泰顺县兴业生猪养殖场	曹亦灵	2002—
九峰农牧有限公司	陈国先	2002—
浙江天遥农业开发有限公司	吴大遥	2007—
泰顺县山之乐番茄专业合作社	包松东	2009—
泰顺县博凯养殖专业合作社	陈增辉	2012—

山之乐合作社

来料加工厂

天遥农业开发有限公司

部分企业图集

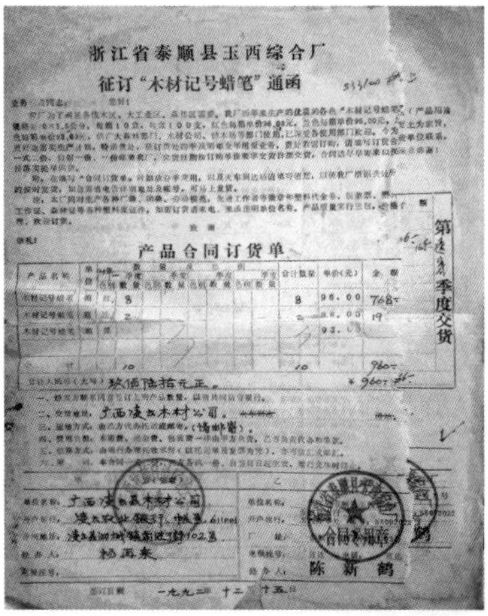
浙江省泰顺县玉西综合厂
征订"木材记号蜡笔"通函
产品合同订货单
第 季度交货
陈新鹤

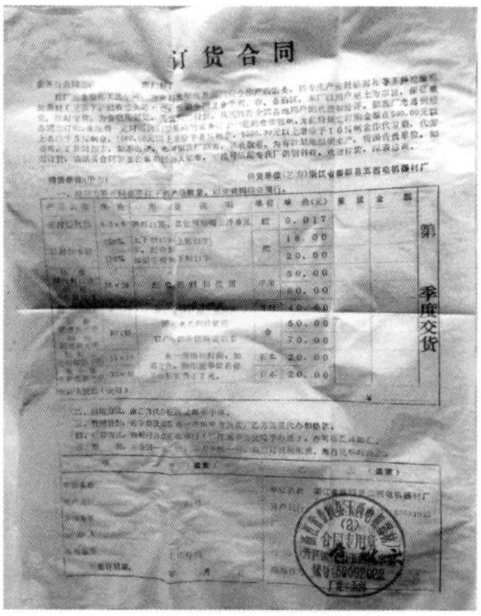
订货合同
第 季度交货

订货合同书

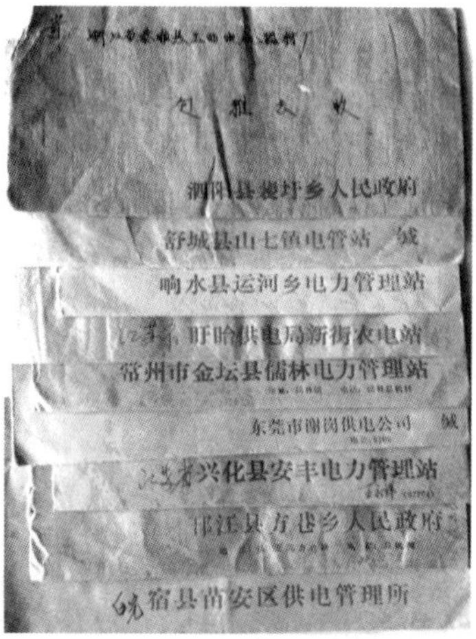
泗阳县裴圩乡人民政府
舒城县山七镇电管站
响水县运河乡电力管理站
盱眙供电局新街农电站
常州市金坛县儒林电力管理站
东莞市谢岗供电公司
兴化县安丰电力管理站
邗江县方巷乡人民政府
宿县苗安区供电管理所

业务信

大号密封扣

小号密封扣

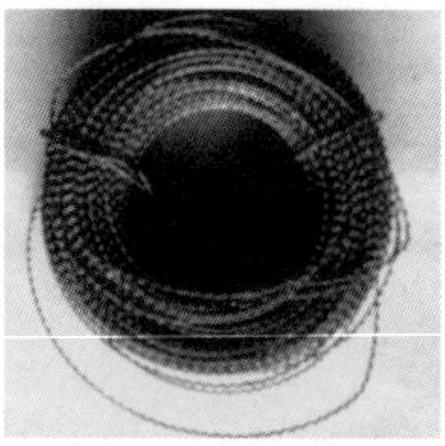

封扣线

封扣钳

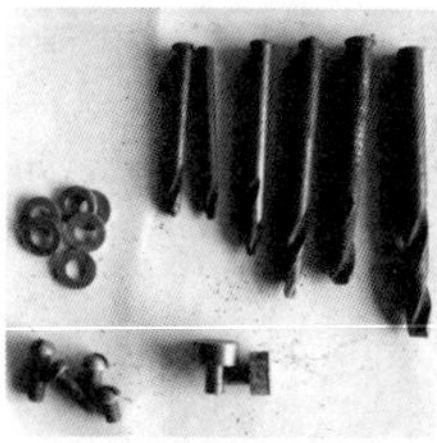

刻字模具

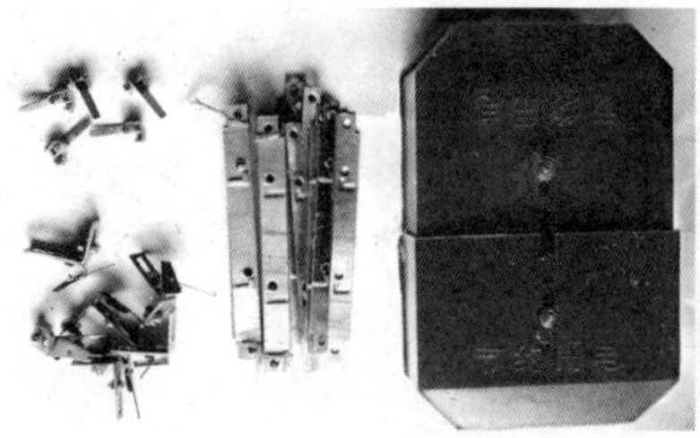

电表防逆转

木材蜡笔

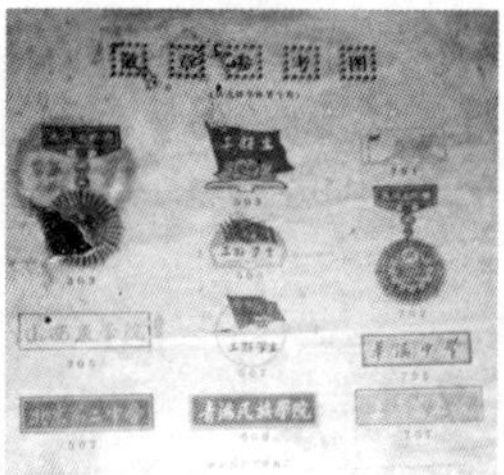

徽章

饭菜票

部分产品图片剪辑

舟山市普陀区浦西顺昌石材经营部 2000 年成立，位于舟山市普陀区浦西陶瓷建材市场内，由曾齐生创办。2009 年，迁至舟山定海临城工业园区（临城街道沧海道 997 号）。专业大理石批发、零售、加工，是舟山市唯一拥有电脑水刀拼花、浮雕刻字精品加工个营企业。曾承建舟山市公安大楼、融信财富大楼、沈家门滨港花园，普陀区人民政府大楼，上海市浦东新区咸塘小镇广场及小区等工程大理石供应和加工，深得好评。

四川省成都热华金属制品有限责任公司 2007 年 9 月成立，址处在四川省金堂县淮口工业集中发展区，占地面积 13.33 公顷，到成都市区公路里程 40 千米。公司拥有 20 吨电感应炉 3 套、连铸机 1 台、热轧板带轧机 1 套，从冶炼到扎钢一条龙生产国内先进大型生产设备，具年产量 30 万吨生产能力。员工 400 多人，其中，高级工程师 26 人、工程师 25 人、高级技工 35 人，总经理包伟华。公司主营 ϕ6 毫米 ~ ϕ12 毫米热轧钢筋加工及销售，产品畅销成都、德阳、绵阳、资阳、遂宁、广元、眉山、乐山、雅安等地，是成都市重合同守信用企业、金堂县重点纳税大户。

成都热华金属制品有限责任公司

杭州燕蔻生物科技有限公司 2009 年成立，位于杭州下城区文晖路 346 号金鹰大厦 205 室，董事长王钰铭。燕蔻一直专注于美容院线领域，为万千女性提供汉方养颜独得之秘。经过 5 年多科研积累与稳健发展，燕蔻凭借燕窝、人参、灵芝为主打汉方护肤产品，借助互联网平台，强势进军微商，镇牌之宝“燕窝原液滋养面膜”，上线 1 天时间，突破 100 万元销量，在长江角地区专业院线市场激烈竞争中脱颖而出。

四川万腾金属制品有限公司 2010年7月成立，董事长王尚定。位于广汉市向阳镇，占地面积为 20 公顷，拥有 110 千伏变电站 1 座、40 吨电炉 3 套，形成 5 机 5 流连铸机炼钢生产线，并引进国内领先水平高速设备轧钢生产线。总资产值 3 亿多元，

四川万腾金属制品有限公司

沭阳杭泰机械配件有限公司

员工 450 多人。主要生产 ф6 毫米 ~ ф12 毫米热轧光圆钢筋，具年产 60 万吨钢材生产能力。年均纳税 1500 万元以上，冠以“四川省用户满意企业”“广汉市纳税大户”荣誉，并获“广汉市特殊贡献奖”。

沭阳杭泰机械配件有限公司 2010 年，由公司董事长陈增平投资 3.6 亿元兴建，注册资金 3000 万元，属沭阳县政府招商引资项目。公司厂房建筑面积 5 万多平方米，员工达 300 多人。主要生产和销售轴承、齿轮、传动和驱动部件、型材、建材、不锈钢及金属制品。产品销往津、鲁、苏、浙、沪等地区。年产值 5.6 亿元、纳税 1500 多万元。

江油市合泰金属制品有限公司 2011 年 6 月筹建，2012 年 5 月运行生产。董事长王尚正。坐落江油市大康镇星火村，占地 2 公顷，总投资 6000 万元。公司职工 87 人，其中专业人员 26 人，主要生产、加工锻件，工业模具钢，机械金属加工及用料。公司质量检查设备齐全，质量管理体系完整，工序检查合理到位。以龙头企业加协作配套企业专业化分工协作良性互动发展格局。为攀长钢、新中亚、耀华等龙头企业配套生产各种特殊钢钢锭、锻压件和铸钢件。

第三节　商　业

供销社

1955 年，组建玉西供销合作社（下称供销社），社址设新垟陈氏宗祠。每位入社村民交股金 1.50 元，由供销社发给入股社员证。西地村有 95% 村民参股入社。供销社成立初，仅供应食油、食盐、食糖、酱油、肥皂、香烟、火柴、毛巾及袜子等商品 30 多种。1956 年，国家开始对紧缺商品实行凭票证定量供应。1958 年开始，供销社逐增饼肥、农药、桐油、蓑衣、箬帽、棕索、镰刀、耙、犁头、畚箕等商品供应。1959 年，由于反冒进和实现农业合作化造

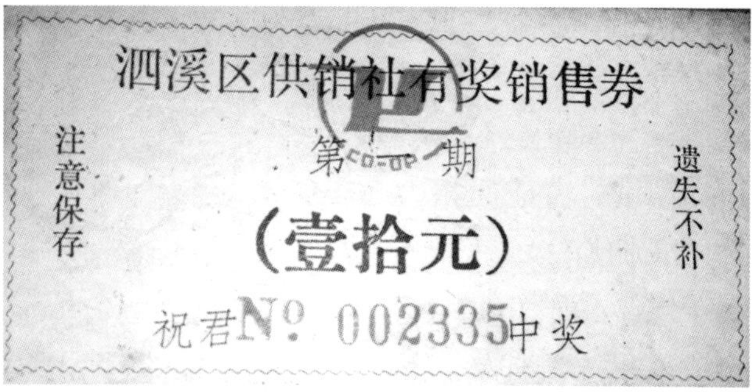

供销社销售券

成经济危机，扩大凭票供应商品范围。有肉票、鱼票、糖票、布票、烟票，手表、火柴、肥皂、煤油等用品都要凭证供应。

1967 年，由于供销业务扩展，经营用房紧缺，在原址对面田野新建一幢砖木结构楼房，6 间 2 层，建筑面积 720 平方米。由综合门市部扩大棉布、百货、副食品、水产门市部。20 世纪 70 年代开始，供销社专门开辟农业生产配套服务，对机械农具运用和修理，农药、化肥科学应用等进行技术指导，以及山茶籽、油菜籽、桐籽、棕皮、萱麻等农副产品收购工作。1983 年对集体商业放宽政策，供销社具有自主经营权，供销门类齐全，货源充足。电视机、自行车、洗衣机等大宗商品凭证凭票供应，其他各类商品敞开供应。1985 年，规定“粮食、棉花取消统购”，结束“无粮票没饭吃，无布票没衣穿”票证年代。1991 年，全县供销系统推行独立核算、自负盈亏“经营承包责任制”。玉西供销社由个体租赁承包经营。

曾在玉西供销社工作人员名单及其村籍：林家松（山茶岚），王富友、林家亮（半地垟）、林祥德（书院）、汪招领（上庄）、陈长众（半路）、汪细敬（半溪）、叶自法（吴垟坑）、陈正超（下桥）、包晓鹏（吾村）、林海亮（泗溪）、包文辉（南溪）、陈全载（西地）等。

商行店铺

解放前　商业贫乏，时有平阳货郎挑着货篓，走家串户，摇着拨浪鼓，喊着“兑糖吃、兑糖吃，破蓑衣，牙膏壳，鸡胗皮，都可以”。放下担子，打开货篓，针、线、扣子、色粉、发夹、头纱等形形色色小百货，招来少女少妇讨价还价、小孩儿童问这问那。民国 5 年（1916），陈茂庆夫人包氏在新垟陈氏祠堂开设副食品店铺（1949 年初停业）。民国 25 年（1936），在新厝底上厝、桥仔头、南乾等开设过中药店。民国 29 年（1940），水碓仔开设过豆腐店。1949 年，包道钵从杭州开设烟糖酒商店，迁回西地开办。

解放后　1950 年，村集体征办裁缝店、制作兼营圆形木制盛具圆木社；村民包道香在新垟开设副食品店，主要经营烟糖酒。1955 年，组建农村供销合作社，撤销私营商店，包括圆木社经营并归供销合作社。改革开放后，1983 年村民陈凤南开办境内首家个体商店，即经营烟糖酒兼五金杂货店。1984—1989 年，包美钏、曾家应分别开办小百货、五金商店，包鼎和、曾包香、吴包金、王行忠各开办副食品商店。20 世纪 90 年代初，境内有乡政府、医院、中小学等部门单位，干部职工多、学生教师多，客流量大，商品销售量大，商行店铺最多时有 22 家。2007 年，陈正华开办唯一超市（玉峰超市）1 家。2013 年，共有商行店铺 14 家。

1950—2013年商业店铺

表3-10

<table>
<tr><th>店名</th><th>店主</th><th>开办年代</th><th>2013年继续经营</th><th>店名</th><th>店主</th><th>开办年代</th><th>2013年继续经营</th></tr>
<tr><td>裁缝店</td><td>村集体</td><td rowspan="3">20世纪50年代</td><td></td><td>五金店</td><td>包衍东</td><td rowspan="10">20世纪90年代—21世纪10年代</td><td></td></tr>
<tr><td>圆木社</td><td>村集体</td><td></td><td>音响店</td><td>包松发</td><td></td></tr>
<tr><td>副食品</td><td>包道香
包道钵</td><td></td><td rowspan="2">液化气</td><td>蔡莲花</td><td>继续</td></tr>
<tr><td>杂货店</td><td>陈凤南</td><td rowspan="7">20世纪80年代</td><td>继续</td><td>包衍东</td><td></td></tr>
<tr><td>小百货</td><td>包美钏</td><td></td><td>服装店</td><td>王美桃</td><td>继续</td></tr>
<tr><td>五金店</td><td>曾家应</td><td></td><td>裁缝店</td><td>曾家应</td><td>继续</td></tr>
<tr><td rowspan="4">副食品</td><td>包鼎和</td><td></td><td>粮食另售店</td><td>包细兰</td><td></td></tr>
<tr><td>曾包香</td><td>继续</td><td rowspan="2">面包店</td><td>曾爱芳</td><td></td></tr>
<tr><td>吴包金</td><td>继续</td><td>林春桃</td><td></td></tr>
<tr><td>王行忠</td><td></td><td>豆腐店</td><td>洪满员</td><td>继续</td></tr>
<tr><td>超市</td><td>陈正华</td><td rowspan="11">20世纪90年代—21世纪10年代</td><td>继续</td><td>豆腐店</td><td>王细珠</td><td rowspan="11">20世纪90年代—21世纪10年代</td><td></td></tr>
<tr><td rowspan="8">杂货店</td><td>包日楷</td><td></td><td rowspan="3">粉干店</td><td>包子和</td><td></td></tr>
<tr><td>包鼎和</td><td>继续</td><td>包松伟
陈招永</td><td></td></tr>
<tr><td>曾包香</td><td>继续</td><td>陈昭和</td><td>继续</td></tr>
<tr><td>陈曾桃</td><td></td><td rowspan="3">猪肉铺</td><td>陈全培</td><td>继续</td></tr>
<tr><td>包日万</td><td>继续</td><td>包鼎和</td><td></td></tr>
<tr><td>陈兰英</td><td>继续</td><td>包细兰</td><td></td></tr>
<tr><td>潘老兰</td><td>继续</td><td rowspan="2">农家乐</td><td>陈全顶</td><td></td></tr>
<tr><td>陈全载</td><td></td><td>陈昭信</td><td>继续</td></tr>
<tr><td>日杂店</td><td>吴包金</td><td></td><td>裁缝店</td><td>曾家应</td><td>继续</td></tr>
<tr><td>五金店</td><td>陈凤南</td><td></td><td>理发店</td><td>曾庆贤</td><td>继续</td></tr>
</table>

庙市 集市

庙市 历史悠久，始于明代。每年农历五月廿八，以（庄济庙）陈大翁生日作为西地村庙市（庙会）日，请戏班做神戏，家家户户宾朋满座。每年农历正月十五元宵，纪念马仙宫娘娘生日，每家每户张灯结彩，男女老少欢聚一团，延续三天以上，猜谜语，舞马灯。

集市 也称交流，1962年开始，每逢初一、十五为泗溪集市日，许多村民前往赶市购货。

上市产品 庙市日西地村道、集市日泗溪街道，地摊接连不断，各种产品琳琅满目。2013年，上市产品多达500多种。

2013年庙市、集市主要交易产品

表3-11

类别	产品
粮食	小麦、大麦、高粱、大米、大豆、玉米、绿豆、红豆、花生等
畜禽	牛、猪、羊、兔；鸡、鸭、鹅
肉类	猪肉、牛肉、羊肉、狗肉、兔肉
油类	豆油、花生油、菜籽油等、茶籽油、山茶油
蔬菜	小白菜、大白菜、油冬菜、山东乌、香菇菜、菊花菜、芥菜、球菜、榨菜、甜菜、苋菜、芹菜、菠菜、马蹄菜、牛心菜、茼蒿菜、空心菜、油菜苔、雪里蕻、莴苣笋（莴苣）、苦荬、香菜（芫荽）、花菜、黄花菜（金针菜）胡萝卜、白萝卜、红萝卜、盘菜、大头菜、姜蚕豆、豌豆、豇豆、四季豆、刀豆、白扁豆、大白银豆（皇帝豆）、白银豆、饭豆（粒子升）、赤豆、绿豆、皂荚豆、泥鳅豆、黄瓜、冬瓜、丝瓜、南瓜、苦瓜、瓠瓜（蒲瓜）、佛手瓜、茄子、辣椒、西红柿、甜椒、旱毛芋、水芋、槟榔芋、薯芋、菊芋、马铃薯、葱、洋葱、大蒜、韭菜
竹笋	毛竹笋、石竹笋、乌壳竹笋、黄竹笋、雷竹笋、白箬竹笋
野菜	酸菜、苦菜、蕨菜、马齿苋、荠菜、豆腐柴
菌类	蘑菇、香菇、白木耳、黑木耳
水果	梨、苹果、桔子、柿子、桃、杏、枣、葡萄、西瓜、香瓜等
其他副食	豆腐、千张、茶干、小豆饼、粉丝、水糕、挂面、鸡蛋、鸭蛋、鱼类、蛋糕、条糕、各类罐头
家具	厨子、柜子、箱子、椅子、桌子、凳子、条几、茶几、铁床、木床等

续表 3-11

类别	产品
农具	扫帚、铁锨、镰刀、铁耙等
日用品	锅、碗、瓢、盆、铁勺、铜勺、盐、火柴、锁、糖、烟、酒、刀、布匹以及各类日杂用品
山草药	金银花、鸡冠花、野菊花、老鸦碗、山当归、土人参、天萝白、金加剪、一支香、竹丫卵、龙牙卵、老鼠刺、猪姆拧、千年掌、牛舌藤、红葛根、白墙络、铁菜、麦冬、玄参、龙舌、墙蕨、岩豆、石榴、黄芩、黄柏、苦参、苦草、鹿唧草、金钱草、凤尾草、古精草、灯芯草、无骨草、脚丁草、风台草等 100 多种

境外经商

早在民国 29 年（1940），村民包道钵在杭州开设食杂店。20 世纪 50 年代开始，西地商人和圆木、泥水工、弹棉花、打铁、做木瓢、采石、泥水匠等手艺工匠，主要在平阳，福建寿宁、福安、泉州、福州等地经商创业。1991 年开始，境外经商逐年增多，至 2013 年，在外经商有 1000 多人。其中，县内 20 多家约近 500 人，主要经营饮食、食品、家电、服装、皮鞋、运输等；县外 38 家 500 多人，分布在苍南、瑞安、温州、台州、丽水、舟山、杭州、萧山，以及福建、上海、江苏、安徽、四川、重庆、北京、宁夏、山西、乌鲁木齐等地，从事铸钢、模具、轧钢业，以及服装、棉絮、餐馆、浴室、会所等服务业。

第四节　金　融

押当

以物抵押借贷，凭票赎当，过期不赎当物没收，称作没当。境内无正式当铺，民国期间，有出当、受当之事，押当物有金银首饰、丝织绸缎、蚊帐衣服等。从清代至民国，境内有衣物兑换钱拆衣店 3 家，兼营押当。

契典

契典是立契抵押一种典当，以土地或房屋不动产作抵押物最为常见。典当款低于抵押物估价，以土地耕种与房屋居住作为利息。抵押年限多为 5 ～ 10 年，5 年以下、10 年以上少见，到期付本取赎（付典当款赎回抵押物）。以利冬种不误农时，通常特定土地取赎时间为农历十月廿四。有的到期无钱取赎，出、受当双方协商，可以延期或将抵押物卖成死契，不再取赎。此外，也有随时取赎不拘时限立契典当。民国后期，社会经济不稳定，典当本金随法币贬值而贬值，出现以稻谷折币借贷计算，到期按谷价取赎。1954 年以经营非法被取缔。

借贷

旧时民间借贷，月息 3 分以上高利居多，甚至在赌博场所出现“借 9 还 10”，以日计息特高利贷。农民因婚、丧、病、灾等造成困难，以借贷滚利、抵押没当、契典卖断等导致倾家荡产。解放后，以农民为主体，通过入股形式建立农村信用社，合理调剂资金余缺，帮助解决农村、农民不能解决经济需要。

信用社

1954 年，筹建玉西乡农村信用合作社，社址设在西地村新垟陈氏宗祠。初期每份股金 1 元，有的社员一人 5 份。1955—1958 年，为加快发展农业合作化，对贫困社员，发放股份基金和农业社生产垫底资金。前后担任储蓄员有林董志、卢声绍、包春英、曾细员、王行俊、王有引、包日出、林汝洪等人。

玉西农村信用合作社

1969 年 9 月，信用社设主任。首任主任周细汕，次年调离，郑先桃接任。1980 年，包日家任主任，信用社加入县信用联社，逐步配备专职会计、柜员、审贷员。1996 年末，信用社存款余额 370 万元，贷款余额 231 万元。2009 年，信用社原址扩建成三间三层，建筑面积 636 平方米，水泥钢筋结构。2002 年 9 月，陈思图任主任。2006 年末，信用社存款余额 2201 万元，贷款余额 2286 万元。2010 年 9 月，汤陈良任主任。至 2013 年，先后调入工作人员有叶丽娟、陈养健、施正雀、罗敏雅、谢玉琴等。2013 年末，信用社业务人员 6 人，保安 1 人，存款余额 11262 万元，贷款余额 9248 万元。

第四篇

文化

第四篇　文　化

自宋迁居，村民采药，源远流长，已收集知名功效山草药 452 种。民众办学，仁以为任，光绪元年姓氏宗族划田创办“西地蒙馆”，光绪三十二年（1906）翁、陈、叶、包、曾姓氏宗族创办农民识字班，民国 23 年（1934），乡绅陈茂庆筹建第一座校舍，抗日战争期间，创办民众补习班，20 世纪中叶开始，村民们集资创建西地小学、玉西附中。方音恭顺、语法独特。神奇传说、风趣歌谣，旷日积晷，丰富多彩。吹打、木偶、雕刻、刺绣、游戏等民间文体悠久持续。境内有中共泰顺县委扩大会议旧址、中共泰顺中心县委办公旧址，以及瓦窑、战壕、庵庙、字纸炉等建筑旧址，还有真宗帝御制谱赞诗词、宋桥梁、宋茶亭、古民居等诸多文化遗存。2005 年开始，建有中共泰顺中心县委机关驻地纪念碑、富教知方坊、古道歇棚长廊、逸心亭、永乐亭、颔颔亭、玉曦亭等景观建筑。为坊、亭、纪念碑纂写楹联和亲笔书法题词，有原浙江省委副书记梁平波、陈法文，原南京军区副司令员张文碧，原浙江省人大常委会副主任刑子陶，原浙江省文化厅厅长钱法成，原温州市市长卢声亮，温州市志主编张声和、泰顺县志主编吴久籁，西泠印社出版社社长江吟，中国楹联学会副会长常治国、理事陈志岁、会员曹云霖，中国书法家协会会员朱志杰，国家著名工艺美术大师（爱新觉罗・恒珏）关维霖，山东省曲阜市政协副主席张连坡，曲阜市中国书画家协会会员王西申等。

第一章　教　育

民众办学成绩斐然，早在光绪元年（1875），姓氏宗族划田创办“西地蒙馆”，光绪三十二年（1906）翁、陈、叶、包、曾姓氏宗族创办农民识字班，民国 23 年（1934），乡绅陈茂庆筹建第一座校舍，抗日战争期间，创办民众补习班。中华人民共和国成立后，广大村民几经集资捐资、投工投劳创建西地小学、玉西中学。2004 年，在校学生为最多 840 人，1989 年 9 月，实现适龄儿童入学率 100%，1995 年 9 月实现九年义务教育。

2010 年，全村非文盲率 100%。2011 年，玉西中学并入泰顺二中，在校学生只有 111 人。2013 年，在国外从业新型农民有 10 人。

第一节　普通教育

蒙馆教育

早期，境内翁、陈、叶、包、曾等家族都办有文教中心、礼制中心等家族塾学。清光绪元年（1875），村合众创办“西地蒙馆”。

学龄学制　蒙馆招收村内、邻村子弟（儿童）入学。入学年龄一般在 8 ~ 12 虚岁。不分年级、不定学习年限。全年读书时间，一般为 10 个月。上馆时间约正月下旬至二月初，散馆在冬至前十天，俗称“先生不吃冬至丸”。每天上课时，没有课间休息，一年学习时，没有星期日、没有节假期。旧时村里经济落后，村民生活贫困，能读完私塾学堂所有书目甚少，农家子弟一般读一、二年就辍学。

教育教学　重视毛笔“习字”，初学者先“描红”，过一阶段，每人每天练习毛笔字大楷、中楷或小楷。依次学读《三字经》《百家姓》《千字文》《神童诗》及四书五经等。兼学珠算、加减乘除，练“百子度”（加法）、“归除”（除法）。

学童程度参差不齐，塾师采取分别授课、个别辅导教学方法。主要由学童读、写、背、诵，只有学到四书五经时才开始讲文义，学到一定文化程度时开始对对子、作诗、作文等。每年散馆时，没有考试制度，唯“默写、背诵、作对”而已，分数多者，则成绩优者。学生按成绩名次张榜公布，最后一名叫“杠榜”，取名“齐大发”，意示大家都上进。塾师对学生管束严厉，违规学生轻则严词训斥，重则施以打手心、罚跪、头顶脸盆水等方法体罚。

学前教育

1986 年 9 月，西地小学（玉西公社中心学校）增设学前班。招收五六周岁儿童 35 人，开设生活常识、游戏、计算、语言、画画和音乐等课程，为下学年小学一年级预备班，并成为西地村最早开办幼儿教育。1989 年，因教师欠缺而停办。

1990 年，恢复学前班，招收五六周岁儿童 34 人。1994 年，学前班儿童增加到 48 人，教材由县教育局教育科统一征订，按照国家《教育纲要》要求实施教学。1995—1998 年招收 4 ~ 6 周岁儿童 60 ~ 70 人，分成两班。1999—2001 年，招收 5 周岁、6 周岁儿童 20 ~ 25 人。2002—2005 年，教学楼改建期间，借用堪兜民房厅堂上课，安全工作由学校值日教师协助监督，2002—2006 年，招收儿童 15 ~ 20 人。

2007 年 3 月，学前班改办幼儿班（九峰小学幼儿班），招收 4 ~ 6 周岁儿童 32 人。2008—2011 年，招收儿童 5、6 周岁，20 ~ 25 人。2012—2013 年，招收 3 ~ 6 周岁儿童 45 人，根据幼儿教育课本要求，分大班（五六周岁）20 人，小班（三四周岁）25 人，统一安排午餐、午休。2014 年，村创办独立（与小学分离）标准化“童之梦”幼儿园，在园儿童 60 人。

小学教育

民国元年（1912），学堂改称学校，西地蒙馆改名“西地小学”。民国 29 年（1940），随国民教育实施，学校改称“玉西乡中心国民学校”。

1975 年，玉西乡中心校

1949 年 7 月，人民政府接管教育，同年 9 月，学校改称为“玉西乡完全小学”。1962 年，随乡改称公社，学校改称“玉西公社完全小学”。1963 年，因教师紧缺停课一年。1966 年下学期，“文化大革命”开始时，实行贫下中农管理学校。1981 年，学校改称“玉西公社中心学校”。1984 年，随乡复称，学校改称“玉西乡中心学校”。1982 年，毕业班 90% 学生被泰二中录取，是升学率最高年份。1987 年，适龄儿童入学率 99.5%（西地村适龄儿童入学率 100%），巩固率 99.2%，毕结业率 98.1%，升学率 95.8%，留级率降至 2.8%。符合省定普及初等义务教育标准。1992 年 5 月，随乡改名，学校更称“九峰乡中心学校”。1997 年，九峰乡中心学校普及九年制义务教育验收合格。2011 年，九峰乡并入泗溪镇，学校更名为“泗溪镇九峰中心小学”。

1952—2013 年乡校校长（负责人）名录

表 4-1

学校命名	负责人姓名	籍贯	任职时间
玉西乡完全小学	包晓钦	泗溪镇玉岩村	1952.02—1954.01
	王友泰	柳峰乡国岭村	1954.02—1956.01
	包礼如	泗溪镇玉岩村	1956.02—1959.01
	包道荣	南溪乡前坪村	1959.02—1961.06
玉西公社完全小学	王益贤	南溪乡南溪村	1962.02—1963.01
	季挺家	雅阳镇和平村	1964.02—1965.01
	郑昌河	平阳县山门镇	1965.02—1969.02
	曾家法	九峰乡西地村	1969.03—1971.06
	包道员	南溪乡企石村	1971.07—1972.06
	林　松	峰文乡峰文村	1972.07—1978.06
	包松娥	泗溪镇玉岩村	1978.07—1984.06

续表 4-1

学校命名	负责人姓名	籍贯	任职时间
玉西乡中心学校	包序张	泗溪镇玉岩村	1984.07—1987.06
	陈绍锐	九峰乡斋堂村	1987.07—1990.06
	张庆佃	南溪乡前坪村	1990.07—1992.06
九峰乡中心学校	吴有如	泗溪镇白粉墙	1992.07—1993.06
	周祖雄	九峰乡湾头村	1993.07—1994.06
	林梅高	泗溪镇溪源村	1994.07—1999.06
	曹启城	九峰乡九峰村	1999.07—2007.06
	曾安锦	九峰乡湾头村	2007.07—2013.06
泗溪镇九峰中心小学	林　南	罗阳镇城西小区	2013.07—

2001—2012 年乡校被冠以主要荣誉称号

表 4-2

授予时间	荣誉称号
2001 年	泰顺县中小学日常行为规范达标学校
2007 年	泰顺县“绿色学校”
2009 年	温州市农村寄宿制达标学校
	泰顺县治安安全示范单位
	泰顺县校园文化建设先进学校
2010 年	温州市“中小学教育信息化建设”二类达标学校
	温州市“绿色学校”
2011 年	浙江大学“大学生爱心支教实践阵地
	温州市“九峰平安希望小学”

“单人校”　指一所学校一位教师，采取多个年级复式教学。1970 年 9 月，根据政府“把小学办到家门口”要求，沙岭、高畲垟、白岩下、路下等自然村相继办起“单人校”，1983 年 9 月，实行整合教育资源集中办学，白岩下、路下小学并入玉西公社中心校。1993 年，沙岭析出设行政村，沙岭“单人校”为沙岭村校。1995 年 9 月，高畲垟小学自然撤并。

教育学制　民国前蒙馆，没有固定年级，采用个别教课。民国元年（1912），小学七年制：一至四年级为小学初等教育，五至七年级为小学高等教育。民国 12 年（1923），改为四二六年制：一至四年级为初级小学（一、二年级为低年级、三、四年级为中年级），五至七年级为高级小学育。

1949年7月，沿用六年制。1952年秋，一年级新生实施五年一贯制，由于师资及教材等欠完备，次年仍改为四二制。1970年，六年制改为五年一贯制，秋季招生改为春季招生。1975年，返回秋季招生，五年级毕业班学生延读过渡班一个学期。2005年始，五年制改为六年制。

教学课程 民国元年（1912），一至四年级设修身、国文、算术、手工、图画、唱歌、体操7门课程，五至七年级加授地理、历史、理科、英语、农业、商业，女生还加授缝纫。民国12年（1923），课程国文改国语、修身改公民、理科改自然、体操改体育、唱歌改音乐，取消英语、商业、农业、缝纫诸课。

1949年7月，低年级设国语、算术、游唱，中年级设国语、算术、音乐、体育，高年级，设政治、国语、算术、历史、地理、自然、音乐、图画、体育。

1950年9月，使用全国基础教育第一套通用教材。改国语为语文，改美术为美工，中年级加设美术课。1953年，四、五年级加授珠算课，音乐课改为唱歌。1956年国家正式发行新中国成立以来第二套小学教科书，教材科目没有变化，但内容不仅增强学科理论性，而且注意学生动手能力培养。1958年大并校，课程安排有语文、算术、自然、唱歌、体育、图画，其中，语文、数学需要考试科目。每星期增设劳动、阅读课各1堂，每天安排早读课，广播操。

1966年下学期，“文化大革命”开始时，1967年，取消毕业考试制度，原教学大纲规定教学课目停用，小学中低年级改以《毛主席语录》为课本，高年级读“老三篇”（《为人民服务》《纪念白求恩》《愚公移山》），“大批判”代替政治课。1970年，采用省编教材，课程一至三年级设政治、语文、数学、体育、音乐、美术、劳动；四、五年级增设常识。每周授课时数一至三年级30节，四、五年级31节。

1979年1月，学校恢复考试、升留级、毕业、奖惩等制度，实施《学生守则》。执行部颁《全日制十年制中小学教材计划（草案）》，改用华东部编教材，设品德、语文、数学、自然、历史、音乐、美术、体育、劳动9门功课。每周1节班队活动，2节课外文体活动。1989年，坚持开展每周2节体育课、2次课外文体活动，每天进行广播操和眼保健操。1993年9月，一年级开始使用义务教育新教材。2001年，全部运用义务教育阶段新教材（人教版）。2002年9月开始，三年级以上开设英语课程。2004年9月，小学生开展体育“大课间”活动。2007年，三年级以上开设信息技术课。

教学获奖 1999年，学生参加县科学实验操作比赛，获一等奖1名，二等奖2名，三等奖2名，其中1名学生（陈静静，新厝底人）参加温州市科学实验操作比赛，获二等奖，教师吴时凑、夏明表同时获县级指导奖。2009年，郑善娟老师指导《采茶舞》

参加泰顺县文艺晚会演出，并获得二等奖；包灵慰老师辅导体育少年组参加县级“乒乓球”赛，获集体二等奖；“七巧板”学生个人二等奖。

2009 年开始，学生期末测试成绩县级统考排名，乡级前三名奖励金。2010—2012 学年，连续三年取得县级小学 C 组（乡校级）教学质量三等奖；通过学生期末测试，有 6 位教师所执教科目名列全县前三名。

2009—2012 学年乡校参加县学科统测成绩前三名一览

表 4-3

学年	学期	年级	科目	名次	执教者
2009	第二学期	六年级	语文	第一名	杜丽娟
	第二学期	四年级	语文	第二名	蔡淑女
2010	第一学期	二年级	数学	第三名	蔡淑女
	第一学期	三年级	英语	第二名	黄丽丽
	第一学期	五年级	英语	第一名	徐彩霞
	第一学期	六年级	科学	第二名	庄玉婷
	第二学期	二年级	数学	第一名	黄丽丽
	第二学期	三年级	英语	第二名	黄丽丽
	第二学期	五年级	英语	第一名	徐彩霞
2011	第一学期	三年级	数学	第三名	黄丽丽
	第一学期	六年级	数学	第三名	沈华雨
	第一学期	六年级	英语	第二名	徐彩霞
	第一学期	六年级	科学	第一名	庄玉婷
	第二学期	三年级	数学	第三名	黄丽丽
	第二学期	六年级	英语	第三名	徐彩霞
2012	第一学期	三年级	英语	第三名	徐彩霞
	第一学期	三年级	科学	第一名	庄玉婷
	第一学期	四年级	数学	第一名	黄丽丽
	第二学期	四年级	数学	第三名	黄丽丽

学生人数　1949 年 9 月，小学 1 所、学生 17 人。1961 年下学期至 1962 年上学期，因教师紧缺停课一年。1970—1983 年，小学 4 所，在校学生 160 ~ 193 人。1984—1995 年，小学 2 所，在校学生 180 ~ 251 人。2000 年，在校学生为最多，有 302 人。2013 年，在校学生 111 人。

1952—2013年乡校各年级学生数

表 4-4　　　　单位：人

年份	学生数	一年级	二年级	三年级	四级年	五年级	六年级
1952	20	7	7	6	—	—	—
1958	58	13	14	12	9	10	—
1966	168	19	21	31	42	41	12
1978	193	34	36	32	48	43	—
1985	180	25	28	38	47	42	—
1988	184	20	34	30	52	48	—
1993	194	29	39	40	46	40	—
1994	250	38	34	38	71	69	—
1996	251	35	40	32	72	72	—
1997	240	30	39	41	57	73	—
1998	215	37	38	38	57	45	—
1999	234	35	37	40	68	54	—
2000	302	76	41	60	55	70	—
2001	298	49	73	67	58	51	—
2002	279	40	43	72	69	55	—
2003	289	40	47	48	79	75	—
2004	246	41	31	47	51	76	—
2005	246	45	36	27	50	48	40
2008	267	33	43	39	46	46	60
2009	183	20	22	28	32	40	39
2010	148	18	19	14	25	33	39
2011	126	14	11	17	21	31	32
2012	118	18	16	12	19	22	31
2013	111	24	16	17	12	17	23

中学教育

学校沿革　1974年2月，玉西公社学校附设“戴帽”初中班。1988年秋季，村民筹建“玉西附中”。玉西公社中心学校分为小学、初中两个校址、两套班子。1995年9月，成立独立中学，玉西附中改名为“玉西中学”，学制三年，学校肩负九峰、横坑两乡初中教育任务。浙江省交通厅厅长、中国书法家协会会员、西泠印社社员郭学焕先生为“玉西中学”题词。2004年，在校学生数为最多，10个教学班594人，2005年开始，学生数逐年减少，2011年学生数111人，撤并于泰顺第二中学。

1977年，附中首届毕业班

规范办学 校训：博学、创新、明德、思源。教风：敬业、严谨、爱生、善教。学风：勤学、多思、互助、争优。办学宗旨：发展山区教育，培养山区人才。办学特色：促进全面发展，弘扬个性特长。办学目标：特色兴校，质量立校。制定有《办学规划》《全面实施素质教育方案》《德育工作规划》，健全师德师风、教书育人、教育秩序等规章制度并汇编手册。2001学年获县中学生日常行为规范达标学校，2004年获县级文明学校，2005年获县级体育道德风尚奖，2006年获县级、市级“绿色学校”，2008学年获县级乡镇独立初中组教学质量二等奖。

专题班会掠影

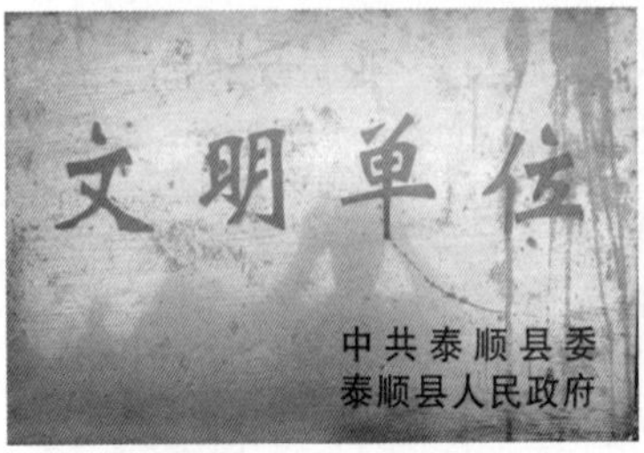

2004年，县文明学校

2005年，县绿色学校

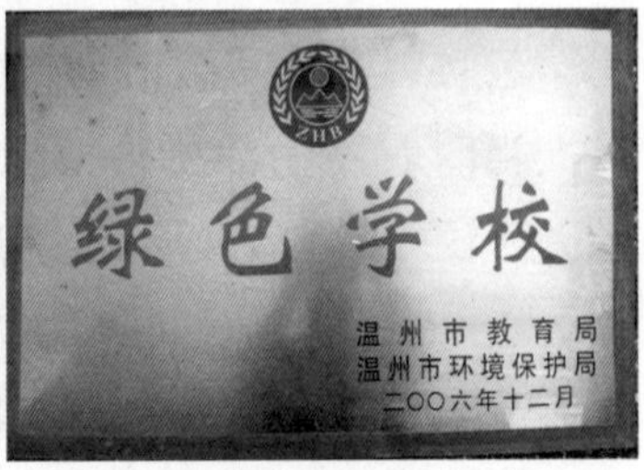

2006年，市绿色学校

2007年，县初中生篮球比赛冠军

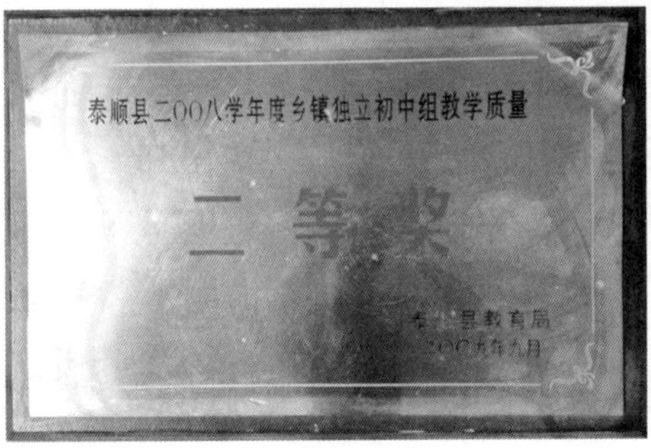

2008年，县教学质量二等奖

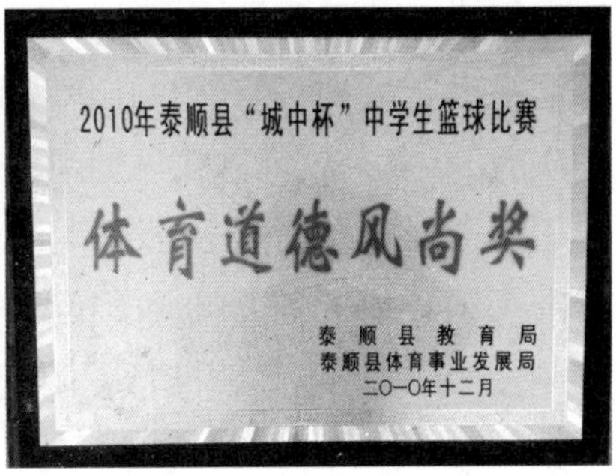

2010年，体育道德风尚奖

玉西中学荣誉奖牌（杯）选辑

1995—2011 年部分年份玉西中学各年级学生数

表 4-5

年份	班级（班）	学生（人）	初一		初二		初三	
			班级（班）	学生（人）	班级（班）	学生（人）	班级（班）	学生（人）
1995	9	364	4	161	3	116	2	87
2001	9	471	4	209	3	156	2	106
2004	10	594	3	175	4	228	3	191
2005	9	437	2	102	3	157	4	176
2006	7	319	2	92	2	94	3	133
2007	7	298	2	84	2	85	3	129
2009	6	210	2	84	2	70	2	56
2011	3	111	1	35	1	42	1	24

第二节 成人教育

解放前成年教育

清光绪三十一年（1905），政府提倡“为救济年长失学成人”补习教育。翌年，翁、陈、叶、包、曾姓氏宗族借助村蒙馆创办识字班，利用晚间组织失学青壮年农民参加识字学习。当时农民生活所迫，识字班只坚持两个月。宣统元年（1909）11 月，为年长失学者进行识字教育，政府以法令形式公布《简易识字学塾章程》，姓氏宗族重新恢复识字班，学员 25 人，学习时间定为午饭后 1 个时辰（2 小时），坚持半年后结束。1911 年 10 月辛亥革命爆发，简易识字学塾运动随之停止。

民国 8 年（1919），县通俗教育讲演所成立，专任讲演员 2 人，每年到西地（大坵民房厅堂）讲演 2 次，讲演内容以政治为主，兼及时事与国民常识。民国 24 年（1935），讲演活动扩大到各自然村，由当地教员兼任讲演，西地村每年讲演 3 ~ 4 次，听众最多一次有 80 多人。抗日战争期间，创办民众学校补习班，施教 16 ~ 30 岁失学村民 31 人，以识字教学为主，兼及公民训练和歌咏。民国 28 年（1939），政府规定收容学生不达标准民国学校，必设民众学校容之。西地小学附设成人班 1 个，29 人，其中妇女 3 人。民国 33 年（1944），推行“限期肃清文盲强迫教育”，县、区相应成立“强迫入学委员会”，强令 12 ~ 25 周岁失学男女入学，西地小学设办 1 个班、25 人，由小学老师兼教，授课内容有国语拼音、时事、农业及卫生知识。

解放后成年教育

扫盲教育 1948 年 5 月，在白水漈成立西地村农会，农会决定开办夜校识字班 58 人，学习记账、“打条子”；同年冬，增设妇女识字班 30 人，教材由县委宣传部统一编印。识字班均由当地小学教师义务任教。

1950 年，成立乡冬学委员会，采取“农闲集中学，农忙分散学”“农闲多学，农忙少学，大忙放假”原则。举办冬学教师训练班，经培训教师下村辅导，课本自行蜡纸统一刻印。1951 年，村农会组织冬学，1952 年，县教育工作队检查冬学情况，西地学员 120 人。1954 年，发动小学四年以上学生给家人、邻居识字者包教保学。

1956 年，初级农业合作社开办农民业余教育学校，分别在新垟陈氏祠堂和水碓仔开班，学员 210 人。1958 年，实行突击扫盲运动，提出“小忙多学、大忙也学，有空一定学”口号，要求“读百本书，写一万字”。具体由生产队安排场所组织学习，采用县文教局统一编写教材，采取“以民教民，能者为师”原则，即学校教师兼任教学、动员识字人教不识字人。力求做到“识一个，认一片”，如：（人）丁、定（居）、订（单）、顶（点）、（宝）鼎、盯（梢）、（图）钉、（钢）锭、叮（铃）、（孤苦伶）仃、铤（金）、町（畦）、（碘）酊、（吖）啶、碇（步）、（揩）腚、疔（疮）、玎（玲）、（斗）饤、矴（铁）。组织小学生负责文化考核，采取认读方式。在陈家祠堂门口挂一块“鼓足干劲，力争上游，多快好省地建设社会主义”牌子，让村民主动来考核，会读这段文字方可免学。

1960 年，随县业余教育委员会成立，玉西公社成立相应组织。1963 年，以小学为依托，将农民业余教育学校办成灵活多样耕读学校，即设有早班、午班、晚班，半耕半读半日班。学习小学语文、算术等课程，每天上课二三小时，修业年限不定。“文化大革命”期间，掀起学习《毛主席语录》高潮，耕读学校停办。田间休息，会前饭后都要学习“最高指示”，并要求人人做到“会背、会默、会唱”。在新垟桥头两向各挂一块小黑板，由红小兵组织过路客人默写一段《毛主席语录》，否则不能通行。

1979 年 12 月，随县工农教育委员会恢复，玉西公社中心小学重新创办农民业余教育学校。1981 年，雅阳区设业余教育专职干部（陈绍锐），玉西、横坑两个公社设一名专职干部，1985 年，玉西公社设专职干部（林邦明）。1986 年，采用送教上门、子女教父母，包教包会等多种形式扩大扫盲。1998 年，县教委制定《扫盲验收细则》，个人脱盲标准：能识 1500 字、能看懂浅近通俗报刊、能写简单便条。1989 年西地村达到脱盲标准，15 ~ 40 周岁人口非盲率达 95%。2010 年第六次全国人口普查，全村非文盲率 100%。

科技教育　20 世纪 80 年代，随着农村经济体制改革，农民文化学习逐步转向农技培训。1986 年，乡举办水稻良种试种技术初等农技班 1 个，学员 23 人（西地村 10 人）。1987 年，乡办成人文化技术培训学校，以大棚蔬菜生产技术为培训内容，45 位（西地村 6 人）学员全部结业。1997 年，参加乡政府组织种植业、养殖业等实用技术培训专业户 108 人。

1998 年，泰顺县开始实施新型农民科技培训工程，参加首次培训 7 人（全部结业），培训内容有种植养殖、抗灾救灾等方面科技知识。2003 年 4 月，泰顺县全面启动“农民知识化”工程，并创新劳务输出机制。2004 年，参加县、乡高山蔬菜种植专业户培训 12 人。至 2013 年，通过国际劳务输出途径，有 10 位新型农民从业于日本、俄罗斯等国家，人均年收入 3.5 万元以上。

学历教育 1995 年，玉西中学根据县教委要求开办初中文化速成班，利用两个学期完成初中全日制课程，西地村学员 38 人，全部结业。同年，九峰乡经省、市、县“双基”（“基本普及九年义务教育”和“基本扫除青壮年文盲”）检查组验收“达标”。2013 年，具大专学历村民 26 人，专业有学前教育、行政管理、工商管理等。

第三节 教师队伍

左起前排：陈冬玲 钟月华 包春英 林 松 林勉华 王秋香 陈兰芳

后排：林美秋 包仰承 曾安旭 周祖雄 包日江 曾家法

1977 年 5 月，玉西公社完小全体教师合影

1875—1912 年，西地蒙馆先后任教塾师有杨德鳞、曾民灯、包启宠等。民国时期，西地小学先后任教老师有包启宠、陈忠说、许贤、陈爱珠、毛新汉、蔡祈写、包道香等。

1949 年 7 月人民政府接管教育，至 1951 年，西地小学先后任教老师有陈祖木、陈良、翁良、许英、包日文等。1952—1959 年，每年教师 2 ~ 3 人；1960 年教师 5 人。1962 年，玉西辅导区（含九峰片）教师 11 人。1970 年，增设 3 所村校，共教师 12 人。1974 年 2 月，小学设初中班，共教职员工 13 人。1986 年 9 月小学增设学前班，推荐村民王爱花（曾任幼教老师）任教。1988 复办玉西附中，实行一所学校（玉西公社中心学校）、两个校址、两套班子，中、小学职员工分别为 8 人、9 人。1990 年复办学前班，聘请村民曾赛平任教。1995 年 9 月，成立独立中学，中、小学教职员工分别 25 人、10 人。2011 年，中学并入泰二中，教师 13 人，2013 年，教职员工 15 人（包括幼儿班教师 3 人），其中专任教师 11 人，后勤员工 2 人，门卫 1 人。

民办转正

1952 年，凡参加瑞安思想改造学习教师转为公办教师，由政府教育主管部门统一调配。1960 年，聘用小学高等以上文化水平民办教师和代课教师 3 名。1970 年，民办教师 5 人，高畲垟、白岩下、路下 3 所“单人校”均是民办教师。1978 年，民办教师 2 人（包括校长），4 位民办教师，通过考核、登记、入档成为正式民办教师。1982 年 10 月，全县民办教师整顿，分一、二、三类。三类民办教师属辞退对象，6 名民办教师参加考核，全部合格、无辞退对象。1996 年秋，参加浙江省最后一次在编民办教师转公办教师 1 人；1999 年秋，参加温州市最后一批青教班教师转公办教师 1 人。

教师培训

1985 年，参加全县取得教师合格证书公、民办（含代课）教师，首批学历培训 10 人。1993 年，以“素质教育”为重点，开展新教材培训。1997 年，乡中心小学教师中师函授毕业 5 人，玉西中学教师大专函授毕业 7 人。1999 年，全体教师参加县级五项基本培训，即三笔字（钢笔、毛笔、粉笔）、简笔画、口语表达、教具制作与使用、教育组织管理。经考核，合格率 100%。2001 年，组织全体教师参加计算机操作培训。2004 年，乡中心小学教师参加温州师范学院大专函授毕业 9 人，玉西中学教师参加浙江省师范学院本科函授毕业 8 人。2005 年 9 月，温州市实施农村中小学教师素质提升工程，学校开始建立校本培训制度，教师每学年为 24 学分。2012 年，泗溪镇九峰中心小学教师 16 人，其中通过函授、自考具本科学历 12 人。

教师职称

1988 年 9 月，参加全县公民办教师首次职称评定，评为小学高级 1 人、小学一级 3 人、小学二级 4 人、小学三级 7 人。1999 年，中学教师 19 人，小学教师 16 名，其中小学高级教师 5 人，小学一级教师 4 人，小学二级教师 7 人。2010 年，中学撤并前，小学专任教师 16 人（未含幼儿班临代教师），其中小学高级教师 6 人，小学一级教师 10 人。

教师待遇

中华人民共和国成立前，由村学堂田给教师年付薪，一般每月为 5 ～ 6 块大洋或每年稻谷若干担。1960 年，公办教师月薪 25 元；代课教师月薪 20 元；民办教师公助部分 18 ～ 20 元不等，大队每月补贴 4 ～ 8 元，或在生产队记工分，与社员一样参加年终分红。1970 年后，公办教师最低月薪为 37.50 元；代课教师月薪 27 元；民办教师公助部分为 14.10 元、18 元、20 元、24 元不等，大队补贴部分依旧未变。1985 年，迎来新中国第一个教师节，通过教师工资调整后，公办教师待遇最低月薪为 60 元；代课教师月薪 40 元；民办教师月薪 34.50 元。1993 年，公办教师最高月薪为 330 元，代课、民办教师月薪为 70 元。1996 年，民办教师全部转为公办。2000 年 9 月，公办教师月薪最低 540 元、最高 980 元。2005 年，教师月薪最高为 2045 元。

2010 年，教师实行绩效工资制度（绩效工资由四部分组成：基本工资，工龄工资，岗位工资，奖励工资），前三项按月存入教师个人账号，学校上岗见习教师月薪为 2200 元，中级职称并有 30 年工龄资格教师月薪为 3800 元，奖励工资年平均数为 12000 元，由学校组织评估。临代教师月薪1200元，后勤员工月薪900元，门卫人员月薪1500元。2013年教师平均工资5500元。

玉西中学（附中）历任校长（负责人）

表4-6

学校	姓名	任职时间	学历	籍贯
玉西附设初中	陈绍锐	1988.7—1990.6	大专	九峰乡斋堂村
	张庆佃	1990.7—1992.6	中师	泗溪镇前坪村
	吴有如	1992.7—1993.6	大专	泗溪镇白粉墙
	周祖雄	1993.7—1994.6	大专	九峰乡湾头村
	林万海	1994.7—1995.6	大专	凤垟乡西溪村
玉西中学	林万海	1995.7—1997.6	大专	凤垟乡西溪村
	包序威	1997.7—1999.6	本科	泗溪镇玉岩村
	包伟东	1999.7—2001.6	大专	泗溪镇前坪村
	施正同	2001.7—2004.6	大专	九峰乡湾头村
	董洪励	2004.7—2005.6	本科	龟湖乡垟望村
	卓可龙	2005.7—2008.6	大专	柳峰乡卓宅村
	林云毅	2008.7—2010.6	本科	泗溪镇白粉墙
	徐有灵	2010.7—2011.6	大专	黄桥乡杨山后

说明：校长兼党支部书记

玉西中学历任副校长、教导主任

表4-7

历任副校长		历任教导主任	
姓名	任职时间	姓名	任职时间
包伟东	1997.7—1999.6	何细长	1995.7—1997.6
陈 滨	2003.7—2005.6	季永忠	1997.7—2000.6
季永忠	2000.7—2005.6	吴植壮	2000.7—2001.6
翁晓泉	2005.7—2008.6	林志辉	2001.7—2002.6
翁士甜	2007.7—2008.6	翁圣借	2002.7—2005.6
		翁晓泉	2005.7—2007.6
		蔡志生	2007.7—2011.6

第四节　设施建设

校舍建设

新建　早期学校（学堂）寄用民房上课。民国 23 年（1934），乡绅陈茂庆筹建第一座校舍，坐落垟心水碓仔，二层土木结构，建筑面积 136 平方米，于民国 24 年（1935）启用。民国 29 年（1940），因形势变故，校舍改为“炮楼”，学校迁到新庄陈氏宗祠上课。1958 年、1959 年，前后迁移新厝底上厝、新厝底陈氏宗祠和堪兜上课。

1965 年，在新厝底陈氏宗祠右侧，新建解放后第一幢校舍。政府补助，村委组织，村民投工投劳，建成二层四个教室土木结构瓦房。1988 年，村支部、村委会决定集资创办玉西中学，并建成全县第一座民间捐资教学楼，建筑面积 866 平方米。集资单位有省交通厅、省建筑设计院、省物价局、市扶贫办、县农贸办、九峰乡政府、横坑乡政府、上佛垟林场、瓯海岙垟村、西地村等，集资个人 251 人，共捐现金 71.81 万元，其中个人 1 万元以上有王尚钱、王行忠。

扩建　1995 年，筹资 30 余万元，其中温州人民银行捐资 15 万元，扩建乡中心校“精英教学楼”教室 7 个，建筑面积 450.55 平方米。1998 年，投资 17 万元重修厨房 40 平方米。2000 年，政府投资 40 多万元，扩建教室 8 间、办公室 3 间、实验室及远程教育室各 1 间，795 平方米。2001 年，学校投资 3 万元，新建混凝土结构厕所 70 平方米。2008 年 10 月，新建学生宿舍楼，寝室 8 间、厕所 2 间，建筑面积 492 平方米，造价 71.5 万。

改建　1972 年，随学生数增多，原有教室满足不了教学需要。村民又一次投工投劳，将陈氏宗祠改建砖木结构二层楼教室 6 个、厕所 1 间，建筑面积 448 平方米，造价 22 万元。1985 年，将第一幢土木结构校舍改建砖木结构，建筑面积 272 平方米，造价 11 万元。2011 年，旅法华侨程超宏先生捐资 30 万元、温州中国平安保险股份有限公司出资 20 万元、政府拨款 35 万元，改建综合楼 395 平方米，新增学生厨房 1 间，餐厅 1 个，教师寝室 8 间。2012 年，西地村委筹资装修幼儿班教室 2 个，寝室 3 间，娱乐场 1 个。

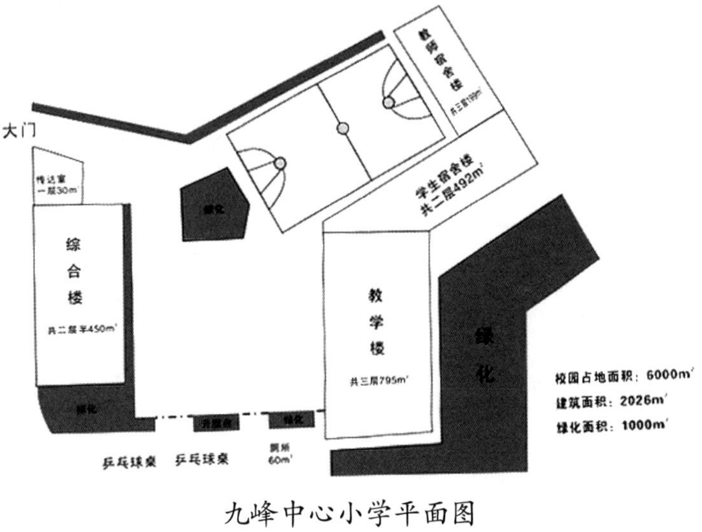

九峰中心小学平面图

2010 年，中学撤并前占地面积 8000 平方米，建筑面积 4630 平方米，绿化面积 800 平方米。2013 年九峰（西地）小学占地面积 4500 平方米，建筑面积 2100 平方米，绿化面积 820 平方米。建有教学楼、综合办公楼、教师宿舍楼、学生宿舍楼，配有计算机房、小媒体教室、图书室、卫生室、实验室、仪器室、少队部活动室。

设备赠助

为解决学前班、幼儿园教办学困难，1986 年，县妇联赠送专用课桌凳 18 套。1994 年，时任副乡长王尚钱资助添置课桌凳 24 套。2008 年，瑞安小太阳幼儿园赠送课桌 8 张、椅子 32 把。2012 年，西地村委筹资添置钢琴 1 架，滑梯 1 台，床位 55 个，被褥 60 套，儿童桌 12 张，椅子 50 把，玩教具 78 套，电子琴 2 架，数码相机、电话、磁性黑板、钟表、电视机、DVD、录音机等。并配置校园闭路电视、自动广播、计算机网络等教育教学设施。

第二章　医　药

自宋代迁居，村民们对山草药采集、医疗具有丰富经验。柴夫牧童若遭外伤，就地采药自行敷治；小孩若是风寒感冒，村妇们普遍能莱用山草药治疗。抗日战争时期，交通封锁、信息封闭，西药难进、中药难购，草药事业更加兴盛。境内清朝开始村就有药店，民国时期已有中医坐堂就诊。中华人民共和国成立后，从开办诊所到医院，医药事业较快发展。

第一节　机构　行医

药店

清咸丰乙卯年（1855），陈锡周开设第一家药店“福昌中药店”。民国 25 年（1936）个体药店 4 家。1969—1978 年，开设村办草药店 1 家。2013 年有玉西社区卫生站一家，全村唯一药店“泰顺县卢爱玉药店”。

1855—2013 年个体药店

表 4-8

药店名称	起讫年份	地点	开办人	经营
福昌中药店	1855—1949	新厝底上厝	陈锡周	中药
包建奎药店	1905—1950	南乾	包建奎	中药
包建长药店	1911—1949	桥仔头	包建长	中药
陈灵边药店	1930—1949	新垟陈氏祠堂	陈灵边	中药
包美瑞药店	1975—1995	大垯	包美瑞	山草店
卢爱玉药店	1978—2013	新垟	卢爱玉	中西药

药剪石臼

诊所

1949 年 10 月，在新垟陈氏祠堂开办联合诊所（集体性质）。至 1959 年 12 月，前后担任诊所负责人（县统一调配）是陈立西、汤孝勤等医师，之后，联合诊所及个体医药人员改组为西地大队卫生所。

医院

1962 年，改称西地大队卫生所玉西公社医院。1969 年，国家投资、村民投工迁至岽仔尾建院。1972 年，改称玉西公社卫生院（事业单位）。1988 年，被省卫生厅评为省文明卫生院。1992 年改名九峰乡卫生院，设中医内科、西医内外科、妇产、药房、注射等科室，院长包松武。2006 年，乡卫生院改称社区卫生服务站。至 2013 年，先后调入卫生院医师、护士及其他人员有：夏立昆、夏银利、汤孝勤、张剑锋、王丽清、陈民恩、陈允到、陈金秋、徐京存、王尚员、胡月莲、包松武等。

药店天平秤

行医

清朝、民国时期，专业行医有陈锡周（贡生）、陈厚德爷孙，陈大开、陈细开二兄弟，包建长等。其中，陈厚德、陈大开医术在县内外颇有名气。20 世纪 70 年代，擅长治风湿痛草药先生包美瑞，前后担任村“赤脚医生”（劳力工分制）有包子钦、包日方、王尚钱。1999 年，卢爱玉是唯一考取首批药士资格村民。

陈大开　医治“天花”妙手。“天花”又名痘疮，由天花病毒引起一种烈性传染病。福建寿宁坑底有一位小儿休克三天三夜天花患者，是经陈大开医治所起死回生诸例之一。至今，其患者曾孙还是感激不尽，深表谢意。

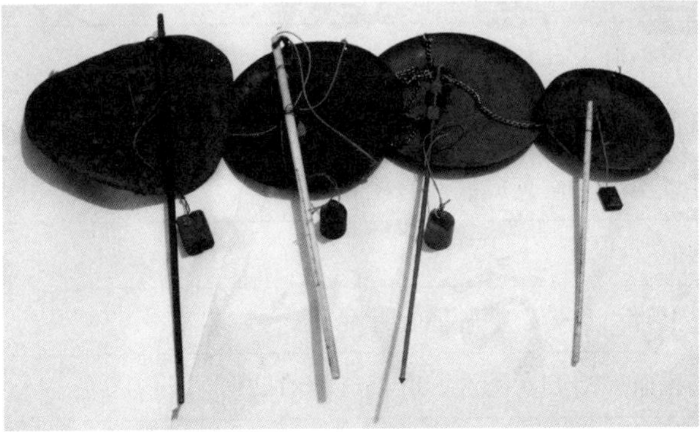

药店铜盘秤

赤脚医生出诊箱

陈厚德 专治小儿科。陈厚德在传承医术上有所创新，认为小儿常见病以“四字为纲”（惊、寒、虫、积），用药要“量小味少”。小儿体轻胆小易惊，导致夜啼不眠，引发他病；小儿不知添减衣服易寒，导致感冒引发肺炎等症；父母忙于劳动、小儿任放地上爬哭（细菌感沾），易患肠道寄生虫病；真菌感染、食物不折扣，导入小儿消化不良易“积”。此外，小儿用药量要小，药品要少。若想一服药治百病，治症多，药类必多，互相制约，降低疗效，甚至副作用、引起中毒等后果。

第二节 山草药

因从山上采集后未经任何加工山草药，村民称之生草药。境内草药资源丰富，林间山麓、田畦沟壑，俯首即得，大量草药源于生活，茶余饭后、随时随地，顺手可得。已收集村民知名功效山草药452种，其中，村民常用423种（源于草本246种、木本165种、人兽虫石12种），补遗功效29种。

杜仲皮草药

医疗功效山草药（草本类）

表4-9

草药名	医药功效
大黄草	平淡，凉肠通大便，解毒火。大叶大黄草效果较佳
土大黄	又名赤黄头。臭凉。根磨醋治癣疮
土黄芪	平淡、补气、补中、止汗、叶治疮肿，可抽毒
白关门	又名光明草。平淡，根去湿补肾；叶利湿明目，止盗汗，早晨采用治酣睡，黄昏采用治失眠
红关门	平淡。根养血，叶入少阳经治寒潮；胎前产后潮热
小关门	平淡。小儿疳积、谷积、虫积、黄疸肝炎，利脾消滞
白鸡冠	平涩。养阴补肾，明目，妇女白带，男子白浊腰痛。籽即青箱子
红鸡冠	平涩。养血调经，补肾。妇女月经不调，血衰成病。籽明目
白毛将军	温涩。养阴去血潮，利湿，治黄疸
玄　参	凉苦。退下元根火，养阴止痛，上行治头晕，咽肿痛，牙痛
大艾叶	温辛。叶散肿去伤，和胃止呕，止血，治妇女漏经，叶捣红糖治砧伤
艾　仔	即土菁蒿。温苦辛，根去湿入肾，治腰作痛。叶止盗汗，骨蒸淘热

续表 4-9

草药名	医药功效
马兰遮	即兰花仔，利湿治失力黄疸，妇女湿潮，性温味香
马兰头	性温味香。发表去湿，散肿去伤，治喉痒。与兰花有别，本品茎短不开兰花
水杨柳	中药名白前。平淡，去湿化痰，治湿潮、失力黄疸
菖蒲头	温辛。去气止痛。治腹气痛，小肠气痛。根头与蜜咬细治针眼
山比扒	平淡。妇女产后血潮，气血衰弱潮，男子湿潮
兰　花	温淡，舒筋补骨，接筋骨
金加剪	平酸，一名射干，治咽喉肿痛。花黄色
地台膝	温辛。治跌打损伤，砧伤，磨童便搽。花兰色，叶比金支剪长大
水薄荷	平淡，妇女气血衰，胎前产后潮热
薄　荷	温辛，上行治伤风鼻塞，头晕，胃冷呕吐
鹿唧草	平淡。养血活血，去秽血生新血，去潮退热，妇女胎前产后经煎潮热
红金钱草	平淡，去瘀生新，妇女产后潮热。本品与山比扒同用，一般潮热可退
坑　苏	温辛。去秽生新，妇女气血衰弱，血潮退热
香薷仔	即香薷，湿辛香。去暑，止腹胀痛，呕吐，中暑昏迷，为夏秋季常用药
养血藤	即大号铁钓竿，温辛，活血调经，去秽生新，治男女潮热，去伤
黄花仔	又名满山黄、金锁匙，热辛，上行止冷寒头痛，喉蛾（调醋含口），呕吐
贼　苋	又名还魂丹，即长叶叶下红，跌打损伤，退痈疽肿
山雄黄	又名白路通、千里甲，温辛，去痧止腹胀穿痛，行水去湿，治蛇伤与千里戟（桔）有利
臭益根	温辛。去痧行水，下气止腹痛，小肠气痛，伤水病。治牛腹胀：本品配山雄黄、比扒、苦参捣冷水内服
墨　草	平凉。散肿解毒，治痈疽疮毒；止血，天蛇疮毒
水底存兵	温辛。跌打损伤。本品分三种：其一叶大，叶面粗糙；其二监茎叶小；其三叶面光滑，根汁色黄，名七分丹，为正水底存兵，治伤效佳
白菊花	凉淡。上行入脑，明目。治眼赤昏蒙退翳。头痛，去恶疔，与白糖同研治泡疔
八角金盘	平淡。治小儿风症抽搐，疳积潮
芽　根	凉甘。凉血止血，治鼻衄、吐血。花，止外伤刀伤出血，又花配铁曲捣汁加冰片少许治眼白臬
扁芊芯	凉淡。止血、止吐血、咳血
大　芊	凉淡。止血消补，笋，消补拔功。花，烧灰炖红酒冲童便内服治妇女血崩

续表 4-9

草药名	医药功效
笔毛草	又叫牛毛草，凉淡。止泻退热，治男女老少寒热腹泻，生症退肿，小儿积热
山羊蹄	凉淡。去风湿、风湿关节炎、痛分虚脱
凤尾草	凉淡。凉肠、通肠、润肠、止泻、止痢
狗　脊	平涩。养阴补肾，固精濇精，男女腰痛
百　部	又名蚩古，平淡。杀虫毒蚩。去湿化痰，解毒去风湿
羊带来	即苍耳子，平淡。上行止头风痛。治耳鸣、耳聋、耳痛
鬼针草	平淡。解蛇毒，去风湿
白粉花	平淡。气血衰弱，风湿关节炎。红粉花，血衰风痛同用
凤仙花	即指甲花，温淡
土北沙参	平辛。补气入肺壮阳，本品可代西路
回叶参	即奶奶奋，平淡。补肾养血生奶汁，中药名山海螺
白奶参	平淡。养阴补气，下乳汁，活血扶阳。
土东垟	温淡。补气壮阳，旋藤东垟性同，竖茎东垟效佳
土高丽参	平淡。滋阴养血补气，益精神
玉　竹	平淡。养阴补肾补水，治腰痛
田了白	平淡。养阴补水，男水白浊亏损
水　票	即荸荠，凉甜。退眼白膜，消误吞铜钱，捣汁点眼生星
稗　草	即稊，平淡。下行利水，治尿割，解蟹毒腹痛
油　草	平淡。去小儿风症，油草根浸乳炖水内服治小儿吐乳
田　苋	平辛。治眼生星，白点，操软贴鼻左眼塞右鼻孔，右塞左
荷　莲	藕节止鼻血；叶治小儿脱红，震惊籽，养阴补肾；蒲，妇女胞衣不下，烧灰泡酒服
水浮钱	即田爿莲，小温淡。下行止泻，外治疔疮利湿
龙　舌	平辛。清咽解毒，捣盐治竹枪杀伤。焙干研末加冰片少许治重舌（先用消毒针将患处刺出血，然后吹上药粉）
红　藻	温辛。解毒，捣烂敷治红丝疔
古精草	温辛。散疔泡，上行退眼翳膜。配方内服治沙眼（即生星），又名鼓钉草
马　藻	用于痈疽化脓
灯芯草	又名虾蟆竹，凉平。入胃利水，退阴火，凉心经火，解小肠毒火治尿割
甜荆芥	平甘。发表，表汗，上行治头痛

续表 4-9

草药名	医药功效
土荆芥	又名马鞭草，平辛。发表，上行止头痛，退肿，退眼翳
紫　苏	温香。发表去寒，暖胃止呕，花收籽顺气，治哮喘
川山膝	热辛。去伤，跌打损伤，外用磨人尿搽伤处。
花苋七	土虎头七，温辛。根去伤，跌打损伤，内外均用
芭　蕉	寒平。下行通大便，凉大肠，治痢
羌　黄	平辛。属土辛散。去痧气，退肿治痈疽
地鸟尾	又名鸟韭，平苦。小儿疳积退积火，外用退肿，火烫伤
红脚鸡	即墙扁柏，平淡。利湿退黄，治四肢扭伤或筋伤
天萝白	又名抽脓白，凉平。清凉解毒，捣白糖敷治白泡疔
猪仔菜	热小辛。发散抽脓，治尿割痈疽
铁　菜	温辛，有毒。外用治生秋，妇女阴痔
金钱薄荷	又名入骨剑，热辛臭。辛散入骨，退肿，治伤去风，痈疽肿毒，跌打损伤
酸管头	温酸。辛散去伤，去风行水，浸酒服治脚软风难行
水芹菜	平淡。活血调经，产后血母块痛
山当归	温辛。辛散去伤退肿，温血化毒，治肚猪
商　陆	平微辛。行水退水肿气肿，忌食盐
叶下红	热辛臭。辛散退肿，治阴水浮肿，疔疮不可多用（圆叶）
糯米草	平淡。清凉解毒，捣汁滴耳治耳疔
人字蓼	热辛。辛散退肿，治水气肿，入肺解毒，治肺痈，又叫八字角
大　蓼	热辛。辛散退肿，治水气肿。陈年为佳
辣蓼仔	热辛，治寒邪。全草炒擦痧路，治四肢冷厥
麦　冬	凉淡。入肺化痰，清阴止渴，治咳嗽
老鸦碗	温辛。去痧行水，去伤退肿止痛。煎汤煨羊肚治湿黄；煎汤煮鸡蛋治暑气
白老鸦碗	凉微苦。入肺化痰，治热痰咳嗽，小儿风症
老鼠屎	平微苦，一名独脚莨衣。清凉解毒，治小儿积毒胎毒。即紫背天葵，叶下紫色，花白。根生卵如老鼠屎故名
蛇不见	即小春花，形似老鼠屎，功能亦同，根似灯芯
长生不老	又名千年青，凉平。治小儿口内胎毒
无骨草	又名单爿披，凉淡。去伤接骨，清阴解毒，治刀伤，小肠气痛，阴子肿大

续表 4-9

草药名	医药功效
杜二娘	又名红根草。活血调经，去潮散肿，退血热，去伤，治小儿红毒
洗碗草	即木贼，平淡。上行止目痛，退眼翳膜
大叶绵曲	凉平。清凉解毒，去疔疮肿脓
铁　曲	又叫天青地白，凉微苦。凉血解毒，去风姿眠，化痰止咳，去脓毒
柒叩藤	又名红茜草，平淡。活血调经，止鼻血
鸡屎藤	凉臭。清凉解毒，泡饭饮治粪du
白龙爪	凉淡。下行凉润大肠
白脚鸡	凉微苦。下行退下焦火，凉肠通痢
凤尾草	凉微苦。凉大肠去痢
红牛不嗅	即大蓟，平淡。清凉解毒，退火毒
白牛不嗅	平淡。入肺，清阴化痰止咳，妇女潮热咳嗽
山红花	即小蓟，热淡。辛散退肿，治水气肿。本品煨熟与生谷半捣红糟治痈疽初起
花　苋	平淡。活血，解毒退痈疽肿毒。本品与鸡蛋清、雄黄捣敷治疗头扭破皮肤立即中厚
何首乌	平淡。养阴补肾，活血，上行乌须发（乌豆水制），肾亏腰痛
金　针	平淡。去风，上行止牙痛，牙床肿
螺掩草	又名马蹄金，平淡。去小儿风症
虾蟆芋穗	即车前，凉平。入肾利水通尿，外用退痈疽肿毒，捣盐泡汤含口治咽喉红肿
铺地锦	凉淡。退心火，安眠，去热痰，小二风症。配红蛇狗葱（嫩顶叶）捣人乳治眼红、眼伤
过路蜈蚣	又叫白山茄，平淡。清署去痧，治寒邪。往上坡匍匐行者止泻，往下坡匍匐行止吐，陈邪呕吐，解毒退肿活血，治秋
飞天蜈蚣	平淡。散肿止痛，治天蛇疔疮。本品配观音竹浸红酒治秋，汤服渣敷，几服可愈
地茄仔	红山茄，湿涩。濇精止浊，治梦遗，去邪止泻，去伤止血
地胡椒	又名鹅不食草，热辛。去伤散肿，止痛，治疔疮发肿，阴疽，退无名肿毒。单方治百日咳，炖蛋治久瘧
酸芝草	又名四叶酸，热散。去伤，治血路伤，挫伤，去痧陈邪气
土柴胡	又名一粒珠，平淡。入少阳退寒热，治寒潮寒热往来，少阳肝经肿痛
红奶疳草	又名奶草仔，平淡。养阳生乳，活血，治小儿疳积，肝炎黄疸
舌仔草	又名半边莲，平淡。去无名肿毒，一切疔疮。配半支莲烧酒治蛇伤，恶毒，汤服渣敷
半支莲	即小号鼠牙佛指甲，三叶，平淡。清凉解毒，治疔疮红肿，蛇伤恶毒。大号半支莲捣盐治指甲炎，解毒治疔疮

续表 4-9

草药名	医药功效
瓦　松	又名及莲，平淡。治疔疮去扭伤，浸大麦酒治后颈对口疔疮
千年霜	微温淡。入肺化痰，治哮喘咳嗽，妇女潮热久咳
苦　草	苦寒。清凉解毒，退三焦火治吹噎症。与麻油捣细治热疔肿痛
耙仔草	中药名柴花地丁，平淡。消凉去毒，散血肿、疔疮，小儿痳后疔毒
蒲公英	黄花地丁，平淡。治伤肿、疔疮、痈肿，止痛。泡饭饮治妇女乳痈初起，汤洗渣敷
香　附	温辛。去气消胀，下气止痛，妇女血症，外用去伤，去风
野油菜	淡平。本品捣人乳和土荆芥叶治服钉翳（俗叫蜻蜓头）
鸭掌金星	凉平。入心经退心火，安眠根茎可以代川连，叶可代茶饮
七星剑	平淡。退小儿心火疯症，止泻，治五劳（反金腰带）
石　韦	大号七星剑，平淡。清凉退火，退热止渴，治虚劳
猴麂羌	又名骨碎补，微温涩。去伤，接骨，治一切骨伤，内服外用均可，腰背痛、伤
石蚯蚓	又名老鼠尾，平淡。去风去伤，补筋接骨，治筋骨伤痛。根茎长骨软，色黄
石豇豆	又名水龙骨与石蚯蚓同用，根茎无毛骨硬，色齐
石滴水	温辛。治无名肿痛，蛇伤等。
石　蒜	平淡。散肿，止痛，治痔疮，接骨。磨醋治小儿白秃，痈疖
石杨梅	温微酸。去伤去风，腰背痛，四肢冷血风肿痛，血路受伤。炖酒治妇女奶痈初起，汤服渣擦，边擦边愈
石　斛	俗名吊兰，凉淡。入心退火，治大寒症发热发狂，去伤，活血，去风
石　枣	凉淡。入心退心火，去伤退肿止痛，接骨，治疔疮痈疽初起退肿
岩　松	温辛。去伤，治跌打损伤，胸部一切新旧伤肿均可用，治吐血、鼻血、小便血（尿血）、尿割
岩　豆	凉淡。同石枣同效
岩　花	温微涩。去伤，咬嚼同人乳治岩打伤，小儿冷瘼，本品炖酒汤服一半，一半擦患处，又治生云
岩　衣	治跌打损伤打伤岩伤，研末调人乳敷，茶衣去毒，擦衣去伤
墙　莲	又名金钱豹，（红脚乳草）凉暖。清凉解毒，止痛止血。用盐捣汁滴耳治小儿内耳炎。治马齿，针刺，捣汁擦患处
葫芦仔	凉淡。清肺化痰，止咳嗽。本品一两、冰糖一两治小儿百日咳，炖服三次见效
黄架菜	又名千里光，凉苦。清凉解毒，治皮肤内外无名肿毒，上行安眠。酒脸烂红肿，昏蒙，配石枣、茶衣研末调茶油治妇女阴疮
毛兼菜	又名白英、三毛消，平淡。上行表头风痛，牙风肿痛，小儿抽风、疳积、马齿等

续表 4-9

草药名	医药功效
白头公	凉苦，清凉解毒，止泻止痢，解火小肠毒。红白二种均可用，另一种茎部分枝，名叫花竹仔，性比白头公差，根小，色微赤
水浪荡	凉微苦。清凉解毒，退火毒内毒
铁灵角	微凉苦。去毒退火散肿，治毒气水肿、肺痈，解疮毒。本品磨米泔水（久则磨人乳）治伤火毒
朴朴头	又名土虹、防已，平淡。去暑消胀止痛，治暑气腹胀痛，止吐，下行退水肿，小儿脱肛（捣烂塞入肛门）
一条边	藤叫天仙藤，根即青木，凉苦。去痧行水止痛，根治痧气腹胀痛。藤去痧，治腹痛，安胎
雪里开	平微辛苦。去无名肿痛，治一切痈疽疔疮。属阳症红肿磨米泔水搽；阴症肿皮色不变磨醋或烧酒。本品配金钱豹葫芦磨人乳内服治小儿风痰
九里火	即威灵仙，热辛。治一切寒症，内服炖酒用。最忌水炖，如一接触水，触及皮肤即发疱
苧　茹	平淡。解毒散肿，追溃抽眼，治血淋症。头次苧炖酒去伤，止血，叶上行治眼白点
墙　鱼	与墙蕨形大同小异，墙蕨分枝茎，叶有绒毛。治飞蛇（皮肤偶发水泡，条形，泡破皮肤溃烂）
小　黄 犬头幂	即俗叫鸡腿仔，平淡。治小儿胎毒，马牙毒
七层塔	又名瞎仔草、沙草仔，平淡。解毒去伤，治石砧伤（炖酒）汤服渣擦，泡汤治粪㲳毒（熏洗）
日头黄	即土青黛，平淡。解毒散肿，消暑去痧，暑气腹胀痛，止泻止吐，夏季多用
老鸦饭	温酸涩，多生在溪边沙质性。去伤散肿，治跌打损伤，内外服用
五爪龙	即乌蔹母，平苦。去一切无名肿毒。治痈生药，用软骨者效佳
黄犬头幂	即贯仲，凉微涩苦。解毒火，治牙痳肿痛，煎汤内服可作预防脑炎药
蕨	根接筋
墙　蕨	解毒去伤，治扭伤挫伤。根芽舂乳接筋；与人尿擦治扭挫伤
鲤鱼胆	即胆草，凉苦。泻肝经火，去中毒腹痛，飞丝入肚腹痛，肋痛
土　芪	入肺补气，蜜炙补中，治腰痛。叶，外用散肿化脓
虎头蕉	去伤去风，散肿止痛
金边莲	平淡凉苦臭。清咽治喉痛，治白喉，养阴清凉
观音竹	又名美人草，平香。活血下气止痛，治秋毒，胃气血症痛
马齿苋	又名豆爿苋，平酸。活血解毒，散肿止痛，去痧清署，除邪气。外用治一切肿毒，蛇伤，止血淋
脚丁草	平淡。入肺，解胎毒，治小儿马牙口疹，蛇伤
一支香	平淡。下气退肿，入肺止咳化痰，退水肿气肿（反千人拔）

续表 4-9

草药名	医药功效
铜箸杯	平淡。治服扭伤，三日瘧
银箸杯	功与铁箸杯大同小异，叶石光白
铁箸杯	平淡。清阴解毒，本品加田螺几个，捣敷治小儿小便蚯蚓头吹毒肿大
野菊花	又名黄菊花，平微臭。上行治伤寒头痛、目痛、耳鸣、耳聋。外用治疔疮，作伤风预防药
老虎垫坐	微温淡。入肺，治哮喘降气，治小儿貓味哮（哮喘口不合，喉头有粗声叫貓味哮），大号叫伸筋草，治关节风痛，舒筋活血，去风治缩筋
寸金黄	又名莿滷草、九子还魂丹，微温淡。去伤，发表去伤，治小儿貓味哮
千人拔	即野粟，平淡。去伤，治扭伤挫伤，子宫下垂。拔七株研敷头部百会穴，气上子宫即收缩
马蹄香	细辛、温辛。发表散寒，上行治头痛，发汗，除寒邪。去伤，不可多用，另一种叶下红者为北细辛；再一种无气味根细名泯底开花无效
芦　竹	水竹，平淡。入肾利温去水，利寒，治寒邪，退肾火，伤寒呕吐
玉　簪	温辛。去伤拔牙，外用痈疽，去骨哽（用时时间不可太长否则皮肤即起泡）
泥鳅菜	平香。上行去头风，治牙疼痛。牙风痛，用本品一碗与豆腐同煮服即止
竹丫卵	即竹叶，凉平。入肺、心，退心火，清咽化痰，止渴，治伤风身热喉痛，杀虫
龙牙卯	仙鹤草，平淡，退血火，凉血止血，治阴阴发热，胃经出血，左肋痛与乌豆同煮服
血见愁	平淡。去秽生新，治妇女血块作痛，退血潮散瘀血
百　合	平淡。入肺，养肺生津，润肺，养阴补气，解毒，治虚喘咳嗽。开声音，外用痈疽
半　夏	温微涩。和胃止呕，入肺化痰，外用散肿治痈疽肿毒。生用治妇女奶痈及用痈疽肿毒。内服制用（以三姜四矾煮后浸四天晒干用）。生内服即使哑声，以生半夏塗铜锣面，锣即失声用生姜揩抹，音又复原
五叶蛇缪	即五叶莓。凉微苦，清凉解毒。内用治小儿风痰，外用皮肤烂毒及一切疔疮
野菜莳仔	凉微苦，清凉解毒。配伍五叶蛇缪、黄袈菜外治一切皮肤烂毒
铁钓竿	根中药名志同，温微酸。活血散肿，去瘀生新，外治血热红毒，内用治妇女经闭
金石榴	温微涩，下行濇肠止泻，治尿割
野花生	平淡。理寒消滞，清阴活血。治小儿积滞，伤寒及胎前产后等症
犬　铃	平淡。入肾，治耳鸣、耳聋、头痛
风台草	平淡。下行治大便出黄水
野番椒	即小青，平淡。入胃和胃止吐，小儿吐泻用之最灵
大号莨衣	平淡。外用解皮肤毒，治全身龙、猪牛皮肤病（症状：皮肤发块圆形、红肿、痒甚眼无水）
小号莨衣	平淡。叶止血，根上行入目治白臭，芯入胃凉血止血，鼻衄等

续表 4-9

草药名	医药功效
朴朴仔	即灯笼草。平淡。退水、气肿，治小儿疳毒
金耳锤	无壳灯笼草，平淡。治吐血、咳血
刀　豆	平淡。和中入胃，去伤，膝痛，扭伤挫伤，伤寒腰背痛。壳烧泡红酒治背扭伤，汤服渣擦
黄　豆	平淡。炒用热，外用白泡疔，豆腐配蜈蚣一条，雄黄共捣糊治化脓天蛇抽脓，用于测粉内痈，口嚼生黄豆有豆味则不是内痈
黑　豆	平淡。炒用热，活血补血，外用治黑泡疔，与草解白药毒，豆鼓解蛇虫毒
绿　豆	微凉淡。清凉解毒，解诸药，茎枝解妇女胎毒
望江南	解蛇毒，内外均用
曼陀罗	平淡。花治哮喘、咳嗽（用花揉成一筒烟状，装入烟筒吸其烟可止）。其性随人意，笑随笑，哭随哭
赤　豆	平淡。补血活血，退水肿，治妇女月经拖尾不止
扁　豆	平淡，清署消暑。豆养阴补脾肾，治妇女白带；叶治中暑昏迷；花治男子白浊、妇女白带
蚕　豆	平淡，入肾养阴明目
落地豆	花生，平甘，花入肾。治耳鸣、耳聋，全豆壳配方用于妇女跑齐
犬脚跡	毛茛，热辛。去伤，治跌打损伤，忌水忌铁。内服需用酒炖，不可多用，生、炒用均可
一丈红	大蜀葵，调经活血，治妇女白带
鬼　荠	菟丝子。平淡。金钱藤。藤去痧清署，治飞丝腹痛绞肠痧；籽补肾田精，止腰痛
大　力	牛蒡子、鼠粘子，凉微苦。活血，清凉解毒，治小儿麻疹、疔疮、痈疽，清咽治喉痛
菜　莳	俗仙草，平淡。活血去伤，治泻血症，妇女经水不定，外用配羊屎治跌打损伤
天花麦	平淡。清凉解毒，泡米泔水洗阴囊痒、毒。妇女产后自汉盗汗，用人乳制配方
千年晕	即黄精，平淡。养阴活血补血，入肾补水治腰痛，养阴止浊，治妇女白带，男子白浊
金　瓜	南瓜，平甘。叶除邪去痧、去伤，治跌打肿（半生半熟捣敷患处）；花清署除邪
金鸡孵卵	又名凤凰卵，微凉淡。下行去火，治疝气、阴丸肿大
土人参	平淡。壮阳补气。民间菜园栽植，作补药，其根亦似人字行
山棕仔	中药名仙草，平淡。下行补肾利水，凉血清精解毒，治男女尿割症
大麦牙	平淡。入胃消滞，破骨积
小　麦	平淡。养阴补气，消滞，浮小麦治盗汗
谷　芽	平淡，消滞
花　麦	平淡。养阴入脾，止盗汗

续表 4-9

草药名	医药功效
番　椒	热辛，发表，治冷寒
生　姜	热辛。温胃止呕、化痰，和诸药煨热温胃，生活寒邪呕吐
冬　瓜	平淡。清凉退热，生用止血。籽配方治妇女胎衣不下；皮退小儿火热
刺　瓜	黄瓜，凉淡。瓜种用盐腌取汁治烫火伤
瓠　瓜	平淡，叶解毒，研末治烫火伤
茄　子	根浸马尿晒干研末点牙即落，茄子老裂烧灰，治妇女裂破，茄叶治冻疮（擦用）
韭　菜	微温辛香。通窍止血去伤，治妇女经水逆行。加童便冲服，退肿下气，籽加艾叶卷成烟条燻治虫蛀牙痛，又治唇疔
大　蒜	微温辛香。痈疽退肿，开脾健胃，通五脏、达谙窍、去寒湿、解暑气、辟瘟疫、化肉食、杀蛇虫毒。治中暑不醒（捣和地浆温服），鼻衄不止（捣贴足心，引热下行）。多食生痰动火，散气耗血，损目昏神，忌蜜
葱　头	平辛香。通鼻达窍，和胃散肿。发表葱白带；根通鼻，治妇女阴部受伤尿闭（用葱头半斤入尿壶内煨熏小便可通）
园　苏	天胡荽，平香。发表去寒除邪通鼻，治头痛，治小儿麻疹出不透，用布包园苏烂泥轻拭脚部，麻疹即出
萝　卜	平淡。头清凉解毒，生食升气、熟食降气、多食渗血，故白人鬓发。散瘀消食，宽中化痰治吐血衄血，咳嗽舌酸，利二便，解酒毒。种头壳凉大便，头捣汁治跌打烫火伤。霜萝卜（制法：切片经霜），治热痰；籽，又叫菜菔子，治哮喘气逆，生用凉、炒用性温
苋　菜	平淡。活血化毒，菜干煎汤洗治蚯蚓毒，加明矾泡汤熏洗治妇女阴痒；菜干烧灰治小儿麻后牙床溃烂，煎汤或鲜菜汁外擦治猴梭尿毒
苦　马	凉苦。根清凉退火，下行治妇女手脚发热；叶清凉，治毛猪肺热
棋　菜	马蹄菜，凉微苦。拔刺入肉（叶与羊尿捣敷患处）
芋　艿	凉淡。去瘀行水，治黄疸，冷水等便（生在冷水边多年）晒干治盗汗，及治牛误食螳螂腹胀。芋艿冷气，食之胀气生痰，芋枝去毒，治蜂及蜈蚣蜇伤
冬　笋	凉甘。退火抽毒，下行，竹鞭笋向上坡穿行者加蜂蜜、过路蜈蚣（或单用过路蜈蚣）治眼睑肿痛
沟　笋	平甘。根凉血止血，养阴补肾，沟笋食之反古病
天萝瓜	平淡。叶清阴解毒，治癣疮及其他皮肤病，猪牛皮肤病；瓜去小儿抽风症；根治小儿马牙
薯　蓣	平甘，名山药，淮山。白入肺，味甘归脾，入脾肺二镗，补其不足、清其虚热。固肠胃、润毛化痰涎，止泻痢，益肾强阴，治伤劳伤，益心气，治健忘遗精，生擂敷痈疮，消肿便。去苦皮，用矾水浸一二夜，焙干即淮山

医疗功效山草药（木本类）

表 4-10

名　目	功　　效
白鸡槿	平淡。上行去风名目止痛，下行达肾止浊。治男女白浊、疝气，妇女白带，产后胎前潮热等。为妇科主药
木　蟹	热辛。通十二经络，去伤接骨，拔伤散肿止痛，久伤。内服不可多用，成人二至三钱，小儿减半，多则昏迷呕吐。伤科主药
青皮香	平淡。清热退火，理寒症，治老沙身热。寒邪呕吐、腹痛、咳嗽
枫　树	热涩，去痧行水止痛。顶叶制成红茶样，治痧气，下气止痛；根去风去伤；脂治尿割止痛，小儿腮帮肿大
松　树	温辛涩，去伤。根治骨折；毛治扭伤挫伤；松节油去伤散肿止痛
杉　树	温微辛。皮去伤止血，治骨折；杉卵去瘀活血
榅　树	温辛。叶捣白糖治对口白泡疔
樟　树	热温辛香。下气止痛，散瘀退肿，为妇女产后去瘀虫药
水底樟	热香，久年掩埋地下采得。下气止痛，治久伤，胃气冷痛。涌炒治骨蒸潮热
樟　菰	温辛，久年腐樟长出。暗干研末，泡红酒内服治胃脘痛
樟脑油	热香。解毒散肿止痛，解一切毒虫螫伤痒痛
苦　楮	温微苦涩。根止泻，苦楮瘿烧矢研末调茶油治小儿头生
白梧桐	平淡。养阴补肾，去伤，治腰伤腰痛，补筋骨
桐　子	平淡。根治小儿虫积腹痛；叶治皮肤烂毒，油拔脓抽毒。蒸九层糕治小儿蛔虫，腹内有虫痛（取往下坡穿者）。根与猪饲料同煮治猪蛔虫、毛猪皮肤发毒
油　茶	小温微涩。叶止急痧昏迷，嫩顶叶治冲风嗜声；油去毒油饼杀虫，泡汤洗治人生牛轭疮（生四肢关节凹处）
白山茶	平濇，去伤，补肾养阴，止渴
扁　柏	温辛涩。叶生用止血，炙用破血，止吐血衄血，大小便下血，研末蘸猪肉服治泻血；籽即柏子仁，活调经，治妇女闭经潮热
白蜡柴	又名大号冬青，平淡。根去古伤，叶退火毒，籽即女贞子，养阴补肾。白蜡外用解毒生肌，为膏药胶润原料
熟木杆	温涩。叶去伤退肿，治跌打损伤，肿痛扭伤
桑　根	平淡。根养阴清痰，化痰止咳，治哮喘；叶止咳化痰，退肿，用针蜜、刺浸醋治妇女奶痈，连用几副愈
棕　心	凉微甘。清凉退火，治心火大热，解脏腑毒火。根清凉退火治阳明大热，陈棕皮烧灰泡酒童便冲止妇女血崩
椌　子	即柏子，直根泻毒，治误服菜仔虫草，横根止泻
苦连树	凉苦。皮、籽杀虫，籽研末和明矾调茶油治小烂头

续表 4-10

名　目	功　　效
白　果	即银杏果，平淡。养阴补肾，濇精止浊。果肉研末取三分，纳入鸡蛋、墨饭蒸熟，空心服治梦遗，连服几次见效
蓆　干	平淡。根皮去伤，治骨折，腰伤痛
厚　朴	温微涩。下气止痛止泻，清署去痧，去暑邪，治小肠气痛
野油皂	凉微苦。清凉解毒，解妇女阴毒，通窍下行，去风毒，皮肤毒
九重皮	温淡。养阴补肾、入骨，去伤解毒，治骨折伤、风痛
山胡椒	温微辛。回阳解毒，去风湿
白金刚荊	贝也，温清。入肾濇精，解毒止浊，止泻，治妇女阴疮，红金刚荊可代用
长鸡桃	温濇。桃甘，入肾濇精止浊，入肺化痰止咳；根治折伤；花解毒养阴止浊
圆鸡桃	温濇。入骨去伤，濇精止浊，活男子白浊、妇女白带，根止泻
鸟不住	温淡。去风湿治关节炎风痛
白刺墩	即白老虎刺。微温淡。下行入肠补肾，养阴润肠，去伤治骨折，解毒生肌
红刺墩	即红老虎刺。微温淡。养阴活血，去风治折伤，外伤用解毒
七姐妹	温濇。入肾濇精止浊。根治梦遗失精，七叶者正
冬　缪	又名老虎脚跡，平淡。发表理寒、去风，冬天用更佳，可代寒缪，叶下黄色
珍珠缪	平淡。活血调经，治妇女骨蒸潮热、月经不调，气血不和腹中穿痛
寒　缪	平淡。发表去寒，去关节炎风痛。叶散肿止痛。根去风，叶下色青
五叶谷公缪	温淡。入肺止咳化痰，理骨精风湿，退骨蒸潮热，用根佳。五叶者正，根即复盆根
采茶缪	平淡。入肺化痰止咳，利寒湿，治伤寒咳嗽，果即夏盒子，止嗽
插田缪	又名两头粘。温微濇。发表止痛，理寒湿，根止泻。藤梢入土之根治小儿伤寒，嫩叶治眼被山蜘蛛丝伤红肿痛，泡汤洗
牛膝柴	又名山矾、流柴，平涩。去伤治骨折，止伤刀出血。嫩叶配黄山家做成干菜状治疟疾
空腹缪	平淡。解毒止痛，治妇女奶肿痛（泡汤洗）久年奶痨已穿孔青，研末吹入嫩叶烤鸡蛋调醋治飞丝下腹痛
千年掌	即仙人掌，凉淡。去伤，清肺化痰，治哮喘、火烫伤，根解鹿茸
月月红	月季花。调经活血，养血和气，治妇女经水不调，面色苍白，骨蒸潮热
插田红	温淡。养血调经，花同根性，可代朋红
金不换	又名金乌仔，温散涩。治关节风痛，去伤、跌打损伤、骨折伤（用根）
金桔根	热辛，下气止痛，下行入肠膀胱，治疝气痛，下肢关节风痛（上肢关节风痛用钩陈），去伤、跌打损伤，去瘀行水止痛

续表 4-10

名　目	功　　效
白老鼠刺	温淡。入肾养阴，固精止浊。解毒，入小肠膀胱解阴毒
红老鼠刺	温淡。下行濇精止浊，入骨，治骨蒸
络　麻	平微苦。骨烧灰泡酒治即时血冲脑昏迷症
大号常山	平淡，入肾养阴，治瘧
白石柴	又名粗糠柴，平淡。活血圆精，治妇女湿热、气血不和白带白浊，去伤，治跌打损伤
猪姆拧	平淡。入肾养阴，治腰伤和风湿痛，叶泡汤治妇女血崩
山膝柴	湿臭涩，去伤。叶治伤刀出血，伤处接筋后，用根皮生肌收口，有毒不可多用
水石油	平淡。补肾养阴，去风湿，治腰痛。去伤，跌打损伤。腰扭伤痛，煎汤煮鸡蛋连服有效
山　楂	又名野猫枣、金惊仔，温清。入脾消滞，治肉积，濇肠止泻，止浊，胃痛。又刺者正，无刺效差
牛舌柴	犬脚骨，平淡。入骨止痛，治伤寒身体骨穿痛，关节风痛，濇精止浊，壮筋
大号乌倍芦	温香。濇精止浊，祛风湿
波连然	盐肤木，平淡。润肺化痰，活血养阴补肾，去伤去风湿，骨蒸潮热。虚症咳嗽哮喘，叶乳汁臭眼治眼白臭
小牛能	温香。补脾胃壮筋骨，去伤、去风湿，治跌打损伤，下肢风湿痛，脚软难行。用根四至五斤煎汤煮粥或猪脚为引，治软风及胃口差肺败
大牛能	温香。功能与小牛能大同小异，小较佳
白甜瓠	温涩。活血去伤，去湿退肿，治跌打损伤，入肾止浊
茶　叶	凉淡苦。叶，下火止渴、上行解毒，浸乳治小儿乳积。根，清凉退阳明大火，治发热发狂，汤火烫伤，磨米泔水治火哦
石柳丘	雪里秋，平涩。根，去伤止血（水边更佳）。籽，治小肠气痛，睾丸肿大；爽胞籽治单阴肿大，量用一川炖白酒。叶研末治烫火伤。花，止血、吐血、下血、小便血、鼻血，飞丝腹痛
山陆犁	大犁柴，凉苦。清凉解毒，治花疮五疥（茶油调）
清风景	又名白蜡子、苦锦、猴接骨，凉苦。去伤接骨，治跌打损伤、内伤。叶治伤刀出血，已溃研末调人乳或蛋外敷
牛眼睛	山杨毒，小温微涩。根，去风湿；叶，治妇女奶痛或肿痛
秤花柴	土白芍，凉微苦。退阴阳火，治伤寒。叶，清阴止渴；根，根治嗜声（取根浸冷水一宿）炖水
鸪隹倍	糗时柴、豆腐柴，寒微苦。根，清凉解毒，退三焦火；叶煎汤治蛇毒，或外用洗疮口。根和诸药，甘草性
黄　芩	寒苦。上行退上焦火，肠胃火，治咽喉红肿，眼红肿，安胎解毒火。有小刺为柴芩，无刺为竹芩

续表 4-10

名　目	功　　效
黄　柏	寒苦。入肾，退下焦火、大肠火，去伤。清凉解毒，盐水炒退肾经火。皮外治能生肌敛口，去疮毒。黄柏皮九两，细辛一两名一九散治烫火伤
栀　子	凉苦。退三焦火，去伤解毒。根，治脏腑火，牙痛；果实捣成面去伤，治扭挫伤
空心菜	天光素、地骨皮，养阴退火。根皮退皮肤发烧，养阴止渴，清肺化痰，解毒火
雷打柿	祢盘子，微温涩，有毒。治寒邪小阳寒热，濇精止泻，杀虫。味涩
紫　益	贼裤带，南芩小花，温涩。去伤，治跌打损伤，折伤接骨，一般伤肿用根炒酒胶敷
白兰洒	温涩。补肾濇精，治男子白浊妇女白带、跌打损伤。花，养血化痰止咳
红兰洒	温涩。去伤，配方治脱红
白蛇豹	温涩。入肾濇精，治男女白浊白带，去伤，跌打损伤
红蛇豹	温涩。去伤，嫩顶叶与水边卜地锦、盎乳治眼打伤
黄蛇豹	闹羊花，温涩。有毒，杀虫，外用治秋毒（骨疽），配麻痹剂用，不可内服
竹仕仲	平淡。补肾，治腹痛腰伤，风湿痛
柒　仲	平淡。补肾，治腰痛，壮神壮心命，效能比竹仕仲佳，旋音仲同
老鸦竹	毛大柴，平淡。养阴补肾，活血，去风湿，安胎
小冬青	寒苦。清凉解内外毒，退脏腑毒火，解疔疮毒，治唇疔，白泡疔。咬敷去肿止痛
木鱼柴	养阴去风，上行治太阳、阳明风，止头痛、眼痛、耳痛
黄　蘖	寒苦。入肾，退下焦火，凉肠解毒，黄疸肝炎，与黄柏同功
臭柴籽	山苍籽，温辛。去痧行水，下气止痛，妇女胎气腹痛、痧气腹痛，小肠气痛，籽与根同。叶，治眼生白臭或生星，揉细塞鼻，左眼右鼻、右眼左鼻
白茯桑	桑制花，温平。养阴补肾，明目退翳，白浊腰痛，旋治妇女白带，肾亏。红花者活血调经，百花者养阴补肾固精
瓜子风	温香。去秽生新，去伤活血，治妇女产后血潮，腰扭伤。本品配猪姆拧炒酒炖服
老雅接柿	平淡。去风伤，治关节炎风痛、跌打损伤。内服，寄生松树者佳
桑寄生	平淡。去风，治关节炎风痛、腰背扭伤。寄生在桑、松、樟树者佳，寄生干楮树、土桂者无效，寄生枫树有毒不用，其他树可用
雷公藤	菜仔虫草，热淡大毒。外治骨疽生秋，用根皮干研末烤蛋贴患处诱虫杀之，贴一宵即须取去，不可内服，杀虫，外用不可与穿山龙同用
野棉花	土黄芪，平淡。入肺补气，养阴补肾，止盗汗，治妇女气血不和、月经不调，衰气腹痛，小儿疳积气亏，杀虫
彭棋卵	乌药，平香辛。下气消胀，散肿解毒，叶治痈疽肿痛
芙　蓉	平淡，解毒。叶，治疔疮痈疽肿痛；花，去毒化脓；根，化喉结去痰（根皮捣细煎汤，蘸棉花将结在喉部不化之痰引出）。白芙蓉补性

续表 4-10

名目	功效
白鱼呵	平淡。补脾消滞，去小儿虫积。叶去伤，治跌打损伤肿痛。开白花者佳，紫花者即半红白，亦可用
白花仔	又名朋友、满天星，平淡。养阴补脾，破积消滞，利湿，治小儿谷积，黄疸肝炎
苦参	俗名牛人参，寒苦。清凉解毒，退肿，退肾火。外用治痈疽肿痛。生肌敛口，去伤止痛，接骨。籽，退血火（用圆眼肉包服）
土甘草	平淡。发表，去寒燥湿，养阴止渴，和诸药
盘菊花	冚蒙花。根，去伤；花，止嗽化痰。上行明目退翳，伤风头痛牙痛
鸭掌柴	又名烫丫柴，平淡。解毒散肿，治手足烫丫（用叶泡米泔水熏洗渣敷）
榆柴	去毒退肿，治痈疽疔疮，妇女奶痈
活血丹	平涩。去秽生新，活血，治产后潮热
米卵藤	（又叫古丁香）。平淡。去风湿、关节风痛。细叶软骨者名鼓钉柴，治腰扭伤疼痛
土木香	又名冷饭丸，热辛。去伤，入骨治骨折、跌打损伤，去关节风痛，去痧行水，痧气腹痛气胀。外用刀伤接骨，生肌敛口，解毒去肿，治痈疽肿痛（叶咬敷），妇女奶痈。根皮捣糯米饭治猴袋，根配老鸦碗、墙络仔煎汤治毛猪冷哮
黄爽陈	又名八卦藤。黄梗藤，热微涩。去痧行水止痛，治饮冷水腹痛、水湿黄肿黄疸，久年痧湿以及凡水所引起之病皆治，水所引之胃气痛，用酒炒（或盐水炒）七次炖服
血藤根	又名野猫三藤、鸡血藤，平淡。去伤，活血调经，关节风痛，伤风去气；血衰，失力黄肿，妇女闭经、贫血，外用治脱血接骨
山豆根	又名白血藤、小孩哭，平淡。去伤退肿，骨节疼痛，接骨后配参春糯米可消肿。根治喉病
竹蟹	又名仆壁蟹、石冻瓜，平淡。去伤，跌打内伤外伤，外用治溃掌天蛇（用醋半公斤煨熏，几服即愈）
奶藤	又名墙头马，平淡。养阴补肾，治腰痛，舒筋活血，去风湿，治关节风痛
白葛藤	葛根，凉微淡。退阴火阳火，治伤寒、身体发烧，解酒（花更佳），解邪、红斑，外治痈毒
蔓古藤	木防已，凉苦。清凉解毒，下行凉肠退肠火，通肠，咽喉肿痛
南风藤	又名海青藤，平微辛。去风湿，活血治关节风痛，有东、南、西三种藤，东种较大、南种次之、西种较小，性相同，根瓜配天萝瓜治小儿老鹰风
山刺瓜	野葡萄，平淡。治痈疽肿痛（糜醋），去伤接骨
瓜蒌	凉淡。清凉退火、心火皮火，入肺化痰，治哮喘咳嗽。根，止渴退火退肿，止痈痛。附：花粉另一种藤叶与瓜蒌，但不结果实（即瓜蒌），其根白色无粗杆继（絲）就叫花粉，止渴，退肿止痛、退火
白葡萄	又名白甜梨、犬卵袋，平淡。养阴补肾，入肺补气，去伤去风。内服治跌打损伤；外用治刀伤接骨，关节风痛，气血衰弱，风湿疼痛。根皮捣黄泥治骑马痈（生、在会阴穴）
家葡萄	平淡。养阴补肾清肺。果止渴，根去伤接骨
三角箭	犁头镖，温涩。去风湿，治关节风痛，去伤部伤，散斑邪

续表 4-10

名　目	功　　效
金铜葫芦	又名三叶青。清肺化痰，治热痰咳嗽，磨乳冲服治小儿风痰
瓜子金	又名过山香、仙人指甲，湿香。去伤，跌打损伤、血路伤。内外均用，去风、关节风痛、风湿失力黄肿，妇女湿潮，顺气止痛，治胸腹穿痛。叶治刀出血
鸡屎藤	平臭。解毒，泡开水洗粪㮟毒。与硬骨鸡屎藤不同，硬骨鸡屎藤养阴补肾，去风湿，根似葡萄根
红葛根	平淡。去风解酒，伤风身体发烧
牛舌藤	微湿平淡。活血调经，去风湿去瘀，治妇女产血伙痛或产后血气未清，腹痛及身体发烧
唢呐花	骨底搜，微湿平淡。去骨，骨随风，治关节风痛
风不动	墙络仔，温香。根，活血去风湿，治腰痛，止泻；嫩叶、藤退小阳火，治冷嗽，反两头粘
白墙络	凉淡。止血，生血，治鼻血、吐血、咳血。大小便下血，去风湿，热度咳嗽，止疝气痛
攀蜂藤	湿香。根，活血补血，去风湿；果叫鬼蔓头，煨猪脚下乳汁；藤与根同用
穿山龙	过山龙，热微涩。通十二经络，去伤，跌打内伤外伤、血路伤，濇肠解毒。外用散肿止痛，不可与雷公藤同时用
棉藤仔	骨皮仔，淡。补肾治腰痛
金银花	忍冬花，凉微苦。清凉解毒，治内外烂毒、风毒。叶，伤刀止血抽脓；花，止渴明目，解一切肿毒
黄　藤	舒筋养阴，活血去伤
橙（柚）	平微甘。皮，陈年者佳，下气退肿，止痰止嗽。根入肺化痰，治哮喘，去血路伤。籽，治眼偷针（和白糖敷）
桔　子	温酸甘。皮，顺气化痰，治哮喘、咳嗽；籽，下气止痛，治阴丸（睾丸）肿大；叶，去风湿，治伤风肿痛，散妇女乳肿疼痛
枇　杷	平酸甘。入肺化痰止嗽，伤风咳嗽，痰中带血，预防伤风咳嗽、头痛。用时须去叶毛
杨　梅	温酸甘。白梅根，去痧行水止痛，水伤黄肿，失力脚酸软，水肿。果治淋雷雨泡红糖服，去痧湿。梅核洗净烧灰研末调茶油加冰片治喉结。皮，加明矾研末调茶油治癣疮，去苦皮治煎汤治飞丝腹痛
桃　子	平甘。仁，散血破血，退肿、损伤瘀血，桃干治寒邪呕吐；叶，咬敷或人乳治眼被打伤
杏　仁	仁入肺，治哮喘咳嗽，化痰；根治伤寒咳嗽
橄　榄	平酸涩。养阴生津，止渴，治喉痛
梨　子	平酸甘。果皮，入肺止热痰咳嗽，生津止渴，梨汁治痳后失音
红　枣	平甘。养阴活血补血，和诸药
荔　枝	平甘，补气生神。核治阳凡肿大，煅研调茶油敷；枝煎汤内服治疝气穿痛
圆　眼	平甘。补气生神，补脾和气血，阳虚无气下陷，止渴。果壳止渴，核烧灰研末加冰片治白喉

续表 4-10

名　目	功　　效
石　榴	平涩甘。果皮止泻，去白浊濇精，小儿脱红
柿　子	平涩甘。入肺化痰止咳嗽，止泻，柿饼煮饭面蒸服治痹疮
乌　梅	侮仔，平酸。根，治三阴瘧；果敛阴热止渴，中风口禁或其发肿医牙关不开，用乌梅一两蛇醋擦，牙关可开
木　瓜	温酸。活血，去风湿，去脚软、风湿肿痛
金竹茹	平寒。和胃止呕，化痰止嗽，治伤寒呕吐
黄竹皮	平淡。去蛇尺毒化脓后配方用，煮竹心止鼻血
竹仔叶	平淡。去伤退肿，治跌打损伤肿痛不退。用本品配熟木大叶研煨童便敷，即大竹鞭所小竹叶
麻竹鞭	平淡。清凉退火，暑天手足掌热，用竹鞭一碗炖红酒服，解鸡补
珍珠凉伞	微湿小酸。入肝，活血生血，去秽生新，去伤止痛，内外损伤
画眉跳杠	又名清水藤、铁色金，平淡。养阴补肾，利水补虚，入肾止腰背疼痛。上行明目，下行去虚症水滞尿阻，止浊，去伤去风
钩　藤	温淡。大钩陈根，上行去风止痛，治上肢关节风痛（下肢用金橘）。钩，治小儿抽风症（上肢），另外白钩陈植株较小，去风湿
鱼　甲	性急有毒微辛。去毒杀虫、去风，外治痈疽。根皮盎黄泥敷治服沟生鱼，治秋
土　桂	热辛香。根热，回阳救急；皮（去苦皮）引火归元，有圆叶长叶二种，圆叶为正土桂，长叶味似樟，叫樟桂，效较差
水底松	平淡。千年水底松去伤；水底松明角，用猪油去烧，取油脂治小儿痢痢头
杨　柳	平淡。上行去风，治牙风痛（取柳根、黄栀根、毛尖菜煨老母鸡治久年牙风痛人头疯痛）。柳枝用作至膏药时搅拌工具，非垂柳
五加皮	微温淡。大号五加皮，叶大骨软，治虚症，外用接用骨。小号五加皮，骨鞭有刺，一切风症可用
水杨梅	平淡。小号硬骨者利湿去伤。大号软骨皮厚者，接骨。
山猪仔	中药名土茯苓，凉微濇。下行解毒，去大小肠毒，濇肠。外用散肿解毒，入脾去湿健脾
榅　茶	平淡。治猪瘟，亦可治人哮喘，肺受风气喘，预防猪瘟用
牛瘟柴	温臭。用叶垫烂预防猪牛瘟疫，冬落叶
瘟　柴	预防鸡瘟，取汁浸米喂鸡，叶垫烂叶面、背均有毛，冬落叶

医疗功效山草药（其他类）

表 4-11

草药名	医疗功效
人指甲	治头面疔疮，用红糖研指甲粉敷二三服见效

续表 4-11

草药名	医疗功效
童　便	外用治跌打损伤、散肿止痛、去伤消瘀血、止血，内服同功
人　乳	养眼安眠，用以调红蛇豹嫩顶叶、卜地锦治眼被物伤，补肌退伤，用于伤口生肌敛口
百草霜	即锅脐烟，加明矾研末，外捺治小儿脱红
鼠　屎	治腹积痛，血丝虫腹胀痛
鸡蛋清	滋补生肌，去伤止血，外用止伤口，跌打损伤出血，用脱脂棉浸蛋清敷伤口一二服愈，又作伤口润滑剂
百草膏	即羊屎，研末加冰片吹鼻止鼻血
壁　蟢	治眼白臬，用六只壁蟢炖茶油点
庵翁泥	治飞丝入腹研末泡汤冲醋服
长尾鸟	羽毛治脚石滴，烧灰调茶油搽，手指天蛇用其砠喙烧灰炖茶油炖搽
貓　骨	治手脉疔（老鼠窃麦（脉）），用貓骨烧灰研茶油搽抹，猫须亦可用
石　膏	配明矾研末调蜜治一切痔疮

补遗功效山草药

表 4-12

草药名	补遗功效
茵　陈	一名山油麻，微湿苦。发表去湿治水湿黄疸，湿入骨所引下肢酸软
红八冷风	平辛臭。上行发表，去伤寒头痛、牙痛、眼痛。白八冷风，花白，茎叶形似绵曲，又名通长香，性平味小香。上行去风活血发表，治头风痛等，外用散肿去伤，妇女血虚，胎前产后均用。男子伤寒，用红八冷风，妇女症用白八冷风
矮茶仔	也叫矮脚茶，微温小酸。去秽活血，安胎止渴，治胎前产后潮热口渴
握　蕉	温酸。去伤退肿，治扭挫伤，烤软擦敷
溪　仙	石菖蒲，温辛香。利湿健脾，入心通窍，治水湿黄疸，外伤散肿止痛，妇科亦用
天门冬	温淡。入肺化痰止嗽，退肺火止渴，齐肺生津
卜地卦	温淡，儿童草。入肺化痰止嗽，下气退肿
千里戟	宅浑，热淡。去痧行水止痛，去风湿，活血退肿，浸米治肚胀
芝　麻	油麻，凉微苦。解毒退肿，治疔疮。麻油为一切膏药浸润剂，壳灰蒸九重糕退湿黄
铁兰酒	平淡。入脾利湿消滞，治小儿疳积
六月雪	凉苦。退三阳火，上行止头痛眼痛。花，上行明目；叶，伤刀出血；根性补，暑天食用痛脚，加根可克泻。根、茎根去伤
土　芎	微湿香。活血，上行治虚症头痛

续表 4-12

草药名	补遗功效
九节竹	平微苦。祛风解毒，治一切关节风痛
不知春	又名山番薯。下行利水退肿，小儿麻后毒，治疢解大小便毒，外用痈疽退肿止痛
苦　鹧	凉淡，败浆草。解毒，痈疽抽脓，入肺、退肺热，治肺病
棉菊花	叶，治劆刀伤，故又名劆刀草，即大野艾呵
菎　麻	凉淡。抽脓化毒，拔竹木枪刺，治小儿脱红，妇女子宫下垂（敷百会穴，收二取去）
酒枫杖	珍珠莲，微湿臭。活血去风，关节风痛。叶，退风肿止痛，去出毒（形似冷瘼，但不易退消）
九头牛	泗溪名鲤鱼胆，平苦。解毒，退痈毒止痛（用九头牛。金钱卜荷捣糯米饭敷贴治项痛）
夏枯草	凉微苦。入肺止哮喘，化痰止嗽，清咽止渴，治眼白臭，瑺瘰痈
野　苧	温微酸。解毒，退一切无名肿毒
野　韮	平小臭。去伤接骨，治扭挫伤，骨接损伤
小茴香	微温香。下气止痛，下行去气利水，治小肠气穿痛
益母草	平淡。清咽止渴，胎前产后口渴，安胎生精，五月内采集阴干研末（忌铜铁石）调冬蜜为丸，治妇女四十无子，每次经净，空心服（益母丸），可怀孕。红益母草，籽中药叫茺蔚子，活血调经，治妇女闭经
四对剪	四叶对，凉微苦。清凉解毒，治蛇伤，又名四大天王
九步仙	凉苦。清凉解毒，去蛇伤，治误服毒，菰发癫狂，煎服。赤裸受风，头面立即肿大，煎汤服洗，咬敷外治一切疔疮
蓠头荠	仿车藤，平淡，孢子中药名海浸砂。根，杀虫治腹痛，解毒，外治乳痈退肿，止血。海金砂，治血淋，可作火药
天台杖	凉。入肺，去寒去风、消滞
五龙会	温。入脾心肾，补虚，开胃化食，杀虫

第三章　体育　广电

第一节　体　育

乡土游戏，丰富多彩。早期学校体育课目，均用孩子们喜欢乡土游戏。20 世纪 50 年代开始，学校逐渐发展田径、球类、队列等内容。传统体育，经久不衰。拔河、摔跤、下棋、打扑克、扳手劲等，均是村民们最喜欢体育活动。1995 年，国家颁布实施《全民健身计划纲要》，号召人们“加强身体素质锻炼”，随即健身苑点设立，群众健身活动更加普遍。

乡土游戏

童心依旧、童趣依然。乡土游戏，世代传承，简便易行，益智健体。在竹林里弯下一根毛竹编成“竹轿”荡“秋千”，利用晒番薯丝架杆作单杠，效仿体操演绎动作。居家院落，山坡田间，跳绳、放风筝、捉迷藏、丢手绢、找朋友、拉骆驼、跳拱背、跳橡皮筋等，随时随地可以玩耍。

推巴掌　两人游戏，各方双脚贴平不动，用手掌引诱、推却对方，先移动脚部位置者为败。

抽陀螺　陀螺是木制圆锥形，上大下尖；用布条接到小木条为鞭子。以鞭子布条绕螺身旋转后放开，用鞭子继续抽拍陀螺，使陀螺不停地在地上转动。

拉弹弓　取有叉树枝为弹弓架，叉两头绷上皮筋，中间缀上皮块，弹弓便成。用小石子或果核作弹丸，瞄准目标，拉紧皮条一放，弹丸即向目标射去。

踢毽子　用一块小布包上并缝牢一枚铜钱和一截鹅毛管子（管下端剪成十字形），在鹅毛管子上端插上七八根鸡毛，毽子即成。踢毽子规则，连续将毽子踢上空，不落地时间长，所踢次数多为佳。踢毽子还有花样技巧比赛，常以肩、背、胸、腹、头与两脚配合，做出各种姿势，缠身绕腿、翻转自如。

老虎抢蛋　一人扮老虎，手着地，护着地上三块石子，数人从几个方向设法夺取。“老虎”用脚踢抢蛋者，被踢中者替换当“老虎”。若三个“蛋”全被夺走，“老虎”则败被罚。

滚铁环　做一个直径66厘米左右铁丝环，再做一根前端弯成勾粗铁丝。游戏是用这一根粗铁丝钩子推着铁丝环滚着走。个人活动、集体竞赛均可。有50米或100米竞速、有100米障碍（如绕树丛、过独木桥）、4×100米接力等比赛项目等。

老鹰捉小鸡　多人游戏，一人扮老鹰，一人扮母鸡，其余皆为小鸡。母鸡与小鸡形成一路纵队，母鸡为排头，小鸡两手搭住前面人肩上或搂住腰部；“老鹰”站予母鸡前面约2米处。老鹰左追右赴，瞅准机会捉扑小鸡，母鸡伸展两臂阻挡、保护“小鸡”。老鹰若捉住一只小鸡，则被抓者改任老鹰，老鹰改扮小鸡，游戏再次开始。

跳房子　玩家在地面画定图形上跳动，图形通常为飞机、房子形状，也有长方形内画上格子，因而得名跳房子、跳飞机或跳方格，游戏人数不限，有两人轮换跳，多人轮流跳，分组轮换跳等。跳时先将一片石块或粗瓦片磨成圆片（也有用沙包）掷于方格外，跳者用一只脚将石块轻轻踢进第一格，然后单脚跳进第一格内，用支撑脚将石块踢进第二格……依次下去，直至将石块踢过全部方格，算一轮完成。如果中途累了可以在规定方格内休息片刻，如果在踢过程中出现石块压线，或出格或连穿两格，算失败一次，下一轮重新从第一格跳起。首先到达终点的，要把石块放在脚背上，轻轻走出方格。先完成全套动作者为胜。

二人翻　又称翻跟头，一般在草地上进行，有的小孩常在田园番薯藤上进行。游戏人数不限，少者实行淘汰赛，多者分组对抗赛。游戏时二人一组，在主持人（裁判）指挥下，用猜手指方法决定先翻者。先翻者反抱住对方腰，将对方翻成头朝下脚朝上。然后对方再想方设法把先翻者翻转过来。以此来回翻转，直到某一方翻不过来为认输。

三六九 属民间棋类项目。游戏方法：一般是三人游戏，每人四颗子，各自起点上放一子（每位形状或颜色不同），手握三子。采用划拳（出子叫数）走子法，各位手握0—3任意数量子，一位叫“一、四、七”，二位叫“二、五、八”，三位叫“三、六、九”。当喊“一、二，出”后，三人同时张开手，谁叫数与三人手中子总数相符谁走子。出子、叫数、走子，以此类推，谁先走到顶点为胜利。

四棋 俗称“四门宝”。在地上画个九宫图为棋盘，双方各四个“子”。两方轮流每次一步，每步移动一格，如同象棋中小卒，纵横皆可，方向不限，即招法为象棋“进”“退”“平”，在任一纵横线上，只要一方走子后形成己两子相连，而对方一子在这两子相邻位置，即可吃掉对方子，人们又形象称这种棋为“俩顶一个”。

学校体育

民国元年（1912），“体操”为小学所必须课目，男生每周3小时（包括兵操），女生每周2小时。民国12年（1923），废止“兵操”内容，改体操科为体育课。民国24年（1935），县教育局《体育成绩考查办法》规定：凡体育不及格学生不得升级或毕业。此后，学校体育课开展还是随意性。

1952年，执行教育部《小学暂行规程（草案）》，体育课作为必修课，每周2课时。体育课常是跳绳、爬杆、投掷、丢手绢等内容游戏课。1956年，教育部颁发《小学体育教学大纲（草案）》，学校推行儿童广播操和第二套少年广播操。同时，跳高、跳远、铅球、乒乓、50米、队列等体育课内容更为丰富，体育课教学更为规范。1974年，随乡中心小学附设初中班，学校组织学生篮球队。1978年开始，学校重视“三操两课”（早操、课间操、眼保健操；体育课、课外活动）的体育锻炼。2005年，玉西中学获县级体育道德风尚奖，2007年泰顺县获第二届初中生篮球比赛冠军。2009年达到浙江省教育创强县标准。2010年，泰顺县“城中杯”中学生篮球比赛“道德风尚奖”。

1977年5月，学生篮球队

2007年，实施《国家学生体质健康标准》，九峰乡中心学校、玉西中学深入开展阳光体育运动，开足体育课，严禁教师挤占、挪用体育课；按年级分层次开展各种主体活动。每位学生按照“每天锻炼一小时、健康工作五十年、幸福生活一辈子”，积极参加各类体育健身活动。提倡学生与家长、同学、邻居、朋友一起参加小型体育锻炼活动、趣味游戏活动。

群众体育

自宋代，姓氏定居以来，村民们经常到横溪、黄滩、三重漈等地垂钓，享受野外生活情趣，领略悦目湖光山色。清咸丰时期，西地新厝底就有习武之人陈飞鸿，光绪戊戌年考取进右学佾生包建锜。群众性传统体育活动有摔跤、拔河、游泳、扳手劲、下棋、打篮球、打乒乓等。20 世纪 60—70 年代，民兵训练是村民最突出强身健体活动，有 25% 青年参加民兵组织，每年有 3 个月时间组织训练，训练项目有队列、射击、投弹和爆破等。

游泳　每当农历六七月，村里少年喜欢到横溪暗潭等水势平缓，水质清澈地方游泳、嬉戏。有的徒手游，有的辅助木头或救生圈游。姿势有“单把游”“踩水游”“仰泳”等。

扳手劲　活动方式有悬扳、定扳、双手扳等多种。悬扳，比赛双方相互握住手之后，肘关节处不得依托任何物体或借助其他力量，待双方悬空握手就绪后同时扳动，直到一方手腕被扳倒。定扳，与悬扳主要区别是不准借用大臂力量，并肘关节必须固定在依托物体（桌椅、石板或地面）。双手扳是双方都用两只手扳手腕一种方式，要求和规则与上述两种扳法相似。

双手拔河　在地上画两条直线以为“河”“河宽”（线与线之间距离），双方伸出一手臂能握住手为宜。二人各在一条线外，两手相握，施力将对方朝自己这边拉，直到把对方拉到本方线内为胜。

篮球队　1974 年，成立教师、部门职工和部分村民组成玉西篮球队，至 1984 年，球队活动最为频繁，请进来走出去，每年有 2 ~ 4 次同泰顺二中、横坑、凤垟，以及平阳天井、坳下（现属苍南）、文成桂山等边邻乡镇、学校篮球队开展友谊赛。

健身苑　2005 年，村两委在垟尾鸬鹚墩筹资建成第一个村民建身点。2013 年，建有大垟、新厝底、坟前、垟尾 4 处健身苑点，拥有篮球场、室外乒乓桌，以及曲柄杠铃、卧推凳、云梯、单双杠等健身器材 40 多件。

健身苑

第二节　广　播

村里最早传递信息，由主事人临时指定一村民沿“街”敲锣叫唤。中华人民共和国成立初，运用白铁皮卷成喇叭形，向每户人家传唤村公所通知。1958 年，泗溪公社创办广播站，广播线架在木桩（或竹竿）通向玉西生产大队、西地生产队，通过木匣式磁铁喇叭每天播音 3 次。

1964 年，玉西公社（乡）广播站，配置发电机、扩音机各 1 台，控制台 1 个，转播县广播站节目为主。此外，还播有关会议通知和工作布置。1970 年，政府要求普及有线广播，天气预报、农业技术讲座等节目很受农户欢迎，全村广播入户率 95%。

1980 年，竹木广播线杆更换水泥广播线杆，并装高音喇叭。每天早、中、晚三次播音，主要节目有《本县新闻》《听众之友》《阿香姐谈农技》《气象预报》《今日市场价格》《泰顺乡情》等。1990 年广播节目有《人武之声》《青年之友》《农业科技》《绿色天地》《茶果飘香》《半边天》《职工生活》等。

1998 年开始，随着电视迅速发展普及，再受《泰顺报》、互联网等媒体影响，有线广播逐步萎缩，调频广播成为广播事业发展新时期。1997 年，广播站并入泗溪广播站。2013 年，专题栏目有《绿色家园》《平安泰顺》《生活空间》《党课 5 分钟》《美丽泰顺》《经济与社会》等。

第三节　影　视

电影

1953 年春，省电影教育工作队下乡巡回放映国产故事片《钢铁战士》，村民第一次看到有声电影。20 世纪 60 年代初，泗溪区成立电影放映队，经常村上放映，影片有《战地军魂》《沙漠之鼠》《黄飞鸿义救海幢寺》等。放映员事先制作幻灯机，用通俗方言向观众介绍影片人物，吸引观众，提高宣传、教育效果。1964—1965 年，村民能看到改用方言对白《农奴》《夺印》《地道战》《钢铁战士》《苦菜花》等影片。20 世纪 70 年代初，村有供电，放映队不用携带磨电机，经常由大队集体或个人包场，村民可以很少买票观看。

1965 年，玉西公社成立放映队，放映员由陈绍镐担任。1974 年，增加放映员 1 人（包日读）。1983 年 10 月，原 8.75 毫米放映机淘汰，添置长线 F16 毫米放映机 2 台，放映员增至 2 人（包爱华、包日敬）。20 世纪 90 年代初，80% 以上家庭购置电视机，电影观众逐渐减少。1995 年，乡放映队自然解散。

2000 年开始，全县开展送戏、送影下乡活动，定期到本村巡回放映，其中有学生专场。

电视

1986 年，以关心老区教育文化事业，县教育局赠送玉西小学一台 14 英寸黑白电视，村内始有电视，能收到不太清晰浙江台和福建台两个频道节目。1990 年，县广播电视局在村内大坪仔建立差传电视塔，1992 年，群众集资 1.5 万元在大坪岗建成地面卫星接收站，可收到浙江台、上海台、中央一台、中央二台节目，以及每周二、三、五、六晚泰顺自办新闻节目。1997 年，改装有线电视，包括《泰顺新闻》节目有 7 套，开通用户 300 多户。1999—2000 年，开通光缆联网，增收到泰顺台新开办《天气预报》和《警民桥》栏目。2001 年，为纪念中国共产党诞生 80 周年，泰顺台摄制 9 集电视专题片《足迹》，以浙南特委、浙闽边临时省委在我县革命史实和我县改革开放 20 周年为背景，老区观众强烈反响，至 2003 年有 32 套节目。2006 年，增收到泰顺台开辟《新农村》栏目，2009 年，完成旧网改造。2013 年，电视用户率 100%，其中数码电视用户 420 户。

大路头地面卫星接收站

第四章　地方文化

地方语音恭顺、语法独特、词汇丰富。流传谚语，言简意赅，收录 421 条谚语，平均每条不超 12 字。还有神奇传说、风趣歌谣，幽默故事、隐晦谜语等。

珍存有真宗帝御制谱赞诗词，以及世界华人文化名人协会副会长同晖学社社长楹联艺术家陈志岁、中国楹联学会副会长华夏诗联书画院艺术总监常治国，原浙江省人大常委会副主任兼省委党史征集委员会主任刑子陶、原中共浙江省委副书记浙江画院名誉院长梁平波、原中共浙江省委副书记浙江省新四军历史研究会名誉会长陈法文、原南京军区副司令员张文碧，原浙江省文化厅厅长省诗词与楹联学会会长钱法成，原温州市市长温州中共党史学会名誉会长卢声亮、温州市志主编张声和、泰顺县志主编吴久籁，杭州西泠印社出版社社长江吟、中国北京国子学会书画院院长关维霖（爱新觉罗・恒珏）、中国楹联学会会员曹云霖及中国书法家协会会员朱志杰、山东省曲阜市政协副主席张连坡、曲阜市中国书画家协会会员王西申等楹联、书法和题词。

第一节　方　言

泰顺方言分为吴语、闽语、客家话三大系统。西地方言属闽语系统，称之“闽讲”话，谐音“蛮讲”话，具有一定语音、语法独特性和丰富词汇。

语音

方言汉语拼音没有翘舌音，都是平舌音，如“众”（zhong）、“士”（shi）读成“zong”“si”。方言语音均可按拼音注音，与汉语拼音比较，有的改变声母、有的改变韵母、有的声母韵母都改变。

方言拼音与汉语拼音对照表

表 4-13

类别	字词	普通话		方言		字词	普通话		方言	
		声母	韵母	声母	韵母		声母	韵母	声母	韵母
改变声母	爬	p	a	b	a	茶	ch	a	d	a
	迟	ch	i	d	i	浮	f	u	p	u
	蜂	f	eng	p	eng					
改变韵母	麦	m	ai	m	a	早	z	ao	z	a
	病	b	ing	b	an	雷	l	ei	l	ai
	头	t	ou	t	ao					
声母韵母都变	牛	n	iu			九	j	iu	g	ao
	妻	q	i	c	ei					

语法

通常词尾 说话时通常带有一个词尾“囝”。“囝”（读 gie）原义“儿子”，后引申作一个词尾，常放在名词和形容词后面。表示形体小、辈分小、数量少、时间短等作用。如鸡囝”（雏鸡）、“猪囝”（雏猪）、“孙囝”（侄子）、“新妇囝”（媳妇），“特自囝”（自己一个人）、“一碗囝”（一小碗）、“一下囝”（一下子），“者囝”（这里）、“许囝”（那里）、“督囝”（哪里），“粒囝囝”（一点儿）、“偶卵囝”（马铃薯）、“戏囝”（专指木偶戏）。

特殊语序 说话时常见词语特殊顺序。宾语与动词顺序更换，如“阿哥信写来了”也说“阿哥写信来了”，双宾语更换顺序，如“乞我两对钱”（给我两块钱）也说“乞两对钱我”（给两块钱我）。数量定语与中心语顺序更换，如“一斤油”说成“油一斤”。补语与宾语顺序更换，如“我拍不过伊”（我打不过他）也说“我拍伊不过”（我打他不过）。数量补语与代词宾语顺序更换，如“喊伊两声”（叫他两声）也说“喊两声伊（叫两声他）。副词与中心语顺序更换，“我先走”也说“我走先”，“再添一碗”也说“再一碗添”。

动词重叠 通过动词重叠来表示动作速度更快。如“快囝放放下来”（快放下来）、

"快团收收底来"（快收进来）、"快团写写起"（快写起来）、"快团醒醒来"（快醒来），有的表示对动作强调如"望望着"（看到）、"用用过"（用过）等。

形容词程度　通过形容词前加"赖"（很）、"当真"（确实）来表示程度。如"赖乌""真甜""当真臭"，将"赖""真"所修饰形容词重叠来加深程度，如"赖红红""真好好"。形容词前加"死侬""尽头""呒变""夷不"等类似"极""非常"等副词作用，如"死侬客气""尽头破赖""呒变热""夷不寒"等。形容词后加"尽了""死了"等补语，说明程度"及其"意思，如"可鄙尽了""好望死了"。

语汇

方言存在大量古汉语词汇，如路说"途"，铁锅说"鼎"，绳子说"索"，陶瓷说"硋"，吃说"食，读 xia"，海蜇说"虫宅，读 ta"，田说"塍"，怕说"惊"，稻谷说"粟"，狗说"犬"，茶叶说"茶散"，打说"拍"，追赶说"掠"等。但诸多方言词汇与汉语词汇区别甚远。

汉语词汇与方言语汇对照表

表 4-14

类别	汉语	方言	方言读音	汉语	方言	方言读音
天文类	太阳	日头	ȵiIʔ^{2}t'au^{31}	下雨	荡雨	tõ^{22}hou^{22}
	下雪	荡雪	tõ^{22}ɕyəʔ^{5}	台风	风水	toi^{31}fəŋ^{33}
	启明星	天光晓	t'iẽ^{33}kuõ^{33}ɕieu^{344}	闪电	龙闪	ləŋ^{31}ɕiaʔ^{5}
	打雷	雷公响	lai^{31}kəŋ^{213}ɕ^{344}	毛毛雨	雨濛团	hou^{22}məŋ^{33}kiẽ^{344}
	小雨	号团	hou^{22}kiẽ^{344}	冰雹	龙雹	lou^{31}pəʔ^{2}
地理类	石头	岩头	ŋaŋ^{33}t'au^{31}	小溪	溪团	k'ei^{33}kiẽ^{344}
	地面	地兜	ti^{22}tau^{213}	旱地	山园	saŋ^{33}foi^{31}
	地方	场地	tyõ^{31}ti^{22}	霰	雪米	ɕyəʔ^{5}mi^{544}
时令类	上旬	初行	ts'əy^{33}õ^{31}	中旬	十行	seʔ^{2}õ^{31}
	下旬	廿行	nẽ^{22}õ^{31}	今天	今早	kiIŋ^{213}tsa^{344}
	明天	明早	miIŋ^{213}tsa^{344}	后天	后日	au^{22}ȵiIʔ^{2}
	白天	日间	ȵiIʔ^{2}kaŋ^{213}	早晨	天光头	t'iẽ^{33}kuõ^{33}t'au^{31}
	中午	日昼	ȵiIʔ^{2}tau^{53}	傍晚	晏崁	aŋ^{24}kiẽ^{31}

续表 4-14

类别	汉语	方言	方言读音	汉语	方言	方言读音
时令类	晚上	暝歌	maŋ^{31}kou^{213}	夜里	暝间	maŋ^{31}kaŋ^{213}
	全天	全工	tɕyə^{31}kəŋ^{213}	中元节	七月半	tɕ’iIʔ^{5}ŋuəʔ^{2}paŋ^{53}
	端午	端五四	tõ^{31}n^{24}ɕi^{53}	守岁	宵夜	ɕieu^{33}ia^{22}
农活类	干活	做息	tsou^{24}ɕiIʔ^{5}	插秧	插塍	ts’aʔ^{5}ts’ẽ^{31}
	休息	歇	ɕyəʔ^{5}	耕田	薅塍	hau^{33}ts’ẽ^{31}
	打稻	拍稻	p’a^{24}tiou^{22}	时候	时节	ɕi^{31}tseʔ^{5}
植物类	蚕豆	茴豆	foi^{31}tau^{22}	花生	落地豆	ou^{22}ti^{22}tau^{22}
	黄花菜	金针	kiIŋ^{33}tsẽ^{213}	油茶	茶子	ta^{31}tɕi^{344}
	樱桃	樱珠	iIŋ^{33}tsəy^{213}	向日葵	旭日花	ɕyəʔ^{5}ȵiIʔ^{2}fa^{213}
	毛芋	芋卵	ou^{221}õ^{22}	马铃薯	芋卵团	ou^{22}lõ^{22}kiẽ^{344}
	南瓜	金瓜	kiIŋ^{33}kua^{213}	黄瓜	刺瓜	ts’ei^{24}kua^{213}
	葫芦瓜	瓠	pu^{31}	荸荠	水栗	tɕy^{24}liIʔ^{2}
	柚子	老抛	lau^{24}pau^{213}	松树	松柴	səŋ^{31}ts’a^{31}
	玉米	麦豆束	ma^{22}tau^{22}ɕyəʔ^{5}	豌豆	麦豆	ma^{22}tau^{22}
	紫云英	肥草	pei^{31}ts’au^{344}	咸菜	菜咸	ts’ai^{24}kẽ^{53}
	桂圆	补丸	pou^{24}voi^{53}	丝瓜	天萝	t’iẽ^{331}ou^{31}
	萝卜	菜头	ts’ai^{24}t’au^{31}	生姜	姜母	kyõ^{33}mou^{344}
动物类	壁虎	墙鱼	tɕ’yõ^{31}ȵy^{31}	公牛	牛牯	n̩^{31}ku^{344}
	小牛	牛团	n^{31}kiẽ^{344}	猫	猫咪	ma^{31}mi^{53}
	乌鸦	老鸦	lau^{33}a^{213}	蚯蚓	猴阔	kau^{31}k’uoi^{344}
	兔子	兔团	t’u^{213}kiẽ^{344}	蚊子	蚊虫	muoi^{31}t’əŋ^{31}
	抱窝鸡	赖孵鸡	lai^{22}pu^{22}kei^{213}	苍蝇	蚨蝇	fu^{31}syəŋ^{31}
	青蛙	蛤蟆	ha^{31}ma^{31}	蜗牛	蜒蚰	ȵia^{31}iou^{31}
	萤火虫	萤火姨	ȵia^{31}foi^{344}i^{31}	公鸡	鸡角	kei^{33}kəʔ^{5}
	蚂蚁	草蚁	ts’au^{24}ȵia^{22}	蝙蝠	暗鹞	aŋ^{24}ieu^{22}

续表 4-14

类别	汉语	方言	方言读音	汉语	方言	方言读音
动物类	虱子	虱母	seʔ^{5}mou^{344}	蜻蜓	蜻鸦	tsaŋ^{33}a^{213}
住处类	房屋	厝	ts'əy^{53}	盖房子	倚厝	k'ia^{213}ts'əy^{53}
	大厅	厅头	t'iaŋ^{33}t'au^{31}	邻居	厝下底	ts'əy^{24}a^{22}tei^{344}
	厢房	横楼	faŋ^{24}lau^{31}	门槛	门垫	muoi^{31}tẽ^{22}
	窗户	窗门	t'əŋ^{33}muoi^{31}	柱石础	磉石	sõ^{24}səy^{53}
	房间	间底	kẽ^{33}tei^{344}	院子	庭团	tiaŋ^{31}kiẽ^{344}
	牛棚	牛栏	ŋ̩^{311}aŋ^{31}	石阶	岭级	liaŋ^{213}k'iIʔ^{5}
用具类	枕头	床头	ts'õ^{31}t'au^{31}	蚊帐	布帐	pou^{24}tyõ^{53}
	火柴	洋火	yõ^{31}foi^{344}	镰刀	镰锲	liIŋ^{31}keʔ^{5}
	东西	物事	məʔ^{2}sai^{22}	脸盆	面盂	miIŋ^{213}ou^{53}
	电池	电泥	tiẽ^{22}nei^{31}	剪刀	铰剪	ka^{33}ksẽ^{344}
	筷子	饭箸	puoi^{22}ty^{22}	扫帚	门帚	muoi^{31}tɕ'iou^{344}
	家什	行头	hẽ^{31}t'au^{31}	斗笠	箬斗	niIʔ^{2}tau^{344}
方位类	上面	上爿	ɕyõ^{22}pẽ^{31}	前面	面头前	miIŋ^{213}t'au^{31}sei^{31}
	外面	外爿	ȵia^{22}pẽ^{31}	角落	角头	koʔ^{5}t'au^{31}
	后面	尾后	muoi^{344}au^{22}	那里	许堆	ɕy^{344}toi^{213}
	中心	东央	təŋ^{33}õ^{22}	里面	底爿	tei^{344}pẽ^{31}
	左边	细爿	tsou^{344}pẽ^{31}	这里	者	tɕi^{344}
代词类	他（她）	伊	i^{344}	我	哇	va^{344}
	怎样	甚形	saŋ^{344}siIŋ^{31}	为什么	式见	ɕiIʔ^{5}kiẽ^{53}
	哪里	督团	təʔ^{5}kiẽ^{344}	这样	□形	ȵyõ^{213}siIŋ^{31}
	大家	全大样	tɕyə^{31}ta^{22}iaŋ^{31}	自己	□自	tẽ^{22}tɕi^{22}
数量类	朵	菩	pou^{31}	条	条	teu^{31}
	只	骹	k'a^{213}	件	领	liaŋ^{344}
	块	粒	leʔ^{2}	次	爿	pẽ^{31}

续表 4-14

类别	汉语	方言	方言读音	汉语	方言	方言读音
	妇女	做姆侬	tsəʔ^{2}məʔ^{5}nəŋ^{31}	男人	丈夫侬	tyõ^{22}pu^{33}nəŋ^{31}
	男孩	丈夫囝	tyõ^{22}pu^{33}kiẽ^{344}	老人	老侬	lau^{24}nəŋ^{31}
	伯母	阿奶	a nei^{344}	叔叔	阿□	a tau^{31}
	奶奶	阿妈	a ma^{344}	妈妈	阿纸	a tɕia^{344}
	舅母	外妗	ȵia^{22}kiɪŋ^{22}	姑母	姑奶	ku^{33}nei^{344}
	妯娌	叔伯奶	səʔ^{5}peʔ^{5}nei^{344}	女婿	儿婿	ȵiẽ31sai53
	岳母	丈母奶	tyõ^{31}n̩^{33}nei^{344}	老婆	老妈	lau^{33}ma^{344}
称呼类	姨夫	姨夫爷	i^{31}hou^{33}ia^{31}	侄儿	孙囝	sõ^{33}kiẽ^{344}
	妻儿	囝娘奶	kiẽ^{344}yõ^{31}nei^{344}	媳妇	新妇囝	siɪŋ^{33}pu^{31}kiẽ^{344}
	司机	车师	tɕ'ia^{33}si^{213}	木匠	做木师	tsou^{24}məʔ^{2}si^{213}
	姑娘	做母囝	tsəʔ^{2}məʔ^{5}kiẽ^{344}	伯父	阿爷	a ia^{31}
	爷爷	阿公	a kəŋ^{213}	爸爸	阿爸	a pa^{22}
	义子	契囝	k'ei^{213}kiẽ^{344}	岳父	丈侬	tyõ^{31}nəŋ^{31}
	姨妈	姨奶	i^{31}nei^{344}	侄女	做母孙	tsəʔ^{2}məʔ^{5}sõ^{213}
	厨师	灶后	tsau^{24}au^{22}	二流子	□囝	mai^{24}kiẽ^{344}
	脖子	头领	t'au^{33}liaŋ^{344}	酒窝	酒□	tɕiou^{213}neʔ^{5}
	眼泪	目珠汁	məʔ^{2}tɕy^{33}tseʔ^{5}	脸颊	面肚	miɪŋ^{213}tu^{344}
	口水	溇水	laŋ^{213}tɕy^{344}	嘴巴	啄	tɕ'y^{53}
器官类	鼻子	鼻头	p'i^{24}t'au^{53}	胳膊	手骨	tɕ'iou^{213}kuəʔ^{5}
	右手	大只手	ta^{22}tɕia^{213}tɕ'iou^{344}	左手	细手	sei^{213}tɕ'iou^{344}
	肚子	腹肚	pəʔ^{5}tu^{344}	手指	指头囝	tseʔ^{5}t'au^{31}kiẽ^{344}
	臀部	股臀	ku^{31}tõ^{31}	肚脐	腹脐	pəʔ^{5}tsai^{31}
	小腿	骹肚	k'a^{33}tu^{344}	膝盖	骹骨头	k'a^{33}kuəʔ^{5}t'au^{31}
器官类	背部	背脊	pəʔ^{5}tɕia^{53}	下臂	手肚	tɕ'iou^{213}tu^{344}
	胸部	心肝头	siɪŋ^{33}kaŋ^{33}t'au^{31}	腋窝	膈络下	kəʔ^{2}lou^{24}a^{213}

续表 4-14

类别	汉语	方言	方言读音	汉语	方言	方言读音
器官类	脚	骹	k’a^{213}	眼睛	目珠	məʔ^{2}tɕy^{213}
疾病类	发烧	身体热	siɪŋ^{33}t’ei^{344}ȵiaʔ^{2}	感冒	清着	ts’iɪŋ^{53}tɕiaʔ^{2}
	上火	热起	ȵiɪʔ^{2}hi	拉肚子	腹肚溜	pəʔ^{5}tu^{344}lau^{53}
	驼背	伛背	k’ou^{31}poi^{53}	酒糟鼻	红鼻芋	vəŋ^{31}p’i^{344}ou^{22}
	哮喘	哮咕	hau^{33}ku^{213}	天花	野宝	ia^{213}pou^{344}
	瘸脚	瘸骹	kia^{31}ka^{213}	发疯	发癫	feʔ^{5}tiẽ^{213}
	耳聋	聋耳	ləŋ^{31}ȵi^{22}	黄疸	黄病	võ^{31}paŋ^{22}
	疝气	小肠风	ɕieu^{24}tõ^{31}fəŋ^{213}	雀斑	蚨蝇屎	fu^{31}syəŋ^{31}sai^{344}
	口吃	大舌	ta^{22}ɕiɪʔ^{2}	中暑	成痧	ɕiaŋ^{31}sa^{213}
服饰类	袖口	手腕	tɕ’iou^{213}vaŋ^{344}	纽扣	扣团	k’uei^{213}kiẽ^{344}
	戒指	手子	tɕ’iou^{213}tɕi^{344}	短裤	裤头	ku^{24}t’au^{53}
	汗衫	汗替	kaŋ^{31}t’ei^{53}	棉毛衫	秋衣	tɕ’iou^{33}i^{213}
	接涎布	漤裟	laŋ^{24}sa^{22}	手套	手络	tɕ’iou^{213}lou^{53}
	帽子	头帽	t’au^{31}muo^{22}	棉毛裤	秋裤	tɕ’iou^{33}ku^{53}
饮食类	早饭	饭	poui^{22}	中饭	昼	tau^{53}
	白饭	白饭	pa^{22}poui^{22}	盛饭	兜饭	tau^{33}poui^{22}
	精肉	赤肉	tɕ’ia^{24}ȵiəʔ^{2}	白糖	洁白	kiɪʔ^{5}pa^{22}
	年糕	麻糍	ma^{31}ɕi^{33}	汤圆	丸团	voi^{31}kiẽ^{344}
	晚饭	暝	maŋ^{31}	夹菜	拈菜	ȵiẽ^{213}ts’ai^{53}
	稀饭	白粥	pa^{22}tsəʔ^{5}	红糖	沙糖	sa^{33}t’õ^{31}
社会类	祝寿	办十	pẽ^{22}seʔ^{2}	祭祖	请祖翁	tɕiaŋ^{33}tsi^{24}vəŋ^{213}
	信基督	从教	tsəŋ^{31}kau^{53}	道士	皇师	võ^{31}sai^{213}
	经纪人	牙侬	ŋa^{31}nəŋ^{31}	扫墓	祭坟	tsei^{24}fəŋ^{53}
	坐月子	做月里	tsou^{24}ŋuəʔ^{5}ləy^{22}	立据	做字	tsou^{24}tɕi^{22}
	应酬	门头	muoi^{31}t’au^{31}	求签	摇签诗	iau^{31}tɕ’ie^{33}ɕi^{213}

续表 4-14

类别	汉语	方言	方言读音	汉语	方言	方言读音
社会类	事情	事干	si^{22}kaŋ^{53}	怀孕	带娠	tai^{24}siIŋ^{213}
	说谎	白话讲	pa^{22}va^{22}kõ^{344}	肮脏	破赖	p’a^{24}lai^{22}
	丑陋	生□	saŋ^{213}mai^{53}	吵架	相鸟	ɕyõ^{33}təy^{344}
	打架	相拍	ɕyõ^{33}p’a^{53}	觉得	见得	kiẽ^{53}tiIʔ^{5}
	丢失	落	leʔ^{5}	干净	新爽	siIŋ^{33}sõ^{344}
	可爱	贵人	kuei^{24}iIŋ^{31}	难受	难承	naŋ^{31}siIŋ^{31}
	难为情	惊□形	kiaŋ^{33}mai^{213}siIŋ^{53}	疲	软	ȵyə^{344}
	懒惰	懒癫	laŋ^{24}tiẽ^{213}	精神	神水	siIŋ^{31}tɕy^{344}
	舒服	透套	t’au^{213}t’ou^{53}	可恶	可鄙	kou^{213}p’i^{344}
	长久	长远	tõ^{31}foi^{22}	节俭	做家	tsou^{24}ka^{213}
	可怜	罪过霉	tsoi^{22}kou^{24}moi^{31}	喜欢	中意	təŋ^{213}i^{53}
	哭	叫	kieu^{53}	快	紧	kiIŋ^{344}
	听话	听讲	t’iaŋ^{33}kõ^{344}	忘记	赖记	lai^{22}ki^{53}
	化缘	舍缘	ɕia^{24}yə^{31}	小店	店团	tẽ^{213}kiẽ^{344}
	赊	宽	k’uaŋ^{213}	路费	盘钱	piaŋ^{31}tɕiẽ^{31}
	累	着力	tɕiaʔ^{2}liIʔ^{2}	亏本	蚀本	ɕiIʔ^{2}puoi^{344}
	老天爷	皇天	võ^{31}t’iẽ^{213}	串门	过家	kou^{24}ka^{213}
	司仪	床头把	ts’õ^{31}t’au^{31}pa^{344}	讨厌	败兴	pai^{22}siIŋ^{53}
	有劳	难为	naŋ^{31}vei^{31}	勤劳	狠	hẽ^{344}
	娶亲	讨老妈	t’ou^{213}lau^{33}ma^{344}	客气	细腻	sei^{24}ȵi^{22}
	疼爱	值钱	t’iIʔ^{2}tɕiẽ^{31}	直爽	条直	tieu^{31}tiIʔ^{2}
	不知道	未得	məʔ^{2}t’iIʔ^{5}	畅销	好通	hau^{344}t’əŋ^{213}
	帮忙	相帮	ɕyõ^{33}põ^{213}	寻找	寻	syəŋ^{31}
	漂亮	生好	saŋ^{213}hou^{344}	玩	嬉	ɕi^{213}
	赚钱	趁钱	t’iIŋ^{24}tɕiẽ^{31}	跌	跋	piaʔ^{2}

注：下标波浪线的字为同音替代

第二节　传　说

西地有着许多以地形环境形成各种神话和传说，表达村民良好愿望和美好憧憬。

地名传说

西地　据传，西池（西地）是王母娘娘蟠桃园，待千年一轮蟠桃成熟时，三月初三（王母娘娘生日）为开蟠桃会日子。宴请天下各路神仙品尝仙桃佳味，须安排下榻安身，所以上寮（西地邻村）与下寮两地都是神仙们处身之所，有了居寮又要设专门亨调素斋供养圣贤斋堂（西地邻村）。传说西池与西地是后人音谐差已。

八凤垟（八分粮）　垟头外厝池坵后爿山峦犹如一只凤凰，每当早晨，仿佛跟随着、眺望着太阳冉冉上山。传说这只凤凰对山水优美、土地肥沃、气候宜人西地流连忘返，结果浮出 8 只小凤凰，故称这里为八凤垟。从此，八凤垟更加地灵人杰，明清时期，家家金玉满堂、人人腰缠万贯。清朝出过武举人。

天梯　早年，上垱垟（今称水甲垅仔）有一个寺院。如来佛主派一位神佛化身乞丐，下凡试探寺院和尚修心德行，来到寺院乞求歇夜。当家和尚看他衣衫褴褛、肮脏不堪，要赶他走时，有个烧饭阿弥和尚出来劝说：为可怜过路乞丐给他过一夜吧。当家和尚答应让乞丐在柴房住宿。第二天清早，阿弥起来烧饭时发现那乞丐已经息气，到时师兄们肯定会埋怨自己替乞丐求宿多事，背起尸体往外跑。和尚们以为阿弥偷东西，一边追一边喊，阿弥往秀垟底方向越跑越快，上岭门后往良水尖岗顶腾云般地消失，和尚们才发觉乞丐是佛化身。这也就是阿弥"驼"佛来历。此后，村民称岭门岭为天梯，在岭头修建一座仙翁宫。

神坛下　传说早年西地有两个叶姓道士建立一个神坛，专为善男信女做吉事。后来村民们习惯地把这块地称作"神坛下"。1954 年，为支援林场退役神坛被拆，木材运送上佛垟建林场。

字纸龛　几千年前没有发明文字时期，都用口语转递口信，凡间与仙界都是用无字天书（口状或用白线绘字）通奏。到孔子造字后才有书信，写在纸上焚火化炼上奏仙界叫愿书。凡间知道字纸可贵，先辈为避免用过字纸乱丢不尊，在村尾建一座石龛专门焚烧丢弃字纸。"文化大革命"期间，石龛被毁，至今建龛地点叫作字纸龛。

白炭窑　烧制木炭是旧时民间产业经济之一。农夫把木柴劈成木段，整齐竖立炭窑，让其自然焚烧后封闭冷却成炭。有一次，农夫在烧炭时遇到暴风骤雨，造成闭窑过迟，导入柴木烧过火变成白木灰。农夫百日辛苦毁于一旦，跪在窑坪抱头大哭。土地山神见状可怜，一夜间把白木灰化成白木炭。几天后，农夫再次开窑准备烧炭时发现一窑白木炭，喜出望外地用三牲供品奉请山神土地，后来这枚窑叫白炭窑，山神土地叫烧炭师爷。从此，农夫进山烧木炭时均先设神坛供奉山地神，以求吉祥如意。

牛落漈 据说原先大地无杂草，耕种轻松，播种后就等收成。农夫空闲无聊，处处弹琴唱课比天宫还热闹。有一天，玉皇大帝问宫臣得知原由，为让农夫不再那么空闲作乐，便派牛神放下少量草籽使农夫耕种后时常除草。牛神不小心把一箩筐草籽都倒下凡间，一阵风将草籽洒遍大地，到处长满杂草，草比庄稼高，粮食歉收，百姓饿死无数。土地公发觉奇怪，奏上玉皇大帝。玉皇大帝召集大神查是牛神所为，把牛神贬到凡间做牛，罚它每日吃草，并帮农夫除草，将功赎罪。牛神不愿到凡间受苦，天将把牛神一掌推下，跌经悬崖陡壁打落上牙，所以牛没有上牙。至今，此处悬崖陡壁称之牛落漈。

仙女鸳鸯滩 坐落北溪中游与黄滩交会处，长 200 多米，宽 50 多米。湖光山色，地型平坦，传说有过鸳鸯在此栖宿戏水。久之，在天宫感到愁闷仙女们，得知此处有鸳鸯玩耍快乐，期望下凡和鸳鸯一起戏水浴身。有一个七夕日清早，仙女们得到王母娘娘同意，化妆为民间女子到此地游玩。玩到王母娘娘所吩咐回宫傍晚时分，被一位柴夫看到便喊：天快黑了，还在耍水不回家？被凡人盯着仙女们不能即时腾云，故意问路使柴夫转移视线。当柴夫一眨眼女子们早已消失。柴夫回家后，将遇到奇事传告左邻右舍，大家知道是仙女下凡。仙女鸳鸯滩由此得名，仙女回天宫那条路叫天升岗。仙女鸳鸯滩和另一个姐妹潭，现在称为双连井。

喜鹊岩与乌岩 传说喜鹊和乌鸦是同一家族兄妹，乌鸦是兄、喜鹊是妹。乌鸦埋怨母亲生它一身黑色讨人不喜欢而自卑，因此好吃懒做报忧事。喜鹊勤劳活泼报喜事，人见人爱。长大喜鹊要自食其力、叨木枝搭窝立业，但喜鹊力小便请乌鸦帮忙，乌鸦不干。喜鹊只好叫姐妹帮忙，所以喜鹊搭窝均是两只一起抬（叼）着木枝。喜鹊搭好窝时常被乌鸦霸占，它们父母教诲无奈请凤凰仙子指教，让它们分家以后各自生活不准吵架。凤凰仙子立岩为标志，指点喜鹊、乌鸦各住一方。从此有喜鹊岩与乌岩地名。

黄泥洞与暗耀洞 具说玉皇大帝知道凡间百兽盛多，时刻争吃争窝争地盘不可开交，下旨它们选出十二位来管理百兽。当选牛、虎、兔、龙、蛇、马、羊、猴、鸡、狗、猪、猫十二种中，“同一祖宗”老鼠和暗耀（蝙蝠）都没有入选。老鼠和暗耀觉得自己家族大、占领地盘不小，都属它们管辖不服气，老鼠对暗耀说：如果它能成为管理者第一位就封暗耀为第二位，它俩就是百兽之王。教唆暗耀以黑夜行动特有本领，偷偷去当选名单前增加一位老鼠。后来玉皇按选单批下来，老鼠排第一，暗耀没名，猫成为第十三而自然落选。暗耀知道中计、只能哑巴吃黄连。猫知道后与老鼠、暗耀深结冤仇势不两立，看到老鼠就抓吃，由于暗耀能飞难以对付，请“同祖”猫头鹰帮忙敌对，所以老鼠和暗耀白天都不敢出外，老鼠打地洞藏身，暗耀隐藏岩缝。至今老鼠藏身处叫黄泥洞，其对面山有个暗耀洞。

布奇漈、暗潭、黄滩 有一年，玉皇大帝下旨民间织布贡供天兵天将做服装，且布为黑色。为白布变成黑色，农夫们殚精竭虑，终于找到一种浸泡在水中使水变成黑色柴树，与白布浸在横溪一个潭中，果然染成黑色布。海龙皇发现海水突然变黑，派遣虾兵蟹将寻根究底。海龙皇得知是潭中染布所致而大怒，令发洪水冲走潭中布料，农夫在潭下游悬崖上找回布料，可是被黄色洪水冲成黄色。便把黄色布料摊在下游溪滩晒干，贡献天庭。玉皇大帝见了黄色布匹非常好奇，先给自己做龙袍。海龙皇非常显目玉皇大帝黄色龙袍辉煌，玉皇大帝便把剩余布料赐赠海龙皇做龙袍。后来皇帝龙袍也选用黄色。此后，横溪染布潭叫暗潭、曾经挂着布悬崖叫布奇漈（瀑奇漈）、下游晒布溪滩叫黄滩、染布柴叫墨魚柴。

地形佳话

船地传说　传说西地是船地，地形东西相距 1 千米两座山犹如船头船尾，中间炮台岗形如船帆。四周群山环抱，山峦叠嶂，从远处（风垟牛山垟）看似一艘满载而归出海大轮。南北各有溪水汇合泗溪大溪门，可谓沿水顺航。

石龙传说　西地村是船地灵气辉煌，恰水尾有两条石龙，左侧一龙原在、右侧一龙因建公路被损，石龙外侧有钟鼓相呼应，现叫锣鼓坪。传说石龙每天在钟鼓响起时，早晨寅时开，傍晚酉时合，配合船只早出傍归。当时，朝廷任职江西官员嫉妒浙江人杰地灵、人才辈出，特派江西阴阳先生前来浙江到处点破风水，用狗血点破石龙灵气，从此石龙再也不能闭合。后村民得知事由，请经浙江阴阳指点，筑巢围垱，现叫围挡仔，栽上风水林保护风水。西地村依然风调雨顺、六畜兴旺、人杰地灵。

龟蛇相会　西地村尾右侧有一山脉视如金龟下水，另一山脉从炉尖山延伸视如银蛇而下，村人称之“龟蛇相会”。传说金龟天天在村尾潭戏水玩耍，银蛇天天在山上帮助人们开荒耕种。银蛇非常羡慕金龟游水，趁晚上休息前来潭中跟金龟一起戏水，金龟很不高兴，却又无可奈何，只好独自离开，正好看到距潭不远地方有一水碓，村民们忙着舂米，金龟主动帮忙。久而久之，村民只把谷子挑进水碓房，第二天可把现成米挑回家，由此成为“白天银蛇垦荒，晚上金龟舂米”佳传。最后，江西有一位阴阳先生把银蛇镇在山中后，银蛇走不动，金龟也不去舂米。

双龙会　相传很早以前，西地村口有阴阳二龙，白天分立两旁，让村内溪水外流，为人们进出方便，晚上自然合拢，确保水源充足，庄稼丰收，为村民安居乐业。美中不足是晚上炉灰潮湿，火种难留。最后，被江西阴阳先生悄悄镇破后，阴阳二龙再也无法合拢。

其他传说

水碓生米　时常有人在宫下水碓基烧香叩拜祈祷，其原由有一个传说：早年村里有一位孝顺年轻小子，家父逝早，和年迈生病母亲相依为命。家庭贫寒无粮充饥，有一天母亲对孩子说：儿啊，能够喝上一碗白米粥死也瞑目。小子无计可施，只好到财主人家取扇下丢弃耆谷倒入水碓，愿能踏出一点米，经过一天半夜，一无所得。点香三支跪拜祷告天地，是小子孝心感动土地公，一眨眼舂臼内耆谷变成大米。

樟树化身　传说清末期间，有一位在杭州做生意白粉墙人，一次去灵隐寺游玩，来到一家花店赏花时，见店里走出一位满口泰顺“蛮讲”方言年轻美貌女子，乡曲之情油然搭腔，便问女子贵姓、家住哪里？女子告诉姓章、家在泰顺西地红笋湾，在杭州帮人看店。当时红笋湾并无章氏，这女子就是红笋湾一棵千年古樟化身。

大溪豪皇 豪皇也称伍通，是一位喜欢谁帮扶谁、讨厌谁败衰谁游山玩水山神。从前有一农夫居住坑坪下边溪面（现叫大溪僻）茅草屋，老实忠厚、心地善良，每天早晚烧香尊敬天地，得到伍通喜欢。有一天，母鸡在鸡舍里生下一个鸡蛋，当天没有取，第二天变成一堆鸡蛋。农夫感到奇怪，拿来鸡蛋煎成蛋饼，供请山神土地公。此后，米缸里米也时常增多，农夫略知一二是山神伍通保佑。有一次，在锅里榨猪油时，突然伸来一只毛茸茸大手示要油渣吃，农夫递给一块，刹时感到屋外山崩一样，因为伍通手掌被油渣烫着，农夫惑到后悔莫及。后来伍通不仅不扶，反而败他事事不顺，农夫只好搬迁。至今还有屋基和神坛，时常有村民到此供请许愿、祈求保佑。

木灰粽神话 人逝后，体遮“渡被”，手边放一双鸡蛋和一根系两个粽子（内装草木灰）桃树枝。其意有个神话传说：阴间阎王派卒后包拯到第一殿专管人间长寿与夭折、出生与死亡册籍，包拯依然是百姓清官，看到不想离世阴灵痛哭，于心不忍，都让他们还魂复生。阎王知后大怒，将包拯换到七殿永不转世，并令小鬼将狼狗引到第一殿，专咬啼哭不愿离世阴灵。人们知后怕去逝亲人受罪，故让亲人阴灵备带鸡蛋、粽子和桃树枝，遇上扑来狼狗，便扔去粽子让狼狗抢夺，乘机把鸡蛋当作石头砸去，再用树枝赶走狼狗。

第三节 歌 谣

村内歌谣丰富，内容广泛，涉及生产劳动、爱情婚姻、修身养性等方面，现将部分民谣、童谣、山歌等选辑如下。

民谣

长工歌

时不凑来运不通，切莫帮人做长工；
辛苦三百六十日，赤手空拳返家中。
年关过后正开春，主人背伞寻长工；
街头寻到街尾转，恰恰碰见老长工。
老长工，老长工，今年帮我做长工；
年头给你三匹布，年尾给你三担粮。
三匹布，三担粮，只怕东翁景不长；
一到东家就起工，半碗猪肉半碗葱。
清明一到要犁田，肩头背具破犁爿；
旁人夸我犁有田，东家骂我犁无田。

犁无田，犁无田，黄牛摆尾走犁前；
口嘴喝喝不走去，柴枝打打躺落田。
时值小满要插秧，雄鸡喔喔催天亮；
前门开出挑担水，后门开出拔担秧。
插秧插到日头斜，不见点心不见茶；
拔把黄秧颠倒插，明年夏至不发芽。
夏至之时正耘田，铁打田圈做头前；
坌头耘到坌尾转，坌尾大垢耘半爿。
旁人夸我耘有田，东家骂我耘无田；
耘无田，耘无田，穷人性命不值钱。
烈日夏至大晒天，长工车水灌旱田；
肩头背起水车板，脚踏水车无停闲。
立秋过后七月半，家家户户判兰盆[①]；
生人建立兰盆会，死人得把纸钱灰。
中秋准备收大冬，东家兜饭[②]隆蓬松；
苍蝇飞来打斛斗，萤火飞来当灯笼。
霜降以前九重阳，重阳美酒菊花香；
唯我东家不做酒，邻居送酒给我尝。
十月时节是立冬，日夜担谷高仓中；
双肩磨得皮破损，腰酸背痛双脚肿。
北风呼啸雪花飞，东家叫我砍柴枝；
旁人夸我砍大担，东家骂我无两枝。
腊月廿四是扫尘，手拿尘帚扫奔奔；
屋里屋外都扫遍，花娘[③]间里满灰尘。
年冬算盘刮乱摇，东家要我旧账交；
上老下幼盼年到，合家痛哭心如绞。

注：① 判兰盆：每年七月初七功德道场。② 兜饭：盛饭。③ 花娘：长工骂东家妻子话。

长工四季歌

春季里来雨绵绵，带着锄头去耕田；
天光做到天黑暗，东家吃米我吃糠。
夏季里来热难当，车水耘田忙又忙；
一身皮肉乌墨黑，长工活像牛马样。
秋季里来秋风凉，金黄谷子搬上场；
满身骨头扭酸痛，夜间嫌短日嫌长。

冬季里来大雪飞，辛辛苦苦忙一年；
两手空空回家转，还要受冻过新年。

帮工歌

日头上山难下山，帮工赚吃实艰难；
一天做到日头斜，不见点心不见茶；
手拿秧把顶倒插，插到夏至不抽芽。

寻长年

正月时节是新年，背着雨伞寻长年。
街头寻起街尾转，街尾碰到邋遢仙。
邋遢仙　邋遢仙，今年帮我干一年。
年头许你三匹布，年尾给你三亩田。

打铁歌

天光打铁，晚间打铁，叮当叮当打不息。
打把锄头做田式，打把田圈除百草，五谷丰登好收成。

拉岩号子

伊哉哎嗨嗬嗨，
拉起大石头哎嗨嗬嗨，
大家一起来嗨伊嗬嗨。
为什么拉不动呀嗬嗨嗬，
工友们莫偷懒呀嗬嗨嗬，
偷懒难为情哎嗨嗬嗨。
石头么拉不动呀嗬嗨嗬，
大家要注意哎嗨嗬嗨。
石头么到边坡呀嗬嗨嗬，
大家要小心哎嗨嗬嗨。

行军歌

第一行军别朝廷，朝廷文书叠叠来；
三丁抽一五抽二，独马单枪也抽行。
第二行军百花香，家家户户打刀枪；
长刀打起长七尺，短刀打起七寸长。
第三行军别了娘，我儿当兵娘烧香；
进步烧香退步拜，保佑我儿转回乡。
第四行军别了爷，我儿当兵爷管家；

门前良田广千亩，小小种些纳官粮。
第五行军别祖公，抚养儿孙业落空；
养了儿孙年长大，皇帝招去当先锋。
第六行军别了哥，肩头背榜手敲锣；
别人问我啥快活，口吃官粮没奈何。
第七行军别丈人，丈人丈母对门亲；
无命在世还小姐，有命在世再做亲。
第九行军过大江，脚踏船板阔茫茫；
门前垟船广千只，后爿船儿成粗糠。
第十一行军落青田，青田锣鼓闹喧天；
黄昏歇下庙中店，吃酒吃肉赌英雄。
第十二行军落南阳，南阳刀枪白洋洋；
明日马上马下死，开张书信给爷娘。

送船歌

新造花船新又新，画龙画虎花麒麟；
船头画起张果老，船尾画起吕洞宾。
新造花船黄又黄，本家香火坐中堂；
本家香火中堂坐，一年四季保安康。
新造花船真又真，今夜造船好时辰；
吉月吉日今夜好，船送凶星去扬州。
新造花船光又光，船中灯火照四方；
十二生肖船内坐，凶星一去保平安。
石榴花开叶又红，今夜造船送凶星；
凶星远送南海外，吉星移来保太平。
石榴花开叶又青，众位大家金口开；
大家唱起梁山伯，我你回答祝英台。
石榴花开叶又黄，便唱包爷看牛郎；
包爷看牛有官做；判阴判阳判君王。
石榴花开叶又青，董永遇着七姑星；
槐荫树下相会别，只怨当初做媒人。
大家唱歌真好听，强似书堂读五经；
开口好比金鸡叫，出口便是凤凰音。
天上赤花对赤花，对落就间妹泡茶；
姐姐泡茶郎奉碗，碗上开起牡丹花。

花船出海遇东风，半海遇着姜太公；
身背杏黄手执钩，约你凶星去扬州；
天上清清地清清，造起花船送凶神；
还送凶神南海外，吉星移来保太平。

独自人歌

第一一等独自人，街坊荡荡豪哨人。
左手捏把清凉扇，右手香烟抽不停。
第二一等独自人，省吃俭用正录银。
录起铜钱办衣着，从头到尾样样新。
第三一等独自人，未到三十筑寿圹。
床上被服懒得洗，一间新屋如凉亭。
第四一等独自人，三餐鱼肉好口份。
吃肉吃酒亲友多，落难之中断个人。
第五一等独自人，称条黄鱼十几斤。
中心切起自己吃，头尾切起送别人。
第六一等独自人，坐下打赌斗输赢。
铜钱赢来七八百，有囡有女有靠身。
第七一等独自人，正式一个懒惰人。
三餐煮饭懒得煮，整日只想靠别人。
第八一等独自人，樽头洗脸暖纷纷。
打掉樽头未粉碎，脚头蹬蹬怨别人。
第九一等独自人，身穿衣衫挂零落。
门前结起蜈蚣结，后半结起豇豆筋。
第十一等独自人，临老讨饭度光阴。
草席一条庙中困，后悔后生不录银。

逐月占验歌

正月侯

元旦晴云光霁天，雨雪霏霏是丰年。
最喜立春晴一日，农夫不耕田用力。

二月侯

惊蛰雷鸣未足奇，春分有雨病人稀。
月内相逢三卯日，豆麦田蚕处处宜。

三月侯

风雨相逢初一头，只恐人民疾病愁。

清明风若从南起。定主田禾大有收。

四月侯

立夏东风熟稻禾，时逢初八果成多。

雷鸣甲子庚辰日。定主蝗虫损稻禾。

五月侯

端阳有雨是丰年，芒种逢雷美亦然。

夏至风从西北起。瓜蔬园内受熬煎。

六月侯

三伏之中逢酷热，五谷四禾多不结。

此时若不见突危，定是三冬多雨雪。

七月侯

立秋无雨最堪愁，万物从来只半收。

处暑若逢天下雨。纵然结实也悲忧。

八月侯

秋分天气白云多，处处欢声歌好禾。

只怕此日雷电闪，冬来米贵价如何。

九月侯

初一霜飞侵害民，重阳无雨一冬晴。

月中红免人多病，更遇雷鸣米价增。

十月侯

立冬之日怕逢壬，来岁高田柱用心。

此日更逢壬子日，人民又受病灾临。

十一月侯

初一西风盗贼多，更兼大雪有灾魔。

冬至天阴无日色，来年定唱太平歌。

十二月侯

朔日西风六畜灾，棉丝五谷总成堆。

最喜大寒无雨雪，太平冬尽贺春来。

十二个月节气丰稔歌

正月

岁朝宜黑四边天，火雪纷纷是旱年。

但得立春晴一日，农夫不用力耕田。

二月

惊蛰闻雷米似泥，春分有雨病人稀。

月中但得逢三卯，处处棉花豆麦宜。

三月

风雨相逢初一头，沿村瘟疫万人忧。

清明风若从东至，定是农家有大收。

四月

立夏东风少病疴，晴逢初八果生多。

雷鸣甲子庚辛日，定主蝗虫侵晚禾。

五月

端阳有雨是丰年，芒种鸣雷美亦然。

夏至风从西北起，瓜蔬园内受熬煎。

六月

三伏之中逢酷热，五谷田禾多不结。

此时若不见灾危，定主三冬多雨雪。

七月

立秋无雨是堪忧，万物从来只丰收。

处署若逢天下雨，纵然结实也难留（秋日小雨吉）。

八月

秋风天气白云多，处处好歌好晚禾。

只怕此时雷电闪，冬来米价道如何？

九月

初一飞霜侵损民，重阳无雨一冬晴。

月中火色人多病，更迁雷声菜价增。

十月

立冬之时怕逢壬，来年高田枉费心。

此时更逢壬子日，灾殃预报损人民。

十一月

初一有风多疾病，更兼大雪有灾魔。

冬至天晴无雨色，来年定唱太平歌。

十二月

初一东风六畜灾，若逢大雪旱年来。

但逢此日晴明好，下岁农夫大发财。

二十四节气诗

春雨惊春清谷天，夏满芒夏暑相连。

秋暑露秋寒霜降，冬雪雪冬小大寒。

立春占验歌

先天与后天，不必问神仙。
但看立春日，甲乙是丰年。
丙寅遭大旱，戊已损田园。
庚辛人不静，壬葵水连天。
雪打正月节，二月雨不歇。

四季歌

春季桃花颜色红，莺啼鸟语满园中；
对对蝴蝶花间舞，双双燕子衔飞虫。
夏季荷花阵阵香，姐姐妹妹乘风凉；
大家拿着芭蕉扇，捉得飞虫瓶里藏。
秋季凤仙颜色浓，女孩看见乐融融；
采得花儿染指甲，十指甲儿点点红。
冬季梅花雪里开，三朋四友上楼来；
远望蜡梅白如雪，画幅图来该不该。

测天歌

春雾暴死狗，夏雾涨大水。
罩雾罩得密，披蓑戴斗笠。
露人见晴天，露多报丰年。
春寒雨绵绵，夏寒火烧天。
清明起南风，禾田必大丰。
夏至东南风，六月水横行。
早晨一声雷，雨不过午时。
夏天西北雨，落不过田埂。
小暑雷公叫，鱼虾水坝跳。
雷打小暑头，七月水波飘。
天天钩钩云，三日雨淋淋。
天空马尾云，大雨即来临。
天空起舞浪，地面水满塘。
天上铁钻云，地面雨滩深。
天上瓦块云，日头晒死人。
天上鱼鳞斑，晒谷不用翻。
日月如带枷，无风雨也下。
朝霞伞出门，晚霞顶天行。

傍晚天发黄，大雨打崩塘。
久晴西风雨，久雨西风晴。
久雨闻鸟声，不久就天晴。
无雨顶山光，有雨亮四方。
下雨天边亮，还要下一丈。
霜雪又加雾，旱得受不住。

禁止捕杀动物月忌歌

正月獐，二月鹿；
三月地鸟（七彩山鸡），四月瘌痢（穿山甲）。

正月摇摇

正月摇摇，二月踏佻。
三月吃坟酒，四月正起手。
五月忙车车，六月挖番薯。
七月光溜溜，八月对半收。
九月叫没钱，十月去担盐。
十一月叫没柴，十二月秧豆芽。

十二谣

正月闹元宵，二月芥菜市。
三月麦杆做鬼叫，四月跳蚤卟卟跳。
五月龙船两头翘，六月太阳当头晒。
七月快乐七夕过，八月大饼庆团圆。
九月重阳敬老节，十月怀胎敬母亲。
十一月冬至圆团浮，十二月回家过新年。

小方卿

正月里来正月正，河南出个小方卿。
方卿本是贫穷汉，苦了家中老母亲。
二月里来杨柳青，方卿无厝住凉亭。
凉亭本是观音庙，手捏金钗变铜钉。
三月里来三月三，方卿一心去小垟。
去到小垟湖广路，不知姑妈在何方。
四月里来立夏天，方卿去到姑妈边。
姑妈骂他穷鬼到，好的姑爷好良心。
五月里来石榴红，表妹绣花在楼东。
楼中秀气珍珠塔，珍珠好宝绣鸳鸯。

六月里来莲花开，姑爷赶进凉亭来。
黄金万两都不要，只要表妹能相爱。
七月里来秋风凉，方卿去到大路旁。
路旁遇见读书友，书友教他读文章。
八月里来挂花香，方卿起身上考场。
三篇文章做得好，万岁封他状元郎。
九月里来菊花黄，方卿中了状元郎。
文武百官来参拜，回到湖广见爹娘。
十月里来小阳春，方卿打扮讨饭人。
手拿铜钱开口唱，句句唱到姑妈身。
十一月里来雪纷飞，绫罗绸缎交表妹。
绫罗绸缎中堂挂，表妹心里乐开花。
十二月里来北风劲，前街后巷说方卿。
本来姑妈要办罪，好的表妹保太平。

谢豹[①]

一更杜鹃叫一声，青山百鸟招歌听；
青山也有百样鸟，为何叫得这好听。
二更杜鹃叫二声，杜鹃谢豹结弟兄；
杜鹃本是台州客，谢豹家住扬州城。
三更杜鹃叫三声，谢豹盐场打死人；
研好对头告一状，提入牢城受苦刑。
四更杜鹃叫四声，杜鹃送饭看弟兄；
等我剃头洗身体，待日回来报你恩。
五更杜鹃叫五声，谢豹洗身还未回；
杜鹃替生无替死，太阳下山等你来。
六更杜鹃叫六声，谢豹逃出扬州城；
做了南山钻地鼠，不见天地不见人。
七更杜鹃叫七声，官爷审事审不明；
三百罪人都放了，剩我杜鹃一个人。
八更杜鹃叫八声，百二枷锁架我身；
百二[②]枷锁尤则可，十指埋针血淋淋。
九更杜鹃叫九声，杜鹃推出来斩头；
杜鹃未做亏心事，为了弟兄斩了头。
十更杜鹃叫十声，前人做事后人传；

弟兄虽好情款待，切莫真心待别人。

注：①谢豹：清雍正《泰顺县志》注：“以声名之，即杜鹃，亦名子规”。杜鹃花亦名映山红，民间传言为谢豹化身。②百二：指 120 斤。

孟姜女

正月里来是新春，家家户门点红灯；
别人家家团团聚，我家丈夫造长城。
二月里来暖洋洋，双双燕子到南方；
新窝做得端端正，对对双双在画梁。
三月里来是清明，桃红柳绿正当春；
家家坟上飘白纸，孟姜坟上冷清清。
四月里来养蚕忙，姑嫂双双去采桑；
桑篮挂在桑枝上，捋把泪来捋把桑。
五月里来是黄梅，黄梅时节天阴阴；
家家田内稻秧齐，孟家田内是草堆。
六月里来热难当，蚊虫飞来闹嚷嚷；
宁可吸我千口血，莫吸我夫范杞良。
七月里来秋风凉，家家窗下裁衣裳；
青红蓝绿色色齐，孟姜家中是空箱。
八月来到雁门关，孤雁足下带书来；
我同孤雁一样苦，天各一方两分开。
九月里来是重阳，重阳美酒菊花香；
别家酿酒夫妻饮，姜女酿酒无人尝。
十月里来上谷场，牵砻做米纳官粮；
家家都有官粮纳，孟姜家里空米缸。
十一月里来雪花飘，孟女出外送寒衣；
前面乌鸦来领路，哭倒长城一万里。
十二月里来过年忙，杀猪宰羊闹洋洋；
家家户户办过年，孟姜家中空荡荡。

十穷十富

第一穷，闲散放荡不经营，渐渐穷。
第二穷，不惜钱财手头松，糟塌穷。
第三穷，朝朝睡到日头红，邋遢穷。
第四穷，家有田地不务农，懒惰穷。
第五穷，结识豪富作亲朋，攀高穷。

第六穷，好打官司逞英雄，斗气穷。
第七穷，借债送礼装门风，自弄穷。
第八穷，妻儿懒惰不用功，该当穷。
第九穷，子孙相交无赖朋，骗局穷。
第十穷，好酒贪花赌骨牌，彻底穷。
第一富，不怕辛苦干活路，勤俭富。
第二富，买卖公平多主顾，忠厚富。
第三富，听得鸡啼离床铺，自然富。
第四富，手脚不停理家务，终久富。
第五富，常防火盗入门户，谨慎富。
第六富，不做坏事犯法度，安分富。
第七富，合家大小相帮助，同心富。
第八富，妻儿贤慧无欺妒，帮家富。
第九富，教训子孙立门户，代代富。
第十富，存心积德天赐富，为善富。

考状元歌

有来有去机上梭，有去无来水面波。
身上无银难赶考，手中无钱难开科。
我若状元进得来，请你二个没生气。

打赌诗

一二三岁穿红穿绿，五周六岁爬上爬落；
七周八岁读书入学，好的儿子刻苦勤学。
无用儿子浪荡快乐，看见赌场雨伞放落；
开起红门打起宝角，指头点点骰子打下。
打赌弟兄人情最薄，输了铜钱拳头打下；
无钱解拆衣服脱下，公婆知晓言语敲咒。
父母知晓巴掌打落，输钱学起摸鸡偷锅；
被人知晓麻绳捆捕，送入县府治罪发落。
打了板子股臀起壳，亲眷知晓取钱回赎；
好的儿子回头转马，无用儿子仍旧赌博。
赌了房屋灰斗当屋，输了里锅还有外锅；
赌了外锅沙煨当锅，一生一世江湖流落。

泰顺名物

排前竹，筱村釉。
乌岩木，司前厝①。
翁山烂笋糖，南乔栗子王。
下洪大祠堂，莒江大粉王②。
葛簕好鱼塘，罗阳大琴堂③。

注：①厝：泰顺方言房屋称厝。②大粉：粗粉丝。③大琴堂：旧衙署。

泰顺三件宝

泰顺三件宝，薯丝吃到老，
火笼当棉袄，火篾当灯草。

三件宝

火笼共头躺，棕衣当棉袄，山草当吃宝。

大跃进歌

五年计划第三年，罗阳城里变了样。
筱村松东和仕阳，前前后后都赶上。
百丈也有变了样，碾米机器咯咯响，
雪白电灯夜夜亮。
大安区，大垟乡，新竹水库真像样。
不久将来公路通，想到温州和杭州，
来来往往真便当。
泗溪区，上佛垟，今年办起高级社，
荒山就要变林场。
这个东西那里来，全靠毛主席共产党。

童谣

猫儿歌

暗摸摸拍火刀，烟酒吃筒唱山歌。
猫咪走路会唱歌，黄狗走路笑呵呵。
猫咪哥狗仔弟，猫咪脸花狗眼绿，
牛牯笑马掉了牙，马笑牛牯角不生。

麻雀叫喳喳

麻雀团，叫喳喳。无床睏，
睏树杈。无饭吃，吃泥沙。

长尾乌

长尾乌叫其涡，三斗米讨外婆。

外婆生我姥，我姥生大哥。
大哥细哥有讨嫂，剩我尾赖没老婆。
保佑皇天做大水，全家流去全全无。

蚂蚁歌

草蚁翁草蚁婆，蛈蝇蜻丫给你驮。
喊你驮你不驮，别人驮了你叫没。

没裤鸡

没裤鸡 挑笊篱，
没娘姆 随路啼。

罗笔蜂

罗笔蜂叫嗡嗡，三条岗水尾宫。
莫咬你莫咬我，去咬水尾阿呢翁。
咬那里、咬耳聋，痛不痛、痛惊人。

萤火姨

萤火姨光嗤嗤，飞我锅底吃麻糍。
麻糍尾请角螺，麻糍中央请萤火。
萤火须落大溪，大溪水好煮饭。
饭未熟，阿爹喊我去砍肉。
肉未烂，讨个阿婆去先尝。
阿婆没牙齿，十八轿夫扛不起。
一边吹葫芦，一边吹哨子。

田螺走路

田螺笑田蚓，田蚓笑田螺。
别人走路用脚走，你却走路用头陀。

不如娘

上岭不如下岭长，扇风不如吹风凉，东家虽好不如娘。

不平等歌

牛耕田，马吃谷，阿爸做官儿享福。

锯板师

锯板师，铣铣沙。
吃我饭 锯我柴，未锯三粒板讨茶呷。
锯你板 吃你饭，吃你一块猪肉心不愿。

狗盘翁

磨砖揍地狗盘翁，雕花刻孔嬉做窝。

阿爸拍柴铺龙床，龙床本是生太子，
又讲阿爸没工夫。

乞丐歌

拿条柴仔舞一舞，背后黄狗咬脚肚。
脚肚咬了一个洞，背后揹个孬蓆头。
蓆头一个洞，手上提个孬火笼。
火笼又没火，旁山阿嫂讨馍糍尾。
馍糍尾长又长，去到灰斗铺明床。
稻草铺起暖又暖，旁山阿嫂真真好。

外甥王

喜鹊尾巴长又长，打把铜刀送舅娘。
舅娘抬过坑，姨娘养外甥。
养的外甥会爬岭，不见外甥脚迹影。

三懒

吃饭不仺碗，洗脚用脚铲，出门不带伞。

讨媳妇

后边山一棵棕，节节开花节节红，
保佑大哥细哥讨好嫂。
好嫂讨来喂大猪，大猪喂起请谋人。
七十笼八十箱，笼笼开起白牙香。
头戴银花五十两，手戴银镯五十双。

古怪眠床

穷人莫到富人家，吃了晚饭叫洗脚。
有柄床头无柄的伞，古怪眠床十六个脚。

三年新三年旧

三年新三年旧，打锣打鼓取新妇。
新妇不榨稷，皇帝不抬轿。
老鸨半天飞，鸭子下沙锅。

指纹歌

一腡穷二腡富。
三腡穿破裤，四腡挑豆腐。
五腡挑柴卖，六腡买柴烧。
七腡七姐妹，八腡带八败。
九腡九弯弯，十腡会做官。

牛皮扳

牛皮扳，扳牛皮。

牛母生仔马剥皮，担豆腐吹角螺。

砻米该

砻米该，米砻砻。糠喂猪，米养人。

瘪谷喂鸭姆，鸭姆生卵还主人。

大个自己吃，细个还别人。

别人讲我心不平，鸭姆生的没奈何。

磨豆腐

磨豆腐请阿舅，豆腐渣请亲家，

豆腐皮请阿姨，豆腐卵请阿婶。

犁头

犁头尖尖，犁尾圆圆。

种田辛苦、谷米值钱。

笔尾尖尖，笔头圆圆。

读书辛苦，文章值钱。

上字出上头，下字出下头。

申字两头出，甲字没出头。

赶亲家

我家来个亲家翁，春来就到冬。

三年陈菜也吃了，三年谷米也吃空。

你家来个亲家翁，春来就到冬。

皇帝养的千军万马，为何养不了一个亲家翁。

甜葫团

甜葫团　哪里扭，

我姥打我我不愁，我爸打我我真愁。

钱堂问钱堂

钱堂问钱堂，人客问话不内行。

眼前女子未嫁出，为何叫我嫂爿行。

钱堂过钱堂，唔是人客问话不在行，

你手抱孩儿叫你嫂爿行。

钱堂问钱堂，人客讲话就是不在行。

我家也有亲兄嫂，手抱孙儿叫我嫂爿行。

养囡莫放山头厂

养囡莫放山头厂，单听鸟儿吱吱响；
千年不见划龙船，万年不听锣敲响。

后爿山啥货叫

后爿山啥货叫？娘娘衣叫。
娘娘衣没嘴为何叫？靡动。
田螺有靡又未叫？田底货。
蛤蟆田底货为何叫？嘴阔。
畚斗嘴阔不会叫？竹做。
箫团竹做为何叫？洞多。
米筛洞多又不叫？唇高。
铜锣唇高又会响？铜拍。
茶壶铜拍又不响？腹肚空。
大鼓肚空又会响？皮蒙。

贪便宜

雪在天上糊里糊涂，落在山上明明白白。
纸上变字容容易易，字上变纸难上加难。

不消烊

竹子未大大竹欺，小孩未大受人气。
长长布袋套言语，短短布袋套柴槌。
头发剪掉都会长，恶言恶语不消烊。

牛郎歌

看牛郎仔有的嬉，看马郎仔有的骑。
看羊郎仔脚脱皮，看鸭郎仔喂猫狸。

乘凉摇

拿伞不如云遮日，拿扇不如风吹凉。
热天莫过柴棵下，寒天莫过火厨堂。

暗摸摸

暗摸摸好栽葱，葱没芽好栽茶。
茶无味好栽柿，柿未黄掏个阿婆先尝。
阿婆没牙齿生个十八姐，十八轿夫抬不起。
一边吹葫芦，一边吹哨子。
黄狗走路笑呵呵，猫咪走路会唱歌。

遥灌卒

遥灌卒　卒遥遥，阿爸做息仔踏桄。
阿爸吃白饭，啊仔心不愿。

愁与不愁

吃不愁，用不愁，只愁老酒冲鼻头。
吃不愁，用不愁，只鸡鸡骨哽喉咙。

山歌

山歌

山歌好唱（一）

山歌好唱难起头，唱起山歌汗也流。
后门黄竹拨长节，面前溪水颠倒流。
山歌好唱口难开，果子好吃树难栽。
衣食住行天天要，没有劳动哪里来。

山歌好唱（二）

山歌好唱实好听，强氏秀才读五经。
五经本是文武事，山歌句句说事成。
山歌好唱实好听，强风吹送到朝廷。
皇帝宫主都许我，只因无钱做不成。

山歌难起头

山歌不唱难起头，且唱温州八角楼，
八角楼头好饮酒，六月西瓜好引喉。
一条竹子跳过坑，十棵杨梅九棵生，
叫我郎仔多吃粒，明年不知生不生。
一条竹子跳过垅，十棵杨梅九棵红，
今年我郎多吃粒，明年不知红不红。
日头上山红又红，官爷出外两面锣，
黄师出外两面鼓，和尚出外念弥陀。

石榴

石榴开花红又红，包公出世不像侬。
好得嫂嫂抱养大，神皇庙里判双钉。
石榴开花红又红，三国出个赵子龙。
提刀马上抱太子，杀出血路见主公。
石榴开花叶又青，唐朝出个程咬金。
做官要学包文拯，做佛就要观世音。

石榴开花叶又青，唐朝真主李世民。
尉迟骗走鞭下过，现出金龙保主公。

挑担歌

傍条山岭起呵呵，肩上挑担口唱歌，
别人笑我尽快乐，吃苦无奈唱山歌。

採花

三人同日出採花（春），百友回来共一家（夏），
禾火二人相对坐（秋），夕阳桥下一双瓜（冬）。
衣衫脱在一口田（福），女子开口笑连连（如），
一人直在田中过（东），人看山水流母边（海）。
二人说天不成天（夫），十女中间有半田（妻）
八王问我田多少（义），土上加田又一千（重）

城豹杜鹃

一更城豹叫一声，青山百鸟觉头听；
杭州杭府百样乌，为何叫的真好听。
二更城豹叫二更，杜鹃城豹甲弟兄；
杜鹃本是杭州府，城豹本是福州城。
三更城豹叫吟吟，城豹英雄打死人；
无好村人就过去，无好清官压罪人。
四更城豹叫四声，杜鹃送饭寻弟兄；
杜鹃代了三天牢，代我三天剔头毛。
五更城豹叫五声，城豹剔头还末回；
代你替生不替死，泰山门下等你来。
六更城豹叫六声，城豹许愿给你听；
泰山门下滚地鼠，不见天日不见人。
七更城豹叫七声，百二斤囚袈我身；
百斤囚袈由思可，头上加铁又加钉。
八更城豹叫八鸣，官爷审事审不明；
三百罪人都放了，余下杜鹃一个人。
九更城豹叫九头，杜鹃发出来斩头；
杜鹃未做亏心事，代了弟兄斩了头。
十更城豹叫十全，前人做事后人传；
朋友再好情宽待，切莫真心待别人。

山歌对唱（一）

问：山歌好唱口难开，什么好吃树难栽，
　　什么好吃路头远，什么好吃甜又甜。
答：山歌不唱口难开，棱琴好吃树难栽，
　　沙糖好吃路头远，蜜桃好吃甜又甜。

山歌对唱（二）

问：唱条山歌给你搜，什么花花跳过沟？
　　什么花花环山走？什么花花随溪流？
答：唱条山歌搜就搜，蛤蟆花花跳过沟，
老虎花花环山走，鲤鱼花花随溪流。
问：唔唱山歌给你掏，牛牯身上多少毛？
　　芝麻一斗多少粒？绸缎一匹多少梭？
答：唱条山歌我就掏，牛牯算头不算毛，
　　芝麻算斗不算粒，绸缎算匹不算梭。
问：唱条山歌回旁哥？什么生仔全身乌？
　　什么生仔穿背苔？什么生仔口含虫？
答：回条山歌给旁哥，老鸦生仔全身乌，
　　喜鹊生仔穿背苔，燕子生仔口含虫。

山歌对唱（三）

问：唱条长诗问旁山，陈氏夫人哪里来?
　　陈氏夫人谁来教?她的法术哪里来?
答：唱条长诗回旁山，陈氏夫人邻水来，
　　陈氏夫人母娘教，她的法术闾山来。
问：唱条长诗问旁山，闾山大门何人开?
　　何人又会上闾山?闾山法主哪里来?
答：唱条长诗回旁山，闾山大门法主开，
　　佛骨才会上闾山，闾山法主盘古开天来。
问：唱条长诗问旁郎，谁人小小看牛羊?
　　谁人小小有官做?谁人小小判阴间?
答：唱条长诗回旁郎，包公小小看牛羊，
　　包公小小有官做，日判阴间夜判阳。
问：唱条长诗问旁郎，洛阳桥有多少长?
　　桥面铺有多少版?桥下也有多少梁?
答：唱条长诗回旁郎，洛阳桥上我來量，
　　七岁骑马数桥板，九岁坐船数桥梁。

问：唱条长诗问旁郎，闾山大洞哪人开？
法主师父什么人？法主法术哪里来？
答：唱条长诗回旁郎，闾山大洞法主开，
法主师父教母娘，法主法术盘古开天赐用来。
问：唱条山歌给你花，什么树顶开兰花？
什么开花不结籽？什么结籽不开花？
答：唱条山歌给我花，空桐树顶开兰花，
杨梅开花不结籽，杨梅结籽不开花。
问：唱条长诗问旁郎，什么肚内一点黄？
什么背上一条骨？什么肚内四条肠？
答：唱条长诗回旁郎，鸡蛋肚内一点黄，
墨鱼背上一条骨，草鞋肚内四条肠。
问：唱条长诗问旁郎，面前田岸多少长？
田里田外几样草？什么抽心节节长？
答：唱条长诗回旁郎，面前田岸我来量，
田里田外百样草，油草抽心节节长。
问：唱条长诗问旁郎，面前大竹多少长？
面前大竹开几片？几片篾青几片筒？
答：唱条长诗回旁郎，面前大竹我来量，
面前大竹开四片，四片篾青四片筒。
问：唱条长诗问旁夫，黄牛一身多少毛？
油麻一斗多少粒？绸缎一匹多少梭？
答：唱条长诗回旁夫，黄牛算头不算毛，
油麻算斗不算粒，绸缎算匹不算梭。

第四节　楹联　诗词

楹联

中共泰顺中心县委驻地纪念碑楹联

癸巳年　梁平波　题

壬辰年冬　陈法文　题

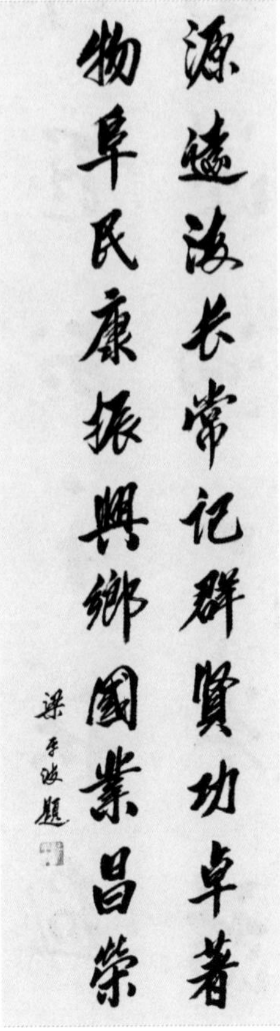

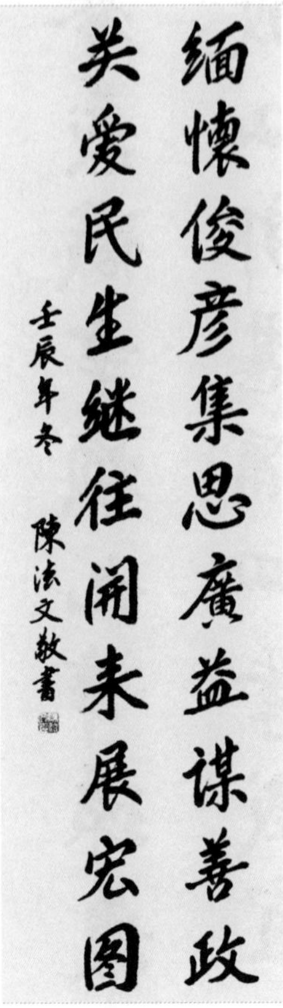

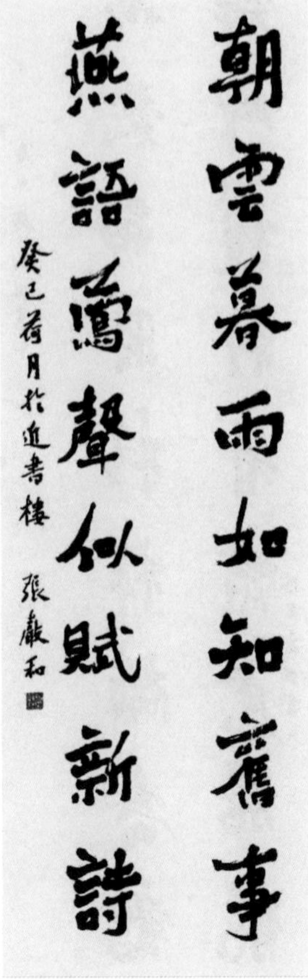

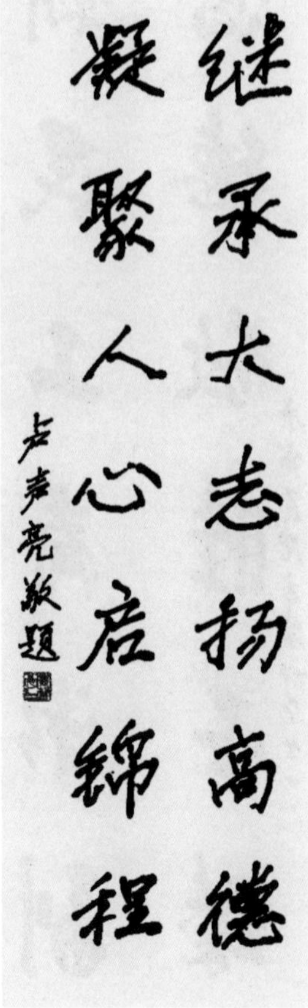

①　②　③　④

① 癸巳年　梁平波　题
② 壬辰年　陈法文　敬书
③ 癸巳年　张声和
④ 癸巳年　卢声亮　敬题

富教知方牌坊楹联

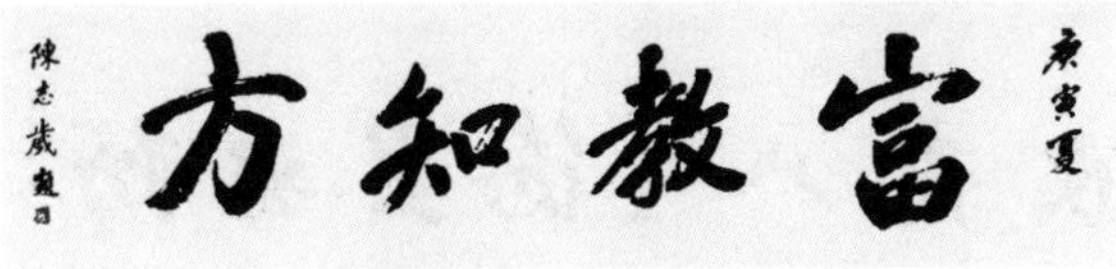

庚寅夏　陈志岁　题

庚寅夏　常治国　题

①

②

③

④

① 陈志岁　撰书
② 陈志岁　撰书
③ 庚寅年　钱法成　撰书
④ 庚寅秋　曹云霖　朱志杰　撰书

古道歇棚长廊楹联

庚寅秋　陈志岁　题

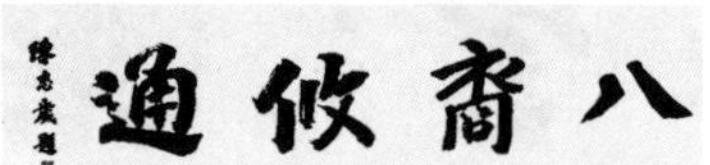

庚寅秋　陈志岁　题

寅庚秋　陈志岁　题

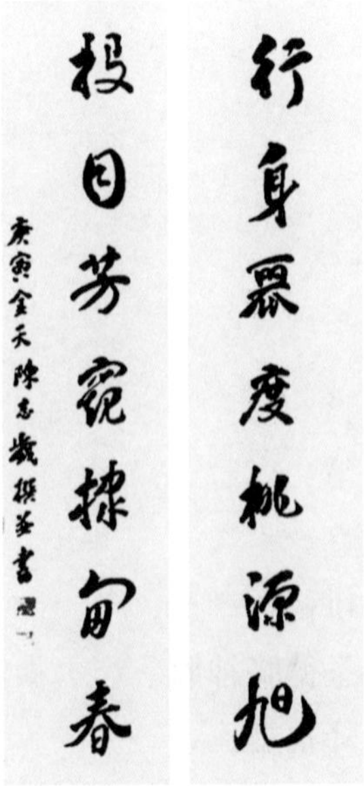

①

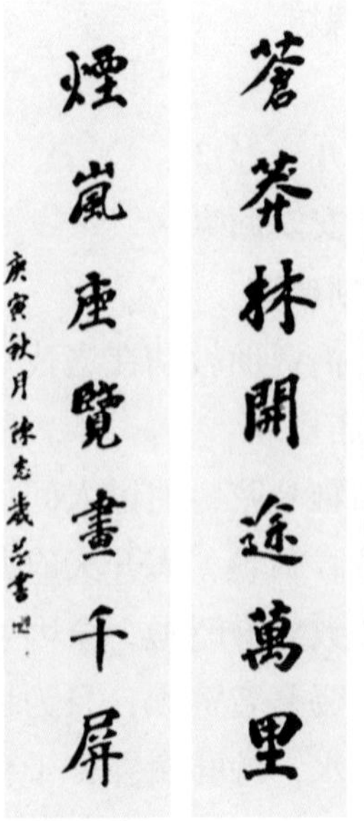

②

③

① 庚寅秋 陈志岁 撰书
② 庚寅秋 陈志岁 撰书
③ 庚寅秋 陈志岁 撰书

玉曦亭楹联

龙年冬 西泠印社 江吟 题

① 龙年冬 江 吟 撰书
② 癸已年秋 张声和
③ 甲午夏 吴久籁 撰书
④ 甲午年 爱新觉罗恒珏 敬题

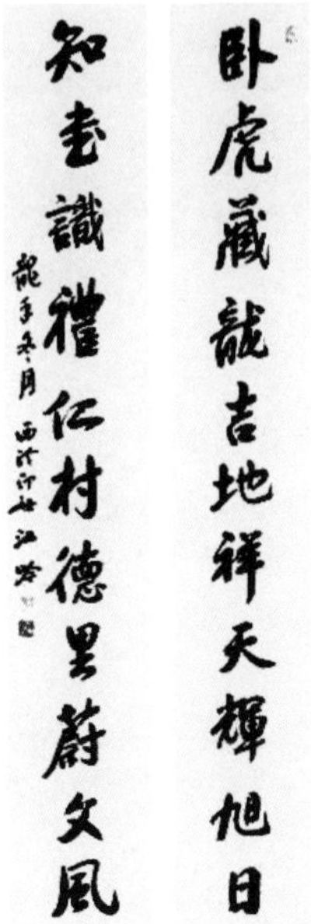

①

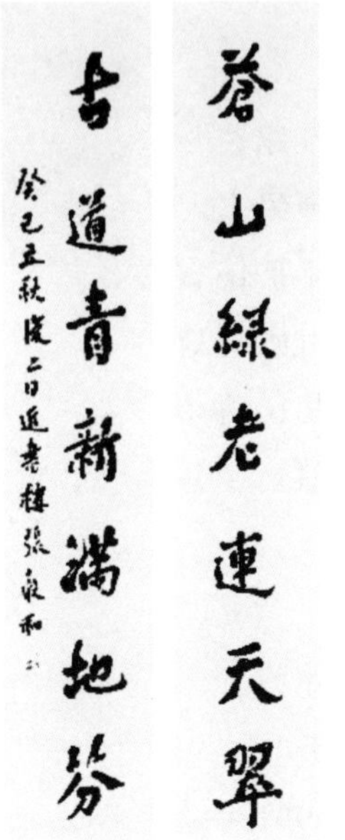

②

③

④

大路头牌坊

老区人民欢迎您

昔为红旗不倒，今兴九峰经济。

高高兴兴出门，平平安安回家。

玉西中学创建碑

外善好施德荫千秋，捐资助教功在当代。

马氏天仙庙楹联

谁降一条白涧，操伯雅琴弦，曲谱人间仙境；

何来四面青山，展富春画卷，霞开天府龙庭。

授玉帝秘籙成神仙，致美誉昭飏，全因躬耕稼行孝道；

承朝庭皇封列上界，赐嘉名赞颂，只为怀圣德降神恩。

富德裕仁乡，仙龟浮水，鲸吐澍霖，千秋降福祉；

钟灵毓秀地，神虎镇山，龙蟠关隘，万代得太平。

人间孝女 紫微传授图符 广慧万民 祈降雨霖济天下；

尘海仙姑 玉帝敕封菩萨 灵泽九域 祛除蝗祸恩众生。

横匾：恩泽万世

张连坡撰　王西申书

杨府宫楹联

神功无边　功垂社稷，

恩光普照　造福民生。

巍巍圣德　如南山常峙，

赫赫神功　似江水长流。

景运漈兴隆画栋雕梁新气象，

神威昭显赫庇民护国蔓声灵。

尊荣慈祥神功显赫亿万年护佑百姓，

威名法高圣德昭著千百世敬拜尊神。

2010 年秋

田大翁宫楹联

西地烟霞入眼底，

泗溪云雾落庙前。

庙环山峦叠叠庄稼碧铺地，

龛对林海层层绿波翠连天。

1991 年春

仙翁宫楹联

宫貌垂千古，威灵镇四方。

永定乾坤位，长明悠久尊。

地主宫

卫民功远大，护国德岳高。

庄济庙门楼楹联

祥光照户丁财旺，

恩惠盈村福寿全。

圣地侯翁，显威灵验普天泰。

玉门神殿，施泽济民合境安。

癸巳年秋　吴久籁

庄济庙楹联

圣德遍捷并乾坤同滋万载，

神光普照兴日月永耀千秋。

神光普照保境安民百姓普沾吉庆，

道法无私有求必应万民收获盈丰。

佚名

颔颔亭

柢掌点头　俦侣相谈相会意，

捋须放眼　风光一览一开颜。

陈志岁撰　爱新觉　罗恒珏书

逸心亭楹联

静坐听鸟音　精神爽透脏腑，

临水观鱼跃　笑语声耸云霄。

佚名

临水观鱼跃笑语声耸云霄，

静坐听鸟音精神爽透脏腑。

心有三爱奇画骏马佳山水，

国载四物青松翠竹白梅兰。

包日文

永乐亭楹联

变化村容万古流芳，

捐资兴亭功在千秋。

科学兴国丰衣足食乐无边，

放眼尽观青山绿水自然美。
谈天说地国家政策顺民意，
静坐聆听邑庠学子读书声。

庚寅夏立　包日文

观音亭楹联

话千秋天翻地覆，祝万事国泰民安。

永乐亭碑楹联

捐资兴亭功在千秋，美化村容万古流芳。
行善和日月同辉，积德共山河永存。

小亭楹联

亭小景乃大，岁旧史必清。

龙年冬月　胡梦君

衍德居楹联

祖考开区芳绪永，儿孙振世显荣多。

戊子春月　陈志岁

注：居为王尚钱先生祖屋

赠王尚钱：

孝中至乐堪持觊，医外奇书岂要观。

横批：秉训将禧

戊子冬月　陈志岁撰　童宴方书

赠泰顺县信访局长王尚钱：

目物谐相藉，心氓祉共将。

己丑清夏　陈志岁

赠卢爱玉药店楹联

药灵只在证能对，人健何妨吾亦闲。

辛卯阳春　陈志岁

树罅忽明知月上，竹梢微声觉风来。

甲午端月　张声和

璜溪古道落成纪念・纪狮子对联

国泰民安，人心效顺。
通京越国，道理悠修。

庚寅秋月　王尚钱

登九峰尖对联

携晚日　望仪阳　神游故国

浴天池力看春色，
登九峰　牵云霭　追梦海天
龙漩湖边听松涛。

癸酉春月　王尚钱

莘阳王尚钱居宅门楼楹联

水秀山明人蕴藉，风清日丽气中和。
横批：驾福乘熙

乙未秋月　王尚钱

诗词

宋真宗帝御制谱赞

殷室无道，民惧其忧。大哉天命，启迪成周。
古公始意，肇厥圣由。泰伯虞仲，已遨已游。
文身断发，示不可求。仁人西伯，德自世脩。
武王奋迹，白鱼入舟。不期而会，八伯诸侯。
佐承天统，敷阐皇犹。仲雍之绪，帝御嘉褒。
锡袭子爵，已显其迷。光垂万右，永誉千秋。

摘自龙港陈氏家谱

赞中亭公

公之生平，难苦万千。幼也失怙，仔以自肩。
克勤克俭，富甲村烟。诒谋燕翼，裕后光前。
名标家乘，亿万斯年。宜尔子孙，式谷似焉。

宋　雪峰川　敬述　摘自新庄陈氏家谱

赞卓村先生

器宇冲和，圭璋温润。古貌古心，穆然神竣。
行则朴诚，言尤忠信。摛文为赞，堪式后进。

宋　立隶生庄　拜撰　摘自新庄陈氏家谱

律诗四首

状元基

十载辛勤苦劳深，始得皇都第一名。
青山绿水尽拱护，可恨土司谋杀人。

棋盘山（宋词）

万仞海拔凌苍穹，惊动天人下碧空。
仙翁对奕时何古，留下盘岩最玲珑。

金钟山（宋词）

未必山中有金钟，须知迴响空谷频。
只因先人自古颂，留此遗迹启后人。

雌雄山（宋词）

古闻生物最灵通，岂知青山有雌雄。
朝分夕聚能造化，曾使夜溪水涨檀。

时元至正八年岁次戊子孟秋榖旦

十世孙元会谨撰　摘自新庄陈氏家谱

史峯翁秀岩赠坭垟山水诗

陈君初派别河前，越寻胜地属坭垟。
睹观几踞四龙脉，细望山形出水莲。
遂构草芦方弛檐，幸传枝衍得延缘。
借问东南稀罕处，犹如仙阙不昏天。

元至顺元年　史峰翁秀岩撰　摘自龙港陈氏家谱

西地即景即赠陈氏诸君

山势蟠龙最徜徉，长蛇赶蛤水之傍。
东峰垂福山山顾，南岳张旗面面藏。
桂子庭前夸秀拔，椿萱堂上喜颜苍。
甘棠留荫怀昌后，日颂平安代远芳。

元至顺元年　史峰翁秀岩撰　摘自龙港陈氏家谱

题赠新厝底居宅

从来西地最擅名，上从奇峯水一泓。
人杰可夸居盛族，地灵应卜产贤明。
抠衣衮匕文章盛，下榻腾腾瑞气盈。
苞竹绕林青不改，单门千古继簪缨。

元至顺元年　史峰翁秀岩撰　摘自龙港陈氏家谱

题赠九里潭居宅

筑室幽居护短垣，耕田凿井费思存。
三重漈上苍龙隐，九里潭中赤鲤腾。
玉石司关居隘口，白岩垂榜示文颁。
多少辉光隐藏处，付与东君作细论。

元至顺元年　史峰翁秀岩撰　摘自龙港陈氏家谱

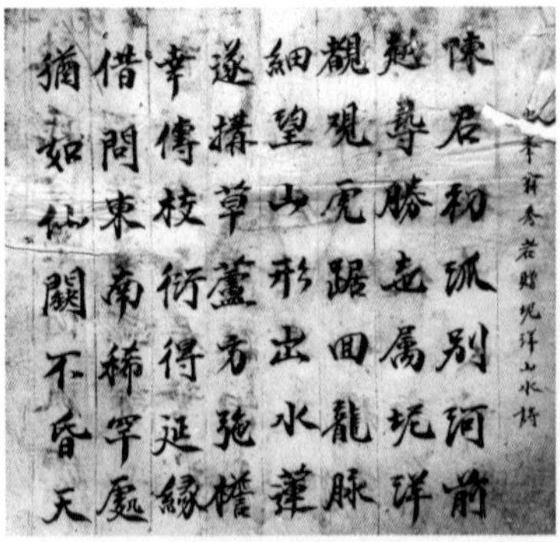
赠坭垟山水诗

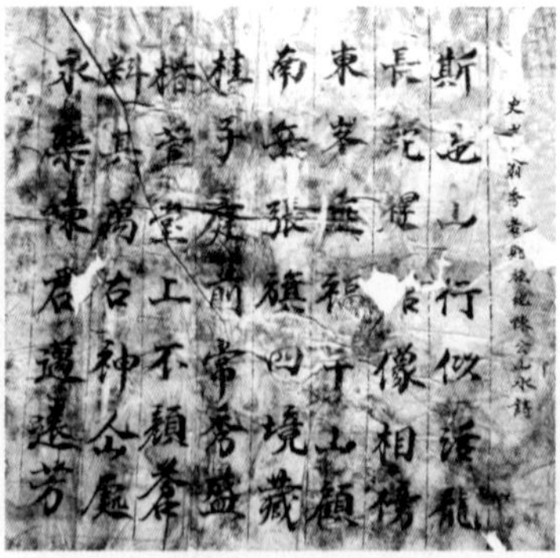
赠陈氏诸君

赠新厝底居宅

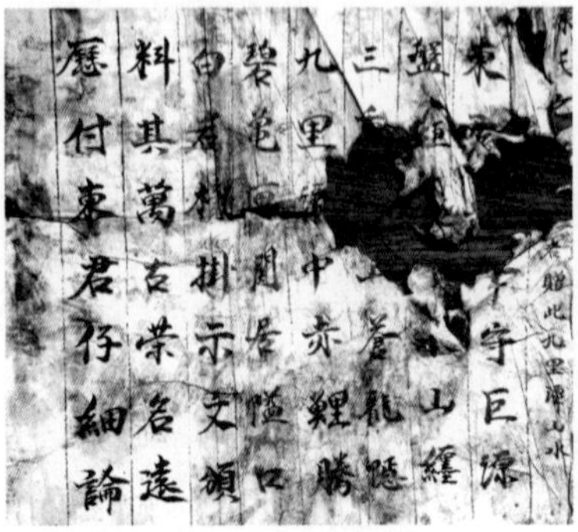
赠九里潭居宅

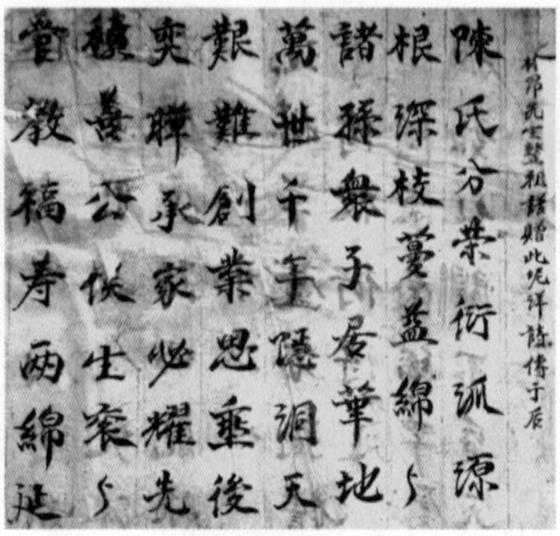
赠新厝底诗

赠西地诗

诗作墨迹

九峰灵泉—甘醴井

九天降落诞华庭，峰酿地蒸温玉清。

灵秀源源真上善，泉流汩汩润金声。

注：莘阳王尚钱居宅古井　乙未冬月　吴久赖　撰

入西地村

一船山水彩云间 中现桃源不设关

屋后房前花照眼 村谈八月正农闲

庚寅秋月　陈志岁

注：西地村，在浙江省泰顺县九峰乡。村所在山区，地形如船。村庄溪峦秀美，人境燮宁。

附录：包日文墨迹（唐诗二首）

① 几转到青山，数重度流水。秦人入云去，知向桃源里。唐·钱起《蓝田溪杂咏》（洞仙谣）

② 万树江边杏，新开一夜风。满园深浅色，照在绿波中。唐·王涯《春游曲》（杏花）

①

②

第五节 谚 语

经历民众长久生活，由自然现象和人生世故所得经验，逐渐形成言简通俗，富含哲理口头话语。鉴之有利掌握农事、预防灾害、社会和谐、家庭和睦、勤劳苦学等。

自然类

春交四十二，赤脚不怕地。

春天看山头，冬天看海头。

春风是雨马，夏风干涩涩。

春甲子雨，麦烂蚕死。

春雾雨，夏雾晴，秋雾龙风，冬雾霜雪。

春挖一锄头，秋收一畚斗。

立夏晴，棕衣挂田坪。

立夏雨，坝头当矿步。

夏甲子雨，地裂千里。

夏至响雷三伏冷，夏至无雷十分冬。

正月出蚊虫，二月捧火笼。

二月二芥菜市。

二月二晴，树头果子两遍青。

二月二蕨驮地，三日三蕨上山。

六月不晒，无谷还债。

六月初三雨，七十二个雷雨期。

六月南台无米筛，七月南台米生苔。

六月挂虹给虹害，七月挂虹逃不迭。

九月九，虾蟹相到走。

九月初九晴，不值十月初一一日晴。

十月二十晴，晴到十二月廿九晚。

十一月初三见月，避得了年底避不了正月。

十二月初三见月，初四见雪。

初一下雨初二散，初三下雨到月半。

七晴不过九。

七死八活九大晴。

十七十八，月上眼眠。

二十平平，月上半暝。

清明断雪，谷雨断霜。

清明到出，谷雨到长（竹笋）。

清明晴，谷米平。

吃了端午粽，脱衣叠被藏箱底。

小满不满，芒种不赶。

芒种下雨火烧溪，夏至下雨烂了鞋。

处暑若逢发大水，只恐人愁地也愁。

秋甲子雨，龙风大水。

冬至晴年到湿。

冬至光年边暗。

冬至一日暖，半天孵雪蛋。

冬至一日寒，百鸟都平安。

冬至碰月头，掏扇上高楼。

冬至月中央，无雪又无霜；

冬至碰月尾，驮柴够烘火。

冬天寒树木，春天寒人肉。

冬甲子雨，牛羊冻死。

云遮仲秋月雨打元霄灯。

乌云接日头，半夜雨稠稠。

云往东，一阵风；云往西，雨凄凄。

夜里乌云障，白天晒死老和尚。

黄昏吹东风，日神主旱龙。

早霞不出门，晚霞走千里。

朝雨晚晴。

傍晚出红霞无水烧茶。

雾露落墙，大洗衣裳。

久晴大雾阴，久雨大雾晴。

天上钩钩云，地上雨淋淋。

天上鱼鳞斑，谷子不用翻。

东虹太阳西好雨，早上落雨晚上晴。

虹挂东，日头红；虹挂西，大雨满楼梯。

虹高日头低，明朝披棕衣。

虹低日头高，明朝晒断腰。

有雨山戴帽，无雨山穿红。

雨夹雪，下不歇；雪夹雨，下没歇。

雨打立夏，无水洗犁耙。

雨打芒种头，溪鱼目汁流。

雨打芒种脚，村人笑哈哈。

雨打芒种尾，溪鱼归大海。

雨打五更天，雨伞不用撑。

雨打更，一天雨伞不用撑。

雨打空心头，一天不用愁。

霜降碰重阳，十年九年荒。

霜降不降，四十九天没看。

雷打秋，对半收。

雷响惊蛰前，四十九日不见天。

雷下高山顶，天气要转晴。

雷声绕围转，有雨不长远。

雷公唱山歌，有雨也不多。

空心雷，大水满肚脐。

南闪大门开，北闪有雨来。

日送山，明日干；日晾到，两头漏。

日落胭脂红，有雨也落空。

一日天灰三日雨，三日天灰九日晴。

日晕三天晴，月晕不过暝。

日头牛毛发大水，午后牛毛不暗天。

长晴不过廿八九，四六开天一日晴。

热天莫过樭下凉，寒天莫过火厨堂。

丙不存日，逢庚作变。

甲寅问甲子，你雨我也雨；

甲子问甲寅，你晴我也晴。

虾蟆叫雨蝉叫晴。

蚯蚓滚沙，雷雨到家。

蚂蚁搬家庭，大雨要来临。

鸡在高处飞，雨止天要晴。

蜘蛛网向上天气晴，鸟要下山会下雨。

鸟仔飞得高，天气一定好。

麻雀起早叫喳喳，洗衣晒谷大晴天。

冷石发潮下雨兆。

高山雪低山霜。

附录：气象谚语

初一落，初二散，初三落月半（初一如下雨，初二则会放晴，初三若下雨则会落到十五，难估计）。顶看初三，下看十八（每月初三日与十八日若有雨则会继续下）。立春落雨至清明（立春日若下雨，则至清明，这段时间雨最多）。春寒雨多，多寒雨散（春天若天气寒冷，雨水必定多；但冬天天气寒冷，雨水必定稀少）。春黑、冬白，雨仔泄泄（春天满天布黑云，冬天满天白云，则细雨长绵不停之意）。早春晚播田（立春之日如上年十二月内谓之早春，若播种莫过早，也不过迟，按季节行事也）。春雾暴死鬼，夏雾遭大水（观早晨之雾来卜晴雨）。春南夏北，无水磨墨（春天若发南风，夏天若发北风即晴）。

占天：乌云接日，明朝不如今日。乌云接落日，不降今日落明日。望雨看天光，望雪看天黄。朝看东南，暮看西北。朝霞不出门，暮霞行千里。朝霞暮，无水煎茶。乌窝高高举，必定有大水。立春之日天下雪，百日之内兑雪水（必定有大水）。

“九九”是我国民间忌日和预测天气变化方法。也可以说数字推算方法。从“冬至”那天算起，第一个九天就是“一九”，第二个“九天”是“二九”，依此类推，数到“九九八十一”，冬天就结束了。词曰：“一九二九不出，三九四九冰上走。八九雁来。九九加一九，耕牛遍地走。”这是反映北方天气变化。“一九二九热，三九四九雪。五九六九打春头。七九六十三，行人路上脱衣衫。八九七十二，牛在田里挨。九九八十一，农夫戴斗笠。”这是反映境内天气变化。

附录：十二个月节气谚语

正月　大年初一发南风，屋檐底下捞虾蚣。春寒多雨水，春无三日晴。最喜立春晴一日，农夫不用力耕田。正月逢三亥，湖田变成海。

二月　二月二打雷，稻麦要重锤（二月初二是土地公生日，这一天若打雷，卜早期稻麦丰收）。雨打五更日晒水（即五更忽然下雨，中午必晴）。一点雨，一个灯，落到明朝也不晴（即一点雨水一个泡，落到明天早上也不会停，继续有雨）。

三月　三月三，脱了寒衣穿单衫。檐前插柳青，农夫休望晴（清明日，柳插门前，若雨主水）。雾沟晴，雾山雨。三月三，九月九，无事莫到江边走（有风雨）。三月死泥鳅，六月风拍稻（三月若过分酷热，水中部分泥鳅酷死，象征台风及早来，六月稻谷受其摧毁）。

四月　四月八，冻煞鸭。四月八，棉袄走一发。四月八晴，鱼儿上高坪。四月芒种雨，五月无干旱，六月火烧间（芒种日下雨，则五月少晴，而六月则干旱无雨，酷热异常）。立夏不下，无水洗锅，立夏雪雨阵，风调雨也顺。电光刮明，无雨就晴。芒种鸣雷年成好，今年黄牛不吃草。小满不满，塘坝不管（下满这一天要下雨，否则有干旱）。

五月　芒种端午前，处处有荒田（芒种宜迟）。芒种雨，百姓苦（江南民言，芒种宜晴）。夏至有风三伏热，重阳无雨一冬晴。夏至难逢端午日，百年难遇岁朝春（崇祯元年元旦立春）。蜻蜓高，故子焦。蜻蜓底，一霸泥。雷声填填云暮暮，雨打梅头麦穗黑。老翁倚来对天泣，汉邪水深耕不得。未食五月粽，被褥不甘放（端午节前后始无寒气）。

六月　六月不热，五谷不结。六月六，晒得鸡蛋熟。小暑怕东风，大暑怕红霞（大暑前后早晚泛红霞，表将有台风）。空心雷，不过午时有雨（早晨一阵雷响，中午前一定有雨）。六月初一，一雷压九飕（六月初一日，如有雷鸣，年中则少有台风）。六一九，无风水也哮（六月十九日，必定有风，否则有雨）。小暑南风十八朝，晒得南山竹叶焦。

七月　犯秋一七，犯处暑无了日。朝立秋，凉飕飕。夜立秋，热当头。立秋顺了秋，绵绵雨不休。欲知来年荒不荒，中元早起看月光。月落许久日才升，下年谷贵要提防。东闪太阳红，西闪雨重重，北闪当面射，南闪闪三更（夏秋相交时，东闪电无雨，西闪电重有雨，北闪电即有雨，南闪电迟迟没有雨）。七一雷，一雷九飓来（七月初一若有雷鸣，年中飓风必定多）。雷打秋，冬半夜（立秋雷鸣，则迟禾少收之报）。

八月　八月十五云遮日，准备来年雪打冬。八月初一下一阵，旱到来年五月尽。白露白迷迷，秋风稻𥝩齐。八月一声雷，遍地有盗贼。（八月不宜打雷）好中秋，好晚稻（中秋明月朗，预卜丰年）。快雨快晴（骤雨不终朝，骤雨不终日，突然起风，不到明天，突然下雨，不会到天黑）。雨打白露，天天溜路。白露晴，打谷不用晒谷坪。

九月　九月重阳，移火进房。九月十三晴，钉靴挂断绳。九月十三晴，一冬雨雪少也。霜降见霜，米烂陈仓（以霜降日宜霜，来年主岁丰穗）。重阳无雨一冬晴（九月九日若无雨，可卜下半年雨量稀少）。

十月　十月初一阴，柴米贵如金。冬无雪，卖不结（引自西北地区谚语）。冬天弗结冰，冬后冻煞人。要宜麦，见三白。唐韩琦诗：腊中三见雪也（一腊见三白，是为丰年兆）。冬至天阴无日色，来年定唱太平歌。小雪天空晴，来年雨水匀。

十一月　雨雪连绵四九天。天时人事日相催，冬至阳生春又来。大雪下一滴，大暑打烂坝。霜雪又加雾，旱得受不住。

十二月　之一，雨打梅头，无水饮牛。腊月有雾，无水做酒醋。十二月南风现报雨（十二月间若发南风，则马上有雨下）。大寒不寒，人马不安（大寒日不冷，可卜人畜多疾之情）。罩雾罩不开，戴笠披雨衣（观早晨之雾，若久久不散，往往变雨，农夫下田不得，不披雨衣）。送神风，接神雨（十二月二十四日是诸神上天日子，这是若发风，则下年正月初四接神下凡是则会下雨之卜测）。之二，春己卯风树上空，夏己卯风禾头空。秋己卯风水里空，冬己卯风栏内空。春甲子雨赤地千里，夏甲子雨撑船入市。秋甲子雨禾生两耳，冬甲子雨牛羊冻死。春丙寅晴无水洗秧，夏丙寅晴干死禾苗。秋丙寅晴晒粮入仓，冬丙寅晴无雪无霜。

附录：观天气星诀

云

风静郁蒸热，风雷必振烈。东风云过西，雨下不待时。
云起南山暗，风雨辰时见。日出即遇云，无雨必天阴。
云随风雨疾，风雨霎时息。迎云对风行，风雨转时辰。
日落黑云接，风雨不可说。云布满山低，连夜雨乱飞。
云从龙门起，飓风连急雨。西北黑云生，雷雨必震声。
红云日出生，劝君莫远行。红云日没起，晴明不可许。
天上鱼鳞云，地上雨淋淋。天上扫帚云，三日雨淋淋。
天上花花云，地上晒死人。云彩吃了虹，下个没有停。
不孤黑云长，就孤云磨响。云从东南长，下雨不过晌。
天上灰布悬，雨比定连连。天上勾勾云，地上雨淋淋。
早晨东云长，下雨不过晌。早晨游云走，中午晒死狗。
红云变黑云，必定下雨淋。红白黑云绞，雹子小不了。
早起天无云，日出光渐明。暮看西边明，来日定晴明。
丝天外飞云，久晴便可期。清晨起海云，风雨待时辰。
乌云拦东行，不雨就刮风。乌云接落日，天变在明日。
黑紫云如牛，狂风急如流。黑云镶金边，下雨不过三。
满天漫头云，明天雨淋淋。火烧云盖头，大雨来的快。
月出被云淹，明天是好天。早晨火烧云，晚上雨倾盆。
云势若鱼鳞，来朝风不轻。云钓午后排，风色属人猜。
夏云钓内出，秋风钩持来。晓云东不至，夜云秋过西。
乱云天顶绞，风雨来不少。风送雨倾盆，云过天暗昏。
早晨云如山，必定下满湾。早上朵朵云，下午晒死人。

风

初三若有飓，初四更可怕。二月风雨多，劝君要牢记。
初八及十三，十九二十一。三月十八雨，四月十八至。
汛头风不长，汛后风雨毒。春夏东南风，不必回天公。
秋冬西北风，天光必晴明。长夏风势轻，舟船最可行。
深秋风势动，风势浪未静。夏风连夜倾，不尽便晴明。
西北黑云年，暴雨改形成。早怕南云涨，晚怕水云推。
秋冬东南风，雨下不相逢。春夏西北风，夏来雨不从。
大风不过午，过午连夜吼。风向四面转，天气快要变。

雨

久雨见星亮，明日雨更明。久雨鸟雀叫，隔日好天到。
久雨泛星光，午后雨必狂。下雨天边亮，还要下一丈。
早雨一天晴，晚雨到天明。有雨天边亮，无雨顶上光。
有雨山戴巾，无雨山拦腰。旱淋白露干，大旱十个月。
雨点起大泡，连阴定予光。雨中知了叫，报告晴来到。
雨点铜钱大，有雨也不下。泥鳅上下游，大雨在后头。

雷电

电光西北，雨下连连。辰间电飞，大飓可期。
电光乱明，无雨风晴。闪烁星光，雨下风狂。
直闪多雨，横闪多雹。立秋响雷，百日无霜。
东闪太阳红，西闪雨重重。六月初一雷，一雷庄九台。
九月雷声发，大旱一百天。雷打惊蛰前，高山好种田。
先响雷不下，后响雷不停。闷雷带横闪，冰雹不如碗。
电光乱不晴，明雷不下雨。秋雷走的早，春雨多不了。
雷打秋对半收。

虹

雨下垂虹，霎时晴明。断虹晚见，不明天变。
断虹电挂，有风不怕。东虹为云，西虹为雨。
虹高日头低，早晚披蓑衣。虹吃云彩，永远不来。

日

乌云接日，雨即倾滴。云下日光，晴明无妨。
早间日珥，狂风即起。早后日珥，明日有雨。
午前日晕，风起北方。午后日晕，风势须防。
晕开门如，风色不狂。早白暮赤，飞砂走石。
日没暗红，无雨必风。日光晴彩，久晴可待。
日光早出，晴明不久。返照黄光，明日风狂。
日落胭脂红，不雨就有风。日落乌云涨，夜半听雨响。
日落云里走，雨在半月后。日落乌云起，来日必有雨。
日落风不刹，明天还得到。日落云连云，不雨也阴天。
日落天黄黄，大雨淹倒墙。日落乌云座，明天推好磨。
日落快冲冲，明天刮大风。日落不返光，明日大风狂。
日落云上长，半夜听雨响。日落乌云涨，深夜听雨响。
日出紫云生，午后雷雨鸣。日出东南风，无雨定有风。

中午露一露，下午下个够。太阳落到云，大雨下倾盆。
太阳落穿山，明朝定晴天。午前耳生风，午后耳生雨。
早晨太阳黄，午后风必狂。当午日一现，几天不见面。

霜雾

大雾不过三，小雾不过五。六月出大雾，大旱到白露。
早晨地罩雾，尽管晒稻谷。早晨落大雾，尽管洗衣服。
晨雾不过三，不下也阴天。半夜拉起雾，正午晒死兔。
秋湿冷气生，霜冻必早行。秋后北风紧，夜静有白霜。

雪

一九有雪，九九有雪。三月有雪，收成如铁。
小雪满天雪，来岁必丰年。雪打正月节，二月雨不歇。

节令

一年打两春，黄土变成金。一场秋雨一场寒，十场秋雨就穿棉。
二月干一干，三月雨不宽。二月初一雨雪大，芒种前后有一怕。
七月立大秋，早晚都丰收。七月十五看红花，八月十五定收成。
三伏热似火，一雨便成秋。五月旱来不算旱，六月连阴吃饱饭。
小雪不种地，大雪不行船。不怕六月六的雨，就怕七月七的风。
七九河便开，八九雁准来。六月十三道不开，不是下雨就阴天。
立秋天渐凉，处暑谷渐黄。一九二九下了雪，头伏二伏水必缺。

经济类

生意命，种田定。
人面难求，土面易求。
养猪种田，养羊栽姜。
人老一年，稻老一夜。
饿死爹娘，也留种粮。
粟倒如宝，麦倒如草。
春天一锄头，冬天一碗头。
春天不下土，一年饿肚子。
雨打坟头钱，一年好种田。
命好看围丧，冬好看上仓。
前人栽树，后人歇凉。
正月木，二月竹。
松栽毛，榅栽陶。
桐子桐子，升大斗死。

家有十株桐，不愁家底穷。
家有百株棕，不愁家底空。
爬篮栽桔，拄杖栽桃。
豆菜芽，茄栽花。
葫夹瓜，不开花。
七葱八蒜九蓼蔃。
清明种姜，谷雨掏枪。
姜辣有味，番椒辣眼泪。
芋艿种立夏，一个儿子一个爸。
富人靠书，穷人靠猪。
天光书，夜间猪。
牛瘦角在，马瘦毛长。
买牛容易割草难。
箩米喂斤鸡，斤鸡换斗米。
家有千金，不如一艺。
百艺通，无米舂。
路路通，床上盖破棕。
样样会，坐在亭仔饿。
做别人息（活），学自己艺。
三年凿，四年刨，斧头学到老。
年琴月箫米锁呐。
紧砻慢磨，黄肿磨豆腐。
生地好赚钱，熟地好安身。
有心开饭店，不怕大肚皮。
不怕不识货，只怕货比货。
着力不赚钱，赚钱不着力。
生意人的嘴，挑担人的股臂。
一千不如八百现。
有钱有人敬，无钱坐冷凳。
有钱讲说响当当，无钱讲话无人听。
穷在街端无人问，富在深山有远亲。
病要晾，财要藏。
由人算，无贫汉。
谋事在人，成事在天。

时政类

国不可无皇，家不可无主。

一朝天子一朝臣，一潮海水一潮鱼。

君要臣死不得不死、父要子亡不得不亡。

皇帝一天千人骂，乞丐一天骂千人。

胜者为王败者为寇。

官府衙门八字开，无钱小子莫进来。

阴阳先生指一指，村人做半死。

坐轿不知别人脚骨软。

坐不知站人腰痛。

纸跃（孔明灯）放的高、麦田踩了无所谓。

枪打出头鸟，雨打出头缨。

猫儿过家，老鼠翘脚。

打蛇不死变蛇精。

单边状，告死人。

死人硬不过棺材板。

鸡蛋碰岩头，有去没回。

空腹一门锤。

善有善报恶有恶报，不是不报时候未到。

过溪丢掉拐。

吃饭千口主事一人。

篱笆三条桩好人三个帮。

一人不值二人主意，三人值个诸葛亮。

龙窝不如祖窟。

树大有干枝，族大有瘦微。

硬柴自有硬虫蛀。

有钱讲话叮当响，无钱讲话无人听。

弟兄要好情尚待，切莫真心待别人。

上下等子弟教不成，浪子回头金不换。

鸡屎下地三寸气。

家庭类

家庭和睦万事兴。

无灶不成家。

家丑不可外扬。

添斗莫添口。

在家千日好，出门一时难。

只能争锅气，何必争口气。

无粮不驻兵，无油难下锅。

兄弟一条心，黄土变成金。

打虎亲兄弟，上阵父子兵。

背靠大树好乘凉。

家里不和叔伯欺，叔伯不和厝下欺。

靠山山崩，靠水水流，靠兄弟吃拳头。

堂有老无价宝。

孝顺父母自有福。

人在福中不知福。

孝顺孝顺，好孝难顺。

孝顺田头割有谷，孝顺栏头杀有肉。

爱儿爱不起，怒儿怒不死。

妻贤夫祸少、子孝父心宽。

后生无儿天上仙，临老无儿苦黄连。

留子千金，不如教子一艺。

小孩看小时，新娘看新来。

骄鸡上灶，骄子不孝。

蛮妻傲子无药可医。

小小拿枚针，大起会落间。

小孩不听大人言，临老站门边。

龙生龙，凤生凤，老鼠生子打地洞。

未知世事年还小，知了世事年已老。

有儿一世苦，无儿一时苦。

一男一女一枝花，多男多女是冤家。

十个好儿子不如一个破老公。

喜欢不怕烂菜干，同意不怕流鼻涕。

不痴不聋，难做阿翁阿婆。

媳妇象花鼓阿妈叫辛苦。

媳妇不同阿妈意，粥料也说是鼻涕。

公婆相打没恨心，公鸡相打血淋淋。

三十讨亲还未迟，四十讨亲全家来。

有心上树不怕风，有心嫁人不怕苦。
嫁鸡随鸡走，嫁鸟随鸟飞。
丈母娘见女婿，好比猪母见苋菜。
天上三宝日月星，地下三宝水火风，
人有三宝精气神。

生活类

三分人貌七分扮。
人要衣装，佛要金镶。
田怕秋来旱，人怕老来穷。
有福六月生，无福六月死。
树靠一层皮，人靠一张脸。
易填万丈坑，难塞鼻下一横。
家穷志莫穷。
冬至连年过。
上餐接不了下餐。
千租不受三下五。
阿妈菜煮好吃锅要油。
床头留有三箩谷，不怕死后无人哭。
先苦后甜甜如蜜，先甜后苦苦黄连。
大富由命，小富由勤。
越做越赶，越嬉越懒。
芒种前后没闲人。
男也嬉，女也嬉，临老盖棕衣。
男也勤，女也勤，床头暖烘烘。
黄金满地铺，只怕村人无功夫。
不怕早，不怕迟，只怕日日来。
日头天上过工夫手里过。
一个和尚提水吃，二个和尚扛水吃，
三个和尚无水吃。
有菜莫吃菇，有路莫搭船。
日间满街荡，夜间点竹篾。
若要穷，天光睡到日头红。
慢慢穷，身体挂烟筒。
穷人没补，床头躺躺。

背背香火膝盖做锅灶。
柴怕扭，人怕忧。
财要放，病要晾。
路边田，老婆面。
祸从口出，病从口入。
夜饭少吃餐，命长九十三。
贪食一斗米，失去半年粮。
有势莫用尽，有菜莫吃尽。
闲事少管，饭吃三碗。
和尚连山管，走后无饭碗。
闲箩莫放灰，闲嘴莫做媒。
未上八十八，莫笑人脚瘸眼瞎。
扛轿管扛轿，莫管新娘拉尿不拉尿。

事理类

君子一言驷马难追。
君子一言快马一鞭。
事可无论做，话不可何论讲。
好笔出文章，不好言语是祸殃。
道理千万条嘴，真理一条。
话不说不清，理不辨不明。
嘴舌无骨由人所握。
冬瓜虽大也是菜。
黄狗打麒麟。
横人道理“直”。
时不再来机不可失。
莫等水流过三洲。
水流三洲能回转，人到中年万事休。
柴莫上捺，人莫上十。
收冬无破箩。
戏台下无闲嘴。
补漏趁天晴，学习趁年轻。
墙上芦苇头重脚轻根底浅，
山间竹笋嘴尖皮厚腹肚空。
黄金不如黑金贵。

小孩不读书，黄牛变成猪。
拳头虽硬不过省，只有文章通天下。
一寸光阴一寸金，寸金难买寸光阴。
一跌一大，三跌做郎白（爸爸）。
相打三遍，值学一馆成功。
上等子弟不教自成，中等子弟教自成。
阿爸会撑船，儿子会摇橹。
石头下有扁蟹无死蟹。
龙生龙凤生凤，老鼠生子打地洞。
一样饭，养千种人。
一条草，一点露。
蜈蚣十八脚一条路。
相打没好拳，相骂没好言。
犁算坏不给狗欺。
虎下平阳被狗欺。
只好欺负竹蔸，不可欺负笋鞭。
酒没气吃不醉、人没志做不起。
财路往高去，水往低处流。
该留人处且留人。
爬得高，跌得煞。
好马不吃回头草。
兔子不吃窝边草。
柴直没丫心直没家。
身在曹营心在汉。
胆大做将军。
拼死无大灾。
聪明一世莽懂一时。
竹筒也有三节运。
有事寻庐山，无事拉尿泼神垣。
自扫门前雪莫管他人瓦上霜。
天有不测风云，人有旦夕祸福。
田怕秋来旱人怕老来穷。
自已烧瓦住茅楼。
自已沾盐，教别人栽菜。

一次吃酒一次红脸。
君子爱财取之有道。
人为财死鸟为食亡。
天上不会掉馅饼。
万事开头难。
口动不如手动。
临时扦井水不清。
出门不带伞，回来遮稻秆。
三脚蛤蟆莫处讨，十八女子哪村无。
东坑无水西坑讨，哪条溪仔无水流。
知恩图报是君子，有恩不报是小人。
水牛三把草，黄牛三把草，
吃食不公平眼睛看出血。
阴阳先生无地躺，算命先生短命死。

修养类

好心好自己，坏心坏自己。
心好不用去吃菜（素斋）。
田要质好，人要心好。
人无百日好，花无百日红。
人有一时富，家无三代穷。
夜前穷、夜后富、天光脱布裤。
比上不比下有余。
有酒有肉是兄弟，落难之时只一人。
家穷被人欺，好马被人骑。
身直不怕镜歪。
手上未拿刀，心头空裸裸。
一德二命三风水，仁慈道德能解移。
冤家亦解不能结，冤冤相报何时了。
人在世中万事空，切莫拳头论英雄。
退一步海阔天空，让三分风平浪静。
口大吃四方，肚大做文章。
不听大家劝，有事总后悔。
不听老人言，长大站门沿。
留得青山在，不怕没柴烧。

路头栽花莫栽刺。
为人莫做绝种事。
不看僧面看佛面。
不念糟，也念釉。
忍一忍，吃不尽。
吃到老，学到老。
君子动口不动手。
不说话也可透气。
有势莫用尽，有菜莫吃尽。
只要功夫深，铁棒磨成针。
好马不吃回头草，好女不穿嫁时衣。
好儿不要大人业。
三十不豪（创业），四十不富，
五十寻死路。
既做泥鳅头，还怕头沾泥。
讨得没好亲，不如做单身。
生个不孝仔，不如单身仔。
不怕流荡仔，只怕不孝儿。
蛮妻傲子无药可医。
磨刀铳锯，功夫有余。
日头天上过，功夫手底过。
小心不亏本。
强中更有强中手，辣蓼还有辣蓼虫。
雪落济炭真君子，救人须救急时无。
雷打修行人，天养吃同人。
筋斗下地靠八字。
说话送知音，送饭送饥人。
路远知马力，事事见人心。
面歪说镜斜。
乞丐不过烂柴桥。
莫怨天莫怨地，只怨自己的八字。
十赌九输头家好，只有勤俭置家业。
知人得知己，人生要珍惜。
无子莫靠孙，无碗莫靠粧。

鹅脖颈虽长看不到背后。
江山易改本性难移。
快活里驼仙。
聋耳好圆话哑巴吃黄莲。
脚踏别人地只能管自己。
头一懒吃饭不掏碗，
第二懒洗脚用脚夫铲，
第三懒出门不带伞。

社交类

单爿墙，做不上。
一个巴掌拍不响。
一个人搅水也不浊。
藤帮藤樭帮樭。
好篱三条桩，好汉三人帮。
在家靠父母，出门靠朋友。
宝剑赠勇士，才子得佳人。
亲眷只能共天下，不能共厝下。
亲眷愿好，戚爸愿绝。
远亲不如近邻。
人心难测，海水难量。
人不可貌相，水不可斗量。
真心朋友情相待，切莫真心待别人。
情义莫交财，交财情义绝。
跟老虎吃肉，跟黄犬吃屎。
生莫近王，死莫近江。
宁给灵人提皮箱，莫给呆痴做军师。
呆虽呆，莫给别人当灯台。
亲兄弟明算帐。
先小人后君子。
吃人一碗，由人所管。
吃人三碗，讲话不响。
酒肉交友，不会长久。
问客泡茶，人走茶凉。
无灰莫种麦，无酒莫请客。

有借有还，再借不难。
借人牛，还人马。
伤人一语，利如刀割。
头发剃了会再出，恶语伤人难消烊。
口水下地收不回来，无好言语刺肚破。
饭准你胡乱吃，话不准你胡乱讲。
后生讲话没落着，老人讲话当得药。
穷人面前莫说有，富人面前莫说无。
真人面前莫说假，假人面前莫说真。
日间莫说人，夜间莫说鬼。
怀头莫说儿，栏头莫说猪。
闲人莫多嘴，破鞋莫过水。
种田靠雨水，出门靠张嘴。
长话难说，长绳难搓。
牛急乱挤，人急乱说。
会叫鸟仔拉无屎，
不会叫的鸟仔拉一大堆。
狗屎拉肥园。
眼睛单个大看上不看下。
有（富）人讲话叮当响，
无（穷）人讲话无人听。
穷人无口旨。

民俗类

半夜鸡叫必有祸到。
老鸦报信必有不圣。
喜鹊喳喳叫喜事就来到。
初一点香保佑安康。
口中念佛心里舒服。
佛堂点灯万物新生。
佛前拜拜长命百岁。
有钱写世（缘）不落空。
长年（工）不吃廿四饭。
夜间莫说鬼、白天莫讲人。
一代亲，二代表，三代不知晓。

阿爸死了抬去埋，阿妈死了要等外舅来。
雷雨下了大晴天，阿妈死了出头年。

第六节　谜语

自然环境

一身正气日月鉴，两袖来风镜高悬。〔清明〕
高山岗顶一枝花，送到龙王东海家。东海龙王做太子，太子龙王共一家。〔太阳〕
初三初四身如弓，十五十六最英雄；本想做个三十岁，二十七八影无踪。〔月亮〕
铜灯盏，铁灯芯；挂高楼，照北京。〔月亮〕
青石青棋盘，棋子千万名；哪个猜得出，状元第一名。〔星星〕
千里高，万里高，天上岩漈出白濂；三瞑（夜晚）大霜刹不掉，一瞑小雨刹断条。〔星星〕
千条线，万条线，掉到水里看不见。〔雨〕
说象糖，它不甜，说象盐，又不咸，冬天有时一片，夏天谁都不见。〔雪〕
像云不是云，像烟不是烟，风吹轻轻飘，日出慢慢散。〔雾〕
弯弯曲曲一支弓，平垟尖桨在（任）你游。煮酒猪肉我有份，金榜题名我一名。〔水〕
一物生得奇，越洗越有泥，不洗还能吃，洗了不能吃。〔水〕
一条色线两头描，挂在青山柴（树）林桥；孔明先生猜未着，刘基先生猜半日。〔彩虹〕
福鼎顶高太姥山，虫豸修行古木生。十字街头开酒店，刘唐酒醉卖江山。〔夜明珠〕
高山头，有条篾，千年万年踏勿裂。〔山路〕
远远看见双虹入垟，近近看见半月停江。前值得黄金千金，后就送伊（他）都不要。〔牌坊〕

植物类

细细（小时候）就驮来拂（扔），大起就驮来突；突（戳）了就腹肚大，大了就头仔磕（弯曲）。〔稻谷〕
头上出红虬（须），身上穿绿衣；站在天门外，腹底（肚里）是金珠。〔玉米〕
温州一蔸桃，根穿瑞安落丫，开花结籽平阳县，只见桃花不见桃。〔棉花〕
麻屋子，红帐子，里面住着个白胖子。〔花生〕
平地立倒，花生垴垴（根蔸）；外壳皱皱，味道蛮好。〔花生〕
青竹竿，青簸箕；簸箕下，一窝蚁。〔芋头〕
生在柴丫，住在人家；扭藤卷角，水面开花。〔茶叶〕
家在青山青又青，又去南海求观音。十月怀胎没咔（取）掉，八月怀孕又上身。〔油茶〕

家在青山青又青，又去南海求观音。十月怀胎未落地，八月有孕又上身。〔油茶籽〕

老大谷堆堆，老二一身灰，老三戴个纱顶帽，老四一身咕噜泡。〔白菜、冬瓜、茄子、苦瓜〕

山上一蓬菜，大起（长大）再讨名（取名字）。天下有我，世界做呒成。〔笋〕

大哥大腹肚；二哥镶白腐（发霉）；三哥戴尖帽；四哥生疥又叫苦。〔南瓜、冬瓜、茄子、苦瓜〕

有一座厝团，住八个兄弟，个个穿白衣，厝团门一开，兄弟分了了。〔大蒜〕

有一个老阿爹，去时一个人，倒来（回来）一大家。个个嘴虬（胡须）白蓬蓬，不晓得哪个是老阿爹。〔辣藠〕

番边一头红毛猴，来我们当地做对头。刣剁都不惊，只（那）惊牙门清水流。〔番椒〕

高高树，矮矮杈，金水桶，装油麻。〔茄子〕

家在青山柴林墘（边缘），不像和尚不像仙。身尸落在青草角，魂魄送去卖铜钱。〔薜荔〕

唧咕唧咕囊，冇枝也会长；生个唧咕样，大帽顶头上。〔蘑菇〕

青布包白布；白布包头梳；头梳包米；米包醋。〔柚子〕

山东一个穆桂英，杨宗保去招亲；杨六郎去斩子，杨丁公做媒人。〔杨梅〕

藤绕藤，藤上挂花瓶；花瓶底边是花麦籽，外边是花针。〔金樱子〕

冬天蟠龙卧，夏天枝叶开，龙须往上长，珍珠往下排。〔葡萄〕

高高枝，矮矮枝，开白花，结红梨。〔野草莓〕

动物类

甲申不同头，己巳不同脚，木术不同身，乌鸟不同音。〔少数民族〕

双脚不落地，双手不摸天，不吃凡人白米饭，不做神明不做仙。〔眼睛〕

顶上一蔸葱，葱下两盏灯。灯下一个墓，墓下一亩田。〔脑袋〕

高高山头一坵田，一条鲤鱼在里眠。〔舌头〕

八胩落地四个斜，中央四个大闩牙；呢呶呢呶哪（模拟唢呐声）。〔牛相斗〕

年纪并不大，胡子却一把不论遇见谁，总爱喊妈妈。〔山羊〕

暝棕衣，日棕衣，两把耙耙兼一把尖锄。〔鸡〕

两脚扭扭，会食水不拉尿。〔鸡〕

一朵牡丹头上戴，衣裳不用剪刀裁，真是一个英雄汉，大叫几声万门开。〔公鸡〕

白面书生落科场，女人点火照文章。十七十八不肯信，十九二十出科场。〔鸡母孵鸡团〕

四脚扭扭，不食水会拉尿。〔兔子〕

身穿刺鲤甲，头戴火龙冠。见到天兵天将，呷一呷。转（回）到作母人（妇女）面

前，钱粮扣三分。〔老鸮捉鸡团〕

有眼无眉毛，有头没脖子。有翅不会飞，无脚行千里。〔鱼〕

驼背老公公，胡须满葱葱，推（杀）伊没有血，熬起红通通。〔虾〕

头上一把葱，背脊上边弹棉弓。没死断点血，死了红彤彤。〔虾〕

扭藤卷角，簸箕遮门；不惊狼虎豹，只那惊（只怕）村人咬股臀（屁股）。〔田螺〕

对门山上一个碗，天天落雨装不满。〔鸟窝〕

说鸟不是鸟，躲在树上叫，自吹啥都懂，其实全不懂。〔知了〕

头上两根毛，身穿花旗袍，整天没活干，自在乐逍遥。〔蝴蝶〕

一个角箩团，戴个红帽团；站那搓索团，飞去吹箫团（笛子）。〔苍蝇〕

上一坑，下一坑，坑底出个老先生；头戴红纱帽，白云一片一片飞。〔苍蝇〕

白面书生人如像，番边蟊贼来劫粮。劫了一暝连半日，白费心机劫没粮。〔蚊虫叮菩萨〕

重重叠叠；粒粒累累；两头尾尖；半黄半白。〔牛屎、羊屎、老鼠屎、鸡屎〕

食品类

四角四丁香，播落潭中央，爬起解带脱衣裳。〔粽子〕

四角挑挑，两带绑腰；不怕汤烫，只怕火烧。〔粽子〕

半天一个白铃鎯（铃铛），落在海中央；神仙都没法，调羹来相帮。（后二句又作：叫十个人来都没法，叫一个驼腰〈驼背〉来相帮）〔汤圆〕

生的不能吃，熟的不能吃，一边烧一边吃。〔香烟〕

温州柑橘黄日日，底剥皮，外吃得。〔鸡肫〕

用具类

颜色白如雪，身子硬如铁，一日洗三遍，夜晚柜中歇。〔碗〕

盏架说方又是圆，说圆又方，一天拔三倒，一夜立到光。〔竹筷子〕

名字叫二嫂，抓住就翻倒，横向扫进去，意思好不好?〔竹筷子〕

有嘴不能说，有肚不吃馍，虽说无胃病，黄水吐得多。〔茶壶〕

铁公鸡，随路啼，不吃谷，只吃泥。〔钉鞋〕

一条蜈蚣一尺长，肚里共有四条肠，上山挑担都要它，很多人还用不上。〔草鞋〕

家住背面旁山垟，下无兄弟上无娘，别人说你肯管闲事，自己想想身上无衣裳。〔稻草人〕

奇怪真奇怪，一拐做两怪，皮在内骨在外。〔斗笠〕

七七四十九，红线绕金斗，楼上鸡啄米，楼下由你走。〔纸伞〕

个头小，本领大，它会认出你的家，千家万户不会错，想要进门先请它。〔门铃〕

头曲背脊直，放屁真有力。〔鸟铳〕

圆圆扁扁扁斜斜，铜做零件腹底车（转）。文武百官都要我，皇帝没我不成家。〔罗盘〕

两个各箩（小孩）平平高，担草去山前；荡得（遇上）米磨虎（一种毒虫），肨腿

落一爿（边）。〔火钳〕

有天冇日头，有沟冇（没有）水流；有门冇门臼，门底问你几头猴？〔蚊帐〕

四角四条桩，龙井在央，白蛇水里过，水面起豪光。〔灯〕

四角四条档，、龙井坐中央；白蛇水底过，、水面起花光。〔油盏〕

一条竹仔三尺长，劈开无数下水塘，连睡数日洗身体，黑夜带路它担当。〔火篾〕

一块砖头七个孔，日夜挂壁不走动，一切事干都不会，夜间拿火也有功。〔火篾插〕

四四角角四角城，城底藏兵千万名；未开城门都没事，开了城门失一名。〔火柴〕

圆，圆丁丁；扁，扁漆漆；没针没线做得来；六月七月你又走，八月九月你又来。〔火笼〕

长长杉短短截，长长藤捆周城，男人走到就相唤，女人走到就转身。〔柴尿桶〕

床底下有个黄金瓜（南瓜），猜得着给你当阿爹。〔尿壶〕

住在深山黑松林，师傅给我来出名；师傅给我名字出得好，不知何年何月上天庭。〔砻，指古代碾谷用具〕

远看象头马，走近无马头，心肝叶叶动，玲珠马面流。〔风扇〕

柴架象马无马尾，骨架高大脚矮短，骑上不走连点头，点的珍珠脱壳皮。〔踏碓〕

长长是老蛇，短短是黄虾；圆圆是冬瓜，节节是油麻（芝麻）。〔秤杆〕

三国顶通算孔明，铜皮铁骨锣的形。徐茂公作卦第一准，句句判下都分明。〔算盘〕

柴做柴架坪，竹做竹罗城，城内打战鼓，城外见输赢。〔算盘〕

亲亲一家，五男二女打架，有时打的乱如麻，直到清楚方罢。〔算盘〕

一节烂柴巴，捡回做人家，有事我就走，由它来管家。〔谷印〕

高高丫，矮矮丫。搭（拍）一掌，开朵花。你猛去，我管家。〔粟印〕

三间屋子两挂梁，一头绞辘轳，一头开染坊。〔墨斗〕

嘴小（细）尻臀宽，双手揽（抱）心肝；一面是红，一面是蚶。〔唢呐〕

一哥天下满天星；二哥地下打不平；三哥场里去走马；四哥码面去弹琴；五哥平垟作保证；六哥朝里做大人；七哥江南拍嘀嗒；八哥腹底想出来；九哥眠床未爬起；十哥跷胩做奴才。〔移身斗（祭祀时装满米插上香烛等米斗）、米斗、畚斗、墨斗、熨斗、刘阿斗、风扇斗、宝斗（旧时一种赌具）、日斗、柴畚斗（木制垃圾斗）〕

刺鲤（穿山甲）刺鲤，要食大米。一年四季，会食食死，未食吊死。〔踏碓〕

七层褥子八层被，一个黑儿里头睡，有个红儿来叫门，蹬了褥子踹了被。〔爆竹〕

有口不会叫，无口叫皇天，有脚不会走，无脚走天边。〔畚斗、铜锣、凳子、大船〕

有头无头颈，走路醒一醒；无脚会走路，只走江湖勿走岭。〔船〕

铁打铁麒麟，脚踏锅灶唇；口含百样草，救了天下人。〔药剪〕

劳动类

土行孙坐地讨阵，牛魔王点为先行，穆（木）桂英执掌帅印，仁（人）宗皇随后而跟。〔犁田〕

千人万人织锦绣，曲背弯腰汗直流，本来一片汪洋海，转眼之间变绿洲。〔插秧〕

薛仁贵破外番，伍子胥过潼关，刘罗锅来迎接，卢俊义送你上梁山。〔晒番薯丝干〕

手捏长枪，去到山乡；碰上胡毛将军，抓来缚起，担到唐世英衙门；铁夹一夹，号一吹，身尸不能回乡。〔捡柴烧火〕

五条柱仔有低高，四条索仔系在腰，手拿柴槌敲敲打，四条木棍单手撬。〔做草鞋〕

一个城堡四四方，目莲和尚坐中央，弯弓和尚来吊孝，玉女娘娘来降香。〔推磨〕

石头层层不见山，路径短短走不完；雷声隆隆不下雨，大雪飘飘不觉寒。〔推磨〕

远看像个庙，近看像个轿。脚蹬呱嗒板，手打莲花落。〔织布机与织布〕

二人隔柱面对面，我要拉来他拉去，两人拉的大汗出，面前雪花飘满地。〔锯板〕

黑鲤跳下潭，红鲤爬上山。璞蛇扑一口，两头黄狗赶来争。〔打铁〕

乌鲤落下坑，红鲤爬上山；膨蛇（眼镜蛇）扑一嘴，两头黄狗压（赶）来争。〔打铁〕

泰顺一班戏，来我福安搭台做戏：头出做姜太公钓鱼，二出做阿牯公磨麦。〔弹棉被〕

姜太公钓鱼站南头，吕洞宾背剑上高楼；赵五娘弹琴又唱歌，韩文公走雪蓝关后。〔弹棉被〕

其他

一身骨肉不同娘，夫妻恩爱不同床，多少大官无官印，多少财主无钱粮。〔木偶〕

平平路，跛一倒（摔一跤），剩个头。〔睡觉〕

忽忽悠悠如驾云，行程万里没动身；看了美景没睁眼，吃了美味没沾唇。〔做梦〕

十八女子落笼箱，白面书生跳过墙。一世公婆合恁好，一世公婆未共床。〔守寡〕

就点，就出，就食。〔吸烟〕

手上抓条藤，揪揪像孔明。孔明排起空城计，不惊你曹操百万兵。〔钓鱼〕

一丘塍（田），破作对两爿；三十二个秧篓，两个人在插塍（插秧）。〔下象棋〕

四角四栏杆，咗出秀才咗出官，有出财主冇塍（田）买，有出夫妻冇一暝。〔演戏〕

身穿白衣薛仁贵，头戴红盔李世民；四面题诗杨敬德，三十六斧程咬金。（第三句又作“糊里糊涂杨敬德”。杨敬德应为尉迟敬德）〔尫师请神〕

桌沿一朵虫宅（海蜇），双手压去掰。柴毛入底去，全暝勾勾骂。〔尫师请菩萨〕

谜语故事

皇帝考书生 有一年元宵灯市，到处火球喷薄，爆竹崩訇。彩灯千姿百态：飞鸿狡兔、虎豹虫鱼、天孙织锦，龙女踏青。有一位书生诗兴大发，脱口而出“一到上元相庆赏，家家灯火乐春情”，恰被装扮算命先生私访皇帝所听，感到这书生怀文抱质、不同凡响，便出谜谜试之“骨头零零星星，皮肤薄薄轻轻”。书生朝“算命先生”拱了拱手，道出谜底。皇帝听之十分满意，故意向书生借用胭脂宝褶，书生欣然应允。皇帝回宫后，即封俊逸书生为招宝状元，巡案河南。皇帝所吟诗谜系咏何物？〔灯笼〕

公婆考媳妇　有一户姓宋人家，娶一位全村人都夸漂亮儿媳妇，儿子听了很得意。公公婆婆说“模样长得好，不一定就聪明，若是聪明伶俐该多好”。一天做早餐时，婆婆考考儿媳妇说“你去拿四样东西来”，儿媳妇问“哪四样”。婆婆说“四两‘沉’，四两‘漂’，四两‘张着嘴’，四两‘弯着腰’”，儿媳妇一听转身就拿，婆婆一看眉开眼笑、公公一瞧连声夸奖。所拿四样不知何物？〔四两盐、四两油、四两花椒、四两虾米〕

吝啬的财主　从前，有个吝啬财主家里要办喜事，于是给达官贵人和有钱势亲朋好友发了请帖。财主附近有一个穷亲戚，按理必须请，若是请，他必定送不起大礼，白给吃喝。为难中财主想出一个主意：请帖上写者“若是来，便是贪吃；若是不来，便是不赏脸”。穷亲戚看贴后，在盒子中装了一文钱，并写一张相对应回贴，老财主看贴后十分难堪。回贴是怎么写？〔若是收，便是贪财；若是不收，便是看不起〕

师傅所挨难　一位穷书生在回家路上遇到一个篾工师傅，便问“师傅是何种手艺？”，篾工师傅见是穷酸书生，心想他哪有钱去添置家什？不屑一顾地说“我的手艺是去骨留皮，你需要吗？”，穷书生说家里正需要添置几件用具，便把篾工师傅领回家，砍来一根毛竹，对篾工师傅说“我要做‘乌龟桶底坐’‘两头出气’‘一千条篾呒刹头’三件用具”，篾工师傅一听，不知所措，只好求饶。〔饭甑底、吹火筒、锅筅、镬洗〕

第一节　民间文艺

吹打

吹打班　艺人　随元曲发展产生吹打伴奏，出现专业或业余吹打班。村里婚嫁丧葬、寿诞生日、登科及第、灯节舞龙、迎神赛会、庙宇庆典等活动，都会按习俗邀请吹打班，以制造热闹、喜庆（或哀悼、缅怀）气氛。将器乐（吹打）与声乐（演唱）为一体组班，又称之弹唱班。解放前，吹打、弹唱演奏成员，主要来自挑木偶担木偶艺人，故有“两班一担”之称。

20世纪50年代，地方艺人陈灵敖、包建周、包祥示、包何祥等专门组建吹打（弹唱）班。至80年代，包何祥、包美忠、包道庙、翁登官、曹忠玉等相继组建吹打（弹唱）班。文化大革命停止组班。90年代至2013年，西地、横坑两地艺人联合组班。

乐器　乐谱　吹打乐器，以唢呐演奏为主，配以锣、钹、镲、鼓等打击乐器。弹唱时，配上京胡、二胡，箫、笛等拉弦乐器和吹奏乐器。吹打专门曲牌《坐堂吹》，有五锤锣、倒春来、幼芙蓉、梅花引、上天台、一枝花、大开门、水底鱼、望寿台、万年欢等100多首。弹唱（戏曲为主），丝弦（竹）曲牌有七步登楼、七夜金、双拜堂、金鲤鱼、大八板、小八板、柳条金、小开门、佛上殿等40余种。对民族管弦乐有较深造诣文化艺人苏世平，为《西地村志》整理提供乐谱：

柳条金

唢呐筒音作1 4/4

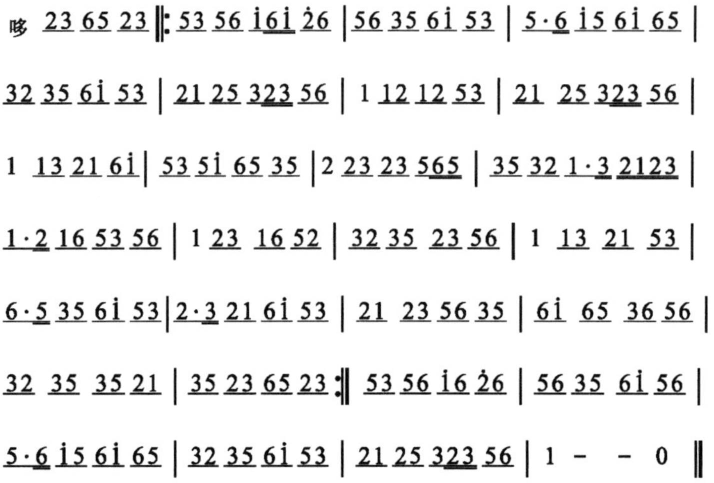

状元歌

唢呐筒音作5 4/4

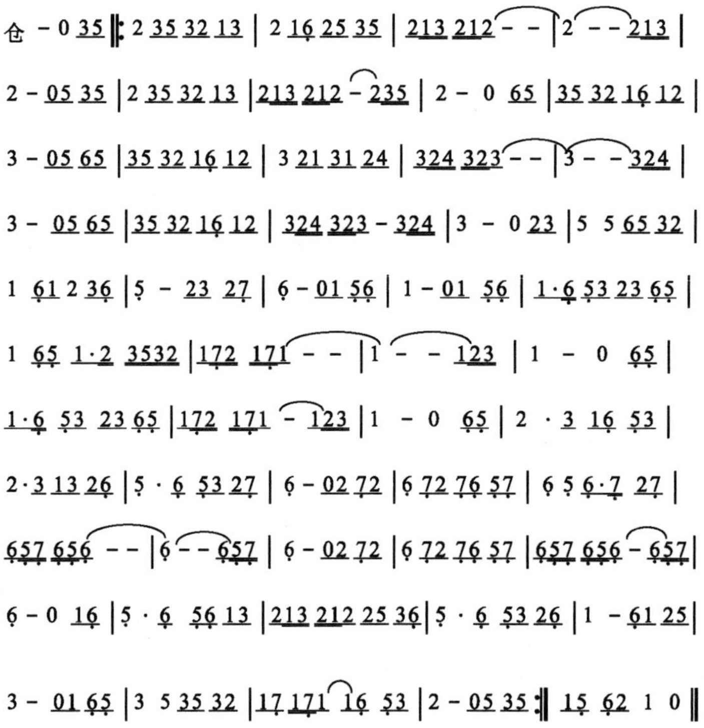

包前台

唢呐筒音作1 4/4

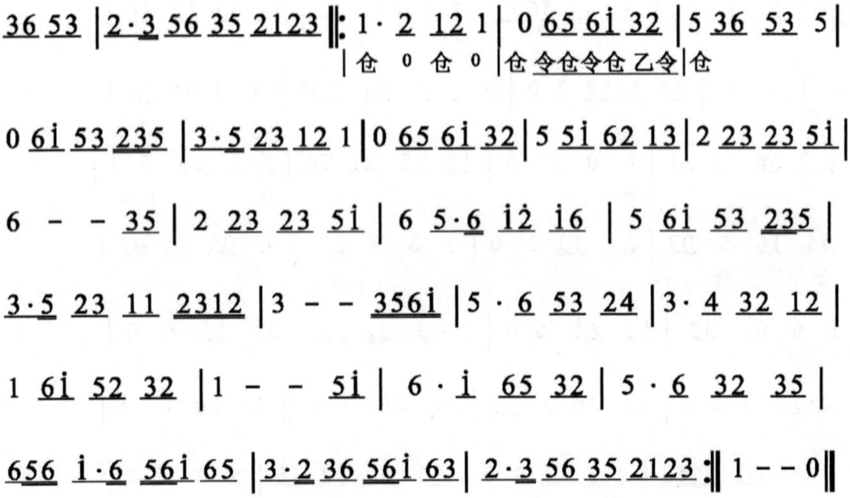

伏水

唢呐筒音作1 4/4

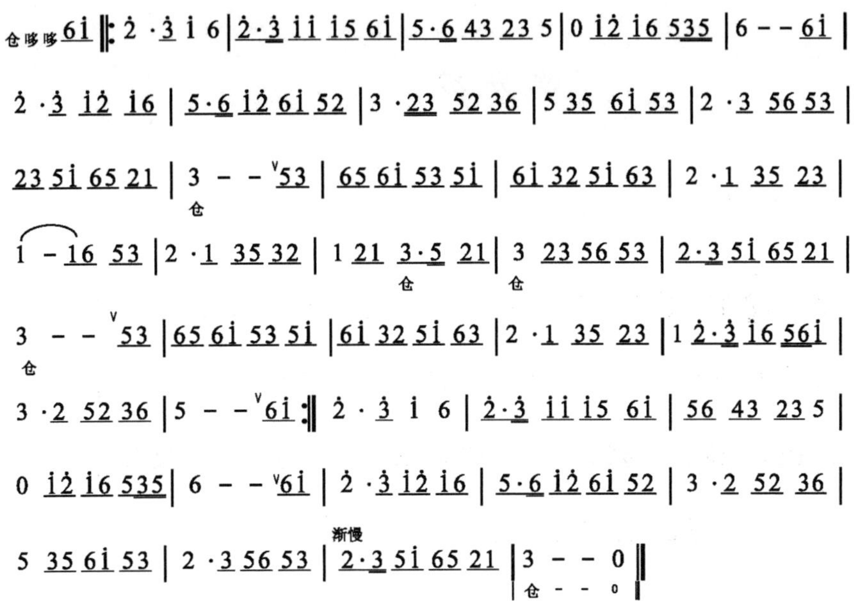

红绣鞋

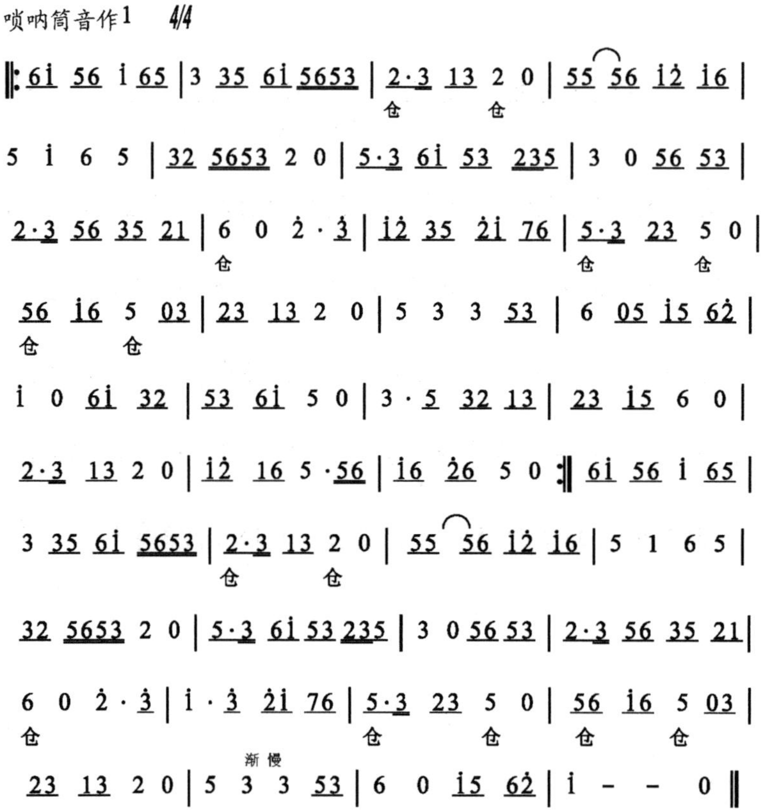

半分粮

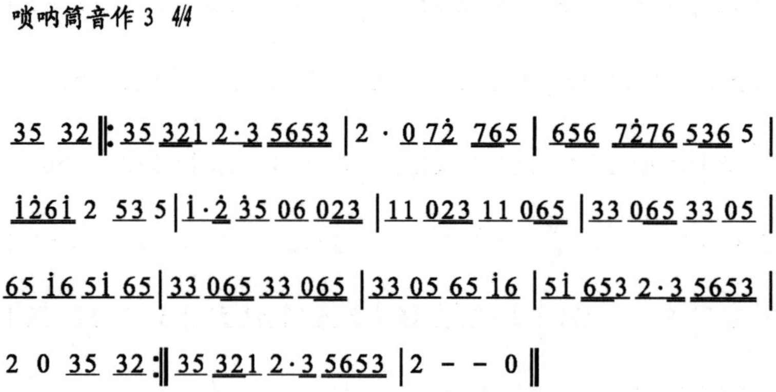

大 钱 公

唢呐筒音作1

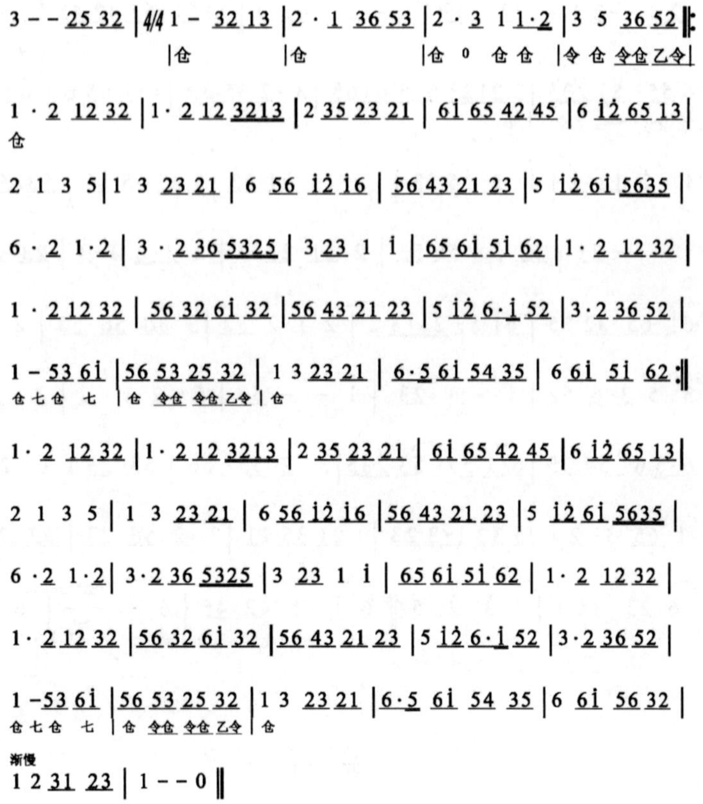

大 过 场

唢呐筒音作1

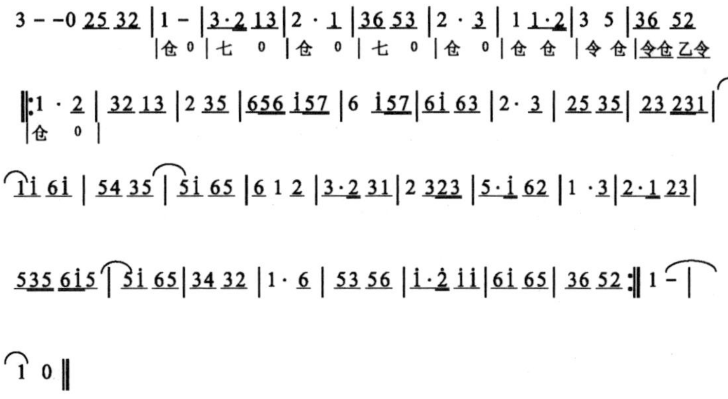

到 春 来

唢呐筒音作1

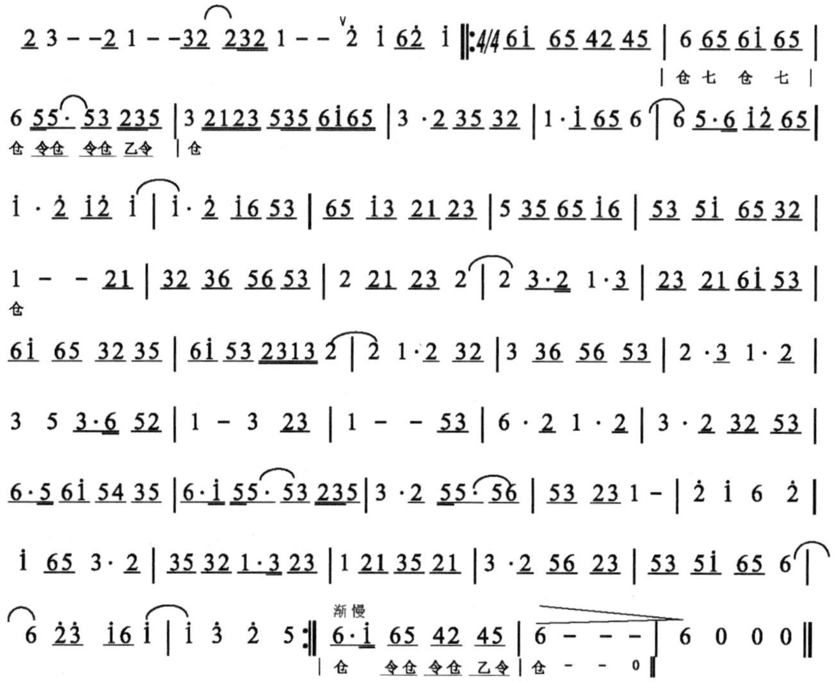

金 猫 狮 子

唢呐筒音作5 4/4

将军令

唢呐筒音作5 2/4 中速

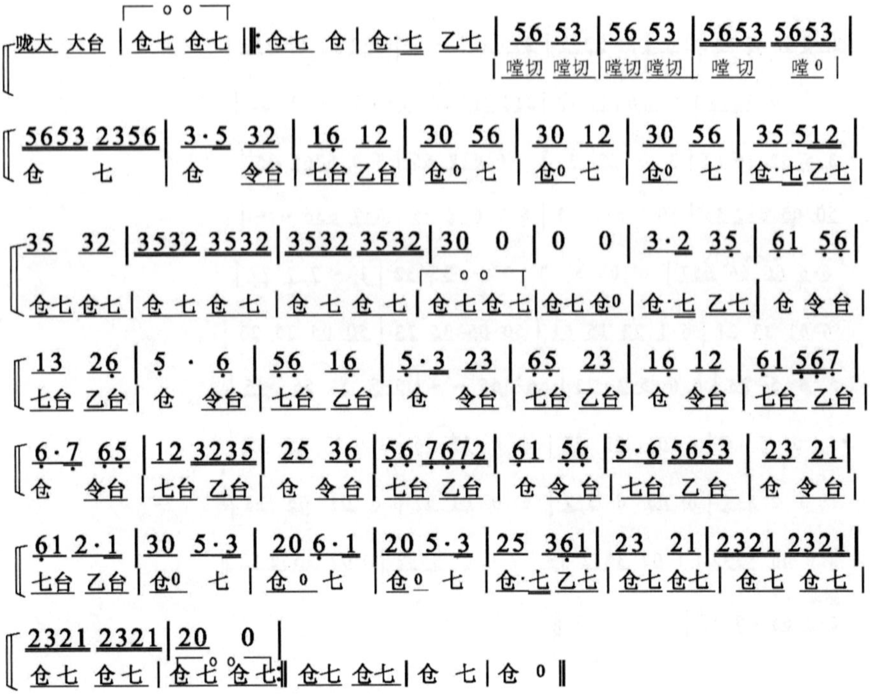

一枝花

唢呐筒音作5 4/4

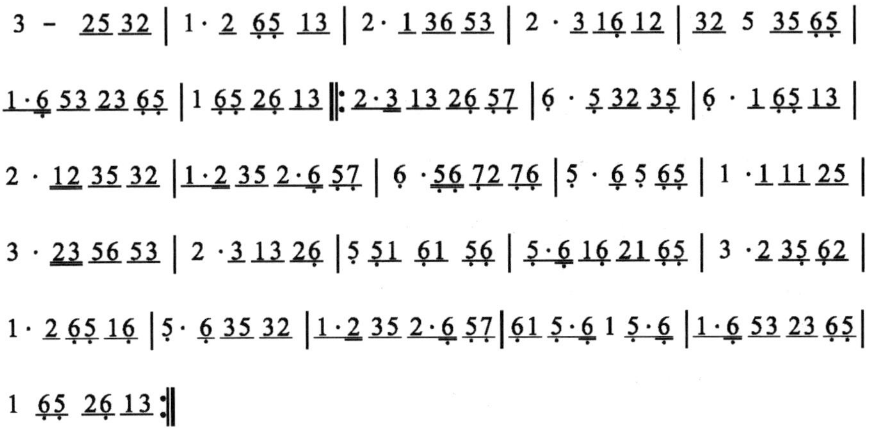

七声钌

唢呐筒音作5

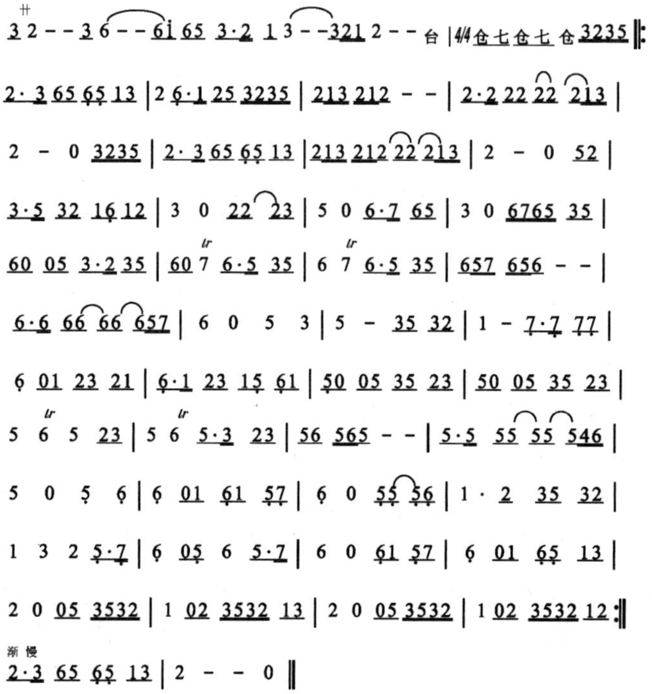

清水令

唢呐筒音作1 4/4

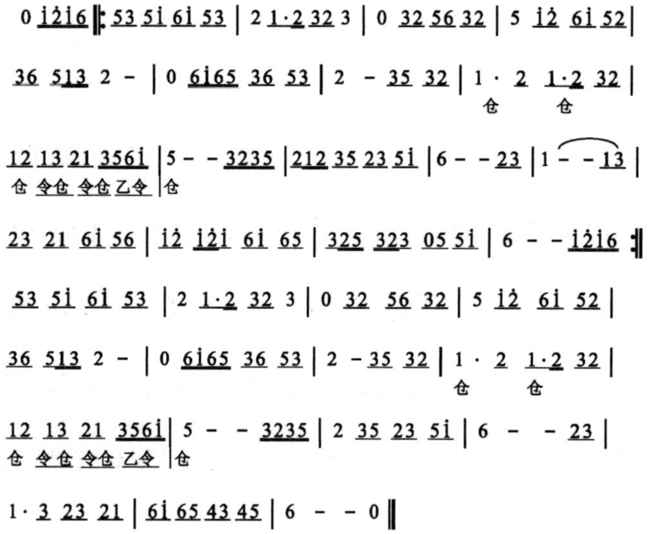

万紫台

唢呐筒音作1 4/4

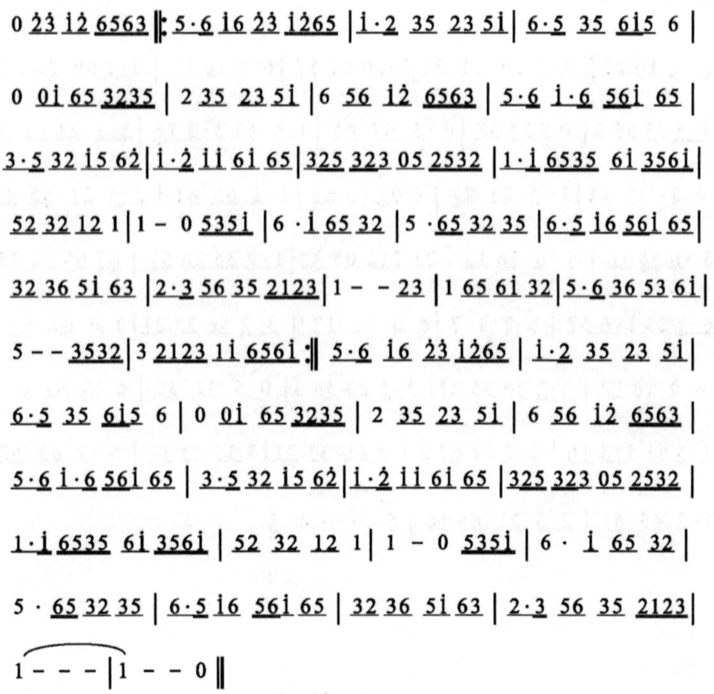

上 天 台

唢呐筒音作1 4/4

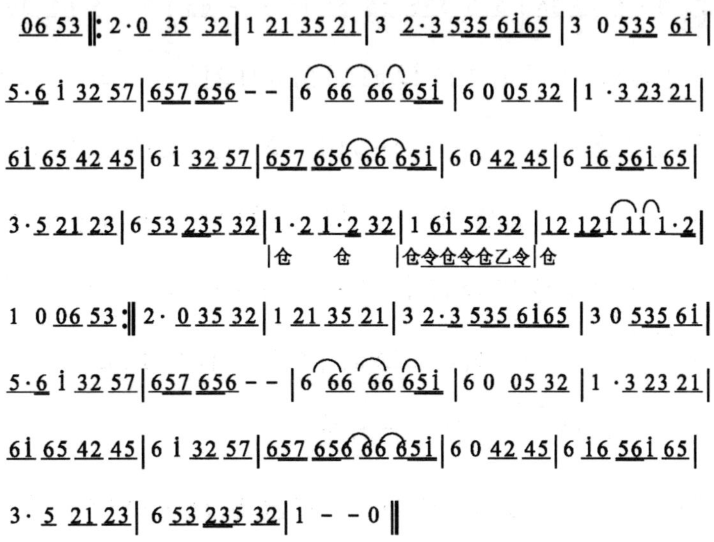

万年欢

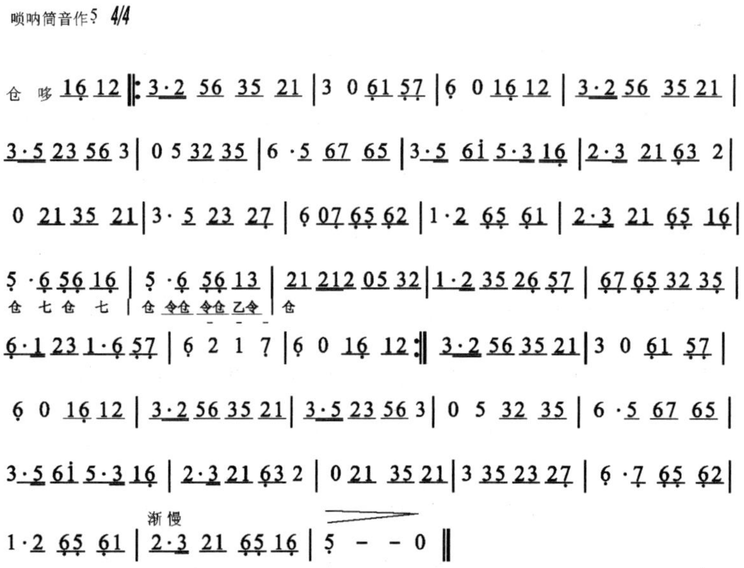

文武会

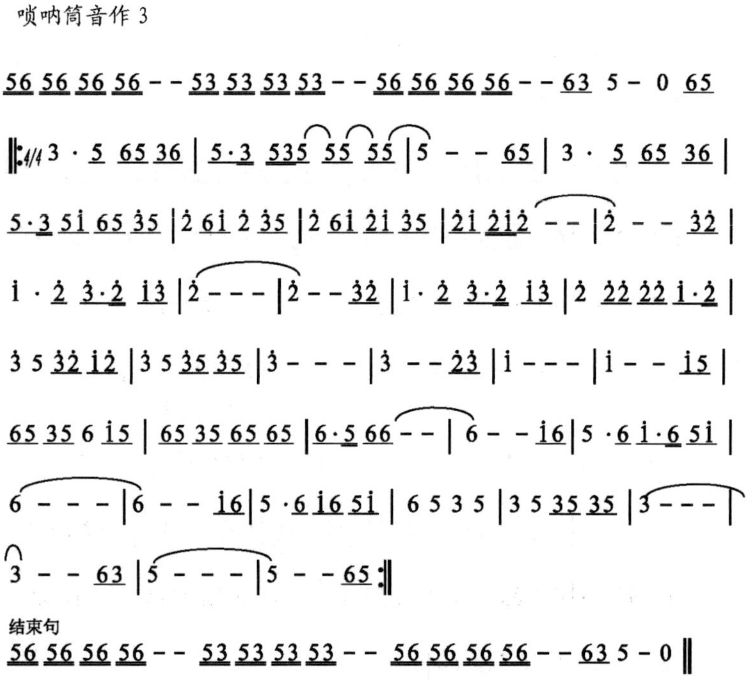

游　街

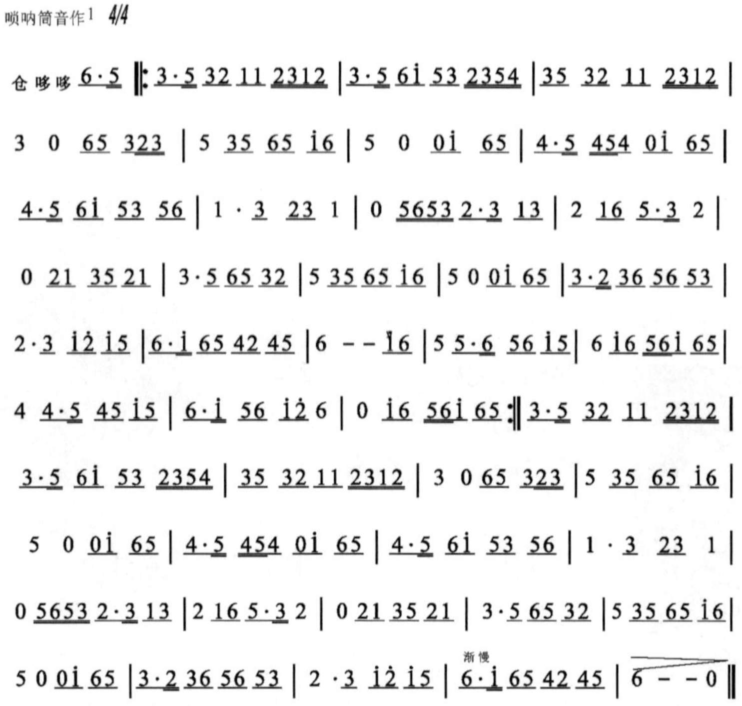

木偶

明清时期，木偶戏深受村民喜爱，传入境内木偶有提线木偶、布袋木偶、药发木偶。民国开始，出现一批提线木偶、药发木偶专业艺人。至20世纪70年代末，木偶戏趋向衰落，目前仍有一些木偶演出，但观众寥寥，一般都是40岁以上中老年。

提线木偶　清末开始，包建周与横坑、灵家山、国岭组建西地村第一个提线木偶剧团。传统剧有《杨家将》《二度梅》《包公审案》《辕门斩子》，《陈十四娘娘收妖》《水漫金山》《火焰山》《无底洞》《哪吒下山》《父子会》《水帘洞》《真假美猴王》等，现代剧有《沙家浜》《红灯记》，《智取威虎山》《奶头山》《林海雪原》《半夜鸡叫》《扬立贝》《一根绳子》《审椅子》等。儿童剧有《小花鹿》《这里没有你的份》及《九峰激战》（指泰顺九峰）等。博有名气木偶艺人有包建周、陈灵敖等，通过长期创造创新，演技精湛，风格独特木偶动作有飞刀、弄花、划船、抬轿、点烟、喷火、斩头、剖腹、顶葫芦等。陈灵敖、包何祥继承剧团到70年代解散。

提线木偶，也称为神戏。每年由片（全村分为四片）轮流主办元宵节和五月廿八福节，必请木偶戏班表演3 ~ 10天。21世纪开始，改请剧团演出。

药发木偶　又称放花木偶，以火药带动木偶表演一种独具观赏价值民间手工技艺。

素来只以烟花一个种类流传，往往被用于庙会、祭祀、开业、过节及其他重大庆祝活动，很少用于木偶戏表演，在上演神戏时偶尔用上一“树”药发木偶。

明清时期，境内流传有药发木偶。民国时期，陈灵仪是村内唯一一位药发木偶艺人。1980年，药发木偶技艺者徐成东自天井迁入。

雕刻

木刻 盛于明清时期，许多庭院建筑物栋柱、屋檐（如新厝底）、窗棂、风门、饰件以及屏风、桌、椅、凳、床等家具，刻以花鸟、虫鱼、装饰图案。祠堂、庙宇、秀垟底、新厝下、新厝底、陈氏宗祠盘龙大柱、大小佛像也是木雕、彩绘。庄济庙、马仙宫、杨府宫花鸟画，保存比较完好，其牡丹舞蝶、梅花喜鹊、桃花春燕、山茶锦鸡，还有水仙、海棠、秋葵、玉兰等，构图新颖、雕刻精致，花卉争奇斗艳、虫羽生动逼真。

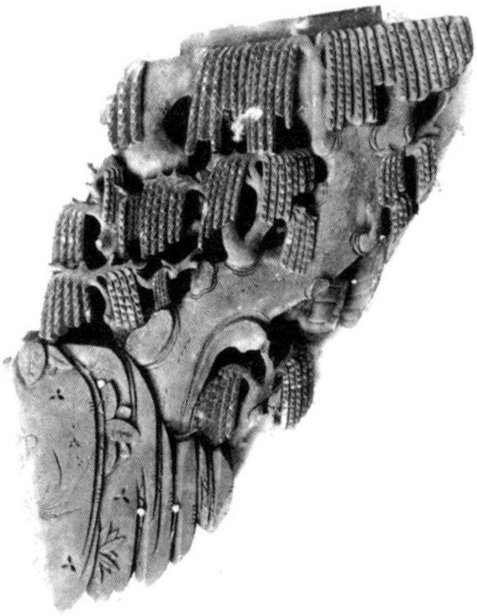

木刻雀替柳树图

陈大翁宫石柱雕刻

石刻 明清时期建筑物柱础、门窗以及墓碑等石刻装饰，最为常见。石刻有浮云流水、春华秋实、飞禽走兽等图案，有的刻作八仙过海、麒麟送子、三顾茅庐、渔樵耕读等典故图组。近期建筑物马仙宫、古道歇棚石雕装饰也非常精巧。

剪纸

剪纸也叫刻纸，具有浓郁乡土气息民间手工艺术，常用于点缀墙壁、门窗、房柱、镜子、灯笼和风筝等，如结婚、庆寿剪用“喜”“寿”字体图案进行装饰，丧葬剪用“龙”“凤”进行棺柩装饰等。明清时期，剪纸、刺绣流传境内十分普及，村姑们以剪纸、绣花作为展示心灵手巧自我价值，陈大秀、王玉等村妇被誉为剪纸、刺绣能手。

刺绣

刺绣是针线在织物上绣制各种装饰图案民间手工艺术。解放前，常见村民以刺绣对日常生活用品和衣帽服装加以装饰，如窗帘、被面、帐沿、衣服袖口、衣领、裙边、围裙、幼儿兜肚、童帽、手帕、袜底等。一般象征喜庆、吉利纹样图案，如“莲生贵子”“喜鹊登梅”“麒麟送子”“鸳鸯戏水”“并

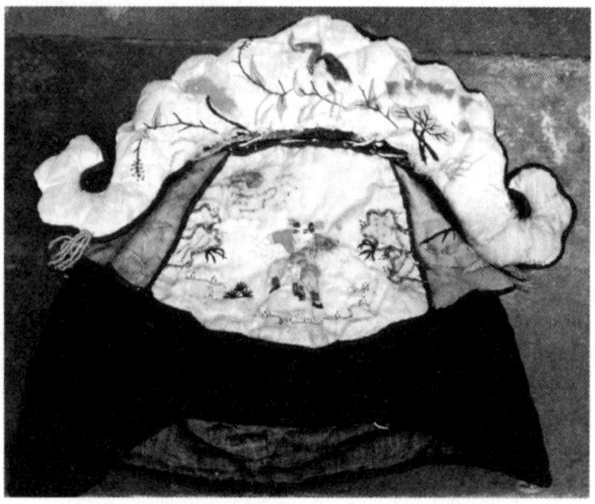

旧时童帽刺绣（王玉作品）

蒂莲花”“凤凰戏牡丹”“鲤鱼穿莲”“百鸟朝凤”“狮滚绣球”“凤戏牡丹”，等等。如今，常见妇女们以剪纸图案贴在绸缎上依样刺绣，更为喜爱是“十字”绣，模仿书画作品刺绣成外观华丽、精致典雅、别具风格工艺品。

第五章　文物保护

境内有中共泰顺县委扩大会议旧址、中共泰顺中心县委机关办公旧址，以及瓦窑、战壕、庵庙、字纸炉等建筑旧址19处。古民居40处，建于道光前占40%。宋、清宗祠2座，于20世纪六七十年代分别改为政府、小学用房。古宫庙5处，列入县级以上文保单位3处。宋桥梁4座、碇步5条，其中保存完好桥梁3座、碇步2条。宋、明木瓦茶亭、凉亭4座，其中拆撤1座、移建1座。各种碑刻16处。新建九峰革命历史纪念碑，中共泰顺中心县委机关驻地纪念碑，“老区人民欢迎您”礼仪坊，西山宫、大岙仙坛，还有别具一格古道长廊。

第一节　遗迹　旧址

革命遗迹（旧址）

革命老区根据地　1935年中国工农红军挺进师在刘英、粟裕率领下进驻境内，1935年11月7日，挺进师和中共闽东特委在九峰白柯湾小宫庙召开联席会议，宣布成立中共闽浙边临时省委。在革命老区广大人民群众积极配合支持下，九峰成为工农红军在泰顺活动最频繁根据地，其中西地是挺进师活动区域之一。为纪念革命先辈丰功伟绩，1995年11月，中共泰顺县委县人民政府在西地大路头建立九峰革命历史纪念碑。碑座6平方米、碑高9米，正面刻碑名、背面碑文，占地面积400平方米。这年，列为泰顺县青少年爱国主义教育基地。

九峰革命历史纪念碑
（左起：周潮忠、孙宏杰、张钢、蔡贻望）

中共泰顺县委扩大会议旧址　1949年4月26日，中共泰顺县委扩大会议在九里潭村召开，会址后移西地村（新厝底上厝），5月1日会议结束。与会干部43人。会议传达浙南地委《关

中共泰顺县委扩大会议旧址

于泰顺党的组织机构与干部配备的决定》，宣布浙闽边中心县委改为泰顺中心县委，陈辉任书记，刘宝生、林永中任常务委员。会议旧址建于清嘉庆二十一年（1816），由围墙、门楼、天井、正屋（二层七间）和左右厢房（各二层五间）构成。占地面积1200平方米，建筑面积510平方米。

中共泰顺中心县委机关办公旧址 1946年11月至1947年11月，称中共泰顺县委、1947年11月至1949年4月称中共浙闽边中心县委、1949年4月—9月中共泰顺中心县委。机关办公驻地在西地堪兜。1949年4月，中共浙闽边中心县委改称中共泰顺中心县委。9月，中共泰顺中心县委撤销，其在泰顺境内党组织划归中共泰顺县委领导。1949年4月—9月，中共泰顺中心县委驻地西地村，办公机关设在堪兜王氏民房。民房建于民国25年（1936），二层五间，占地面积900平方米，建筑面积680平方米。

中共泰顺中心县委机关办公旧址

红军洞 原称蝙蝠洞，位于坑坪炉塘小溪边。是一个高1.7米，宽2.5米，深4.5米自然石洞。1935年10月，随坑坪共产党秘密交通站设立，石洞成为中共工农红军常住点。因此，村民称为“红军洞”。

红军寮塆 位于南僻畬斗塆。1935年，南僻是中共工农红军常驻地，并且是红军秘密军事活动场所之一。距南僻共产党秘密交通站800米处畬斗塆，建有草木小房10多个。因此，村民将畬斗塆称之红军寮塆。

民用建筑遗址

楼基民居 位于垟头东面田野，建于唐末，境内最早民房。占地面积1200平方米。楼式建筑，遗存围墙地基。村民做喜事、道场时，道士都念咒“皆塆出众生，楼基出夫人”之神位。

瓦窑遗址 境内窑址10处，分布在古庵、路下、水门岙、白岩下、大路头、后槙湾、高畲垟、白水漈、横溪、皆塆。西地砖瓦制作历时悠久，明朝到20世纪70年代均有生产，2000年后改用粉煤灰砖建房，砖瓦停产。

字纸炉遗址 又名字纸龛。西地人早有敬惜字纸美德，宋朝年间，在村尾鸬鹚墩建有一座石砌字纸炉，专供焚化字纸。炉宽约1米，高1.5米许，正面有圆孔，顶上翼角高翘，呈长方形。21 世纪 60 年代横溪修建水库，字纸炉被拆毁，炉子石板用于水库排水涵洞。

三重漈木桥遗址

公共建筑遗址

三重漈木桥遗址　位于三重漈溪涧，西地至平阳苍南莒溪必经古道桥梁。建于宋理宗年间，河床残存圆形桥墩眼窟 6 处。

横溪水库遗址　位于横溪水泥桥下，建于 1958 年。坝为蛮石土方筑成高 18 米，库容 30万立方米。1960年8月9日，洪水冲毁，残存坝基、涵洞。

横溪水库遗址

防御建筑遗址

战壕遗址　为抵御寇匪入侵，境内建有战壕 4 处。杨府岗壕沟（建于元代），壕深 1.5 米、上口宽 2 米、长 200 米，同时建有竹楼。驼象栏寨坪壕沟（建于元代），深 1.5 米、上口宽 2 米、长 300 米，同时建有竹楼。龙虎山壕沟（建于清），深 1.5 米、上口宽 2 米、长 80 米，保存完好。水尾山岗壕沟（建于清）草木丛生，壕沟隐蔽，保存完好。

隘门遗址

隘门遗址　位于垟心水尾，建于清，重修于 1930 年。墙宽 3 米、高 2.9 米，蛮石结构。1983 年，为建造东桂公路被拆除后余存靠山一半。

炮台遗址　位于新垟岗顶，建于 1934 年。占地面积 500 平方米，土木结构，附建战壕 260 米。现存炮台墙基。

眺望台遗址　1955 年，在良水尖（海拔 801 米）建立军事联防线的眺望台。占地面积 300 平方米，建筑为木草结构，长 10 米，宽 8 米，高三层 12 米。登上眺望台可以眺望和观察 360 度的周围动静。一直沿用至 20 世纪 70 年代末，尤其是 1962 年，昼夜有村基干民兵值班站岗。遗址现存省公安厅、省军区司令部、省测绘局设立的国家测量标志。

良水尖国家测量标志

宗教建筑旧址

境内宗教建筑旧址 1 处、遗址 5 处。其中荷花塔遗址，于南宋淳祐己酉年（1249）和尚了一筹建。原塔位于新垟二桥桥头，桥下有岩漈、瀑布，漈下有水潭。塔前石刻灯柱高约 2 米，两侧紧挨两颗红枫高均 20 多米，塔后一棵乌桕树高约 10 米。塔高约 3

米，青石结构。由塔基、莲花盆、神龛、塔盖（圆扁形）、塔顶（锥形）、塔刹（葫芦形）组成。1966年荷花塔拆除，仅存塔中心部分，20世纪70年代末，两棵红枫和乌柏树被伐。

宗教建筑旧址和遗址简录

表4-17

名称	位置	建设朝代	占地面积（平方米）	残存遗迹
皆垮庵堂	西地东南田野	宋	700	青白瓷碗、陶瓦碎片
塘底庵	西地东南田野	宋	500	瓷瓦碎片
新厝下	垟头庵垢	宋	1000	瓷瓦碎片
庄济庙	西地宫边	明	500	石门楼、台阶
佛塔坪	西地南面山坡	宋	1000	部分围墙
庵基坪	白岩下对面山	元	500	瓷瓦碎片

第二节　古民居

境内建有古民居40余座，咸丰年间及其以前建造（150年以上）27座，占67.5%。新厝底下厝、垟心外厝民居、垟心下厝民居等3座被列为县级文物保护单位，新厝底上厝，是中共泰顺中心县委扩大会议旧址、武装力量浙南第三县队驻地，垟头堪兜王氏民宅，是中共泰顺中心县委办公旧址。

古民居简略

表4-18

建造时间	数量（座）	民居名称（地点）
宋理宗年间（1224—1264）	1	下厝民居（新厝底）
明万历年间（1573—1620）	1	八凤垟民宅（垟头）
康熙年间（1706—1722）	3	上厝民居（新厝底）　大垢民居（大垢） 宫边民宅（新厝底）
雍正年间（1722—1735）	2	新垟民居（垟心） 坟前民居（垟心）
乾隆年间（1736—1795）	12	新厝下民宅（垟头）　外厝民居（垟心） 里厝民居（垟头）　锅炉民居（垟心） 外厝民居（垟头）　下厝民居（垟心） 下厝民居（路下）　下厝民居（高畲垟） 南僻民居（南僻）　古庵包建志民居（路下） 白水漈民居（白水漈）　坭樟山民居（坭樟山）

续表 4-18

建造时间	数量（座）	民居名称（地点）
嘉庆年间（1796—1820）	6	横楼厝民居（垟心）　古庵包道银民居（路下） 水碓仔民居（垟心）　里厝民居（白岩下） 坑坪民居（坑坪）　第二夌民居（白岩下）
道光年间（1821—1850）	5	岭门民居（大垯）　中央厝民居（高畲垟） 上厝民居（垟心）　中央厝民居（路下） 外厝民居（白岩下）
咸丰年间（1851—1861）	3	双端垟民宅（垟头）　秀垟底民居（大垯） 顶头厝民居（路下）
同治年间（1863—1874）	1	六十桶民居（六十桶）
光绪年间（1875—1908）	3	南乾民宅（大垯）　上墩仔民居（高畲垟） 乌岩民居（路下）
民国时期（1912—1949.9.30）	5	普外古民居（大垯）　堪兜民居（垟头） 龙坪民居（垟心）　上厝（高畲垟） 上厝（白岩下）

新厝底古民居

下厝民居　建于宋理宗年间（1225-1264），县级文物保护单位。坐东北朝西南，门楼木构三间，正屋二层六间、七柱十一檩穿斗式，有腰檐，悬山顶；左右两厢各二层五间，悬山顶；设穿堂敞厅、前廊，夯土地面条石压边。方形天井中间石铺甬道，三步踏跺。

新厝底下厝一眸

上厝民居　建于清康熙五十年（1711），中共泰顺中心县委扩大会议旧址（为浙南县队驻地）。坐东北朝西南，木构门楼三间抬梁式，悬山顶。方形天井左右鱼池、中间石铺甬道，三步踏跺。正屋二层七间，七柱十一檩穿斗式，有腰檐，悬山顶；左右两厢各二层五间，悬山顶。设穿堂敞厅、前廊，夯土地面条石压边蛮石围墙。

新厝底上厝

宫边民宅 建于清康熙五十年（1711）。蛮石围墙，门楼坐西北朝东南，天井进5米、横5米。正屋坐东北朝西南八间，左厢房三间，院落式、悬山顶二层建筑。

宫边民宅

大坵古民居

大坵民居 建于康熙辛丑年（1721）。坐西南朝东北，门楼三间、悬山顶，围墙高3米、厚1米，天井5米×40米。正屋五间、左厢房三间，腰檐、悬山顶两层建筑。

八凤垟民宅

秀垟底民居 位于秀垟底（玉西中学校址），建于清咸丰八年（1858）。坐西北朝东南，由围墙、门楼、天井、正屋和厢房构成。门楼左右各两对旗杆石，天井进27米、横35米。正屋九间、左右厢房各七间，腰檐、悬山顶两层建筑。毁于光绪二十四年（1898）火灾。

岭门民居 建于道光五年（1825）。坐西北朝东南，二层六间双向腰檐、七柱十一檩穿斗式，悬山顶。设穿堂敞厅、前廊，夯土地面蛮石压边，蛮石围墙。天井中间蛮石甬道，三步踏跺。

岭门民居

南乾民宅

南乾民宅 建于光绪十四年（1888）。坐东南朝西北，二层七间，有腰檐、悬山顶。设穿堂敞厅，天井宽18米、深30米，三步踏跺，蛮石围墙。

普外民居 民国5年（1916）首建，1968年10月改建。坐西南朝东北，天井进3米、横18米，屋为二层五间带腰檐，悬山顶，蛮石围墙。

垟头古民居

八凤垟民宅 建于明万历十一年（1583）。坐东北朝西南，由门楼、蛮石围墙、天井和正屋构成。围墙高7米，天井25米×15米、中间蛮石铺切甬道，三步踏跺。

新厝下民宅　建于清乾隆乙未年（1715）。坐东北朝西南，二层六间双向腰檐、七柱十一穿斗式，悬山顶。设穿堂敞厅、前廊，夯土地面蛮石压边。天井中间蛮石甬道，三步踏跺，蛮石围墙。

新厝下民居

里厝民居　建于清乾隆庚辰年（1760），坐东北朝西南，木构门楼三间抬梁式，悬山顶。方形天井左右鱼池、中间石铺甬道，三步踏跺。正屋二层七间，七柱十一檩穿斗式，有腰檐，悬山顶；屋前天井 28 米 ×15 米，前廊，夯土地面条石压边蛮石围墙。

垟头里厝民居

外厝民居　建于乾隆壬子年（1792）。坐东北朝西南，二层五间双向腰檐，七柱十一檩，悬山顶。设穿堂敞厅、前廊，夯土地面蛮石压边。天井 15 米 ×20 米，中间蛮石甬道，三步踏跺，蛮石围墙。屋为二层七间、七柱十一檩穿斗式，有腰檐，悬山顶。设穿堂敞厅、前廊，夯土地面蛮石压边。

垟头外厝民居

双端垟民宅　名“水甲垄仔”，建于咸丰四年（1854）。坐东北朝西南，二层四间双向腰檐，五柱九檩，悬山顶。设穿堂敞厅带前廊，夯土地面蛮石压边，蛮石围墙。屋前天井 7 米 ×26 米，三步踏跺。

双端垟民宅

堪兜民居　建于民国 25 年（1936），中共泰顺中心县委办公旧址。坐东北朝西南，二层五间、七柱十一檩穿斗式，有腰檐，悬山顶。设穿堂敞厅、前廊，夯土地面条石压边。屋前天井进 25 米、横 18 米，二步踏跺。

堪兜民居

垟心古民居

新垟民居　建于清雍正壬子年（1732）。坐西南朝东北，二层木建筑，1916 年毁于火灾。民国戊午年（1918）改建陈氏宗祠，天井进 5 米、横向 31 米，屋为二层 11 间，带腰檐，悬山顶。

上厝民宅　建于道光元年（1821）。坐东北朝西南，二层六间双向腰檐，七柱十一檩，悬山顶。设穿堂敞厅、前廊，夯土地面蛮石压边，蛮石围墙。天井进 7 米、横为 25 米，中间筑有鱼池，三步踏跺。

坟前民居 建于雍正癸卯年（1723）。坐西南朝东北，原围墙高 3 米、宽 1 米。天井进 7 米、横 26 米，中间蛮石甬道。屋为二层六间双向腰檐，七柱十一檩，悬山顶。设穿堂敞厅、前廊，夯土地面蛮石压边。

坟前古民居

横楼厝民居 建于清嘉庆十九年(1814)。坐东北朝西南，二层 5 间双向腰檐，七柱十一檩，悬山顶，设穿堂敞厅带前廊，夯土地面条石压边。围墙与腰檐齐高，天井进 28 米、横 15 米，三步踏跺。

水碓仔民居

水碓仔民居 建于清嘉庆二十二年(1817)。坐东北朝西南，二层十间双向腰檐，七柱十一檩，右向悬山顶，左向四坡顶；设穿堂敞厅带前廊，夯土地面蛮石压边。围墙长 3 米、高 5 米、厚 1 米，天井进 10 米、横 25 米。

外厝民居 建于乾隆辛卯年（1771），位于垟心水尾，县级文物保护单位。坐西北朝东南，木构门楼三间悬山顶，方形天井中间石铺甬道，三步踏跺。正屋二层七间、七柱十一檩，悬山顶，西侧厢房二层三间，四坡顶。设前廊、有腰檐。

垟心水尾外厝民居

锅炉民居 建于乾隆丙申年（1776）。坐东北朝西南，原围墙高 3 米、宽 1 米，天井进 7 米、横 18 米。屋为二层五间双向腰檐，进深七柱十一檩，悬山顶，设穿堂敞厅带前廊。

龙坪民居

龙坪民居 民国 5 年（1916）建于龙坪，坐西北朝东南，屋为二层五间双向腰檐，进深七柱十一檩，悬山顶，设穿堂敞厅带前廊。

下厝民居 位于垟心，建于乾隆壬寅年（1782），县级文物保护单位。坐西北朝东南，木构门楼单间、悬山顶。天井中间石铺甬道，三步踏跺。屋为二层、七柱十一檁，有腰檐，悬山顶。设前廊，夯土地面条石压边，蛮石围墙。

高畲垟古民居群

高畲垟古民居

下厝民居 建于乾隆庚辰年(1760)。坐东南朝西北，由围墙、天井、正屋和厢房组成。围墙门楼合围，天井进5米、横23米，三步踏跺。穿堂敞厅，夯土地面，蛮石压边。正屋二层五间、七柱十一檁，左右厢房各二层三间，有腰檐、悬山顶。2014年12月，毁于火灾8间。

中央厝民居 建于道光年间。坐东南朝西北，二层五间、七柱十一檁，有腰檐，悬山顶，设穿堂敞厅，夯土地面蛮石压边。天井进7米、横25米，三步踏跺。2014年11月，8间毁于火灾。

上厝民居 建于民国元年（1912）。坐东南朝西北，二层五间、七柱十一檁，有腰檐，四坡顶，左右与后向为土墙，夯土地面蛮石压边。屋前天井进8米、横18米。

上墩仔民居 建于光绪年间（1850—1993）。坐西北朝东南，二层四间木结构。屋前天井进4米，横11米。1993年毁于火灾。

路下片古民居

古庵包建志民居 建于乾隆辛卯年（1771）。坐西北朝东南，二层七间、七柱十一檁，翘檐、悬山顶。屋前天井进5米、横24米。2006年桑美台风袭击倒塌。

古庵民居

下厝民居 建于乾隆丁未年（1787）。坐西北朝东南，围墙高5米、宽1米，天井进13米、横23米。二层七间，七柱十一檁，有腰檐、悬山顶。

中央厝民居 建于道光元年（1821）。坐东南朝西北，二层七间、七柱十一檁，悬山顶。围墙高与腰檐齐平，天井进4米、横25米。

顶头厝民居 建于咸丰元年（1851）。坐西北朝东南，围墙高与腰檐齐平，天井进4米、横25米。屋为二层五间、七柱十一檁，悬山顶。

古庵包道银民居 建于嘉庆元年（1796），坐西北朝东南。二层六间，屋前建有天井。

路下村居

白岩下村居

1999 年 11 月，毁于火灾。

乌岩民居 建于光绪元年（1875）。坐东南朝西北，二层五间木结构。屋前天井进 18 米，宽 5 米，围墙与屋檐齐高。1960 年拆迁凤垟。

白岩下古民居

里厝民居 建于清嘉庆乙亥年(1815)。坐西北朝东南，两层五间、五柱九檩，悬山顶。屋前天井进 15 米、横 24 米，围墙与腰檐齐高。

外厝民居 建于道光甲申年（1824）。坐东南朝西北，围墙与腰檐齐高，天井进 10 米、横 18 米，三步踏跺。屋为二层五间、七柱十一檩，四坡顶。设前廊，夯土地面蛮石压边。

第二岑民居 建于嘉庆年间。坐西南朝东北，二层五间木结构。1958 年拆迁白岩下。

上厝民居 建于民国 22 年（1933）。坐西北朝东南，两层三间木结构，悬山顶。屋前天井进 4 米、横 11 米，围墙与屋檐齐高。

其他自然村古民居

南僻民居

白水漈民居

坭樟山民居

南僻民居 建于乾隆丙寅年（1746）。坐西北朝东南，蛮石围墙。1980 年改建，三间二层木结构。2002 年拆迁西地。

白水漈民居 建于乾隆丁卯年（1747）。坐东北朝西南，五间二层木结构。屋前天井进 5 米、横 11 米，围墙与屋檐齐高。2000 年搬迁沙岭。

坭樟山民居 建于乾隆辛巳年（1761）。坐西北朝东南，二间二层木结构。2000 年居户搬迁西地、九峰，民房尚在。

坑坪民居 建于清嘉庆乙亥年（1815）。坐东南朝西北，二层木结构。1990 年搬迁西地。

六十桶民居 建于同治元年（1862）。坐西南朝东北，二层五间木结构。屋前天井进 3 米、横 25 米，围墙高与厝齐平。

第三节　祠堂　宫庙

祠堂

新庄陈氏宗祠　位于西地新垟，坐坤向艮兼申寅分金，且有冬暖夏凉温泉井一眼。原址山坳底，首建于宋。民国戊午（1918）年敷庭公为首迁建，前堂七开间、后厅七开间，建筑面积约 1000 平方米。早年前堂设商店、药铺，20 世纪 40 年代小学同时兼用，中华人民共和国成立后借给小学、卫生院、供销社同时兼用。60 年代为政府办公场所，1969 年无偿改建政府办公楼。

龙港陈氏祠堂　坐落在来龙岗山下，清嘉庆乙亥年（1815）陈则斌为首创建，5 廇（间）、建筑面积 300 平方米。1960 年玉西小学同时兼用，1972 年改建为小学教学楼。

宫庙

杨府爷庙　市级文物保护单位。坐村东水门岙，宣和七年（1125）始建，清光绪三十三年（1907）村民包建我修建。1966 年“文化大革命”期间损废，1993 年村民包细兰为首集资修缮。2013 年村民王行忠、包玉华、王尚定、包伟华、包日富等再次筹资扩建。扩建后由庙墙、大门、天井、正殿组成；正庙与楼门各有双重檐翘，歇山庙顶双龙戏珠，大门上方悬挂“杨府宫”牌匾，庙墙正面雕花窗户 8 个。庙门、正殿分别有柱子 8 根、10 根；庙堂深 11 米，宽 15 米，高 13 米，占地面积约 500 平方米。正殿供俸杨、袁、陈三位府君塑像，两侧塑像是三眼灵光大帝、劝善大帝、土地尊神、招财童子。

杨府爷庙

1985 年，庄济庙

庄济庙又称陈大翁宫　县级文物保护单位。坐落在村北天坧湾，始建于宋宝庆元年（1225），内设戏台，中隔天井。1953 年为圆木社加工场。1966 年毁神像，1970 年改庙为玉西公社车木加工厂。1985 年，陈煜、陈全再等为首筹资迁址大垅头白箬（叶）湾。

2011 年，新厝底陈氏后裔陈煜、陈家东、陈超家、陈周南等筹资回迁原址重建：

2011 年，陈大翁宫

田大翁宫

坐北朝南，两檐翘角，歇山庙顶、双龙戏珠，四周围墙。神殿三开间，宽 15 米，进深 11 米，高 13 米，木柱 6 根，石柱 4 根（正面 2 根盘龙石雕），天井 200 平方米。殿上塑有陈大翁、陈三公、陈六公、三眼灵光大帝、土地尊神、黄梁二将等 9 尊金身。

田大翁宫　位于佛塔坪，宋靖康二年（1127）设坛建宫，清光绪二十三年重建（1897）。1958 年，泗溪公社为建办三榠垟养猪场缺乏木料所拆。1991 年，村贤包顶和为首移龛于村南出口处大路头重建，依山傍林，秀丽幽静。庙由围墙、天井、正殿组成。单开式庙门悬山顶，砖木结构正殿歇山顶。庙深 6.6 米，长 6 米，占地面积约 85 平方米。内供一、二、三师傅，白马三郎，土地翁等神像。

马仙宫　市级文物保护单位。坐落在村西水尾龙虎岗山脚（鸬鹚墩畔），南宋设坛，明洪武年（1368）建庙。康熙元年（1662）重建。清咸丰二年（1852）修缮。咸丰五年（1855）再葺。庙前建有戏台，庙正门匾题词“马氏金阙”。1995 年修理戏台，曾友礼、曾安镐、陈祖协同修建。

1855 年，原马仙宫

2011 年，村民信荐曾家敏、曾细环、陈科凤、曾齐快、包道渊等为首集资扩建，占地面积 600 平方米。围墙花窗 6 个、天井 1 个、庙柱 20 根（其中盘龙石雕正殿主柱 2 根），三开间庙门及庙宇双层边檐翘角，红柱青瓦、油漆彩绘，双落翼式歇山顶、檐顶双龙戏珠，正殿歇山顶、顶部塑有三星云游。正殿深 12 米、宽 23 米、高 18 米，建筑面积 312 平方米（一层神殿、二层管理房）。庙内奉有三位马仙娘娘、陈林李三位夫人、五显灵官大帝、马相公、罗相公、王老仙师、东海龙王、都天元帅、劝善大帝、土地尊神、黄梁二将、顺风耳、千里眼、招财童子等新塑软衣金身。

马仙宫

西山宫　坐落在岭门大岙，距大岙仙坛正面 30 米处。2002 年与大岙仙坛同建，建筑面积 60 平方米，

西山宫（观音亭）

玉门寺

大岙仙坛

四角攒尖顶。内塑神像有观音菩萨、招财童子、土地尊神。

玉门寺　原名白岩下岭脚庵，位于白岩下第二岭，距村中心 1.5 千米。正殿 5 间，左右厢房各 1 间，始建康熙年间，1984 年毁于火灾。2003 年石门村民包日品重建，正殿 3 间、建筑面积 78 平方米，殿上有香炉，未塑金身。更名玉门寺。

大岙仙坛　坐落岭门大岙山坡。2002 年，众村民议包顶和主事择地筹资。石砌坛台高 0.5 米，神龛 3 间，内塑五谷真人、五显灵官、土地翁神位。拣吉日柳家尖仙翁分香炉至此设坛。

第四节　桥梁　碇步

桥梁

境内桥梁 8 座，石拱桥、石梁桥各 3 座，水泥桥、公路桥各 1 座。其中，新垟石梁桥于 1992 年以混凝土填埋；东平桥于 2006 年 8 月 10 日，受桑美台风影响被洪水冲毁。

桥梁一览

表 4-19　　单位：米

桥名	位置	建造年间	结构	桥长	桥面宽	桥高
岽仔尾石拱桥	岽仔尾东西走向	南　宋	单孔跨径 4 米蛮石结构	6	3.5	3.0
新　垟石梁桥	新垟古塔东西走向	南　宋	中间 1 墩 2 孔，桥墩 3 根石柱、桥面 4 根石梁组成	6.0	1.0	2.2
东　平石拱桥	百步岭脚南至北走向	清同治五年（1866）	单孔跨径 12.3 米条石结构	12.3	6.4	8.3
白岩下石梁桥	白岩下南至北走向	1959	两墩三孔。桥墩 2 根石柱、桥面 4 根石梁组成	6.0	1.3	2.0

续表 4-19

桥名	位置	建造年间	结构	桥长	桥面宽	桥高
横　溪 水泥桥	横　溪 南北走向	1961-10	一墩二孔，混凝土结构。桥沿两侧墙式护栏	12.2	3.0	4.0
白水漈 石梁桥	白水漈 南北走向	1968-11	一墩两孔，桥墩 2 根石柱、桥面 4 根石梁组成	5.0	1.0	2.5
横　溪 公路桥	横溪青寮坪 南北走向	1983-12	跨径 13 米，桥面设有栏杆	28.0	6.5	8.0
水　尾 石拱桥	水　尾 马仙宫旁	1990	单孔跨径 4 米青石结构，两侧石板栏杆	20.0	4.0	8.3

东平石拱桥

白岩下石梁桥

横溪水泥桥

白水漈石梁桥

横溪公路桥

双龙石拱桥

桥梁图片剪辑

碇步

境内碇步 5 条，均属宋朝建造。其中，20 世纪 60 年代被洪水冲垮 2 条，20 世纪 80 年代公路填方 1 条，跨越最长并保存完好是黄滩碇步。

碇步一览

表 4-20 单位：米

碇步名	位置	建造年间	长度	齿数	结构
垟心碇步	垟心	宋	3.5	7	南北走向，连接文成珊溪和平阳顺溪古道。新垟石桥建后，作用次要
大坵碇步	大坵	宋	3.5	5	南北走向，1978 年建造民房、公路填方被毁
岽仔尾碇步	岽仔尾	宋	3.2	7	东西走向，1983 年建造民房被毁
黄滩碇步	天星岗尾	宋	50.0	100	西南至西北走向，连接通往县城、筱村重要古道，1960 年被洪水冲毁
横溪碇步	横溪水泥桥下	宋	15.0	30	青石取材，西至东走向，1960 年被洪水冲毁

第五节 亭阁 牌坊 长廊

亭阁

境内亭阁 10 座，其中茶亭 2 座，早年有人烧茶行善，1984 年东桂公路改造沙岭茶亭被拆，通车后佛塔坪茶亭停止供茶。1986 年前，为人们避雨乘凉所建造亭阁 4 座，亭边均有泉水供行人解渴，其中，高畲垟凉亭于 1980 年移建；东平桥亭原立碑记 2 块，一块于 1968 年建三重漈电站时被搬移。21 世纪，新建亭阁 4 座。

亭阁一览

表 4-21 单位：米

亭名	位置	建造年间	结构	亭深	亭宽	亭高
佛塔坪茶亭	坐西北朝东南	宋	蛮石、木瓦结构，悬山顶，蛮石砌成基墙	5.0	3.7	3.5
沙岭茶亭	坐北朝南	宋	蛮石、木瓦结构，悬山顶，蛮石砌成基墙	5.0	4.7	3.5

续表 4-20

亭名	位置	建造年间	结构	亭深	亭宽	亭高
高畲垟凉亭	高畲垟古道旁坐东南朝西北	宋	蛮石、木瓦结构，悬山顶，蛮石砌成基墙。内设三向座位	3.8	4.9	2.9
石门岭凉亭	石门岭古道旁坐西北朝东南	明	蛮石、木瓦结构，悬山顶，内设三向座位	3.5	4.5	2.8
东平桥亭	古庵百步岭头坐南朝北	1866	石木结构，硬山顶。内设双向座位，原立碑记2块	3	3.7	2.8
古庵岗头亭	坐西北朝东南	1986	蛮石、木瓦结构，悬山顶，块石基墙。内设三向座位	4.2	4.2	3.1
逸心亭	西地垟尾	2005	青石结构，二重翘檐，三向栏杆，六角攒尖，宝顶装饰。门前台阶8级，门上方书“逸心亭”三字。内设石桌1张、石鼓6个	4.2	4.2	9.5
永乐亭	西地大坵	2010	青石、混泥土结构，二重翘檐，八角攒尖，宝顶装饰。双向台阶各3级，亭前上方篆书“永乐亭”三字。柱连靠背石凳6条，石桌1张，石鼓4个	5	5	6.8
颔颔亭	垟尾狮子岗	2013	青石、混泥土结构，三重翘檐，圆角攒尖，宝顶装饰，亭前上方书有“逸心亭”三字。连柱靠背石凳5条	直径4.2		10.2
玉曦亭	大路头	2014	白青石建造，三间、翘檐式。内立九峰革命历史纪念碑和中共泰顺中心县委机关驻地纪念碑碑记	2.5	8.7	4.8

佛塔坪茶亭

沙岭茶亭

高畲垟凉亭

石门岭凉亭

东平桥碑亭

古庵岗头亭

玉曦亭

颔颔亭

逸心亭

永乐亭

亭阁图片剪辑

牌坊　长廊

礼仪坊

礼仪坊　建于1993年，位于村头，横跨公路。混泥土建筑，两柱单间，宽8米、高6米，上方铁架镶“老区人民欢迎您”字样，柱刻楹联。

富教知方坊　建于2010年，位于垟尾，横跨公路。青石构建，四柱三间，落翼、歇山顶，通面宽6米，高10.2米。柱刻楹联，柱前置石狮，正上方刻有“富教知方”四字。

古道歇棚长廊

富教知方坊

古道歇棚长廊　2011年11月建于西地村尾古道，依山傍水、茂林修竹。廊长23间、58米，宽3米，高4.5米。卵石墙、卵石路，绿瓦红柱，画梁雕栋，飞檐翘角，传统造艺。沿河护栏，镶嵌石板48块，雕刻二十四节气谚语、花草和二十孝诗选集及图案，行云流水，惟妙惟肖。

中共泰顺中心县委机关驻地牌坊

中共泰顺中心县委机关驻地牌坊　2014年9月建成，坐落大路头。青石建造，四柱三间，占地面积380平方米，碑座45平方米，碑高8.1米。省委原副书记陈法文、梁平波、原温州市市长卢声亮、温州市二轮修志主编张声和分别为碑坊撰写对联。

第六节　碑刻　匾额

革命历史碑记

九峰革命历史简介碑　九峰乡是革命老根据地。1935年11月7日，红军挺进师与中共闽东特委在白柯湾召开联席会议，成立以刘英为书记中共闽浙边临时省委。此后，浙江和闽东党组织迅速发展，在九峰乡先后建立中共泰平区委及前坪仔、山后、赤水溪、半岗、九峰、湾头、石门等党支部。1936年8月，浙南人民革命委员会和瑞平泰中心县人民革命委员会在白柯湾、山后、前坪仔等村组建红色政权，开展分青苗、分土地斗争。1937年2月，省委和红军挺进师为粉碎国民党重兵清剿而主动撤离泰顺，九峰革命转入低潮。抗日战争爆发后，九峰乡党组织重振旗鼓，积极投入抗日救亡运动。1940年，面对国民党顽固派军事清剿，中共浙闽边区委和泰顺县委转入隐蔽精干斗争，在山后等村保存骨干力量。1947年11月中共泰顺县委在前坪仔组建中共浙闽边中心县委，以泰顺为中心浙闽边游击根据地迅速扩大，九峰普遍建立农会、妇联会和民兵组织。1949年5月3日泰顺全境解放前夕，中共泰顺中心县委在九里潭、西地举行扩大会议，为建立泰顺县人民政权作全面准备。在长达14年艰苦卓绝斗争中，九峰人民不畏强暴，前赴后继，为夺取新民主义革命胜利作出贡献，九峰人民革命业绩永垂青史。

九峰革命历史简介碑

中共泰顺县委
泰顺县人民政府
一九九五年十一月　立

中共泰顺中心县委机关驻地纪念碑简介碑　西地村是中共泰顺县委（一九四六年十一月至一九四七年十一月）、中共浙闽边中心县委（一九四七年十一月至一九四九年四月）、及其直属武装力量浙南第三县队、中共泰顺中心县委（一九四九年四月至一九四九年九月）常驻地。

一九四八年二月至翌年五月，中共浙闽边中心县委为培养干部，先后举办三期青年组培训班，其中第三期培训班曾转移至西地村办学。一九四九年四月十四日，浙闽边中心县委下属浙南第三县队第一分队从西地出发，行军百余里，于十八日攻克国民党在泰顺乡村最后一个据点—洲边碉堡。

一九四九年四月二十六日至五月一日，中共中心县委扩大会议在九里潭村召开，会址后移至西地村。会议宣布闽浙边中心县委改为泰顺中心县委。决定增设县委和区委工作机构，调整各区委领导人员，扩增泰顺中心县委、福鼎县委、鼎平县委警卫队武装。

中共泰顺中心县委机关
驻地纪念碑简介碑

五月三日，中共青景丽中心县委民兵解放泰顺县城。四日，泰顺中心县委在西地村召开进城接管工作会议，确定接管县城、结束国民党统治以及恢复社会秩序政策方针。同时成立泰顺县民主政府筹备委员会，开始筹备成立泰顺县人民政府。六日，县民主政府筹备委员会派警卫队接管泰顺县城。二十日为密切同福鼎、鼎平县委工作联系，泰顺中心县委和县民主政府筹备委员会由西地迁往白粉墙村办公。

中共泰顺县委党史研究室

中共泗溪镇党委

泗溪镇人民政府

二零一四年九月　立

中共泰顺中心县委机关驻地旧址简介碑　西地堪兜是中共泰顺县委（1946.11—1947.11）、中共浙闽边中心县委（1947.11—1949.4）、中共泰顺中心县委（1949.4—1949.9）机关办公驻地。

1948年2月至翌年5月，中共浙闽边中心县委为培养干部，先后举办三期青年组培训班，其中第三期培训班曾在西地开班办学。1949年4月14日，浙闽边中心县委下属浙南第三县队第一分队从西地出发，行军百余里，于18日攻克国民党在泰顺乡村最后一个据点—洲边碉堡。1949年5月3日，中共青景丽中心县委民兵解放泰顺县城。4日，以陈辉为书记中共泰顺中心县委在此开会，研究部署接管县城，组建县民主政府筹备委员会，并筹备成立泰顺县人民政府。6日，县民主政府筹备委员会派警卫队接管泰顺县城。20日，为密切同福鼎、鼎平县委工作联系，泰顺中心县委和县民主政府筹备委员会从这里迁往白粉墙村办公。

中共泰顺中心县委机关
驻地旧址简介碑

中共泰顺县委党史研究室

中共泗溪镇党委

泗溪镇人民政府

二零一四年九月　立

中共泰顺中心县委扩大会议旧址简介碑　西地新厝底上厝是中共泰顺中心县委扩大会议旧址和浙南第三县队驻地。

1949年4月26日至5月1日，中共泰顺中心县委扩大会议召开，会址先在九里潭村，后转至西地新厝底上厝。会议宣布浙闽边中心县委改为泰顺中心县委，陈辉任书记，刘宝生、林永中为常委；决定增设县委和区委工作机构，调整各区委领导人员，由黄孔请任泰平区委书记，林志东任泰东北区委书记，黄孔伍任泰东南区委书记，黄邀弟任泰西南区委书记。

中共泰顺中心县委
扩大会议旧址简介碑

会议期间，泰顺中心县委接到浙南地委、浙南游击纵队司令部命令，将浙南第三县队上调，正式编入浙南游击纵队。浙南第三县队上调后，会议决定扩增泰顺、福鼎、鼎平县委警卫队武装。泰顺中心县委警卫队队员40人，龚显奏任队长，温兴路任政治指导员。5月1日，会议结束。当天夜间，国民党泰顺县长凌九霄弃城出逃。

中共泰顺县委党史研究室
中共泗溪镇党委
泗溪镇人民政府
二零一四年九月　立

亭塔碑记

荷花塔碑文（楼说伤言书）　砌路架桥度卯辰走，建塔照灯营伤亡者，性得空慈悲善捨出生死关摩诃，各我心但圆云望，蒲祐保国安民太平盛是也。

淳祐年已酉正月甲子日僧了一之立考妣化生三十三天子捨宋建孟吾子滐塔杞，二桥仍福此路，德坛内兄伤积死者灵施财造慈宝塔，晓群亡超升增崇友福崽侣曰，结 禄无财可 施年法可侍间此大。年年可南北荡坦然合族富贵愚山太平善留济吾母问焉。

1249年，荷花塔碑文

永乐亭碑记

永乐亭碑记　西地村乃九峰乡人民政府驻地。为改善居住环境，美化村容村貌，村贤陈珏森、包日海、王尚定、包松概等人为首筹资建造永乐亭，既为村民建造活动场所又为革命老区锦上添缀秀。为酬谢各界热心人士功德，特立此碑一志纪念。

公元二〇一〇年　农历庚寅年夏立

西地邨尾新筑亭碑　载德西地悠远，山川群立，带水潺潺，溪湖神秀，岩石峭峻，龙腾鱼跃，龟锁虎看，砻糠碓捣，出木共耳，松青竹翠，鸟语花香。明宫神庙，紫雾腾祥，惠风德雨，福气寿光，山清涧。财旺丁昌，耕读文化，世代传扬，贤人名士，层出不荒，富商达贾，遍地四方。乡贤呈长，乐善忠肝，领衔公益，劳怨心甘，精谋细断，不辞心酸。乡亲合力，成事简单，几经春夏，数易暑寒，精雕细逐，崭露斑斓。村门新构，玉白金丹，长廊曲榭，画栋雕栏，登临颔颔，远瞩高瞻。方家显贵，垂赏唫章，万千气象，画卷舒张，珠玑遍是，目悦心欢。而今盛世，物阜民康，和谐社会，美丽村庄，铸功当代，泽惠万年。大德圆满，康泰无疆，得圆当点，碑可记堪，盛情难却，持笔汗颜。不揣浅陋，勉为序言。

西地邨尾新筑亭碑

癸巳春久籁并书

颔颔亭碑记　颔颔亭，西地上马岩狮子岗之矗立者也。里贤曾细环、王尚钱等为使桑梓增色而特筹建此亭。亭状圆而取通，层设三而为极，坐狮之念文殊，降龙而像汉罗；凭群山之绕暖；借绿水而映月；融妙相于天地；形清姿于自然。亭前碑序，为泰顺学者吴久籁所撰，亭联为温州楹联家陈志岁所拟，北京书画家爱新觉罗·金恒钰为之书。是书联文三美合，山川亭一景成。自此也。早阳爱西地，迟月惜颔亭；霜雪卧虎动，风雨长蛇吟；人来长廊秀，诗落高坊名；人间有大美，尘世钟景文。是为记。

颔颔亭碑记

后学仕阳胡梦君

癸巳夏月吉日立

宫坊碑记

重建庄济庙（陈大翁宫）碑志　民间奉祀之神，自古多出草莽。何者？忠义节孝，人所景仰；贫病灾苦，众有盼祈。故神之生者，丰民俗而补史之不足也。翁姓陈，名逸，字子良，唐时人。生于洪口（今泰顺），后居高楼（瑞安）。公家寒，幼有力。长舟海上，济人无算。后授术于异人，具神通焉。是岁除，客闽海。同舟者皆思亲。翁曰：“各宜闭目，来日可到。”人未之信。夜，但闻舟戛林木有声。达旦，抵家矣。人始异之。

既没。后，乡人商于海。风起，舟将覆。忽见神于帆樯间，自言其姓氏。俄克济。及归，为立祠焉。后因其灵验，代有封赐。宋初为“惠民侯”，宣和二年加“护国”；德祐元年，封护国惠民福善圣王；元至正二十年，封庄济圣王。今瑞安间，香火尤盛。而西地建宫于天垳湾，始于宋嘉祐间。明洪武间重建时，有主殿三间。前设天井，南建戏台；立之石门，备之井泉，制全而具。嗟乎！时势多舛，风雨寡情。翁之庙，自明清以降，圮建坏葺，不知凡几矣。幸神之功义不靡，民之虔诚逢时。乙丑间（1985），陈君全再等重建于白叶湾；辛卯岁（2011），里贤陈煜、陈家东、陈周南等请回原址。是今之神宫，巍巍然庄而严之者也。翁之宫新矣，岂可无志乎？故不敏遵属，不敢夸饬；惟神德是志者，愿淳风而永长也。

陈大翁宫碑记

仕阳胡梦君敬撰

癸巳冬月吉旦

重扩建马仙宫碑志　本马仙宫史久，然改重扩次频。据史资并原阙前千年巨榅考证，早立坛设龛于宋，辟殿于明洪武年，清康熙年间有过重建，咸丰二年再葺，始时模小简而陋，后履复超前。悠悠岁月多变，文革间此宫也厄运难逃，神像暨宫庙被击破败不堪。共和乙亥虽经修建但规模尚微，惜壬午又度劫于时政风。改革开放国盛物阜民康废具，兴民同乐值此为河山添翼色，源里增容，神佑众贤保泰万民，共和辛卯兴之垟心四十余信贤倡导重建，业经三秋冬，费资几百万终而于癸巳元初三辰时竣落安成，祈保诸子孙荣昌并为今后宏业有继，兹将功资列左，永存留芳是也。

马仙宫碑记

公元二〇一三　岁次癸巳年仲夏立

重建西地马仙宫序　泰顺岩邑，雁荡南陲；山起原落，双水合维。神鳌度水，天工造巧；仙舟之来，斯地纪岁。翁陈叶祖，宋季燮睦；包曾王毛，继之蕃之。马氏感应，祥云西来；鳌背落吉，宫宇俨然。虎拱龙卫，香火始炽；石碓糠谷，居者盛焉。憾世多舛，始者渺迹；乾隆再宇，咸丰重葺。遗树成围，金劫文革；仙家旧筑，序次凋零。时逢盛世，物阜民丰；辛卯复建，怀祖恩神。慎终追远，民德归厚；百万三载，诸子虔诚。昊天爱之，山水明之；益思报本，惟神亦人。宫阙富丽，匠心独运；联书深寓，孔家范风。古道新颜，双亭为峙；近野旧色，廊坊倚从。水围宫镇，神祇庇佑；祖期孙望，代代昌荣。今之择吉，遵嘱惶恐；冬之逢瑞，谨敬斯文。

仕阳胡梦君敬撰

癸巳冬吉旦立　（2013 年 10 月 3 日于罗阳）

重建西地杨府爷宫碑序　杨府爷者，大唐时人。讳精义，字植臣。贞观十八年生于安固廿八都苌芬西村。总章二年，公得中二甲进士；仪凤二年，官封都督大元帅。六十五岁告归。天宝十年，公拔宅飞升，寿一百又八。公尸解后，精光不散，灵著海澨，祈祷感应，故民争焚香以敬。而后世帝王亦封敕不绝。宋太宗淳化元年，为圣通文武德理良横福德显应真君；明熹宗天启年间，为慈德救世仙人。而今之入选温州民俗非遗名录，不亦归乎？

重建西地杨府爷宫碑序

而西地始设神坛于水门岙，可追之唐末。宋宣和建宫，元明以继。光绪三十三年，贤者包建我为首重建，后惜毁于“文化大革命”。癸酉年，包世兰等为之再建；壬辰年二月，王行忠、包伟华、王尚定、包玉华、包日富等为之扩建，翌年二月完工。建造者乃浙南名匠省非遗传承者雷君程也。

今之杨府爷宫，山雄景秀。双龙相围，良水遥对；南溪隐约，北水东流。群山环绕，层峦堆翠；千嶂圆来，状如莲台。春鸟呼晴，夏风迎客；秋黄民庆，冬白性怡。四时毖色，天地同表；民神相偕，情至景和。神宫居此，山水为庆；宏眷伟顾，是佑西地。

西地民风，素来朴实；为善之举，从不落后。是以皇皇宫府，一载而成。个中辛苦，何人所知？且某有缘，近识王君尚钱，遵嘱以序，不揣孤陋；为善所感，敬为斯文。兹将其热捐者姓名，列左以铭之。

仕阳胡梦君撰

公元 2014 年岁次癸巳孟春吉旦立

西地田大翁宫序记　仁孝节义，古今所仰；烈士忠臣，人皆敬之。是民间多神圣而盛香火，为尘世褒忠义以激死生也。

田大翁者，姓雷，讳海青。清源郡人（今闽莆田）。善琵琶，为玄宗内廷供奉。安逆兵陷长安，掳掠为乐。翁投琴斥贼，为凌迟。明皇返，封诰以归，民争祠以祀焉。王维诗“秋槐叶落空宫里，凝碧池头奏管弦”，即赋此也。翁殁后为神，多灵验。南宋时，率兵救圣，云旗遮“雨”，端宗误赐“田元帅”，是“琵琶声里风霜急，姓字云头日月光”所云者也。而西地建宫佛塔坪，始于宋靖康二年。光绪二十三年重修。有主殿三间，建石门楼。后或兴或废，时哉？势也！辛未初，里贤包顶和倡为重建，善信乐从。宫成，择吉移龛于大路头。香火延之，忠义传之；村南有守，不亦快乎！余因思：设翁寿终安乐而卒，身为乐工，位卑业贱，何由载之《杂录》，传之于世？而一旦慷慨赴死，风高节扬；进而为神，万众景仰。此所谓“生固不得择而贵，志有可以存松操”者也！是为记。

仕阳胡梦君敬撰

癸巳冬月吉旦

西地村富教知方坊志　浙闽边邑，雁荡南陲，九峰朝列，双水合维，西地村位之。境开岑屏，芳原如舟，旧有唐朝人迹，其史阙。比宋季（约公元1030年），翁、陈、叶等姓先公涓虚堂构于斯，詺村曰斯地，以音近浸为今名。包、曾、王、毛诸公相继迁至，燮睦同蕃，溥恬多寿。今井廛星罗，士、农、工、商俊英代现，经济社会文化与时俱进，成一方中心，乡政府治焉。

书载，孔子适卫，曰：“庶矣哉！”更曰：富之教之，俾知俾方。时西地类是，日长炎炎，欣欣向荣，且乎壮风容，怀往先，勉后昆，标施其用也。于是乎，里贤曾细环、曾齐慰、曾齐广、曾齐寿、曾家应等首议树坊，里人响应，一愿早造，以观内外。

富教知方碑志

里哲县信访局局长王尚钱多方助成。中国楹联学会副会长、华夏诗联书画院艺术总监常治国，浙江省文化厅原厅长、省诗词与楹联学会会长钱法成，世界华人文化名人协会副会长、同晖学社社长陈志岁，中国楹联学会会员曹云霖及中国书法家协会会员朱志杰等，受其请，或题匾，或撰书楹联。此非缘会何！

时世兴兮偏远畡逮，主事明兮人人慷慨！近时以来，单位和村民各输愿力，捐资助建，其名石垂如左（捐资名单略，编者注）。

是岁七月初二良辰，坊立。是为志。

温州载敬堂陈志岁撰

庚寅年（公元2010年）秋月吉日

西地村民委员会立

村名碑　学校碑记

西地碑　2010年秋，村民曾细环、王尚钱等筹资，在西地村尾树立石碑。石材选于百丈镇金坑天然花岗岩石。高3.28米，宽2.9米，厚0.45米，“西地”两字为北京

西地村碑

中国楹联书法艺术家委员主任常治国书写。并在碑前栽种两株公孙树（银杏树），高 7 米围 50 公分。背后栽种两株高 10 米，围 70 公分红豆杉。

玉西中学创建碑记 九峰之麓，玉西之地，川泽紆回，林木葱茏，然地处僻壤。经济积弱，教育落后，人才廖廖，鉴此，全乡民众大声疾呼，有识之士戳力奔波。于一九八八年草创玉西中学，尔后，党政领导劬劳不息，以求外援，全体乡民深明大义，聚沙成塔，历十载寒暑，疑滴汤心血，倾一方深情，于今学校已渐成规模，成煌煌之势，莘莘学子聚集于此，风雨无虞，可安心学业矣。

玉西中学创建碑文

邑痒既成，恩泽一方，望吾学子铭记创业之艰辛，珍惜少壮之时光，树立匡国之大志，刻苦学习，努力成才以报效国家用材之望，报答父母养育之恩。

九峰乡人民政府

一九九八年十月立

玉西中学教学楼承建碑记

玉西中学教学楼承建碑记 项目名称：玉西中学教学楼。建筑面积：976.4 平方米捐资单位：浙江省交通厅、浙江省建筑设计院。建筑单位：九峰乡人民政府。承建单位：百丈建筑工程公司。

一九九五年八月奠

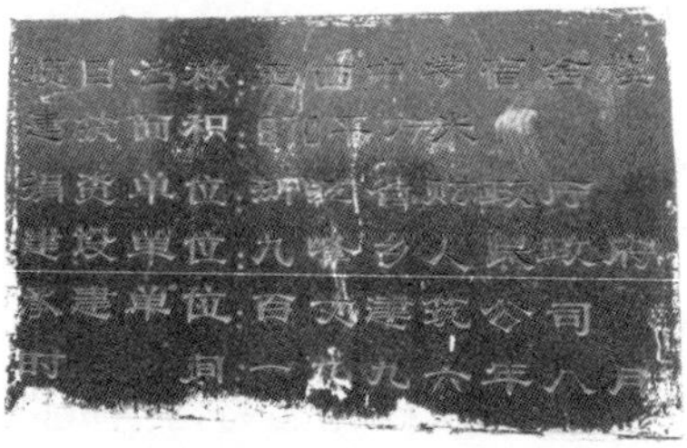

玉西中学宿舍楼承建碑记

玉西中学宿舍楼承建碑记 项目名称：玉西中学教学楼。建筑面积：970 平方米。捐资单位：浙江省财政厅。建筑单位：九峰乡人民政府。承建单位：百丈建筑公司。

一九九六年八月

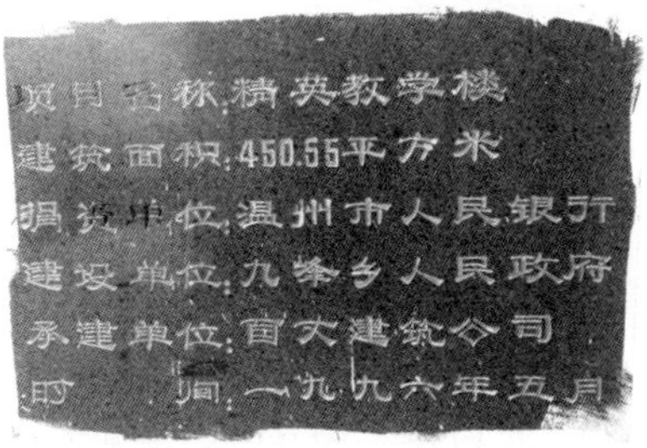

九峰中心小学精英教学楼记

九峰中心小学精英教学楼记 项目名称：精英教学楼。建筑面积 450.55 平方米。捐资单位：温州市人民银行。建筑单位：九峰乡人民政府。承建单位：百丈建筑公司。

时间：一九九六年五月

九峰中心小学综合楼楼记一 该综合楼于 2011 年 9 月破土动工，建筑面积 395 平方米，总投资 85 万元，

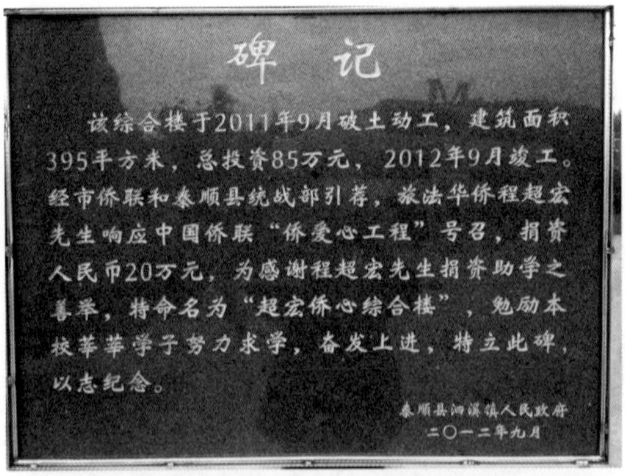

九峰中心小学综合楼楼记一

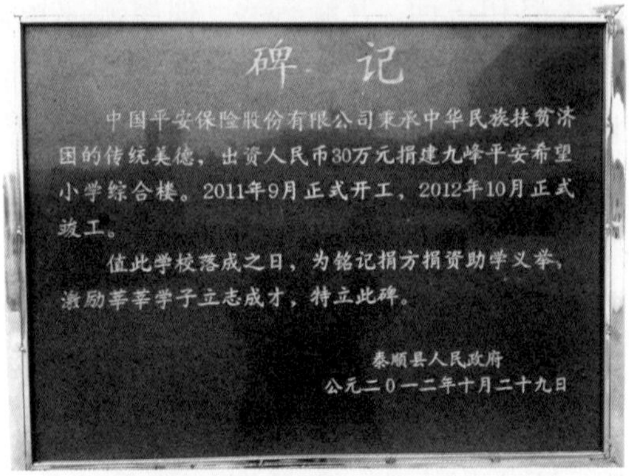

九峰中心小学综合楼楼记二

2012 年 9 月竣工。经市侨联和泰顺统战部引荐，旅法华侨程超宏先生响应中国侨联“侨爱心工程”号召，捐资人民币 20 万元，为感谢程超宏先生捐资助学之善举，特命名为“超宏侨心综合楼”，勉励本校莘莘学子努力求学，奋发上进，特立此碑，以志纪念。

泰顺县泗溪镇人民政府

二〇一二年九月

九峰中心小学综合楼楼记二　中国平安保险股份有限公司秉承中华民族扶贫济困传统美德，出资人民币 30 万元捐建九峰平安希望小学综合楼。2011 年 9 月正式开工，2012 年 10 月正式竣工。值此学校落成之日，为铭记捐方捐资助学义举，激励莘莘学子立志成才，特立此碑。

泰顺县人民政府

公元二〇一二年十月二十九日

桥　路道　禁约碑记

东平桥（三重漈）碑记　清同治五年（1866）立，位于白步岭头东平桥亭内，为纪念修建东平桥首事和投资者立碑。碑高 1.5 米，宽 0.7 米，由二块花岗岩组合而成，其中左边第一块碑于 1968 年建三重漈电站时拆去未找回，现保存一块碑记。

玉泗油路碑记　吾乡九峰地处于一陬口，周重峦青山为屏，惜无通衢达道进出殊，为艰难后辟有公路，始改千年旧貌，然逶迤坎坷年久失脩，九九之春因上级支持民众相助，各方倾力共筹资壹佰叁拾万之巨，玉泗改路工程訇然启动，历时八月油路告竣，云山苍苍流水泱

东平桥碑记

玉泗油路碑记

泱坦途既成道，辟康庄车越群山轮追日月，吾乡经济当更进步，前程当更广阔矣。

九峰乡人民政府

二〇〇一年　岁辛巳秋月立

古道歇棚碑记　古道悠，西地久。古道者，人世跨空移时，运往行来之途；惯朝穿代，纫忧缀乐之线。西地者，村名也，昉见唐时迁居本地陈氏之家谱，逾千年矣！经村古道，傅山衔水，虎拱蛟蜿，辟于何年亡考，当在西地成落之前。

古道歇棚碑记

是地原属平阳归仁乡三十八都，明景泰三年（公元 1452）划归新置泰顺县，尔后历属六都和玉西、九峰等乡，现属泗溪镇。古道之于西地，洵通外独途，古来村民行南走北，越省过州，进京游国，无不迹此。是以村民之爱古道，甚于当代之通村车路。里贤王尚钱，倡导古道保护，里庶响应。首事曾细环，襄事曾齐慰，曾齐广等，计费掰工，循募村户，顾应诸端，烦劳如怡。倡导者且多方通谊，增筹钜资，俾工程因之足款。更心规构架，电话咨讨其名于余，余曰：“名以‘古道歇棚’可乎？”竟云适好。

于是访选名匠。苍南莒溪木师雷君程，瓦师曾齐迎、曾齐永，各率其徒至焉。庚寅季秋兴工，幸卯仲冬乃竣。歇棚沿袭江南木构风格，以单臂式成造。棚长 58 米，宽 3 米，顶高 4.5 米（出村入村两口高 3.2 米，歧路口高 3.1 米）；棚屋 23 间，单檐挑梁，棚顶参采当地传统坡屋结构，顶面四翼高翘，龙飞凤翥，峥嵘皇丽。整体造型典雅、古朴、飘逸。主体既成，更于棚两檐下骈设美人靠，便游人坐歇。

古道本完畅，20 世纪 70 年代末车路入村，多处为所截覆。今营庇仅得存者千一，顾其南北路段，同为古物，不葆将失，众人以此挂心。堪喜者，西地名石—先民应科第之上马岩迄今安然，并妥庇于歇棚中矣。后人来此，上可想见先辈交通之经由，次可少谙地民眷念古道之情结。

歇棚工程共耗资柒拾多万元，感受甲乙等单位义助肆拾多万元，然遵其至嘱而略其名；村与民捐资叁拾多万，名单如下。

温州载敬堂陈志书谨撰

西地村民委员会 辛卯年（公元 2011 年）十一月吉日立

修建白岩下水泥公路碑记　亭桥路德，民风所崇，古今相继。是以有白间岩下

白岩下公路碑记

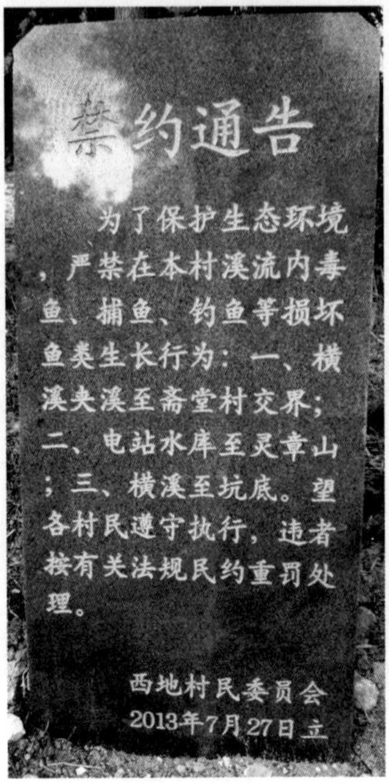

禁约通告碑

村之义举也。白岩下至水塘陇水泥公路，全长1100米，原为白岩下村民于上世纪八十年代初自发修筑之玉西公社通村第一条简易公路。随着时流逝，路面受雨水侵袭，凹凸不平，影响通行。癸巳菊月，众村民见仁自任，慷慨解囊，投袂筑路，于当年腊月竣工。一分一毫，省自柴米油盐；一草一木，见证乡民奉献。捐建功德，流芳千载，其名石垂如后。

岁次癸巳严月堪兜垟人撰

公元二零一三年十二月　立

禁约通告碑　为保护生态环境，严禁在本村溪流内毒鱼、捕鱼、钓鱼等损坏鱼类生长行为：一、横溪夹溪至斋堂交界；二、电站水库至灵章山；三、横溪至坑底。望各村民遵守执行，违者按有关法规民约重罚处理。

西地村民委员会

2013年7月27日立

匾额

传统民居主要形式是单门独院，门上所悬立匾额，能反映这个家庭门第层次、道德修养、思想情感、处世哲学、精神寄托以及对未来追求。如，新厝下《盛世耆賓》匾额，于乾隆四十八年（1783）大吕月谷旦，特授文林郎知泰顺县事加三级乔华荣寿介实陈正道立。大垭《德衍蘭芳》匾额，于清嘉庆十四年（1809）农历三月赐进士乡者包光华敬刻。《楷模儒林》匾额，赐进士文林郎知泰顺县事加三级宣城张仕骧为前清恩贡元包家梅民国壬申年（1932）立，民国壬申年（1932）孟春月吉旦众下重刻。

旧时，地方官员或名人对耆宾饮卿等德高望重者送匾贺寿，寿主女婿亲友、邻里弟兄常给富贵寿高者送匾庆寿。如新厝底上厝《質直好義》匾额，于清道光二十八年（1848）寅月谷旦，知泰顺县事咸阳举人张日新为卿耆陈则楷八十寿立。《克绍前業》匾额，于清光绪十年（1884）孟春谷旦，泰顺县教谕举人胡缙中为卿耆陈玉鲁六十寿立。垟尾厝《沖德延禧》匾额，于清光绪二十六年（1900）孟月穀旦，钦加四品衔持授温州府泰顺县正堂加五级录加十二次朱为大学生廉川先生德配陈孺人八旬寿立。水碓仔《樸厚可风》匾额，中华民国3年（1914）岁次甲寅孟春月谷旦，清卿钦宾精庭老生先年登古稀暨德配曾氏孺人双寿纪念 戚族同拜献。锅炉《古道照人》匾额，民国14年（1925）春月谷旦，秉彝曾先生九十纪念 戚族仝赠。堪兜《慶集華堂》匾额，于中华民国29年（1940）春月吉旦，王翁重园先生七十寿辰纪念泰顺县长李文恺，为男昌猛（救、窕）孙行堪（坊、钟）仝立。

匾额也是宫庙门面装饰文化，颂赞威德、彰显神职和缅怀感恩之意，有着文意内涵与书法艺术美感。如陈大翁宫，清道光四年（1824）赠立《恩光普照》，清宣统三年（1911），夏木恩弟子王茂寿昌家（煦）敬献《英霊廣濟》，民国十年岁次辛酉寿谷旦，四溪岁贡士林芳献、陈氏地主尊拜殿前恭颂《休光洋溢》等匾额。

新厝下《盛世耆賓》（乾隆四十年）

大坵《德衍蘭芳》（清嘉庆十四年）

陈大翁宫《恩光普照》（清道光四年）

新厝底上厝《質直好義》（清道光二十八年）

新厝底上厝《克绍前業》（清光绪十年）

垟尾厝《沖德延禧》（清光绪二十六年）

陈大翁《英霊廣濟》（清宣统三年）

陈大翁《休光洋溢》（民国10年）

水碓仔《樸厚可风》（民国 3 年）

《古道照人》（民国 14 年）

《楷模儒林》（民国 21 年）

堪兜《慶集華堂》（民国 29 年）

清代民国时期匾额遗存

第五篇
社 会

第五篇　社　会

西地村百姓勤劳，民风淳朴，民俗源远。旧时村民缺衣少食，中华人民共和国初1956年，村民人均纯收入82元，通过土地改革、联产承包、下山扶贫等政策实施，村民生活逐步改善，走向富裕。2013年，村民人均纯收入9158元，人均住房面积33.07平方米，农户购置自备轿车300多辆。

1956—2013年村民人均纯收入表

表5-1　　单位：元

年份	人均纯收入	年份	人均纯收入	年份	人均纯收入
1956	82	1997	1206	2006	2810
1963	110	1998	1330	2007	3587
1989	200	1999	1520	2008	4060
1991	248	2000	1610	2009	4600
1992	272	2001	1758	2010	5198
1993	296	2002	1871	2011	5820
1994	340	2003	1964	2012	7026
1995	433	2004	2028	2013	9158
1996	1206	2005	2604		

第一章　居民生活

第一节　婚姻　生育

婚姻

订婚　旧时，国法、家法保护父母对儿女绝对主婚权。男女婚姻，不是以双方感情为基础，儿女长到十四五岁前均由父母订约婚姻，有的在襁褓中或在母腹中就已订婚，叫作“襁褓婚”“指腹婚”。通常是男方通过媒人到女方家提亲，并讨回姑娘生辰八字（出生时干支历日期）。然后，请占卜算命先生根据男女双方生辰八字进行推算，生辰八字相合，才认为婚姻可以成立。女方接男方彩礼后，男方再把娶亲日期送征女方家同意后婚姻约定。解放后至2013年，历经60多年，男女自由恋爱、不要彩礼逐渐成风，但通过介绍人（媒人），或恋爱后委托介绍人沟通双方家长意见婚约仍然延续。

结婚　旧时，无论家庭贫、富，迎接新娘见拜亲人、举办筵席邀请亲邻，是结婚必须礼仪。普通人家以新郎新娘“拜堂”（一拜祖宗，二拜公婆）为见亲礼仪。再通过宴请家族亲友邻里，得到家族和社会认可，才成为明媒正娶婚姻。1950年5月开始，随《中华人民共和国婚姻法》颁布，结婚要申请，领证要村委会证明。“文化大革命”期间，婚礼就简，取缔“拜堂”认亲。婚姻政治据优势，请领导或贫下中农宣读革命誓言，算作证婚，结婚证上也印有“最高指示”。1984年，实行居民身份证制度开始，结婚领证不需要村委会证明。

招赘婚　俗称“上门”。女方父母无男孩继嗣，为养老和继承家产，不愿女儿嫁出，采取“立人嗣书”招婿为儿婚姻习俗。上门女婿脱离父母经济关系和家族关系，成为岳家人，继承岳家产业。生育儿女为岳姓岳家继承人。寡妇也可招赘，继承寡妇亡夫财产，有抚养其前夫子女义务。

生育

生儿育女、传宗接代、多子多福，是村人历来传统生育观念。

1979年，西地村开始按照国家计划生育政策宣传和提倡计划生育、晚婚晚育。1982年，开始实行国家关于“宣传教育为主，避孕节育为主，经常工作为主”方针。提倡一对夫妻只生一胎，控制二胎，杜绝三胎。计划生育政策逐步严格，节育措施逐步落实，并开始落实绝育政策，对绝育妇女实行奖励和补助政策。子女越多（抚养、上学、就业、结婚等）给家庭带来负担压力越大。“计划生育是基本国策”“生儿生女一个样”新观念逐步深入人心，村里独生子女户逐步增多，三胎以上多胎户基本没有。

第二节　服装　发型

衣服

中华人民共和国成立前　村民一般着唐装（便装），男上衣是两袋或三袋（左胸前小口袋）七排布纽扣，短竖领，富人或秀才穿斜式大襟长衫，女着斜式短大襟。男女裤式一样，白布裤头，折腰、宽脚、元门襟便裤，用一细带子作为裤带，将裤头折回扎进带子中，一不小心会扯下裤子，没有穿内裤。布质多是家织土布，几乎每家都有织布机（绢

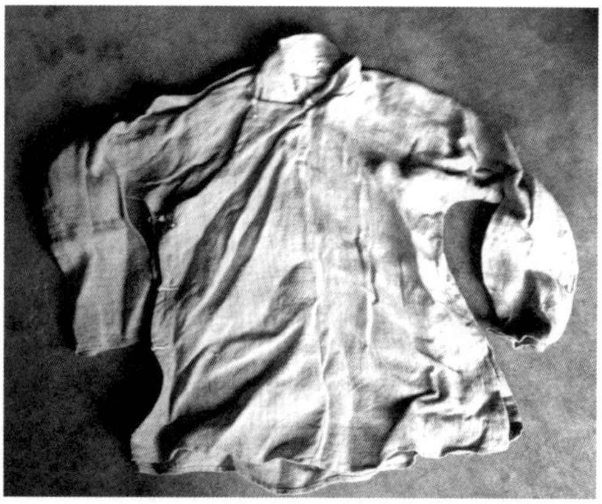

旧时麻布衣

机），农家妇女自己纺纱、织布。如果织是白布，就送染布店加工成“青”或“蓝”色。抗日战争期间，曾有日本进口机织布，主要织布有士林兰（俗称紫朱兰）和金装黑两种，男士和老年妇女一般穿着黑色，青年妇女时兴士林兰。20 世纪 30 年代开始，富家太太、小姐穿旗袍，前胸系短幅，个别读书人，在校学生一般穿不翻领三袋学生装，或黄色童子军服。识字人中开始出现直翻领、四贴袋、有袋盖中山装，农民还是穿唐装。40 年代，出现青年人穿着“白洋布”和“水草”白衬衣，积极分子女青年穿着对襟衬衣。个别富户学生、官员穿有“斜纹”“线呢”“毕几”布织衣服。一般百姓很少有棉袄，多数百姓一年四季只有一套衣服，七补八衲，晚上洗烘白天穿。

中华人民共和国成立后 20 世纪 50 年代开始，男女青年时兴大翻领、双排扣、斜插袋、束腰带列宁装，以及学生装、军便装、工人装等。多数改穿西装裤（中山装裤）。60 年代至 1975 年，是中华人民共和国成立后穿衣最困难时期。凭票供应最少年份，每人每年只有一尺八寸（60 厘米）定额布票，许多家庭只够小孩成衣。有的购买平阳商人送来质量很差“平阳布”，有的购买供销社回收中日本产尼龙布质肥料袋。肥料袋染成黑色成衣后仍有“日本株式会社”字样。1975 年开始，随“的确凉”“尼龙”等人造纤维生产，缓解穿衣困难。中、青年人改穿中山装居多，学生以白衬衫、蓝裤子为荣。“文革大革命”期间，青壮年特别是造反派、红卫兵，以穿草绿色军装为时髦，头戴草绿色或黄色“洋布”军帽感到自豪。1980 年开始，流行茄克衫等新款式服装，多数小孩穿有毛线衣裤。各种各样布料足够供应。21 世纪开始，男女老少都能购买所爱服装，年轻人讲究流行服装。

帽 鞋 袜

帽子 中华人民共和国成立前，男村民少有戴帽。寒冬时，富民有戴呢帽、礼帽，一般村民有戴顶部留孔布制“帽圈”或纱帽；少数老人戴风兜。家庭条件好小孩有戴绒织帽，一般家庭小孩戴有布制“狗头帽”。老年妇女用乌纱巾（包头纱）包头。中华人民共和国成立初，干部、职工开始戴八角红军帽，后戴解放帽，又称干部帽，稍富农民有戴绒织帽。80 年代开始，青年人喜欢布制遮阳帽，青年妇女曾经时髦五颜六色、各异各式布帽。2000 年开始，不兴帽子。

鞋 袜 中华人民共和国成立前，村民一般穿布鞋，稍富家庭男士雨天有穿笨重钉鞋。男村民很少穿袜子，做贵客（如年婿）时穿扣布袜，女村民在辛亥革命（1911）解缠足后有穿袜子。个别富裕村民和外出读书学生，有穿胶鞋、白球鞋、力士鞋等和机织袜。中华人民共和国成立后，村民开始穿以解放鞋为主胶鞋。20 世纪 70 年代开始，有穿凉鞋、拖鞋。80 年代开始，年轻人流行皮鞋，女士逐渐习惯高跟鞋。男士用短袜居多，女士用短袜外还有长袜、连裤袜，各式各样袜子进入寻常百姓家庭。

发型

明代，男人蓄发绾髻。清代，男人留发梳辫，中年后留须。男女婴儿，满月剃头留后脑勺一小撮发，1 ~ 2 岁，男孩留马鬃头，女孩留梳小辫头。男孩长大后即留发辫，女孩 10 多岁时改小辫头为垂于背后单辫头，前额留“刘海”。出嫁时用线绞去面部汗毛，俗称剃脸，出嫁第二天，发辫换成发髻，俗称“头髻”。辛亥革命提倡男人剪辫剃须。20 世纪 20 年代开始，随推剪使用发型增多，有平头、分头、背头，一般百姓剃光头。童年男孩留马鬃，年青女子始留“剪发头”。中华人民共和国成立后，增有“一边倒”“学士头”发型。女人有剪发、青年发、学生式、双小辫。女孩有儿童式、蝴蝶式、牛角式、朝天辫、小辫子等。80 年代，青年女子兴烫发头和披肩发，不少青年男子留长发。90 年代开始，男人增加“寸头”发型，女人发型变化不断。

第三节　食　饮

主食

旧时，村民一日三餐几乎是番薯丝饭，穷人家经常吃不饱，唯有两岁内小孩吃米饭，稍富人家偶尔有几餐米饭。配吃蔬菜、自制咸菜，煮菜一般用菜籽油，肉食、油腥很少。有时食到病、瘟亡家畜肉，偶然食到狐狸、野兔、野猪等野味，有的村民挑一些棕皮桐纤维、桐油、背毛竹、木头或山货（土特产）到苍南灵溪、莒溪和福鼎兑换咸鱼和低档小海鲜。一般过年过节、红白喜事，才有家养猪、兔、鸡、鸭、鹅等肉食和海味。小孩们期盼过年过节，渴望父母赴宴夹回肉块。

中华人民共和国成立后，村民番薯丝饭能吃饱。1952 年进行土地改革，实行耕者有其田政策，村民生活有保障。1956 年实行农业合作化，按人口定量供应。其中，居民户口国家定额供应，如工作人员室内事务每月 13.5 公斤、室外作业每月 16.5 公斤，粮价每斤 0.14 元（一直到 1995 年结束）。1958 年公社化，办大食堂，吃饱饭。过年过节肉食，生产队从集体猪场安排解决。1960 年处于困难时期，摘树叶、挖野菜及米糠充饥，有人被饿死人。1962 年国家调整政策，农业生产恢复发展，村民生活有所改善。集体所养羊或老残牛杀后，一部分出售，剩下按人口分配。农户大猪杀后，先留一部分由生产队分配，秋后给钱（牛肉 0.20 元 / 斤，羊肉 0.50 元 / 斤，猪肉 0.67 元 / 斤）。1978 年推广杂交水稻，多数村民吃上白米饭。

20 世纪 80 年代开始，推行联产承包责任制，产量增长，村民以大米为主食。随着市场经济发展，鱼、肉类供应及时，菜类供应充足，各种副食、零食随时随地均能买到。21 世纪开始，村民生活逐步走向富裕，讲究伙食，一般早餐食用面条、馒头或稀饭，小孩还加鸡蛋、牛奶。午、晚餐有酒、有肉。2013 年，村里人均年口粮为 200 公斤。

饮料

西地村有高山云雾茶，泉水多，无污染，历来村民习惯饮茶。旧时，用井水烧茶，日常饮用粗茶，来宾来客细茶招待。常用茶壶沏泡，随时随饮，少数人家用瓷杯临时沏泡待客。大部分家庭自制糯米酒用以过年过节。20 世纪 80 年代开始，山泉引进家家户户，且讲究名茶待客。普遍改用专制茶杯沏泡，人与人分别饮用，讲求卫生。男人喜爱白酒。入夏，有冰棍、汽水、雪糕之类。21 世纪开始，白酒档次逐步提高，啤酒逐步普及。宴席则用品牌酒，以及各类果汁饮料。

家庭风味

地瓜丝团 将地瓜刨丝，晒干洗净，煮熟捏成团（有的团内加些馅料），洒些盐后喷香可口。

九层糕 多层米面层重叠而成。做法例同米面层，即将一层米面层蒸熟后，不剥离不加馅再加一层蒸熟，类此继续加至所需厚度。取出食用。

绵菜年糕 绵菜（绵曲草），俗称绵曲菜，用糯米和绵菜制成年糕，俗称“绵曲糍”。传统制作：将糯米浸泡蒸熟，倒进石碓与绵菜一起捶成糕，清香扑鼻。

土豆年糕 俗称“芋卵糍”。清煮土豆，熟后去皮，趁热打碎，和着淀粉，揉成年糕。通常切片油煎，加点佐料食用。

土豆饼 俗称“乌卵团饼”。将土豆整个煮熟凉后，拍成厚约 1 厘米左右饼状。放入热油锅中，两面翻煎至黄色，加入调料起锅即成。

米面层 又叫馍糍干筒，具省时、好吃、实惠特点，是当地人最喜爱早餐之一特色小吃。制作：将淘过米浸软磨成米汤，舀取少许于蒸屉中，置锅蒸煮几十秒熟后取出，剥下、摊平，加入预先凭喜爱所配馅料，卷起，即食。

花饼 将米浸软磨成水汤待用，摘取山上金樱子花瓣，洗净后与米水汤拌匀，舀少许入锅似煎蛋式两面煎炸，取出即食。

八宝饭 糯米水泡 3 小时，上甑蒸熟，配上蜜枣、橘饼、花生米、油麻、冬瓜糖、红枣、桂圆肉、少许白菜白糖，下油锅炒后盛上席。

生姜 泡制：将嫩姜洗净晾干，装入瓮罐，加适量盐和少许白糖，白醋浸没，密封数天后食用。腌制：将洗净晾干生姜，用盐、红粬酒糟逐层压入瓮罐，约 1 个月后取食，香脆可口。

荞白 俗称“辣轿”，类似蒜头，气味谈于蒜头。洗净晾干，加适量食盐，用瓮罈密封腌制。一年左右开封食用，越年久越珍贵。

什锦菜 有 10 多种蔬菜和文蛤、蛏子、虾、红萝卜、黑木耳、地瓜粉片、白菜、豆腐皮、拱菜、笋干、香菇、豆芽等材料干炒制而成，是一道色香味俱全，具“大杂烩”风格传统名肴。各种蔬菜各有美言，如，芹菜音称“勤快”、香菇意为“和美”，黄豆芽形似

"如意"、白木耳犹如"朵朵盛开"、黄花菜象征"前程似锦"等。

青菜豆腐渣　俗称"豆腐仔"，是一道原味十足、甜美清爽家肴。做法：先将干黄豆泡浸成原来大小，用手工石磨打造成豆浆，再把连渣豆浆与青菜搭配烧煮。

葫芦干　又叫"蒲瓜干"。许多村民种葫芦，不吃鲜葫芦，而是晒食用。将嫩葫芦削皮后切成厚约 0.5 厘米圆片（切太厚难晒，太薄失味），暴晒一天后焖蒸 40 分钟至 1 小时，不黏不烂熟透为佳。再次暴晒透为止。到时泡软炖肉或搁炒青椒沫等，鲜香软糯，原味迥异。

刀豆干　用清水将青刀豆煮熟五成、晒干即成。西地种植青刀豆无污染无公害，含有钙、铁、磷及多种微量元素和维生素。对腰酸背痛有疗效，是一种食药两全保健食品。

笋干　把竹笋煮开或温水泡胀后捞干，依口味加入肉片等佐料，炒、炖、煮均可。香脆鲜美，含有多种人体所需氨基酸和矿物质，且有开胃抗癌功能。

蕨菜　是一道炒烧、煮汤、凉拌均可，下饭、下酒好菜。通常用清水煮，加醋、盐、味精、姜沫等进行凉拌。

绿豆腐　又称"姑煮饭""观音豆腐"。以一种木本小灌豆腐柴叶子为原料。将叶洗净、捣糊、取汁，加适量清水稀释，再加少许清凉牙膏搅匀，加盖冷冻，呈绿色。凉拌、煮汤均可。

野蘑菇　西地山多，野生食用菌资源丰富。村民采用无毒无副作用苦菇淹制，如老鼠爪（形象老鼠爪子）、猪肉菇（个头大，肉鲜，旧时与猪肉齐名）、牛嘴簿、松柴菇、黄泥菴、大脚殿、红株菇、瓦粒菇、肚脐菇、灰鹅菇、竹菇、鸡金菇等。

东坡肉　传统名菜。其菜品特点薄皮嫩肉，色泽红亮，味醇汁浓，酥烂而形不碎，香糯而不腻口。原料：猪肉、家酿红酒、红酒糟、姜块、酱油、白糖（少许）、葱、八角等。制法：将猪肉取成 18 厘米方块入沸水煮熟五成，凉后皮向切十字形，加入调料拌匀，过 6 小时后旺火蒸 2 小时左右至肉酥嫩，即可上席。

红烧肉　即红烧本地猪肉。色泽鲜红，香甜松软，肥而不腻，颇有名气。主料：五花肉，辅料：葱、姜、蒜、大料、花椒、桂皮、盐、糖、酱油、红酒、食油。做法：肉切 4 厘米见方，葱切大段、姜切片、蒜剥皮，好备用；大料、花椒、桂皮用纱布封扎好香包料待用。锅中做少许热油，油凉时下白糖慢慢炒制；炒呈深红色时烹入酱油、下五花肉不停煸炒；炒至肉与糖色匀并微出油时下 60℃左右温水至没过肉，下红酒和香料包后施大火；烧开时盖盖变小火慢炖至肉熟 9 成入盐和少许糖调味，继续焖至肉松入味时取出香料包，用大火将汤汁收到红亮浓稠即可出锅食用。

敲肉羹　先将地瓜粉分成两半，一半倒在垫板，加上切成薄片瘦肉，用面杆轻轻翻敲打成薄肉饼备用；一半倒在碗内与鸡蛋调水备用。当锅中豆腐丝、香菇丝、黄花菜、木耳等高汤煮沸时，同撕成小块肉饼、捣匀鸡蛋粉汤翻拌。配上香油、胡椒粉、葱沫等，起锅即食。

肉丸 荤素皆有，味道丰富。将地瓜粉与肉馅拌匀，以丸状入锅氽熟后，佐以醋、辣椒等调料。连汤食之。

糯米大肠 用温水浸泡糯米几分钟后捞干水，加盐、红酒、鸡精等调料拌匀，装入洗净猪大肠煮熟。凉后切成厚同夹心饼干圆片，入油锅炸呈金黄色后捞起，将锅中油留约一半，再次入锅加葱沫等翻炒，就是一道酥脆韧香糯米大肠。

炒猪肠 村里人比较喜欢炒猪肠。通常用盐或淀粉将猪肠抓洗干净，经开水去掉腥味后用清水冲洗。冲洗后焖约 4 分钟，取出切块，加老酒爆炒，味鲜肉松。添点红椒或青椒又有甜辣味道。

腊兔肉 西地民间历史悠久特制佳肴，色泽褐红油亮，肉质干结细嫩，香甜浓郁诱人。制法简单：将宰后整只肉兔架置于锅内（锅底用米或粗糠烤焦）烤制而成。

鸭内脏粉丝 村民用番薯淀粉自做粉丝，烩同鸭肠、肝、血等鸭内脏一起煮或炒一道美味佳肴。

泥鳅汤 西地传统美食。具体做法：先将鲜活泥鳅用茶汁喂养 10 小时左右，清除泥鳅体内泥污后再用菜油喂养，配红酒糟、茴香、桂皮、姜、蒜等佐料，慢火熬炖备用。另用菜籽油锅底，翻炒土豆丝、苋菜干、笋干、四季豆、米线、地瓜粉层、米面层和粉干后加开水，同备用泥鳅一起煮。煮沸后，根据口味，适当撒上香菜或者紫菽。便是一道口味地道、颜色鲜红泥鳅汤。

溪螺 西地小溪山水，清澈甘甜。取自溪螺，利用清水，再养两天，干净味纯。红酒煮汤，消暑特效。

田螺 常见于稻田、库塘、沟渠。与溪螺比较，个大肉多，壳薄味浓。取回煮前，清水泡养，一般两天。村民都说“一个田螺九碗汤”。

传统菜肴

咸菜 俗称”菜咸”。以芥菜或青菜为原料。制法：将菜洗净，晾干七成。按约 20 ：1 加入食盐拌匀搓软，放入筐内压紧腌制 10 个小时后再次搓揉。然后，逐层压紧、逐层加食盐装入瓮，用黄泥封口，加塑料膜密封。一年半载后取出，即清香可口咸菜。

房菜 村人把木桶称为“坛房”，腌在木桶里菜叫“房菜”。原料多为青菜、芥菜，制法简单，将菜洗净，晾干 3 ～ 4 成。加入 10 ：1 食盐进行搓软，装入木桶逐层压紧，最上层石块加压。以菜汁泡浸 15 天即可用。洗净后烧汤、做佐、凉拌甚佳。

黄豆酱 也叫豆豉，是传统调味品，也是农家必备菜肴。旧时每逢夏季，许多家庭自制黄豆酱。制法：泡煮—将黄豆清除杂质后，用清水浸泡发胀，蒸熟至糊状；发酵—将蒸熟黄豆与面粉（3 ：2）倒在竹席上相混拌匀，铺成约厚 3 厘米，日晒 3 ～ 4 小时，搬到室温盖上棉被保温，约 7 天左右待表层长大量深黄色菌，即发酵成功；搅晒—将发酵好黄豆晒干到入坛内，加入适量冷却开水、食盐（根据需要而增加辣椒、生姜，大蒜、芝麻等）搅拌均匀，用纱布蒙坛口，日晒 20 天左右呈暗红色豆酱即成。

豆腐乳　质地细腻，辣中香甜，风味独特。是西地村常见佐菜美食，也常用于烹调。

家常豆腐乳制作方法一览

表 5-2

流程	制作
浸泡	泡浸时，掰开豆粒检查，豆瓣呈平板状为佳。一般冬季约泡 10 ~ 14 小时，夏季 6 ~ 8 小时，泡水量约黄豆容量 4 倍左右
磨浆	泡浸适度黄豆，加三成水均匀进入磨浆机，磨成细腻乳白连渣豆浆
过滤	利用二级离心机将豆浆与豆渣分离；再次经振动筛过滤，除去分离后残留豆渣
煮浆	一次性将豆浆煮熟为原则。在 2 个大气压下约煮 20 分钟
埋花	将煮熟豆浆降温至 80℃左右，缓缓加入酸水（冰醋稀释配制约 0.25 ~ 0.30 左右酸度）搅动豆浆，浆水澄清停止
压榨	将豆花上箱，徐徐加压，挤出浆水成豆腐坯。冷却后发酵
发酵	在发酵筛上铺些干净稻草，将冷却后乳坯切成厚约 1.3 厘米、宽约 2.4 厘米小方块，均匀排到稻草上。经通风凉约 10 小时后进入发酵房，盖上棉被发酵、菌丝繁殖 4 ~ 5 天
腌制	搓去经发酵乳坯菌丝，用含盐量 12 个度左右食盐腌制。约 5 ~ 10 天，干置后起坯备用
装瓶	将腌制后乳坯装入瓶，加酒水、辣椒、麻辣油后紧盖密封。一个月左右即发酵成熟

灶台

菜厨（1）

筷子笼

菜厨（2）

竹箅子　菜刨

饭篮

豆腐篮

厨房厨炊饮食用具

油瓮

油罐

砂锅

油缶

油壶

铜水壶

茶壶　木瓢

葫芦瓢

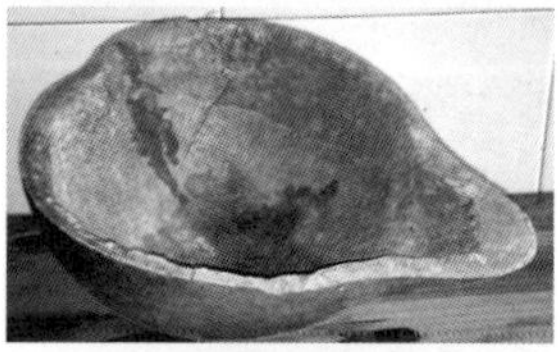

铜勺子

葫芦瓢　　　瓮

酒杯　酒壶

厨炊饮食用具

木板床

车籽床

衣柜

棉被柜

梳妆箱

书箧

竹药箱

木箱

篦箱

家具

太师椅

椅子

木椅

竹椅子

竹轿

家具

火篾插

灯芯盏

三心灯盏

风雨灯

油灯盏

火盆

火笼

照明取暖用具

第四节　居　住

明清至民国时期，西地村落建筑都是以木石结构为主，民居建筑多为素木、蛮石所砌。凡有气派住宅，都是富裕人家请福建木工师傅所建。中华人民共和国成立后，村民生活稳定，住房条件日益改善。前后历经三次民房建设高潮。

第一次建房高潮（1962—1977）

大跃进后历经3年自然灾害，民房建设无几，1962年开始，农村经济逐步发展，人口不断增长，村民住房需求迫切，至1997年，每年新建民房3～4座。均为土木结构，一柱九檩，二层建筑，2～3开间，四向土墙，正厅前双开大门，进深2.8丈（鲁班尺，1丈为10尺，1米为3.6尺），1.25丈过间，正厅1.6丈，悬山顶或四坡顶。

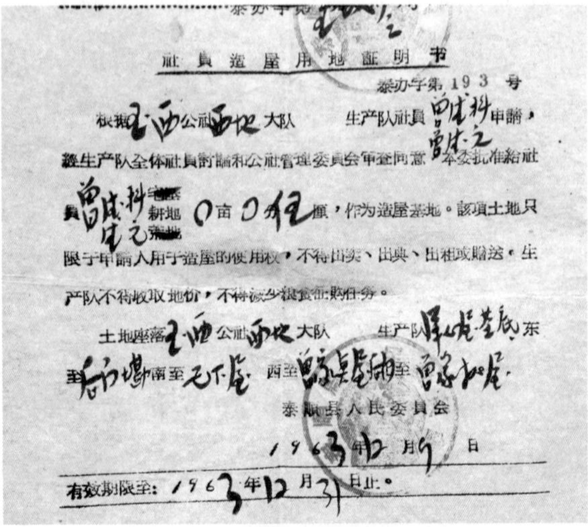
社員造屋用地証明书
泰办字第 1 9 3 号
根据玉西公社西地大队　　生产队社員　　申請，經生产队全体社員討論和公社管理委員会审查同意，本委批准給社員　　宅基 耕地 荒地 0亩0分　厘，作为造屋基地。該項土地只限于申請人用于造屋的使用权，不得出卖、出典、出租或贈送。生产队不得收取地价，不得減少糧食征購任务。
土地座落玉西公社西地大队　　生产队　　东至　　南至　　西至　　北至
泰顺县人民委員会
1963年12月9日
有效期限至：1963年12月31日止。

1963年，社员造房用地证明书

第二次建房高潮（1978—1988）

1978年，中共十一届三中全会后，实行家庭联产承包责任制，农村经济迅速发展，村民住房要求不断提高，至1988年，村内沿县道东桂线两边，新建砖木结构楼房41廇，人均新建住房面积为9平方米。其中，王行忠建有4廇两层半楼房，属县内第一座别墅式楼阁，王行堪家3廇有五层大楼一幢。村集镇初具规模。

第三次建房高潮（1992—2010）

随下山扶贫政策落实。促进西地新农村建设。1995年，首个建成西地村新厝底下山移民点住房72间，集聚73户292人；2008年，建成九峰六分岗下山集居点住房32间，集居32户136人；2010年，建成西地水甲垅仔移民点住房19间，集居19户72人。2013年，人均住房面积33.07平方米。

第五节　交通　邮电

古道

唐末宋初，翁、陈、叶三姓先后迁居村内，建有村间过道，通往平阳水头莒溪桥墩、桐山、珊溪、罗阳主道4条。至20世纪70年代，通往县城、县外（含村外）鹅蛮卵石大路9条，分别出以东村口2条、南村口4条、西村口2条、北村口1条。

三重漈百步岭

通往苍南莒溪　出东村口，过路下、古庵、百步岭、三重漈桥，经前坪仔左向九峰、烂泥田，右折苍南县半山、直坑、坳下旮、黄土岭到莒溪约25千米。

通往苍南桥墩　出东村口，经前坪仔右向湾头、峰文、牛塘塆到苍南县桥墩门碗窑40千米。

通往县城　出南村口，过高畲垟、西地岭，经吴坑西折溪源、三门垟、稻杆垟、下村垟、磨蛇岭，折向卢梨旮、雾海岽、下洪，上洪、杨家岭、下察溪、交洋进县城东门约50多千米。

通往福建柘荣　出南村口过高畲垟，经吴坑、岩头、泗溪白粉墙、积库、东溪、矴步头、东溪仔，折向雪溪、仕阳、章坑、五渡潭到柘荣50千米。

通往分水关　出南村口过白岩下、八斗垄，经九里潭、崩湖头，半岗长岗头、凉尖脚、面前排、湾头路口、峰文、月湖到分水关40千米。

通往福建桐山　出南村口过石门岭，经石门、均竹坑、苏家坑、上仁垟、松垟、东安、莲头、往梅榠坑、叠石到桐山50千米。

通往文成 温州　出西村口，北往沙岭、皂罗埩（过霞光桥）、朝坳（过霞庄桥）、夹边、横坑头，左折葛藤坳、文成县吴地、平溪坳与平阳大路会合，经三十六僻往百步岫、七姑田、西山至文成县珊溪镇约25千米。再经峃口、营前、平阳坑、瑞安仙降到温州85千米。

通往平阳北港水头　出西村口，经横坑头右往古佛垟、向桂库、三垟转分水牌、水界尾、庐山坳、内田经苔湖岭脚，向条岩、五十丈到北港水头东门约55千米。

通往平阳顺溪　出北村口，经南山底岭、斋堂、松柴岭、上寮、上佛垟、平阳县龙漩湖、天井垟、天井垟旮、戈场、米溪口到顺溪25千米。

县道公路

西地至泗溪 经高畬垟、吴坑、玉岩、下坪至泗溪（莲筱线16.3千米处）8.4千米。1975年春测设，当年动工，系民办公助工程，因修建过程拆房工作不顺利而停工，1978年复工，1980年7月1日建成，10月1日通车，国家投资18.83万元，群众投工12.42万工（日）。2000年改建柏油路。

1975年，泗玉公路枫树坳工地

西地至横坑 经沙岭、牛路溪、华垟至横坑夹边8千米。1980年6月测设，10月动工，1982年6月因经费困难停工。1986年列入“以工代赈”项目继续修建，次年7月15日竣工验收，造价51.5万元，其中国家投资50万元，民工建勤折合1.5万元。路基宽4.5～6.5米，路面宽3.5～5.5米，平曲线最小半径15米，最大纵坡7.5%，属四级公路。2002年水泥砼路面硬化。

乡道公路

境内乡道线路7条，其中3条，分别通向县际（苍南天井）、乡际（峰文村）、上佛垟林场。西地至九峰公路是主线，经路下，古庵、前坪仔至九峰9千米。先后分两段修建，1983年3月至1985年12月，完成西地到前坪仔碲石矿段7千米，1986年9月至1987年7月完成碲石矿至九峰段2千米。路基宽4.5～6.5米，路面宽4.5米，最大纵坡8%，最小平曲线半径15米，属四级公路。总投资46万元，其中民众小量投工外，均列入扶贫和“以工代赈”项目。

2013年乡道公路

表5-3　　　　单位：千米

线路	里程	线路	里程
西地—前坪仔（6.5）—九峰	5.5	西地—斋堂（3.5）	3.5
西地—九峰—苍南鹿境—苍南天井	17.0	西地—九峰—山后	13.5
西地—九峰—湾头（11.5）—峰文	19.0	西地—九峰—古院	11.7
西地—上寮（5）—上佛垟村场	9.0	西地—前坪仔—白柯湾	10.0

红军路

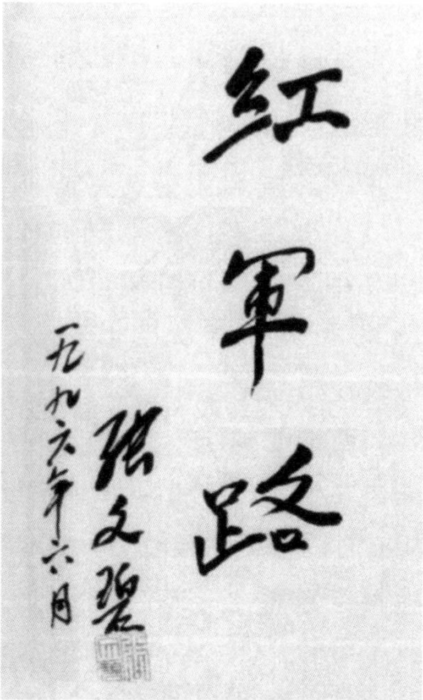

张文碧命名

自原58省道富垟接线，经富垟内垟、峰文、钓鱼坑、赤泥田、双溪口、小南山、古铜坑、灵家山、白柯湾、前坪仔、至西地村连接文福线和峰文起，经湾头、九峰、至前坪仔两条联网公路。全程贯通九峰、松垟、峰文、彭溪四个乡革命老区村。1996 年 6 月，原南京军区副司令员张文碧将该路命名为“红军路”。

运输

传统工具运输 扁担是常见传统陆运工具，分别有竹制和木制 2 种，长途货运以楮木担居多，前端翘，或两端皆翘。旧时陆路货运靠人力肩挑，少数村民专为商店挑货谋生，多数村民农忙种田，农闲挑运，近程泗溪、横坑、九峰等地，远程莒溪、水头、山门和福鼎、福州。轿是人抬着走旧式客运工具，有竹制过山轿、木制小轿和大轿（花轿）3 种，轿运历来不多，姑娘出嫁乘用小轿或大轿，时有少数达官贵人、偶有缠足女人或病人乘坐。20 世纪 80 年代开始，随公路交通发展，以车辆取代肩挑和轿运。

车辆运输 1980 年西地至泗溪通车，多数农户短途搬运使用手拉车（俗称板车或车仔，由两个钢圈胶轮和一个竹木车厢构成），村集体有拖拉机一辆投入市场营运。有出现商店户始用脚踏三轮车拉货。年轻人以骑自行车为荣，自行车数量逐年增加。1981 年开始，泰顺车站每日调派一班客运。1985 年开始，出现简易三轮机动车（三轮卡）短途客运。20 世纪 90 年代开始，有村民使用摩托车，但数量不多。至 2000 年，村民使用三轮机动车居多，最多年份 78 辆。2000 年开始，村民合资购买中巴车。2013 年，私营中巴车经过西地分别至泗溪、罗阳、横坑、九峰等线路。并有农户购置自备轿车共 300 多辆。

玉西道班荣誉奖状

玉西道班

1980 年 7 月，随泗溪至玉西公路建成通车，县交通局批准成立玉西道班，隶属县公路段。道班人员编制 3 人，班长曾齐旺，十几年如一日，爱岗敬业，勤劳苦干，确保泗玉公路完好畅通。至 1995 年，先后被评为 1984、1987、1995 年度县级先进集体（道班），1988 年度省级文明班组、市级县乡养路先进。1995 年 10 月，随县道班体制改革撤销玉西道班，泗玉公路改由个人签订合同承包养护。

邮电

邮政　旧时称送递邮件人为邮差，中华人民共和国成立后改称邮递员。建国初期，附近一带只有泗溪设立邮政代办所，负责办理邮政信件，邮递员步行传递信件。20世纪80年代开始，邮递员骑自行车投递邮件。1985年，乡政府在大垟民房设立邮电代办所，开办平信、挂号信，保值挂号和保价信函等业务。1990年设立邮政信箱。2002年开始，邮件业务逐渐减少。

龙坪电信机站

电话　电报　1957年，境内安装第一部有线电话，负责邮电通讯和人民公社事务联络，1966年拆除。后邮电业务发逐步发展。20世纪70年代，玉西邮政代办采用话传电报，电报交换量很小。1985年，玉西邮电代办所总机与温州市话并网，具有等位拨号、全国长途直拨功能，装机电话4部，公用电话3部。1990年，开通电传电路。1995年，新建电信机房1座，1997年，开通程控电话。随传真机广泛使用，电报业务停止。2001年，建立移动通讯接收站。2013年，境内拥有国定电话115余部；移动电话1000余部。

大坪仔联通塔

大坪仔移动塔

第二章　习俗　宗教

第一节　村风　民风

村风

尊重外来人　凡进西地村外地人，若与村人发生纠纷，首先不准打、骂外来人，否则受众人指责。民国时期，有一身为国民党官员村民，家里经常“容纳两党”惊险情景：

楼上驻着共产党地下工作者，楼下客坐国民党人士。20 世纪 50 年代开始，调入村里工作教师、医师、储蓄员等，与村民关系密切，不少外来人员连续工作一二十年，都说“环境虽艰苦，工作却安心”。20 世纪 80 年代开始，几乎每天都有进村经商小本生意人，同样受村人尊重，先论价钱，公平交易。买者从不抓手夺秤，有的村民还会帮来商买卖物品。

尊重禁约 西地村历来就有行之有效禁约，如 20 世纪 50 年代初，垟头、大垭、新厝底、新垟所订立封山育林“公约”，一字不改，长期生效。2013 年 7 月 27 日，村民委员会为保护生态环境，立碑《禁约通告》，严禁在境内溪流毒鱼、捕鱼、钓鱼等损坏鱼类生长行为，村民不但自觉守约，而且劝导村外公民共同遵守。

民风

勤朴孝敬 西地人遵规守法，尊重族制，尊敬老人，爱护小孩，勤劳淳朴，安居乐业。村民百姓日出而作，日落即息。低辈分上年龄人能按照行第尊称年轻长辈者为叔为公，年轻高辈份人按照年龄尊称低辈分年长者为哥为弟。

德　礼　善 上自大路头、下至垟尾村中主道，村民历来不在沿途屋前设置厕所猪栏。公益事业，捐资赠工，一家遇难，百家援手，成为村民传统美德。修桥、铺路、造亭、建庙，是村民行善传统习惯。作客用餐时，筷子平放碗沿，等待主宾起座；来宾来客时，主动招呼，让座敬茶；行路遇客时，主动让道。

第二节　婚嫁　寿诞　丧葬

婚嫁习俗

旧时男女联姻，必须有中间媒人，否则视为违礼悖俗，为人所不齿。双方门户相对，男女八字相符，即行议婚。媒人居间洽妥礼金、嫁妆、盂担诸项。从议婚到成婚，历经许多繁文缛节。

瘵定 即小定。男方备猪脚、鱼鲞、槲糍、线面、红蛋、绒线、衣服等，拼成四盂（盂为直径约 40 厘米盘状木制盛器），定金银币数元，或银耳坠、银戒指一对（20 世纪 80 年代开始银质首饰逐步改为金质）。用红布袋挑到女家，女家设宴款待，收下主要礼品，以布裤、袜底回礼。20 世纪 70 年代开始，改为女方到男方“看人家”，男方要给女方全家及嫡亲分红包，称作“见面礼”。

大定 一般盂担礼品八盂，公鸡两只。盂担中具以柏枝扎结帖盒，内有红枣、花生、桂圆、莲子等果品，寓意“早生贵子”，殷户和书香门第，帖盒中还有书启和礼单。礼金一般在大定前付清。女家收下部分礼品，公鸡收一只，换一只雌鸡，用红线联结两鸡脚腕，俗称“红线绕鸡脚”，以兆良缘永固。

送日子 男家选定婚娶日子，通知女方，故叫送日子。结婚日期择定后，男家即备

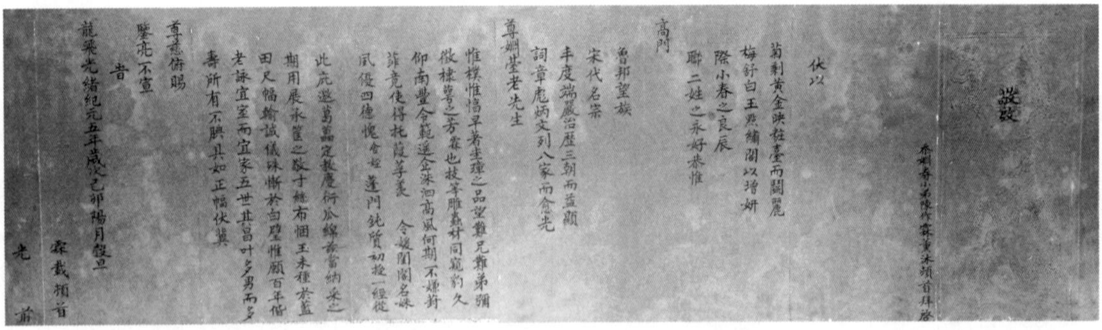

忝姻眷小弟陳作霖薰沐頓首拜啓
伏以
菊剩黃金映粧臺而鬬麗
梅舒白玉點繡閣以增妍
際小春之良辰
聯二姓之永好恭惟
高門
魯邦望族
宋代名宗
手度端嚴治歷三朝而益顯
詞章彪炳文列八家而愈光
尊姻台老先生
惟模惟楷早著圭璋之品望難兄難弟彌
徵棣萼之芳森也技等雕蟲材同窺豹久
仰南豐令範遥企洙泗高風何期不嫌葑
菲竟使得托葭莩羡　令嫒閨閣名姝
風優四德愧舍姪　蓬門鈍質初授一經從
此庇蔭蔦蘿定教慶衍瓜綿兹當納采之
期用展永諧之啟寸絲布個玉未種於藍
田尺幅輸誠儀殊慚於白璧惟願百年偕
老詠宜室而宜家五世其昌叶多男而多
壽所有不腆具如正幅伏冀
尊慈俯賜
鑒亮不宣
旹
龍飛光緒紀元五年歲次己卯瑒月穀旦
霖載頓首
光
前

陈作霖送女方婚书（清光绪五年）

简单礼品数盂，雇人与媒人一起送到女家（有的与大定同时进行）。男方要送去两份龙凤婚书，一份是男方给女方；另一份留有姓名空格，给女方家长填写姓名。女方将男方给自己婚书收起，而将自己所填婚书，装入原帖盒内送还。男方送女方婚书，开头通常为“忝姻弟某某熏沐顿首百拜启”。女方回复男方婚书，格式通常以“忝姻弟（名字）端肃顿首拜复”开头。

迎亲盂　迎娶前夕，男家根据女方要求备送办酒菜料八至十二盂，以及“剃面”“封箱”“火笼”“苦毛”等红包，还有猪肉百余斤，有的富家则备全猪，猪米、猪蹄用红绳扎上圆柏枝、万年青，猪背贴上大双喜，俗称“花猪”。女方把轿前盂全数收下，仅留一猪后脚蹄还礼。

陪嫁　娘家给女子出嫁时带去男家东西，也称嫁妆。旧时嫁妆有床被帐、木制橱柜、桌台及大小脚盂、马桶等。将嫁妆分成每两人抬一扛（杠），富者多达数十杠，有的还有牛羊陪嫁。20世纪70年代开始，嫁妆款式日趋新颖，从原来“斗床”渐演变为车木床、板床、“席梦思”等，橱、柜、台等则发展为组合家具。80年代，陪嫁品中已有收录机、洗衣机、电风扇、电视机、电冰箱等家用电器，高级羽绒被、毛毯比比皆是。21世纪开始，全部改为货币代替。

傧相　男家需请男傧相二人，俗称“暖房头”或“床头把”，专为新郎服务。女傧相二人，俗称“老接”“接姑”，前者必须伉俪成双而有子女者，后者必须父母双全，专为陪伴新娘。

剃新郎头　新娘进门前一天或当天，包红包请剃头师傅给新郎理发。理发时剃头师傅念着口咒：三龙四甲山，四甲在在笔画城，眉是三春杨柳叶，口是五月石榴红，左眼堂堂仙家剃新郎，右眼湾湾子孙代代出高官，子孙代代高官做，金榜题名你有名。

盂盘

迎娶 结婚前一天下午，男家备花轿、请乐班，抬用红布袋所装“轿夫米”到女家。女家一见轿到，或听到唢呐声，母女即号啕大哭，说之为祭轿煞。当晚女家设宴请客，俗称出嫁酒。次日，新娘上轿前，须向母舅跪拜告别，母舅则给红包，称之“膝盖包”；接着，站在下置米斗米筛上，一前一后抛掷两把筷子，表示不忘父母养育之恩，并不让娘家风水被自己带走。此后，由兄长背上轿，有的则由男方请来“接姑”牵新娘上轿，轿夫扶轿缓缓地一前一后推三推（意防风水被拔去），才将花轿迎出门。新娘需带火笼，事先到兴旺人家取火种，或由“接姑”提火笼向人家取火，以红蛋、彩豆、小红包酬谢被取火人家。花轿每逢过溪（桥）和到男家厅堂时，新娘抛下红蛋和彩豆，意为“制煞”。

花轿到堂时，新郎与翁姑暂避见面，以防招致不吉利。由老接牵新娘出轿，用手帕对新娘拂三下，称“刹面风”，防制新娘到夫家后耍脾气，然后两女傧相挈新娘入新房。在新房摆一箩谷，谷中插一把挂着谷印秤，新房桌子上设斗灯，斗中装满米，斗内后边插剪、尺、镜，沿边置十个贴着喜字生蛋，插十双用红线联着筷子，也有用五蛋五筷，联成“五子喜登科”之意。斗灯昼夜不熄，点到七日止。20世纪50年代开始，移风易俗，废除花轿，新娘步行。80年代开始，废除乐班，通有公路乡村，多用手扶拖拉机或车辆迎娶新娘。90年代开始，迎接新娘轿车成队。

拜堂 一般在晚饭后进行，四傧相分别领新郎、新娘到厅堂行婚礼，鸣炮奏乐。一拜天地，二拜高堂，三拜媒人或亲戚长辈。受拜亲戚给新人发红包。最后新郎、新娘互相行礼。解放后逐渐废除。

洞房酒与闹洞房 洞房酒俗称“暖房酒”，酒肴特丰。一般在吉日当晚十时左右举办，有的与晚宴同时举行，仪式时间不得超出当晚12时。席摆厅堂正中，红烛交辉，新郎居首席，两男傧相分坐左右，各把一壶斟酒，与新郎正对面坐必须挑父母双全青少年。席间乐班频频奏乐唱曲，一般凌晨宴毕，大放鞭炮，二傧相执喜烛，乐班奏唢呐，送新郎入洞房。闹房时，众说戏谑之言，逗笑新娘。“床头把”吟念雅俗诗歌四句，新娘则奖给彩豆一把。70年代以后，洞房酒人数无定额，凡新郎好友，皆可参加。

送六日送三日与回门 闺女出嫁六日，娘家即备盂担（含衣服）到女儿家，叫“送六日”，婿家设宴请客。六日晨，新娘晨起切南瓜，只切一刀，因南瓜多籽，以兆螽斯衍庆。80年代改为“送三日”。嫁后次日，娘家父亲即送物件给女儿，当晚婿家设宴请岳父，酬谢相帮人。次日早，女儿偕同婿郎随父亲回娘家，叫回门。当晚回夫家。

做年婿 婚后次年正月，新婿备盂担到岳父家作客，叫“做年婿”。所带礼品分送岳家嫡系亲属，对岳父母行跪拜礼。受礼各家亲朋好友先后宴请年婿，岳父一一作陪，富人家新婿请宴多，一般安排到元宵节后，最后岳家再宴嫡属各户，称“回杯”。回杯后派人送女婿夫妻回家。21世纪，“回门”“做年婿”合为一起，新婚后，夫妻回娘家，送做女婿见面礼，娘家及嫡亲回敬“记路钱”。

寿诞习俗

坐月子　俗称“做月底”。产妇分娩后一般休养一个月，不出房门。一日三餐二点心，鸡、蛋、家特酿红酒为主要菜肴。坐月子期间，亲友先后赠送“月里羹”（鸡、兔、蛋等）。昔日村民为产妇母子平安，临产前要卜卦、请道士送“流霞”。产妇在家分娩，请接生婆帮助接生。20 世纪 70 年代，乡镇医院陆续设妇产科，80 年代开始产妇到医院接生。

洗三旦　产后第三日，用活血丹、瓜子芬、杉树梢、石菖蒲等山草药，并同鸡蛋煎煮，取液沐浴婴儿和揩洗产妇乳头，叫“洗三旦”。洗后，用红头绳扎婴儿手腕，称“缚蹄”，说是小孩长大不会偷偷摸摸“手蹄善”。同时把熟蛋分给邻居儿童，叫“三旦卵”。受男女有别传统观念影响，若生男孩，必送一蛋给邻居未育妇女，也给邻里送熟蛋，请喜酒。接着给娘家及其他嫡亲送酒报喜，附送猪脚或猪肉，俗称“送喜酒”，亲戚回赠米醋，意为“好孙”（方言酸、孙谐音）。

过满月　过通斋　生育一个月时，要给婴儿剃头，称“满月头。剃毕，理发师拿熟蛋在婴儿光头上边绲边念吉祥口咒：鸭蛋青，鸡蛋白，鸡蛋真好岁，鸭蛋有人要；辇上去，企大厝；辇落里，置田地；左眼弯弯，兄弟一大班；右眼云云，兄弟一大群；一点新新郎，二点状元郎，三点读书秀才郎，四字四天王，正字在中央，罡法把天下，百煞上天堂。主家以蛋酒点心或加红包招待。婴儿满四个月，需尝鲜溪鱼，俗称“通斋”。

过周岁　俗称“对周”。孩子长到一周岁时，一般要举行家庭庆贺仪式，祝福孩子健康成长。若是男孩，多数家庭举办“对周酒”。外祖、姑母及接受过送喜酒酒亲戚等，均给孩子送衣裤帽鞋等物。

排“八字”　请算命先生排生辰八字，说说小孩命中带有多少“官”“印”“财”运，以及几重“财”“库”，特别关注带有几重“关”。若带“关煞”，请道士做“过关”道场，包括给孩子拜干爹，均是企盼孩子健康成长。

起乳名　昔日孩子乳名，有各种起名寓意。如，愿生贵子，却担心贵人难养，取名“阿犬”“阿猫”等，寓同犬、猫一样生命力。生女孩盼男孩，起名“招弟”“旺男”，生男孩盼女孩，起名“押珠”“兄花”。寓以吉祥取名“全贵”“全福”“新富”等。有的按出生季节、月份起名“秋菊”“蜡梅”“金桂”“冬花”“荷花”，按年支属相起名“阿丑”“虎仔”“狗狗”等。

过生日　20 世纪 90 年代开始，男女老少兴盛过生日，吹生日蜡烛，唱生日歌，吃生日蛋糕。有的晚辈给长辈，父母给子女买生日衣服。

庆寿　“椿萱并寿，兰桂齐芳”，椿萱象征长寿，故男女寿诞分别称椿寿、萱寿。虚龄年届五十开始庆寿，俗称“做十”，一般于春节期间进行。大年初一，寿者备糖豆糕果，泡上糖茶，在大厅摆好桌凳，迎候庆寿者，通常无设宴做寿者，以面点招待。凡准备办寿酒，寿主女儿及嫡亲在上年腊月下旬先送猪脚或猪肉，至办寿酒日，再送寿面、橼糍、寿字或对联及衣服鞋帽等。邻里弟兄通常是数人合送一件礼物，如被单、毛毯、玻璃匾额之类。旧时，富贵而寿高者，其女婿或亲友常送金字匾额、金字联板，有的还为寿者撰寿序。常说“五福六寿”，五十俗谓“孩子十”，庆寿场面不大，有的父母健在寿主不举办庆寿，但内侄、外甥或邻里仍须用大红纸按家谱常规拟写“号名”（载入家谱），进行“送号”。到花甲、古稀、耄耋之寿，则为重视。有的寿星坐在堂上，让儿孙亲友一一叩拜，寿宴从晚上吃到通宵，称“暖寿”。宴上，子侄甥婿分烟敬客。

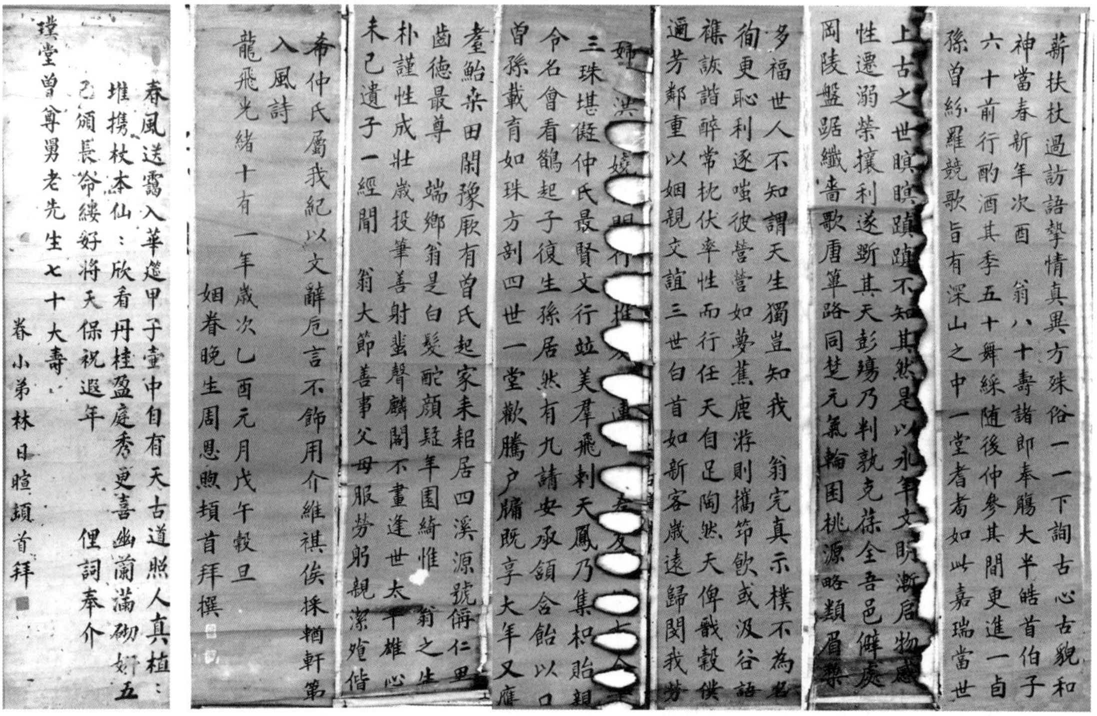

寿词（光绪十一年）（周恩煦、林日暄撰）

丧葬习俗

古礼云“人生必死，死必归土，魂气归于天，形魄归于地，丧葬为孝子掩亲之职”，“死者长逝、生者举哀”，是天经地义事。西地村丧礼仪式自古至今延续着，改变不大。村上有一条不成文规矩：老人逝世隆重，青壮年死亡从简；多子孙老人逝世隆重，孤寡老人逝世从简；户外死亡遗体不得移入宅内，非自然死亡的从速。人死后忌说死字，一般称为“老了”“去世”。

送终 病人弥留之际，子孙要待立病榻送终，当病人呼吸停息的寿终正寝时，要鸣放单个响炮，举家哀哭。

浴尸　更衣　理发 首先给死者拭身，方法为胸前三下，背后四下。拭身水由一死者子女到溪边或水井先烧纸钱再“购买”，并念一声：“××死了，买水！”死者所穿衣服，先挂在不带秤锤秤钩上，由孝子执秤，为免死者身上衣服被野鬼夺去，并站在露天凳上，呼皇天后，再说“上下七件，一秤溜尾”，然后穿着。死者为男性，通常由儿子更衣，并请理发师理发（剃刀在死者脸上比试几下），理发师口咒：天悠悠地悠悠，吾今变化天铁牛，九牛九角起，百鬼走千里，九牛九角眠，百鬼走千年，九牛头上生九角，九角愿来镇九州，借问吾今何处去，铁牛肚里去藏身，吾奉太上老君急急如律令。送给理发师红包；死者为女性，则由女儿或儿媳更衣、梳头。脚穿软底寿鞋，男性头戴寿帽。

设灵堂　吊孝　在正厅挃帷幕设灵堂，死者卧于“戚凳”，即用两条凳子支撑一块木板。双脚系红头绳，垫布“脚垫”，头枕“七星瓦”枕头，腰和手臂系带子，以防尸体掉下凳子，口含硬币小红包“衔牙”，仿古人含玉之意，体遮“渡被”。手边放一双鸡蛋和桃树枝，桃树枝上系着两个炉灰粽模。摆上香案，点上尸灯（菜油灯），一碗“子孙饭”。下放一个瓦盆或磁盆供烧纸用，把厅堂用黑纱、鲜花设置成灵堂。孝男孝女身穿麻服白衫，头戴纸皮圈，腰系稻草绳，脚穿挂白布鞋，坐在灵堂前守灵，烧纸钱。烧纸时，孝子每烧一次纸钱都要念一句佛教梵语“南无阿弥陀佛”，或说一声“××，钱给您买××”。20世纪70年代开始，亲戚吊唁除送布帛等外，加送花圈。晚间，陆续有亲友邻里来送香纸吊唁或守灵。接着，请占卜先生择个大殓吉日，派人向亲戚报丧，若死者是女性先向舅家报丧。

做道场　道场有“做羹饭”“开路”“竖灯”等多种形式。其中以做羹饭最简单，开路时间为小半天，竖灯三五昼夜不等。后二者都要设立“三宝”坛界，动锣鼓，道士唱念经书，且念且舞，并以吉铃指挥锣鼓伴奏。有的兼请和尚念经。子孙旺盛所谓好命人家，道场中还有“绕丧”，子孙及嫡系小辈各执一尺多长丧棒，俯首弯腰，在厅堂死者周围绕行数周。谚曰：命好看绕丧，冬好看谷仓。有的殷富人家在厅堂停柩“七七”（四十九天）后才出殡。

殡殓　到出殡吉日时辰，先将“衔牙钱”、鸡蛋、桃树枝和炉灰粽送弃野外。由亲人扶尸入棺，拖掉“七凳”。殓尸师傅整好尸体，盖上“渡被”，孝男孝女用指甲将甘草泡浸酒蘸三滴点入尸口，死者亲人不得将泪水滴入棺内，否则死者亡灵会永不投胎转世。盖上棺盖，用四枚竹签钉固，殓尸师傅将要钉下第四枚（竹签帽上缚五色布）时，由丧家长子头顶托盘（盘内摆着丧家、女婿、内侄、外甥和义子等人献上红包一大片），跪呼“老司留丁”，这时殓尸师傅边钉边念唱吉语。钉毕，立即双手扶孝子起跪，双方相对行礼鞠躬致谢，殓尸师傅接过盘子，收去红包，收拾东西不回头往家走。

出殡　发给亲友各一块白布，俗称“头白”。送殡队伍排序：路钱引道，四人或八人抬灵柩，孝男扶棺，孝女随后，继之持花圈、花篮者，吹、鼓手，最后亲朋好友。沿途土铳、鞭炮。当日宴请参吊亲友。

入土或停柩　旧时一般把灵柩送进“棺材厂”停尸，或者是土埋，三年后挖土拣骨装入“金瓶”待葬。2000年殡葬改革开始，将骨灰安葬。耶稣教徒去世，众教友凭吊、祷告后殓葬，仪式简单，气氛则庄重肃穆。僧尼死后，用薪柴火化。

做“七” 人死后每七天，丧家都备羹饭祭奠，头七时，丧家还要备酒席宴请族派和片区的亲朋好友。直到七七四十九天止。还有到一百天祭一次，叫“做百日”，乃至“做周年”“做三年”。至今村里仍有流传做“头七”（死者为男性六天、女性七天）和“尾七”习俗。

送葬 首先按已择吉日将柩棺或“金瓶”移至开阔地方。安葬之日，摆设十至二十多桌“祭筵”，首桌陈列遗像、神主牌、香炉、“羹饭”，依次是猪头、糖果、糕点，还有十二生肖、二十四孝雕塑等。午饭后，赞礼官（阴阳先生）领着身穿麻衣孝男孝女在吹打班乐曲声中，向祖先叩跪祭拜，称“做祭”。要经过“上香、献馐、献‘金银山’、读祭文”等多重礼仪。凡参加送葬人都戴“头白”置孝，即一般用26厘米白布，只女婿用60厘米、107厘米、173厘米不等，21世纪开设改用白毛巾。第四、五代玄、耳孙不穿孝服，戴“挂红”。祭后移柩，柩上盖毯，缀纸制白鹤，表示驾鹤西去。死者夫妻俱殁，鹤首前瞻，意示无后顾之忧，否则鹤首后顾，意示眷恋之情。行柩仪式似同出殡，纸钱引路，兰白丧旗作前导，神亭、灵柩之后乐队、挽旗、孝男孝女、亲朋好友列成长队，痛哭声、锣鼓声、唢呐声、鞭炮声连成一片。有的在路上有女婿举办、跪拜“拦马祭”。到半路，除孝男嫡亲外，女眷及一般亲友止步，脱去素衣，“挂红”回来。

封圹 封圹时辰，一般择在次日凌晨某时，临葬时，祭祀“土地”。并设圹前祭，行祭礼。扶柩入穴时，阴阳先生手捧罗经（明香可代）喝（念唱）“龙神”。柩入毕，穴内点蜡烛，阴阳先生在坟头“喝山”，边喝边抓盘中馒头、米花、花生等茶果一一抛下，让观热闹者和小孩一起抢。喝到“白鹤仙师站上看”时问：“要富要贵？”孝子孝孙即答：“富贵都要！”先生说：“赐你富贵双全。”吉时一到，砌门封圹。尔后“鲁师傅”给子孙分“龙火”（灯笼）。

回龙 封圹后，子女们身上披红，手提“龙火”，高举“回龙吉庆”红旗，抬着神主轿，乐队奏乐“回龙”。主事家屋前院庭点着松明灯把，鞭炮接龙。“回龙”后“龙火”灯笼置于灶边上首，意为坟山风水和祖先神明保佑子孙兴旺发达。

点主 请有名望人作点主官。搭台设立孔夫子神位，由点主官把原先在木椟写好“……某某公（妣）神王”的“王”字用朱笔加上一点而成“主”字，再用墨笔在红点上盖上墨，使“神王”成为“神主”，神主一般归祠安位。为简便节省，一般点主都由做坟师傅在坟上代行。

附录：旧时丧葬用语

钉棺吉语

丁财两旺，富贵双全，应子应孙，旺子旺孙，走到儿孙路，不过儿孙堂，走过儿孙堂，不到儿孙路。

龙神诗

（伏以—）：日吉时良，天地开帐。九天贤女，亲降凡阳。太上杨老，救贫师尊，传我罗经，指午定南。手执罗经摇一摇，二十四山转来朝。手扶罗经照一照，二十四山都荣耀。左有青龙送财宝，右有白虎进田庄。前有朱雀人丁旺，后有玄武进明堂。天马山，地马山，贵神山山峰大吉昌。金带水，银带水，九典水有水水朝堂。麓到山前人富贵，马到山后旺子孙。太阳星君到，太阴星君临，六十甲子星君到，七十二龙神临，二十八宿星君到，十二建星临，普唵祖师到，朱洪流先生临。一双白鹤往来飞，正是福人进矿时，仙童双双扶棺进，玉女对对扶琏辇。日出时来马前喝，喝到归阴状元郎。大富、大贵、大吉、大利！

喝山诗

（伏以—）：孝子孝孙轻轻拜。身上穿红袍。房房富贵，代代兴隆。手捧盂盘园又圆，五龙之地上坟圈。一步高一步，步步高升，祭天风调雨顺，祭地国泰民安。一祭东方甲乙水，二祭南方丙丁火，三祭西方庚申金，四祭北方壬癸水，五祭五方戊巳土，祭得五方大吉昌。凤凰山下安祖宗，房房富贵得兴隆，白鹤仙师站上看。

（问：要富要贵？答：富贵都要！回：赐你富贵双全！）一要人丁千万口，二要财宝满仓箱，三要子孙多兴旺，四要伶俐及聪明，五要五谷仓仓满，六要牛马满山川，七要南北山斗富，八要子孙寿命长，九要同族仗义士，十要贵显永无疆。吻山龙神及土地，茔荫千秋万古传，神仙不久留在此，贵仙回转自龙宫，大富、大贵、大吉、大利！

祭坛文

起马祭一：呜呼哀，吾父母弃世经年，葬之以礼，子职当然，兹营窀穸，吉叶牛眠，灵畅将驾，用切告虔，敬陈酒醴，拜奠柩前，灵其不昧，来格几筵。呜呼哀哉。尚享！

起马祭二：哀吾父母，停柩多年，未营窀穸，得□安眠，今建夜室，二亲有归，吉涓是□，载于舆灵，其依我惊，怖俱余□，□□□□，□□□□，□□□□，惟我祖考，久逝仙乡，柩停未厝，日方彷徨，今卜吉地，△△之冈，穴迁△局，向对△方，灵畅起马，勿惊勿□，前挽后推，素旌飘飏，灵其有知，来格来当，伏祈庇护，赐福降祥，哀哉！尚享！

起马祭三（客祭）：惟我△△，恩爱难酬，胡为一疾，鹤驾仙逝，回忆停柩，岁日迁流，兹幸卜乐，地兆牛眠，今当起马，勿惊勿忧，敬陈酒醴，并荐庶羞，伏祈降格，荣荫千秋。尚享！

起马祭四（客祭）：惟我△△，恩德难忘，今当安厝，税惊道旁，亲朋光送，旂旐央央，矧予小子，胀不悲伤，敬陈酒醴，薄奠一觞，伏祈降鉴，来格来尝。尚享！

起马祭五（客祭）：惟公之德，理当称扬，持家勤俭，处世端方，兹卜吉壤，△△之阳，灵畅既驾，执绋道旁，敬陈薄奠，聊表哀肠，伏祈来格，勿吐馨香，佑启厥后，长展其祥。尚享！

起马祭六（客祭）：惟予△△，品行端方，创业造屋，垂训言颂，奈家不造，变起萧墙，孝友德功，郁结中肠，一朝溘逝，听笛感伤，霸也无状，情拟渭阳，兹当执绋，敬奠薀苹，灵其不昧，来格来云。尚享！

起马祭七（家祭文）：惟我祖考（考妣），自返仙乡，未安窀穸，子心堪伤，兹择吉地，乐之弥坚，灵畅方驾，执绋在旁，敬陈酒礼，薄奠一觞，魂兮如在，来格来云。伏维 尚享！

起马祭八：痛惟吾父，捐弃尘世，岁时迭易，宅兆宜营，预开座祭，用饬明禋，终天永诀，哀慕不胜，深□罔极，执绋维殷，灵其如在，来格来□，伏维 尚享！

起马家祭文一：哀我父母，停柩多年，未曾安厝，恻马神伤，兹获吉地，允□天然，祥呈马□，喜恊牛眠，预开座祭，用饬明禋，恩深罔极，执绋维处，灵畅既驾，涕泪连连，敬陈庶羞，薄奠柩前，神其有感，来格来云。尚享！

起马家祭文二：物终归土，生人无不到三化台，义敢诸幽，人子有心营之宅兆，我父之弃世也，亦历有多年，所关循棣，增哀抚棺流涕，本当早筑邱封以遂归土之心，无如胜地难逢，裘葛亦更非敢缓也，迨其吉兮，兹逢青鸟指亦，眠牛经营已毕，吊客灵庭，势不可延，情实难忍，敬奠壶浆，哭饯灵鉴，伏期往去佳城，长眠茧室，佑我孙子世泽无疆。

起马祭文

维

中华民国△年，岁次△△月朔越△日，阳男△孙△等谨以清酌庶馐，香帛之仪，致奠于

考△府君　　　　　　父

先　　　灵柩前曰，哀哀吾　　弃世经年，今占宅兆，并

妣△氏安人　　　　　母

建佳城，敬奉亲柩，安葬高山，敬陈奠献之仪，永诀终天之痛，先灵有赫，欢格匪遥。尚享！

路祭

呜呼！灵车既驾，铭旐既扬，茫茫泉路，曷胜悲伤，敢驻大引，遗奠肃将，伏惟勿怖，来格洋洋，呜呼哀哉。尚享！

昊祭一（回龙祭）：云山苍苍，江水茫茫，谊父之德，山高水长，今归窀穸，既卜安康，礼成而返，暂住家堂，望灵薄奠，用荐薄馨，统翼默佑，荣荫无疆。尚享！

昊祭二（回龙祭）：湖灯献瑞，竹节呈祥，佳城巩固，天付循良，惟我姻丈，品行可坊，生前无忝，没亦有光，兹归夜室，于彼高冈，既安且吉，返旆扬扬，亭前拜奠，庶几来当，保艾尔后，寝炽寝昌。

昊祭三（回龙祭 通用）：我△之□，薄□土兮，佳城巩固，安且吉□，我△之灵，得所凭兮，松楸垂荫，俾昌炽兮，兹奉神主，薄言旋兮，家庭拜奠，庶右享兮。谨告

昊祭四（回龙祭 又通用）：封崇马□，吉□牛冈，大开吉□，福人斯藏，形归窀穸，

神返家堂，旋则元吉，终焉允藏，兹当昊祭，敬奠一扬，洋洋如在，来格来云。

昊祭五（回龙祭 又通用 客祭）：瞻彼陂田，卜云其吉，淑人君子，归于其室，既安且宁，濯濯厥声，神之吊兮，其秀始升，有壬有林，以妥以侑，休有烈光，克昌厥后，琄琄姻亚，于以奠奠，于豆于登，酌言献之，吁呜不显，赫赫明明，神之格思，绥我思诚。尚享！

昊祭六（回龙祭 又通用 客祭）：湖橙呵护，皆缘积德之由，竹节生丛，自是展祥之兆，我公一生忠厚，四方传闻，芸型足式，淳德堪夸，兹卜牛眠胜地，安葬形骸，更有马□崇封，克昌厥后，等忝因戚未，灵神返旆，爰陈清酌，伏翼，鉴馨。尚享！

昊祭七（回龙家祭文）：言念吾祖，素称醇良，未获安厝，寝食难忘，兹降仙指，△△之冈，牛眠□吉，马□呈祥，形骸妥适，窀穸安康，柩栖幽室，神返家堂，敬陈肴馐，薄荐一觞，灵其有感，来格来当，佑启后裔，寝炽寝昌，永锡多福，振展书香。尚享！

回家祭

回龙家祭文：惟我考妣，自返仙乡，既安窀穸，灵归在堂，牛眠什吉，子孙椒延，以妥以佑，百世馨香，礼仪既备，钟鼓□扬，陟降左右，尚其鉴旗。尚享！

回家祭文：惟我考妣，形归窀穸，神返室堂，卜云其吉，终日允臧，竹策呈瑞，湖澄耀光，千秋永妥，百世流芳，俾富俾贵，寝炽寝昌，阀阅之家声倍振，簪缨之世泽□长，敬陈鲁酒，薄奠一觞，灵其不昧，来格来云。尚享！

祭父母文一（清明用）：淑景悠悠，千载青山如故，佳城郁郁，黄土常新，嗟予父母，手口之泽，犹存念我孙子，风木之悲，曷极獭也，祭鱼物犹如，此春兮濡露，人其若何节，已届于清明，礼则重夫孝享，聊煮桃花之粥，用烹杏酪之饧，陈俎豆于几筵，淑气凝香，肃衣冠于墓堂，和风送暖，惟社幽魂，鉴格依然，鸡豚之逮，存伏奠奕世，繁昌不啻，椒条之蕃衍。

祭父母文二（清明用）：呜呼！山川依旧，泉水更近，思苹蘩之可，采抚风木，以增悲瞻，望何从徒，恩怀夫屺，岵怙恃已失空，寄想于梦魂于泽，尚存敢□，所自昊天，罔极欲报，未能兹值，插柳之辰，恰逢试衣之日，泪血染红花，，感杜鹃之放纸，灰化白钱警蝴蝶之飞，忆畴昔膝下瞻，依既缺鸡豚以就，养痛兴际，墓旁祭奠，聊陈黍以告处，以妥以侑，先人之灵爽居，歆俾炽俾昌，后裔之声，名丕振祀，孔明荐馨香而报德，孝孙有庆，藉俎豆以陈情。

祭祖墓文（清明）：时惟春仲，节届清明，芳草共青，杨一色纸灰与白烁齐飞，杜宇啼来，声声含恨，山鹃发处片片，关心睹韶华之易，迈慨往事，木已非言，念先人音容已杳，形影堪怜，值雨露之，既濡情深，追远扫坟，茔而布奠，用展孝思，伏翼，本根庇荫，枝叶繁昌，芝□永茂，松柏长青，爰祭良辰，躬修岁事，惟溪芹之，薄奠进酒，礼以告虔，幸幽露灵之不昧，庶降格以来歆。

后土文：惟神正直，德位中央，幪幈万类，保障一方，兹择吉日，恭扶△公之柩，安葬于此山之阳，伏祈庇佑，寝炽寝昌，绳绳子孙，长发其祥，诗书启秀，奕叶流芳，敬陈牲礼，拜显坟前，神其如在，来格来当。

堂祭祝文一：地卜牛眠，庆佳城之已建，封加马鬣，喜吉穴之攸藏，形既归乎窀穸，亲魄常宁，神自返夫室堂，灵筵奉礼，耑望云軿之驻，用展孝思，爰迎窀驭之临，敬陈薄奠，伏显绥予孝子，千秋俎豆常新，佑我后人，万禩之箕裘，远绍仰希昭格，俯鉴微忱。尚—享！

堂祭祝文二：佳城郁郁，妥我先灵，礼成而返，窀驭难停，兹奉神主，归于家庭，岁时奉祀，必敬必诚，爰设灵座，薄奠一觥，灵其不昧，鉴此明烟。

告入祠祭文：继代奉先人伦之道，共龛配食典祀之经，今择△日敬奉△公神主入祠，祔享统祈，默佑庇我后，昆孝孙乃庆支，庶繁昌云仍奕叶，永荐蒸当。

告庙祭文：水源木本，支派同然，宅兆虽异神气维连，兹因茔毕，会聚先灵，虔备酒馔，合荐明烟，伏祉庇佑，世代荣昌，灵其有感，永荐蒸当。尚享！

祭后土文一：

维

中华民国△年，岁次△△月△日，弟子△△△谨以牲礼之仪敢告于

本山后土尊神之前曰

惟神之德，正直聪明，惟神之赫，適骏有声，某等祖考，安厝斯城，△代祷告，用表其情，伏祉降格，鉴我虔诚，佑厥后裔，子孙绳绳，谨告

告庙文：

维

中华民国△年，岁次△△月△日，裔孙△△等谨以酒礼羹饭之仪敢告于妣始祖元八公妣△△太夫人以及列祖列妣之前曰

木本水源，系□支之继续，生事死葬，乃子孙之所宜未葬则祀于家，既葬则归于庙，冈不循兹于本月本日△时，安厝显考之后，送主入祠，敬备羹饭一筵，特伸祭告以达哀，伏翼祖考，神灵安妥，锡福无疆。尚享！

祭后土文二：

维

中华民国△△有△年，岁次戊子大吉，月乙丑朔越初二丙寅之吉沐□保安，弟子△△△兹为△△△等将其先人△△公之灵柩安厝于此山之麓，敬备牲礼香楮不腆之仪，敢告于

本山土地后土，福德尊神之前曰，伏以，惟神冒坤，舆而无私护地，德而有感，三百六之韶华功能保障，七十二之龙脉力足维持，兹为△△△先人灵柩，厝以佳城乞赐，以永固藉尔灵衷，秀气望降以昌，长载锡之光△也，瓜葛之亲，不避代庖，越俎豆之名，愧乏报德之遥，聊效持豚之祝，还期禅庥，宁以庇佑，妥彼先灵挽山运，以护荫昌其后人，一年四季保卫周全，昆虫蝼蚁远迹遁藏，凡言不尽统冀，保艾于无疆。谨告

虞祭文：形归窟穴，神返堂室，季节奉祀，勿敢怠忘，佑启我后，世泽绵长，敬奉神主，千载馨香，兹备清酌，用申祼将。

祭母坟祝文：悠悠岁月，冉冉流光，秋霜春露，人子所伤，言念吾母，情实难忘，抚我育我，悬同彼苍，卜奠于此，地久天长，兹逢悦旦，敬陈酒浆，孙子序立，拜献墓旁，神灵妥适，风雨无伤，千烁荣荫，百世流芳，秀启我后裔，锡福无疆。尚享！

殡殓祝文：呜呼！我父兮，生本端庄，治家勤俭兮，教本义方，处世宽厚兮，祈寿无疆，胡为不疾兮，远反仙乡，使我儿辈兮，肠断泪连，呼天躃踊兮，风木凄然，入棺将殡兮，千古难忘，呜呼哀哉，呜呼痛哉，伏维尚享！

改葬先告考妣祝文：兹以考妣体安非地，恐有意外惊动先灵，卜于本月△日改葬△处，谨以酒果奠告。

告旧土地文：兹以△亲卜宅，此地恐有他患，将欲启窆迁于他所，谨以清酌香楮之仪，祇荐神匕其佑之。谨告

启墓告考妣文：兹以△亲△△葬于斯地，岁月已久，体魂不安，今将改葬，伏维尊灵不震不惊。谨告

祭新土地祝文：改建宅兆，神其保佑，俾无后艰，谨以牲礼香楮之仪，祇荐于神，神其鉴格。尚享！

葬毕还加安座：新改吉宅礼毕终，虞夙夜靡宁啼号冈极，谨以清酌庶羞，祇荐虞事。尚享！

复告祠堂：孝孙△等今以△祖考妣体魄托非其地，为或△△称△△，今以△日改葬△处事毕，敢告

葬祭文：涓兹吉旦筑建成功形隐窀穸，神归宝宫，精爽灵赫，凭依主中，谨以牲礼，照衷鉴微，俾我后昆，昌炽日隆。尚享！

中元祭祠祝文：始祖炎宋开基，瑞阳启宇，披荆榛于兹土，绵瓜瓞于来今，值积德累仁之后，正枝繁派衍之时，追思所自，敢怠燕翼之贻，未免有情，共切乌私之愿，兹祭中元，敢陈不腆，肃展微忱，爰修祀事。尚享！

第三节　盖房　建棺　造坟

盖房习俗

村民称建房为“企厝”。历来一家建房，邻里亲朋借钱免息、赠工送粮等建房互助优良传统。建房仪式比较讲究。首先持全家人生辰八字，请占卜先生择定起土、定磉、上梁等有关吉日。建房过程，有竖柱、过厝、立财神龛和灶君神位等仪式之外，择地动工、栋梁选材、栋梁制作、上梁更为重要。

择地动工　请风水先生用罗盘测方位、朝向选择地基，再按已择吉日良时动土，届

时不讲忌言。接着开始挖土整基（或另择日子动工），泥水师傅按所择日子、时辰、方向，在正屋正栋柱位进行定磉（基面两块垫柱石，上块叫磉齿，下块叫磉盘）。大户人家在磉下埋有“宝碗”，碗内装有银角子、竹钉、大麦和珍珠银沙，以示丁财两旺，大吉大利。稳定后放鞭炮，给泥水师傅红包。

栋梁选材 梁材必须是林中分蘖多杉树，意兆子孙兴旺，不用路边树，以防有人说过“那树造棺好”等不吉利语言。砍梁木须择吉日，并给树主红包。砍伐时，不许损坏周边小杉木，朝南伐倒，不能触地，随即量尺寸，去树枝，贴上写有“紫微銮驾”红纸。由两人父母双全、最好是兄弟抬回，路上要一人在前鸣鞭炮，告知行人要给梁木让道。抬梁者一路要走露天道，不经过任何房檐下，若遇“骑路亭”，绕道避开，其意“栋梁”为整座房子最高贵木材，不能居于其他木材之下。“梁木”抬到家后，置于露天，两头平放在早备两人高木杈桩上，削去树皮，晒干制梁。

栋梁制作 按择吉日，露天进行。首先，木工师傅（一般有四五位木工师傅，由带班师傅主持，下同）香点三支，鞭炮二响，才将梁木轻放刨木专用“木马”上，念唱“此木长在终南山，鲁班弟子将它搬。锛刨斧锯做成材，用在此地定平安”后，手执“墨斗”“曲尺”边定墨线边念“墨斗金线定中央，财丁富贵两头量，不偏不斜分风水，西厢东房各相当”。即时使斧，第一斧轻砍梁木中央，接着一斧向左，一斧向右，意为栋梁风水两边均分。20 世纪 60 年代，此举作为“四旧”被革除。

上梁 按择吉日良辰，安装屋顶最高中梁。主要仪式有接风水、祭梁、安梁、喝梁和惯梁红。① 接风水：奏乐放鞭炮，在东家新老房子天地坪同时点燃“火种”（一束竹篾火把）。② 祭梁：由两位“好命”后生抬起栋梁平放在两条八仙方桌上，摆上“五鹤五斋”、“三牲”（猪肉、鱼、鸡蛋）、供菜、猪头（上梁结束后猪头归做木师傅所有）、茶、酒，香点三柱。③ 安梁：多人撑用木杈帮忙，由两位后生抬起栋梁，各沿木梯缓缓齐步上攀，上攀过程梁要平衡，否则被视为“风水”一边倒。梁到屋顶，由木工师傅平放在两柱顶端凹槽，并在梁中央扎上柏与万年青各一枝，两端各挂一盏“梁灯”（红灯笼），一只装有红釉、赤豆、油麻、糯米、茶叶等“五色彩袋”。④ 喝梁、惯梁红：木工师傅在鸣炮敲锣中，站在梁旁手持状元槌（由木工制作两柄木槌）喝梁、抛“金元宝”（用小袋内装竹钉子、银角子、茶叶、米釉、馒头等），接着在梁下方放着一根“丈篙”（与正柱一样长木尺）。当喝到“间伊（龙）”稍息时，东家将亲朋好友送来红布袋装“梁米”搬放“栋梁”上，将“彩红”披挂而下，每条“彩红”底端缝有一双布鞋垫，寓意给新房主人铺垫家底，从此产业兴旺，财源滚滚，最后在梁中间贴上一张大红纸梁披。

附录：上梁喝梁诗

上梁喝梁诗（1）

伏以：东家造屋接云霄，脚踏云梯攀高寮。肩扛栋梁脚踩稳，一步更比一步高。栋梁好比一条龙，摇头摆尾卧当中，间伊为何身不动，身上还缺“惯梁红”。

一喝：千里来龙万里山，万里来龙坐中央，千里来龙添丁财，万里来龙富贵长。

二喝：进上金梁，金玉满堂，护好金梁，旺子旺孙。

三喝：东家盖厝盖官厅，子孙读书中头名，财丁富贵双双旺，世世代代有功名。

四喝：上定房顶金梁丁财贵，下定算盘地基发田庄。

五喝：鲁班师傅到，时辰日子到，罗天大正到，紫微銮驾到。

六喝：一进栋梁东方甲卯乙，二进栋梁南方丙午丁，三进栋梁西方壬子贵，四进栋梁北方庚酉辛，五进栋梁财丁祥祥旺，六进栋梁富贵双双全，七进栋梁朝中做宰相，八进栋梁朝中伴君王，九进栋梁子孙长福寿，十进栋梁子孙永满堂。

东家公婆心肠好，手扯绫罗接财宝，接了财宝心欢喜，夜里做梦笑嘻嘻。“栋梁”好比屋中王，“丈篙”好比老丞相，丞相君王长相守，“发锤”大将在两旁。鲁班师傅下“金梁”，各位神圣回本宫，从此来龙风水应，世世代代永其昌。

上梁喝梁诗（2）

盘古老王天地开，山林树木仙神栽。树木出自△△府△△县，凤凰山上抽起来。跛脚老仙判树客，判来给二郎神泰顺△△地来。请来杨九平公看地理，看来子午卯酉地，千旺人丁水旺财。请来鲁班师父造门台，戌时关门卯时开；卯时开门金鸡叫，戌时关门进宝来。福字连衣一口田，星字日生喜相连，高字旁边椽十叉，照字脚下四点全。福星高照在堂厅，上梁挂落福禄寿三星。文曲星官千年在，武曲兴旺万年春。左柱竖柱兴隆黄道日，右柱上梁恰遇紫微星。头顶双龙见日月，脚踏八卦定乾坤。脚踏九龙之地，眼看扶木之梯。左手拢起衣，右脚踏云梯；脚踏云梯步步高，凤凰飞来吃仙桃；仙桃本是凤凰吃，王母娘娘献蟠桃。脚踏云梯头，福禄寿喜在云头；脚踏水口梁，人吃仙桃寿最长；男吃仙桃彭祖寿，女吃仙桃同麻姑；脚踏大步门，大步门下藏金银；门槛拔起金水闸，日闸黄金夜闸银；脚踏七条椽，七条椽下七姑娘，七日七夜做衣裳。脚踏抛梁台，抛梁台上花正开；花正开来月正圆，抛梁台下出状元。双木同排本是林，眼看高台一把瓶，瓶中内藏仙桃酒，杜康做酒敬神功；一敬天来二敬地，三敬福建府泉州县单脚门台三脚门楼花街巷口腾云巧接二位夫人酒奉敬（奠酒）。七十二贤人、三千七徒弟酒奉敬（奠酒）。孙一郎（石匠祖师）、孙二郎（泥水匠祖师）师傅酒奉敬（奠酒），伦沛祖师亲受酒。敬酒一毕光和平，造落新厅旺人丁。前享主家五色被，后享东南西北大吉昌。百年好合四字长，内房勺姐共表彰；今日梁台来祝贺，迎贺德度会鸳鸯；喜结丝罗山海果，婚谐近日天地长。手捏抛梁五味香，十指拿来献栋梁；物献东南并西北，献我主家大吉昌。手捏旗杆一对甲，宅上致富荣华历代发；子子孙孙有昌旺，历代儿孙出鼎甲。手捏青饼青一青，可比当初李青松；玉珠宝贝献皇上，万岁赐我三三九龙厅。手捏馒头（指馍糍）圆一圆，九世同居蔡状元；九世同居张公义，天赐一对中大门。手捏对角（米粽）四角方，可比太公遇文王；久在相书方相会，得来太公理朝纲。红绿抛梁头向东，日上东方海底红；寿比深山松不老，福有东海水能清；红绿抛梁头向南，此地就是九龙盘；九龙盘踞又盘转，前出富户后出官；红绿抛梁头向西，桃园结义众兄弟；心同志合卫故土，时来运来坐登基；红绿抛梁头向北，传授老司徒弟来划墨；划起高梁并大栋，划起玉爪伴金鸡；金鸡歇在梁下叫，声声只叫状元来。抛梁落地，大吉大利。

建寿方习俗

寿方又名“寿棺”。人至晚年，首先要做寿方，以备后事。寿方一般有三种：“泰顺装”，盖斗圆弧形，两头上方稍出封；“平阳装”，盖斗圆弧形，两头上方翘角；“文成装”，盖斗人字形，两头平封。选用无疤痕、上等杉木，锯成板厚 10 ~ 17 厘米（鲁班尺）梳子形，12 ~ 16 块，需用桐油 5 ~ 25 公斤。棺底、壁、盖采用竹火钉串档。底承台式，以米粒状瓷片沫加桐油打底 1 寸，壁、盖均用桐油加牡蛎灰、麻布条等材料布棺，涂上颜色，上桐油 4 ~ 5 次。最后把男棺写寿字，女棺写福字，有的还画上寿花，题上寿诗。做棺师傅很受尊重，每日三餐、两次点心，酒肉佳肴。师傅干活时要“半做半嬉”，意为“暖寿”，闲人不敢乱攀谈，以防不吉利。起工、讫工要择吉日良时，并给师傅红包，圆工时亲朋好友来祝贺，东家请客。2000 年政府推行火化后，便停止使用寿方。

寿方

建坟习俗

建坟　坟墓是人生信仰回归安息之所。建坟有三种情况：一是人死后才建；二是人健在时就建，俗称做寿坟；三是夫妻丧亡一方时建造夫妻合葬墓。如遇一夫多妻、丧偶、续弦、再嫁等情况，即一墓多穴，男左女右，先妻后妾自左至右排列。建坟仪式主要有四道程序：

选地择期　首先请风水先生选择坟地，用罗盘选择最佳坟位、朝向，讲究“青龙怕臭，白虎怕斗，背有靠山，面对山脉，避开江、河、路、桥、湖之冲犯，切忌在老坟上

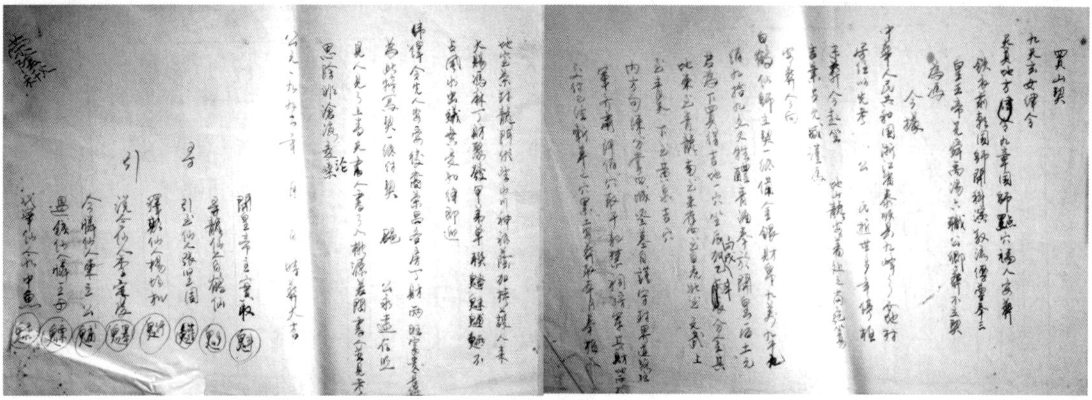
“阴间”幽契

建坟”，坟主若有多子，还要讲究各房摆平（即考虑每位儿子利益），使每房都发。坟地选择后，风水先生根据坟主夫妻及其子女、孙辈生辰八字，选择立符、开山（坟基）、平基、铺底、拱圹、作栋打廓、封圹、做坟面（立碑）等诸多仪式日期和时辰。有着“阴阳指一指，村人做半死”之说。

立符挖坟基　开山挖坟基前，须备红烛一对、清香三支、雨伞一把，撑开伞绑在桩上遮祟符。符立毕，正式动工挖坟基，用牡蛎灰、砂石、黄泥按比例制成三合土（后改用水泥混凝土）将地基夯筑坚固。新建坟或迁坟时，阴阳先生口念幽契（模拟人间契约），作为冥府公验凭证，象征着神权，借以保护阴宅私有权，在墓中起着震慑邪魔、保护墓主魂灵作用。

开圹基　在坟基上划分圹位，称为“分金”，又曰“定名”。即正式动工建坟，按已择吉日吉时，在坟基上摆好“人”字形砖块，端上酒菜。由泥水师傅手执墨斗，另一民工帮助拉线，每到所分圹位都唱念“定名十一线”。圹开毕，大家一起在坟基上吃菜、喝酒、敬烟。棺圹穴廓长、宽、高至少 293 厘米、83 厘米、93 厘米。廓穴均用砖块砌成，上面呈斗圆形，里外均用石灰或水泥粉刷，用三合土夯或水泥混凝土筑好坟面。

封寿圹修坟面　待墓室晾干后，按已择吉日吉时封寿圹，需给师傅红包。富人修坟面，则全坟嵌砌整齐花岗石，少数还雕琢精美香亭和石狮。2000 年开始，随殡葬改革，积极推行火葬后，大多葬于横溪公墓。

横溪底公墓

附录：定名十一线喝语

自从盘古开天地，一重山水一重人。一线落地大吉昌，二线落地旺子孙，三线落地发田庄，四线落地年年出贵子，五线落地好文章，六线落地功名显，七线落地状元郎，八线落地八仙来庆寿，九线落地寿翁寿姆，应出堂上百世昌，十线落地满堂上，十一线落地生生旺旺，丁财两旺富贵双全，千年盛万年荣，大富大贵，大吉大利！

第四节　庆筵　祭祀

庆筵

酒筵类别　婚庆酒（女方举办出嫁酒、男方举办结婚酒）、赠工酒（盖房、建坟）、诞寿（办十、生日、周岁）酒、丧葬酒。

席位座次　旧时用八仙桌。桌与桌之间排列首席居前居中，左边依次 2、4、6 席，右边为 3、5、7 席。首席首位为左，次位为右，3、4 位对面，5、6 左边，7、8 右边。

以桌缝为准，桌板横向首位。根据主客身份、地位，亲疏分坐。如婚庆酒，首席舅父；祝寿酒，男寿首席外甥，女寿首席内侄；赠工酒（建房）首席木工师傅。最有趣是：桌上坐着成年人8位，桌下桌外围着“老随”（跟来孩子）10多位，好热闹。20世纪90年代开始，随村民生活不断改善，“老随”逐渐减少。

菜肴酒水 旧时，菜肴必备20多道，其中，东坡肉、八宝饭、什锦、面条、年糕、米粉主菜6道，缺一不可；上菜第一道面条，最后一道红枣。酒水仅有家酿红酒。20世纪90年代开始，菜肴档次提升，有山珍海味，酒水有白酒、啤酒、葡萄酒、饮料。

上梁酒与赠工酒

旧时，盖房上梁当日，东家举办“上梁酒”，宴请前来庆贺亲朋好友。普遍家庭贫寒，盖房、建坟，均靠邻里亲朋赠工互助。竣工后，主人家择日操办赠工酒，意示感谢。赠工酒比一般宴席档次略高，桌面每人加烟一包，每桌东坡肉五市斤以上一盆。有的“上梁酒”兼办“赠工酒”，即一起宴请曾来赠工互助邻里族人。1980年开始，随建筑用材、房屋结构变更，不存在建房上梁仪式，即无“上梁酒”。民生活逐渐富裕，出现顾工或包工盖房、建坟，赠工酒逐渐淡化，成为庆工酒。

祭祀

家祭 古称寝祭。在家中正房或厅堂正中设立祖先牌位祭祀，二楼中央立神龛。清明、端午、中元、除夕等都是主要祭祖日。日常家祭在朔望日，即每月初一、十五，次数虽多、礼节简单，一般是主人或家人早起盥洗，点燃香烛叩拜。

祭祖

墓祭 也指扫墓，历来在清明前后进行春季扫墓。祭扫日清晨，全族成年男女（女族众可参加可不参加），衣冠整齐，先集祠堂举行简单祭祀仪式，再到共同始祖茔地，然后以各房到各房祖先墓地，最后以家庭到自己祖先墓地，分别祭扫。陈设牺牲祭品，悬挂纸幡，鸣放鞭炮，奠酒行礼。有的家族，在农历十月初一再次进行秋季扫墓。

祠祭 又称族祭、族会，具最隆重、最盛大祭典。祭祀活动多集中在农历七月十四、十五日两天。祭品器具、鼓乐仪仗、筵席等开支，来自祭田收入，祭田少家族由族众摊派补充。

道场布置 门楼左侧香案为“功德无量”，享堂左、右两组香案为“佛光普照”（佛教）、“天垂宝盖”（道教），垂布为“地涌金莲”。手持兵器护法将军神像并有3幅。各种供品、冥币纸钱等齐备。享堂最前排悬挂八仙过海图，两侧墙壁挂满佛教因果报应图，借意教育子孙后代行善积德。祖宗画像挂于寝堂神龛墙壁，中间是西地始祖曾祖宗画像。

神龛前摆放长条香案，左右点大型香烛，案上置设各种供品、酒杯等。屋顶正中依次悬挂“阑盆圣会”“慈航普度”“灵山胜境”大字，左右对联分别是“七月阑盆施大德，中元佳节渡幽魂”，“罔极宗功无报答，幸叩佛力尽超升”“帝德赐福到人间，佛法渡亡登净界”“西方无物引菩提，南海有灵是净水”等。还有族人为祠祭中“抢福顶”“焰口”仪式备制“五台山”和“金山、银山、钱山、衣山”等九个山。五台山，用细竹条搭成塔状山5个，一山23层、其余均13层。“四山”，用直径约4 ~ 5厘米、长约1.2米竹竿，留一端竹节为“山顶”，另端破成细竹条分开扎成“山脚”，整体呈圆锥形“山”，以白纸糊贴表面，再分别贴上金银纸折成“金元宝”“银元宝”，以及印有服装纸钱、冥币纸钱。

神龛

发奏仪式　鼓乐鞭炮齐鸣，道士念经、烧纸，意为向佛教的五位菩萨、道教的元始天尊、太上老君、通天老祖等发出邀请，宣布“阑盆圣会”正式开始。然后道士念经做法到十五日中午11点钟，参加者聚集祠堂，族长讲话，会餐。

烧文书仪式　下午1点钟，在享堂正式开始祭祖。奏鼓乐，造氛围。道士念经，族长头顶“文书”绕香案做法五六圈，走进院左中“烧文书”，同时放鞭炮。

招魂仪式　约下午2点开始，道士念经引导手捧花幡族长、手捧花盘副族长，从享堂香案走经楼门外供桌前，再到寝堂，把花幡和花盘放在神位前。意为招回祖先灵魂，享受人神共聚和后人祭拜。

祭拜仪式　寝堂内布置两个供桌，各桌前站着族人。先是两位族长跪于神龛前，族人将桌上供品逐一递给族长，族长逐一举过头顶贡献，即奉献饭羹、奉茶、献帛、献酒、献馔盒、献胙肉等，并逐一放回供桌后跪拜。然后是族众后裔批次跪拜，每次5 ~ 8人跪拜三拜。

抢福顶仪式　是整个祭祖活动高潮。祭拜结束，接近黄昏，开始布置抢福顶：用方桌或门板搭成两米多高木台，上置“五台山”，中间山最大，周围四山较小，“山”顶均插一个糯米做成佛手。木台下东南、东北、西北、西南四角，分别设置金山、银山、钱山、衣山。约晚上9点开始进行，道士念经主持，引领族人点香，并在五台山四角下烧纸，金山、银山、钱山、衣山下点燃蜡烛。再由道士和族人共8位进行绕福，先分成两队，绕五台山左右转四圈，两队交叉转四圈，然后，不断加速不断变化队形（1人在中7人在外，8人均在中，8人均在外，分四角各2人自转）进行绕转。意为请来天兵天将保护祭祖现场，保佑家族兴旺发达。最后，按佛赐吉时，道士一声令下，欲搏好彩好运族人蜂拥而至，纷纷蹬上五台山，争抢山上佛手，燃放“炮头”。绕福过程尤似土著人舞蹈，整个过程，同族人欢聚一堂，尽情享乐。

焰口仪式　源于饿鬼的鬼名。为饿鬼都得到超度，根据《救拔焰口饿鬼陀罗尼经》举行佛事仪式，称作施放焰口，简称焰口。焰口是整个祭祖活动结束节目，约在晚上11点进行，整个焰口仪式需要4个小时以上。届时，殿堂香案加高加大，布置成瑜伽坛，道士服换成袈裟服。中间主坛座主法师，又称金刚上师，案上放着法铃、戒尺和香炉等。两侧陪坛由诸位僧人面对面就座，案上放着各自使用引磬、木鱼、铙钹、手鼓等。开始先由座主领僧人唱《杨枝净水赞》净坛，然后开坛。座主在坛前诵《香赞》、上香。僧人诵《心经》《往生咒》《变食真言》，唱《莲池赞》，念“阿弥陀佛”。族人由族长带头往灵坛上香礼拜。礼闭，族人扯下金山、银山、钱山、衣山上纸钱，并同所备冥币纸钱送到楼外院内烧化，需要留一点纸钱冥币赠给穷人和钱财挑夫一些费用，送在院门外点烧。接着，在大门外平放鞭炮燃放。最后，在法师助念声中，族众收拾祭具，族长关闭大门。

社祭　是村落农事祭祀，祭祀对象是社神（土地神）和稷神（谷神），祈望社神保佑一方平安，祈望稷神赐给好收成。村民没有社神管理地方平安、稷神管理农业收成概念，往往社稷同祭，都叫作社祭。社祭分春祈年，秋报成春社和秋社，春社相对隆重。旧时祭资，由里正、保正、乡绅出面募集，一般按村上住户人口或土地摊派。祭礼在土地祠前旷地上举行，由保正、乡绅主持，不分家族姓氏，只是同村人均可参加社祭。在燃烛、焚香、放鞭炮、焚楮钱、上供、奠酒后，推举识字人宣读锄强扶弱、抑富济贫誓词。祭毕，举行全村性宴会，不分男女老幼，序齿列坐。到晚上，列鼓乐击鼓迎神。社祭逐渐变成村民一次文化娱乐性集会。

醮祭　俗称做公德，村民也称醮会或打醮。是一种祈求村落平安，无病无疾、风调雨顺，人寿年丰祭祀。一般由境内村民各户集资举办，也有邻村联合举行。形式多样，有的全村性单项醮祭，如地方久旱禾枯求雨醮。有的单户独资弥病醮、超度醮，一般是富户人家有人久病不愈，或亲人亡故，家人为祝福病人消灾弥难，子孙为祝愿亲人早升天堂而举行醮祭。醮常与斋联称为“斋醮”，斋指祭祀前洁净身心和斋戒，醮指祭祀仪式。村落附近有什么神庙就请祭什么神，按被醮祭之神，有属道教，有属佛教。醮祭由僧道主持，同样要建醮场，筑木台，搭彩棚，挂帷幕，设祭坛，准备祭品祭器等。

第五节　生产习俗　岁时习俗

生产习俗

播谷按潮候　一般清明前后播谷入种，以村民长期劳动经验，水育秧撒种时间选在潮水平时进行，方可免谷种“浮走”而引起秧苗疏密不匀和不同秧块掺杂。

耘田唱山歌　旧时耘田雇工帮忙，定期完工。耘田时村民喜欢唱山歌，一人领唱，众声随和。曲调只用“1、3、5、i”数音组成旋律，内容为“长年诗”之类，如“日头落山红彤彤，屁股别上烟酒筒，手牵牛牯回家转，歌儿唱唱又一工”。反复循环，淳厚朴素，歌声嘹亮，响彻田野。中华人民共和国成立后失传。

稻谷收割　旧时，人力打谷子主要工具用木桶、稻梯，村民将木桶叫“坛房”，打谷场称“房场”。收割稻谷第一天叫开镰日，村民习惯在干涸稻田南方角割（稻）出一块地作为“房场”。收割最后一天称“收场尾”，要求收拾干净，颗粒归仓。这天，东家准许长工家属给长工送点心，并带回一小箩筐谷子给家人“尝新”。故把“收场尾”，也叫“舔房场”。

照谷仓　农历正月初八，传说是谷神“搏命日”，天下万物中是它最受人敬重日子。村民将这一天作为祭谷日，家家户户打开储谷仓门，点香、点灯、挂灯笼照谷子。照谷时，主人一手提灯，一手翻谷子，反复口念“金谷满仓”，以祈吉利，来年丰收。照完后，在仓门上方钉一块“五色布”以示五谷丰登。

尝新　指第一次食用当年产出大米饭一种习俗。选个吉日，米斗盛米，摆设天下，香点三支，祭祀土地。祭后大米用餐时，第一碗饭盛给最长辈先尝，全家方可进餐。饭后锅内、碗内留余米饭，意为餐餐有吃，年年有余。

盖谷印　旧时，场所有限，同一个晒谷场有许多农户轮流晒谷。晒谷场边沿、行道，摆满盛有谷子箩筐，错综迷离，难以辨认。各家各户特做“谷印”，盖在筐内谷上为记。谷印木制，方圆不一，大小不同，刻有“谷”“丰”“天”“地”“财”、“福”“满”“恩”“公”等字样。20世纪50年代末开始，随生产队出现用途而变化。生产队谷仓，有两位保管员，分别掌管锁匙和谷印，每次动用谷子二者不可缺一，相互证明，相互监督。故有“拍谷子一朵花，人不在我管家”之谜语。80年代实行联产承包责任制开始，谷印不再使用。

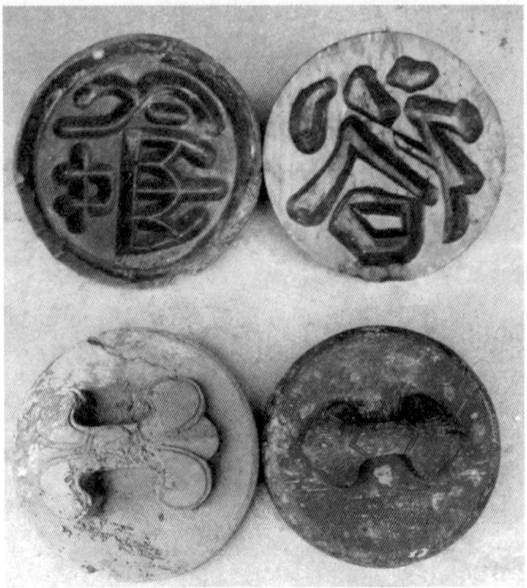

谷印

驯牛　牛犊长到3齿龄，由两位经验丰富老农用犁、耖进行驯习耕田。一人把犁扬鞭，一人持系牛鼻竹棒控制走向。时间选用傍晚，驯到日落归家，愿使牛犊勤劳劳晚归。

岁时习俗

村里有“六月六，晒衣服”“七夕炒豆”“九月九，蒸九重糕”等习俗，但不普遍。以下录记普遍村民家庭岁时习俗。

过年　除夕连春节，是中华民族最重要传统节日。全家团聚，共叙天伦之乐。家家户户张灯结彩，贴春联，庆贺上年、祈愿来年五谷丰登，风调雨顺。腊月下旬开始准年货。廿四日，还愿送家神上天过年。腊末两天，家家制年糕、做豆腐、宰鸡兔、杀猪羊，打扫厨房烟尘，清除庭院垃圾，洗涤被服橱柜等。廿九日，备羹饭祀祖。当晚，合家团聚，共享好酒美食，除夕给小孩送压岁钱。外地迁入有部分村民，继承原祖习俗，还在除夕子夜再用酒肴，俗称“消夜”或“守岁酒”，消夜后，燃放连炮，表示新年来临。除夕夜，用一块干树根埋于灰池塘生火（藏火种），俗称“养年猪”，兆来年能养大猪。煮年饭，把大米煮成半熟，用笊篱捞入饭甑，以便初一蒸炊。旧时债主要在除夕前结清全年账目，连夜上门讨债。无法还债负债主，为躲避逼债，往往隐匿他处到除夕后半夜才敢回家，俗称“养豆芽”。年过初一凌晨，争先恐后放“开门炮”，驱散“凶物”。这天，早起床，穿新衣（或干净衣服），讲吉祥话，不出远门，持斋一日，至少早餐吃斋。早餐菜肴要具祥瑞象征，如面条，象征长命，菜头（萝卜）象征“彩头”，糖煮年糕，以寓生活甘甜。白天不能睡觉，犯忌将使“田坎倒塌”。初四，备“三牲”供品接回“上天”过年家神。到元宵前，村里请有木偶戏，常有外来民间舞龙、舞狮等活动。

元宵 正月十五，也称上元节。家家户户放鞭炮，普遍农家备年糕、上酒菜过节。常有周边舞龙、舞狮和马灯队进村表演。其中，石门马灯队博有名气，由10多位年轻小伙子和姑娘组成，用竹篾编成马头和马身，糊上彩纸，点睛、勾鼻，绑在身上，头扎毛巾，手提马鞭，活灵活现。每到各家厅堂，口唱“正月里来是新春，家家户户点马灯，今年马灯明又亮，家家太平气象新，神佑村民人长寿，家家如意庆丰年”，在乐队配合下翩翩起舞。每家每户以求驱邪恶保平安心境，高高兴兴呈上红包，以示谢意。

二月二 农历二月二有吃芥菜粥或芥菜饭之俗，有说吃芥菜能辟邪清凉，使皮肤不生疮。传说是乾隆帝所置，一天，乾隆南下微服察访，发现一位饱读诗书青年，家境贫困无法进京赴考，只得在家苦读诗书。却又热情好客，请乾隆吃饭，因米不够用芥菜一起煮。针对吃惯山珍海味乾隆别有一番风味，赞不绝口。这天刚巧是农历二月初二。

清明 是祭祀祖先传统节日之一。家家户户挑着牲礼或羹饭到墓地，铲除坟上杂草，压上几叠纸条，陈列祭品，焚香点烛，点放爆竹或鸣炮致祭。清明正当棉曲盛长时节，村民们采棉曲家用粳米做棉曲糍，用木质馍糍印印成圆形、长方形、鲤鱼形、石榴形等图案“馍糍钱”。

端午 农历五月初五端午节，俗称“重五”。家家户户用毛竹笋壳或箬叶竹竹叶包粽子，吃粽子、咸鸡鸭蛋。包粽子为纪念屈原，吃咸蛋可以祛毒健身，因为五月被视为“毒月”，蛇、蜈蚣、蜘蛛、壁虎和蝎子“五毒”会危害人间。端午节，喝雄黄酒，小孩额、脸抹雄黄，也是以防五毒。女儿出嫁未满三年娘家，要在五月初一或初二给女儿送节，其中第一年，还要裹两个大粽装小粽子“喜粽”，用红线标识特供女儿，意为早生贵子。某家老人逝世，第一个五月初四是主要亲戚前来送孝粽之日。话说端午也很多，如，“五月五，菖蒲挂门户”，说是为避难而纪念黄巢起义。“三日端午四日年，一日清明就下田”，说明端午节日大，庆节有三天，仅次于过年。小孩腕和胫部缚上一圈红绳，俗称“记节”，到七夕，剪下红绳子抛到檐上，说是让喜鹊衔去为牛郎织女搭桥。“吃个端午粽，棉袄好相送”，说明夏天来到。

中元节　俗称“七月半”，又叫鬼节，是常年“四祭”中主要祀祖日。各姓祭祀日期不同，有农历七月十四或十五过节，少部分是十三日过节。家家户户炊九重糕或粳米糖糍，备羹饭、束纸烧冥钱祭祖先。建国前，村里有做兰盆之举，由头人主持在祖祠设祭，请道士祈祷一日或一宵，祠下各户送束纸烧冥钱。

中秋　农历八月十五，普遍蒸九重糕过节。娘家要给刚出嫁女儿送礼节。临近节日，亲戚朋友互赠月饼。

冬至　俗称“冬节”，有吃汤圆习俗。旧时，教书先生在冬至前一天散馆回家，做长工“长年”在腊月二十四前回家，准备过年。话有“先生不吃冬至圆，长年不吃廿四饭”。人死后有停尸或土埋，到时拣尸骨装“金罐”埋葬，其拣骨之日习惯定于冬节日。

第六节　宗教　方术　信仰　忌讳

宗教

佛教　唐末宋初，境内寺庙、庵堂甚多，佛教兴盛，信徒众多，香火兴旺，故“斯地”也称“施地”（西地）。2013 年，境内有新厝下庵坵、皆塆庵基、堂底庵基、佛塔坪和路下古庵等多处遗址，只有白岩下岭脚庵（玉门寺）仍然香火不断。时有村民操办丧事做“功德”，请和尚诵经读课、皈依佛门弟子念“南无阿弥陀佛”等佛事活动。许多善男信女，每逢初一、十五施行斋戒，平日以烧香念经、拜偶像及净土一方为修行善事，屡见不鲜。

道教　北宋时期，境内已有叶氏道士 2 人，法事道场设在龙坪右侧田垄，留有道场遗址，村民称之“神坛下”。宋元期间，在进村东南西北四个路口，分别建有杨府爷庙、田大翁宫、马氏仙宫、庄济庙（陈大翁宫），成为境内道教活动重要场地。20 世纪 90 年代开始，村内才没有道士，村民经常请邻村道人画符、贴符、念经咒，诵经拜忏做道场，驱鬼神降妖魔、祈福禊灾求平安活动。“文化大革命”期间，有的宫庙改为他用，宫庙香火冷落，道教法事极少，既有也是暗中进行。20 世纪 80 年代开始，求神者日益增多，民间集资建有西山宫、大岙仙坛等。

基督教　1982 年，村民林桂莲参加南溪基督教堂聚会活动，是村内第一个基督教信徒。1985 年开始，境内有基督教礼拜日聚会，最初教徒 2 人。至 2013 年，聚会信徒发展到 52 人（包括前坪仔村一起参加 8 人），长老 1 人。教徒基本情况是“两多一低”，即妇女多、老人多，文化程度低，仅限于圣经念读，不解其意。村上没有基督教堂，均在桂莲家中做礼拜。

方术

算命　也称生辰八字。以一个人出生年、月、日、时为基点，按照天干地支进行计数，排出当时天干与地支所构一个八字组合。用来批八字、定婚姻、占命运、卜前程、拣吉日等。直至今日在村民中仍有一定影响。

择地 俗称“看风水”也称“相风水”。旧时，营建住房、墓地、庙宇以及修桥造路等，事先请阴阳先生察勘、择地、定方位。风水先生可用玄妙深奥玄理推定，为使方位与门口朝向能避凶化吉。人民公社化后，宅基均由集体统一安排，不存在占卜择基，相风水找坟地仍常见。2000年开始，火化、公墓安葬。

占卜 俗称“问卦”。信者村民遇到房屋、祖墓、患病和出远门等事宜不决时，到神坛问卦，请求神灵指点。占卜先生用龟壳、铜钱、竹签或撮米等手段和征兆推断未来吉凶祸福，为咨询者分析问题、指点迷惑。

择日子 俗称拣日子。指遇婚娶、丧葬、造墓、建房、乔迁等红事白事，即请日子铺择日子先生选个黄道吉日，为求合家平安、吉利。择日先生根据日子书所批阴阳五行相生相克说法来决定吉日。择日习俗仍有流传。

求签诗 寺庙中供卜问吉凶编成诗句，用纸条分篇排序抄印。将各序号写于竹制签牌，贮于签筒内。卜问者为婚姻、患病、择业或出远门等事宜，在神前烧香跪拜求签。求者手捧签筒不停摇动，直至跳出一根签牌为止，然后按摇得签号找对应诗句，领会人事吉凶。

罡神 一般是对病势沉重者，采用多种方法无效时，请神童罡神求方。先在神前烧香点烛，神童俯首神案，隔不多时，晃头摇身，念念有词，表示神灵已经附身，开始指点治病。神童渲染病情如何凶险，是某神某鬼作祟，并提出用批（药）方、服香方、求神等方法解说。此外，为求财运，也请神童罡神。

信仰

境内信仰道教习俗，历史悠久，内容丰富。主要有许愿、暖愿、还愿、十福愿、三界福、度关、禳星、遣霞、遣虎、大移星、回龙醮、安宅、财神醮、文昌醮、解结醮、解尤醮、解愿醮、水官醮（水灯）、求嗣醮、迎神醮、接香火醮、接地主醮、接仙醮、大小十保醮、火醮、焰口醮、打暗、抢魂、车土、破胎、吊九楼等。以下具体记录部分法事形式。

迎神 又叫接神。旧时，村民以祈庄稼丰收、村境太平，每年芒种前后，择定吉日举行迎神赐福巡游活动。巡游队伍由旌旗、大灯笼开导，接着有乐队演奏、善男信女焚香礼拜。一路彩旗招展、鞭炮齐鸣、锣鼓喧天，非常热闹。家家户户备“明斋”年糕、“五鹤”雕塑、牲礼供菜、五果茶酒等致祭，一家一桌，摆成一片。并请木偶演出三五天，邀亲朋好友参加活动。20世纪50—70年代，活动停止。80年代开始恢复，只在庙中致祭，没有巡游。

做尫 又称“做祈福”，目的为病人抢魂康复。事先，生病人家做好准备、邻里主动帮忙，但不能让病者发觉。夜深人静时，厅堂生起一堆炭火，尫师（道士俗称）悄悄领一班助手，各执竹杖从屋外突然而进，黑暗中锣鼓声、吆喝声、龙角声同时并发，道士以赤足打散炭火，全厅星火四溅，俗称“打暗火”。随后开灯建坛，完成“借天兵”“劫山抢魂”或“破洞”等环节。借天兵时，拆开一块瓦片，尫师站在凳上高呼“皇谷天！”

病家随声呼喊，大闹一整夜。“文化大革命”后，做尪习俗渐趋消失。20世纪80年代开始，村上频频出现。

吊九楼 多用于祈雨民间风俗。备齐供品，在溪边或田垟旷野上，用九张八仙桌层层绑扎，第九层（张）桌上置一个饭甑、饭甑上扣一个竹编米筛，凌空竖起。选择吉日良时举行，有祭奠仪式、垂楼、项目、上楼、祈福、下楼表演动作。道士在锣鼓声、鞭炮声中从地面随楼登台，登上第九台，站在米筛上，在米筛边沿一边行走、一边完成人与饭甑一起移动、旋转等高难度动作。同时，吹法螺（龙角）、摇铜铃、诵经文，时而跳跃“禹步”。楼台项目表演结束，逐台翻身而下，安然无恙。由于“楼项”表演精彩、惊险，每次活动吸引很多观看。隔日若无降雨，再登九楼乞求，直到雨来才将九楼拆去。

遣霞 又叫送流霞。流霞，古称“血煞”，命犯流霞者岁运中，轻则皮肉伤骨折血光之灾，重则生死意外之祸。病人经占卜，若命带流霞，请道士择日遣霞。旧时，农村常见为孕妇遣霞，是说女犯流霞，容易有产厄、血崩之灾。遣霞流程为念楼醮、拜塔、把坛界、变船、捉霞、送星、收神煞、送神。有的兼做“解结、十保”等，均为避免灾祸，祈求安康。

过关 在小孩出生四个月后，经占卜若带关煞，请道士过关破煞。整场法事约长7小时，中间有休息。主要程序有敕水请圣、借兵过关、谢圣回驾。首先，道士以手印与口诀敕水为圣水，可作洒净驱邪用；点天帝香，上章申悃，请三界三天神师降坛助法。接着，先在三界坛周转，布置关门与百花桥，请三十六婆神，锁定小孩魂神，以防恶煞所侵。存思上天门借五营天兵，将刀枪等化为闾山法器，发给五营天兵（在场助阵亲戚）。一切就绪，带领五营兵马到关口前勒令开关，守关者（由一助手代为应答）照例坚守不开，主法道士手持法剑，辟开关门，烧掉关门上所帖符咒，带领兵马及小孩一穿而过。例同过四关后，到百花桥前，收煞送耗，迅速拆除“铁蛇关”，即将事先用海掩封口“南蛇洞”关门及象征“铁蛇关”米蛇一并扔掉。最后，主法谢神言功，送圣回驾。因关煞所碍成人也有求助法师过关。

做清醮 某公路地段经常发生交通事故，或村里频繁出现有人死等现象，为祈求一方太平，求神问卜，酌做清醮。具道教及佛教神祇信仰为核心综合性民俗活动。道教、佛教堂号一般为“灵宝仙坛”“无为大法师”。主要形式有建坛、炼火、进表、恭请诸神、诵经忏悔、超度亡灵、造船送船、飘放花灯等，最后挨家挨户分送灵符，消灾祈福，以保平安。其中，炼火和造船送船规模最大，参与人数最多。炼火一般用5～13箩木炭焚烧，道士带领“火兵”赤脚在火堆上行走、跳舞、翻跟斗等精彩动作。造船送船则是人们用稻草扎成小船和船公、船婆，居民丢进红包、钱币，道士把鬼魅恶煞请上船，送出村，以保地方安宁。造船送船过程最吸引人是人人都可以对歌，一般最能唱属道士。

馨　手炉　手铃

大小锣　大小木鱼

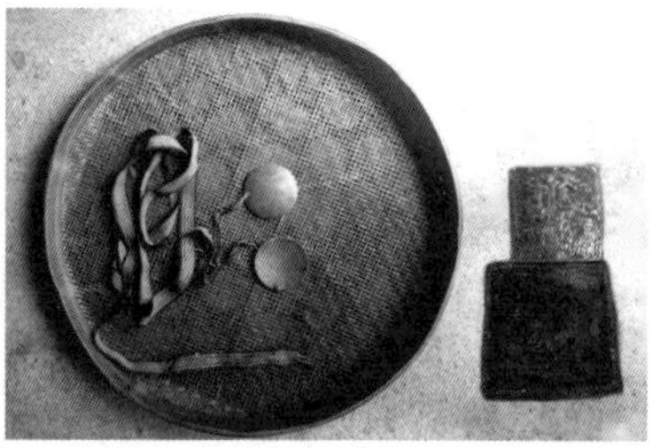

圣杯　三宝印

小钹　小锣

堂鼓

习俗器具

做福　即“百家宴”，聚宗亲，商族事，议行善，祈祷村庄太平、六畜兴旺、五谷丰登活动。村民百姓比较喜爱做福，置有福田轮流种植，田面收入够供福酒开支。每年元宵节、二月二、端阳节、五月十八（杨府爷生日）、五月廿八（陈大翁生日）、中秋节、重阳节、冬至、过年由种植福田者举办福酒。请道士祈祷，众人烧香叩拜，请戏班演出，邀亲朋好友参加，场面热闹。

福宴

忌讳

旧时忌讳诸多，解放后逐渐淡化，至 2013 年，少数继俗。

气象忌讳　禁忌数伏天刮东风或东南风，有着“伏天东风海底干”说法。禁忌入伏第一天下雨，有俗语“淋伏头，旱伏尽”。禁忌南北虹出现，有“东虹轰雷西虹雨，南虹起来发大水，北虹起来克蔓菁”的说法，克蔓菁是比喻用刀削蔓菁一样人头落地。

农事禁忌　禁忌多龙治水、少牛耕田。正月初一到十二，十二属辰（龙）日排在第几日，说是这年有几龙治水，同样丑日为第几日，便是几牛耕田。辰日越靠后“龙多不下雨”，丑日越靠前牛少难耕田，都是禁忌。禁忌在太岁、三煞方位动土。若必须动工，则需择“偷修日”动土。民间约定逢子日为偷修日（甲子日、丙子日、庚子日、戊子日），即是太岁出游日子。禁忌砍伐神树，生长多年且形态奇特，或显现过神灵，或有过特异现象树木，村民便称为神树。

时事忌讳　禁忌正月讨债要账，年初需要好彩头。正月初一至初十禁忌洗晒衣物，民间习俗从正月初一到初十，都有对应生物日，分别为“一鸡二犬、三羊四兔、五牛六马、七人八谷、九天十地”，村民希望六畜兴旺，人丁平安，禁忌在“生物日”洗晒衣物。禁忌初一、十五挑粪料，逢初一、十五是平常点香家祭日，其逐渐成为村民到宫庙点香祈祷习俗，也有对表面做好事者喻以“一边点香一边挑尿桶”的说法。禁忌红纱日出行，民谣曰：起屋犯红沙，百日火烧家；嫁娶犯红沙，一女嫁三家；得病犯红沙，必定见阎王；出行犯红沙，必定不还家。

日常禁忌　禁忌将筷子直插饭碗上，其是缅怀去世亲人祭祀方式。禁忌蒙头睡觉，认为没出息。禁忌晚上叫门就应，以防夜间鬼敲门。禁忌送礼送四人，有“神三鬼四”说法，送礼三个以上必须是单数。禁忌吸烟对火捉住对方烟锅或一上一下接火火。禁忌用嘴吹熬好汤药，宜用手指试，或用嘴尝。禁忌晚辈直呼长辈姓名。禁忌酿酒涨潮时。禁忌女人太阳底下踩人影。禁忌女子内衣公开晾晒。遇禁行人路上“抢道”，即主动退到路外边让对方走过。

婚嫁禁忌　禁忌近亲结婚，不同辈分结婚，不是利月结婚（按女方属相推算利月），腊月节结婚。禁忌两家迎亲队伍相遇，一家一年办两件喜事的喜冲喜。有村民一年办两件喜事变通办法，两件喜事十天内举办，两位新娘百日内不得见面，即无禁忌。禁忌洞房灯烛熄灭。洞房花烛夜必须彻夜烛明，意为白头偕老。禁忌父母不全者担任伴郎、“接姑”。禁忌新娘上轿前和下轿后踩“白地”，多以草席条，米筛、红地毯铺地。

扫地忌讳　禁忌从里往外扫，俩人一同扫或一人用两把扫帚扫（败家），以及晚上往外倒垃圾（犯早出晚归），均说是把财运福气扫、倒出去。有客在家时扫地，有遂赶客人之忌。

茶饭忌讳　常有“热茶满酒、茶满欺人”或“浅茶满酒、茶满欺人”说法。热茶与浅茶，涵热心待客、又不让烫手尊客意思。古时毒酒难防，斟满酒使人相互了解以示友好，后以酒满喻为美满。饭盛八分满，寓正月初八谷子日，意请客人再添“回碗”，盛过了叫“碰鼻梁”，对客人不尊。主、客奉、接茶杯或饭碗时，宜双手，若以单手均忌不诚心、不尊重。禁忌客人刚走倒泼茶水。

书写忌讳　禁忌长辈给晚辈写信其名，只写父名不具或其他。禁忌墓碑违格书写，约定格式“显考某姓公讳某某名某氏之墓”，讳后某某名要向右移半行距离。禁忌乱扔、踩踏写字纸张，否则对孔夫子、祖先不敬。

名词忌讳 忌说生病,代名词“难过,不舒服,精神不好”等;忌说怀孕或怀上了,代名词“有了,有喜了”。忌直言排泄,代名词“解手,小便,大便,上厕所、上洗手间”。忌说二百五(愚蠢意思)数字，至少说两百五十。忌说死，代名词“谢世，病故，逝世，辞世，仙逝”等；口语有“老了，走了，回寿，下世，亡故，夭折，少亡(指年轻人)，夭亡(指小孩)”等。

宅院忌讳 绝忌茅房高于房屋，即忌茅房周围污、雨水流到院落。茅房高于房屋称作乌龟抬头，不是好兆头。禁忌在民居院内栽梧桐树，因是梧桐开花不结籽。禁忌宅院三面为路巷，有“三煞四鬼”的说法。禁忌恶五月搬家。

坟棺等禁忌 禁忌随意挪动寿方、棺木，恐引死人之兆。禁忌寿方上用铁钉，有不腐之嫌。禁忌尸骨见日光，对太阳神尊重，所以拣尸骨应在太阳出山前。禁忌在坟墓轻易动土，坟墓一经切好，只有清明和冬至才可动土。否则，有恐惹灾或破坏风水。道士、黄师、神童、木匠禁忌死人出殡抬棺柩。

神位忌讳 禁忌灶君神位前面存放杂物。禁忌对着太阳、月亮、庙宇神位排尿。均是对神佛不尊，惹怒引祸。

生相忌讳 禁忌脚二趾长于脚拇趾，俗说“二拇趾头长，先死老子后死娘”。禁忌面部有滴泪魇，沉默压抑苦相。禁忌女人八月初一出生，因八月初一是孟姜女送寒衣。禁忌女子颧骨高，俗语“女人颧骨高，杀夫不用刀”。禁忌女子嘴大，俗话“男人嘴大吃四方，女人嘴大吃菜糠”。

男人忌讳 男用扁担禁忌女人跨、坐。男人不到三十岁禁忌抬棺柩。禁忌清早出远门遇见第一个人是女人，感到不是好兆头，一般绕道避开，有的回头改日再出门。禁忌初七出门，初八回家。俗有“七不出、八不归”的说法，更有人将十七、十八、廿七、廿八都列入范围。理由多种：①古时，七谐音妻，指女人，“屋里人”不宜出门，八谐音爸，指男人，“创业者”不宜久留家里。②七谐音齐，齐出门，象征出丧；八谐音爬，爬着归，象征不利。③男人是一家之主，“柴，米，油，盐，酱，醋，茶”七件事没有办好不出门，在外“孝，悌，忠，信，礼，义，廉，耻”八件事没有做好不回家。④“七上八下”心情不好，出归不利。

孕娩乳禁忌 禁忌孕妇观看木偶戏，看婚丧事和木匠钉椽、扣桶。禁忌母子分娩面对面，俗语“子母不对面”，即生男孩要侧面娩出。禁忌女婴仰面朝天娩出，生女面对面为吉。旧时还禁忌男人和读书学生进入妇女产房。禁忌母乳喂猪狗等动物。

小孩禁忌 禁忌小孩子耍火玩水，否则睡觉会噩梦、尿床。禁忌小孩打燕子，燕子是吉兆之鸟，村民喜欢燕子在檐下或厅堂内结巢。禁忌小孩晚上照镜子，犯忌照见鬼影。禁忌婴儿出生就长牙，行凶之嫌。

禽畜禁忌 禁忌乌鸦头上叫，猫头鹰夜间近处叫，俗信乌鸦、猫头鹰是报忧不报喜凶鸟。禁忌鸟屎粪洒落头上。村民常用“头壳被鸟屎滴”来喻不走运人或倒霉事。

禁忌母鸡叫啼，有“母鸡叫鸣，家宅不宁”说法。忌用筷子打猫，否则惹猫含蛇回家。

民间忌日

探病忌日　壬寅壬午连庚午，甲寅乙卯已卯防，神仙留下此六日，探人病体代人亡。

盘祖百忌日　甲日开仓万物耗亡，乙日栽种千株不长。丙日作灶主见火灾，丁日剃头剃主生疮。戊日受田田主不祥，已日破券二比并亡。庚日经络织抚虚张，辛日合酱主人不尝。壬日诀水更难提防，癸日诉讼理壮敌强。子日问卦自惹灾殃，丑日冠带主不还乡。寅日祭祀鬼神不尝，卯日扦井泉水不清。辰日哭泣必主重丧，巳日远行财物埋存。午日苫盖屋主更张，未日服药毒气入肠。申日玩猴火怒上心，酉日杀鸡再养难尝。戌日杀狗作怪上床，亥日嫁娶必主分张。

每月忌日　初五、十四、廿三，皇帝生子不当官。

四季天赦日　春、戌寅，夏、甲午，秋、戌申，冬、甲子。

牲畜本命日 正月初一至初十牲畜本命日：一鸡、二犬、三羊、四兔、五牛、六马、七人、八谷、九天、十地。

六甲空亡时　甲巳空甲忌，乙庚午未寅，丙辛空辰巳，丁壬空寅卯，戊癸空子丑戌亥时。

六十甲子进退旺时局　甲巳戊癸进子退巳时，旺午亥时。乙庚进卯午退申时，旺生午时。丙辛进午退亥时，丁壬进酉退丑申时。六十化命扫地空忌用：猪犬羊人怕卯辰，虎马兔人子丑真龙蛇鼠位忌午未，牛鸡猴人见酉戌

酿酒选日　甲乙明如镜，丙丁似醋形，戊巳酒难抽，庚辛酒成油，壬癸淡如水。

第三章　社保救助

第一节　保　障

优抚

抚恤　根据1950年12月11日内务部公布《革命军人牺牲、病故抚恤暂行条例》规定，对革命烈士和因公牺牲、病故现役军人、人民警察、党政机关工作人员、参战民兵、民工等家属进行抚恤，按职务发给一次性抚恤粮。1953年以后，改发一次性抚恤金。

优属　生活上有困难老、弱、病、残军属和复退军人，除优先享受各项社会救济外，政府每年发给一定优抚款（粮），帮助解决生产、生活、疾病治疗和子女入学等困难。分临时补助和定期定量补助两种。

群众优待　分代耕优待、劳动日优待、现金优待3种。1950年，各区、乡普遍成立优属委员会，组织代耕小组。1953年，全面推广固定代耕制。随着农业生产合作化发展，改代耕优待为劳动日优待。1981年后，对义务兵家属改劳动日优待为现金优待。

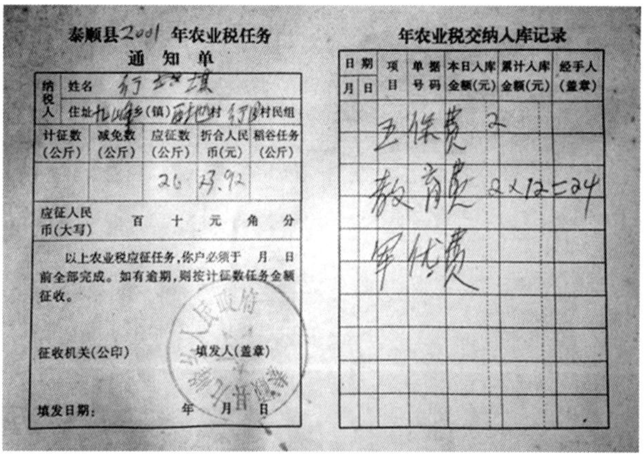
泰顺县2001年农业税任务
通知单
纳税人 姓名
住址 乡(镇) 村 村民组
计征数(公斤) 减免数(公斤) 应征数(公斤) 折合人民币(元) 稻谷任务(公斤)
26 23.92
应征人民币(大写) 百 十 元 角 分
以上农业税应征任务,你户必须于 月 日前全部完成。如有逾期,则按计征数任务金额征收。
征收机关(公印) 填发人(盖章)
填发日期: 年 月 日

年农业税交纳入库记录
日期(月 日) 项目 单据号码 本日入库金额(元) 累计入库金额(元) 经手人(盖章)
五保费
教育费 2×12=24
军优费

最后一年征税通知单

1983年起，优待金以乡为单位统筹；1986年，实行以区为单位统筹；1990年，改为全县统筹。规定农业户义务兵家属，每户年发优待金500元；非农业户义务兵家属，每户年发优待金250元。随着经济发展，义务兵优待金逐年增加，2013年，增至每人每年10800元。

复退军人安置 1950年10月，泰顺县复员委员会成立，乡（镇）也成立相应机构，负责安置复退军人。安置农业的，国家发给每人生产补助费1500元，生产补助粮160公斤。此后，对每年复员军人发给一定生产补助费和建房补助费。1958年开始，对退役义务兵，根据“从哪里来，回哪里去”原则予以安置。1978年始，粮食国家供应退伍军人和三等以上伤残军人实行按系统包干安置，三级以上伤残农村籍退伍军人也给予安排工作。1985年建立军地两用人才（具保卫祖国和生产建设两套本领人称）档案，对回农村退伍军人进行开发和推荐安置。1986年开始，参战立三等功以上和在部队荣立二等功以上退伍军人均予安排工作。1999年开始，指令性安置和补偿安置相结合。

保险

养老保险 2009年12月23日出台《泰顺县城乡居民社会养老保险实施办法》，2010年1月1日开始实施。每年每人按100元、200元、300元和400元、500元档次缴费者，财政补贴分别为30元、40元。具体工作由县劳动和社会保障局承办。乡境农户参保，由专人负责登记，汇总到县相应机构办理。2010年，全村参加居民养老保险人数163人（不含事业单位参保人数，下同），2011—2013年，各年增加参保人数为35、75、31人。2013年，全村参加居民养老保险人数304人，占应保人数15%。

医疗保险 1952年，开始实施机关团体事业单位国家工作人员，即列入县财政拨款编制人员享受公费医疗。个人支付挂号费0.10元（后有调整为1元），支付医药费10%。1998年，国家颁布《关于建立城镇职工基本医疗保险制度的决定》，全民所有制单位和县以上集体所有制企业职工开始享受劳保医疗待遇。2005年，开始启动新型农村合作医疗保险，采取个人缴费、集体扶持、政府资助原则。这年，全村参保人数636人，参保率28%，每人投保金额20元，其中政府资助10元。2007年投保金额40元，政府资助20元；2009年投保金额60元，政府资助10元；2011年投保金额400元，政府补贴320元；2013年，全村参保人数1846人，参保率98.8%，投保金额450元，政府补贴350元。

五保

中华人民共和国成立后，人民政府对孤老、孤儿备加关怀。1956年开始，对丧失劳动能力孤寡老人和孤儿实行“五保”供养，即保吃、保住、保穿、保医、保葬（孤儿保教）。刚实施时，给“五保”对象发放生活补贴费和棉被、寒衣等物品，仅保吃、保住、保穿。村“两委”时常组织人员看望孤寡老人和孤儿，每逢中秋、春节，上门送钱送物、拜访慰问。

低保

1996 年 1 月 1 日，开始实施最低生活保障制度，指国家对家庭人均收入低于当地政府公告最低生活标准人口给予一定现金资助，以保证该家庭成员基本生活所需社会保障制度。这年，农户家庭年人均收入 760 元，不足者享受保障补助。保障金由政府分级负担。1997 年，全村最低生活保障对象 30 人，发放保障金 2.28 万元。1999 年，发放最低生活保障补助同时，乡政府建立“帮扶活动”，以提供无偿种植、定期补助、安排就工等方式，帮扶贫困户增加收入，脱贫致富。2013 年，全村最低生活保障对象 14 人，人均资助金 1280 元。

第二节　救　助

救灾

20 世纪 50 年代初，为度过战后春荒，政府发放救济粮、贷发贸易粮、以工代赈等形式进行救灾。1959—1961 年，发生严重自然灾害，社员月人均口粮仅有 9 公斤左右，导致水肿病、干瘦病、小儿营养不良等疾病高发。为度过灾荒，3 年内，政府先后 6 次发放救济款 3200 元，青特集团开展抗洪赈灾献爱心活动。全社各队进行全面复收、清仓，采野菜，努力管好秋菜、种好越冬菜。全村设法调剂粮食，并为浮肿病人发放康复散和其他代食品。募集钱物和购买棉衣，发给缺衣度冬困难户。中共十一届三中全会后，实行“依靠群众，依靠集体，生产自救，互助互济，辅之以国家必要救济和扶持”方针。镇政府每年成立“抗旱防汛指挥部”，组织群众积极投入抗旱防汛。对因自然灾害和各种原因造成困难户，每年都拨专款进行救济。

帮扶

老区扶助　解放初期，政府为西地革命基点村（坑坪、白水漈、泥樟山、古庵、第二岭）农民减免农业税、医疗费等生产、生活补助。1980—1990 年，省民政厅拨款扶持革命基点村基础设施建设，以及发展养殖、种植业等资金 3 万元。

贫困扶助　中华人民共和国成立后，政府对贫困地区和贫困户从生产和生活上进行长期扶助。1978 年，改革传统扶助方法，侧重扶持贫困户自力更生发展生产。1983 年，规定救灾款在保障灾民基本生活前提下，可用于灾民生产自救。1985 年，国务院转发民政部等《关于扶持农村贫困户发展生产治穷致富的请示》，从种植业、养殖业、加工业、商业、运输业和创办农村经济联合体等开展扶贫优扶工作，具体在税收、贷款、招工、就学等方面，给予减负、优惠。1998 年，开展结对帮扶 10 户，帮扶资金 800 元。2013 年，结对帮扶 34 户，帮扶资金 2.7 万元。

人 物

人 物

简略传记32人，其中有性情善良、一生行善陈正道原配夫人包氏，修行积德、热心公益陈运镖、包建满，医术精湛、药到病除陈大开、陈细开、陈厚德，勤俭朴素、乐善好施陈茂庆，为人大度、敬畏万物胡英，一生不染、两袖清风陈麟枝，不计报酬、为民解饥包上漩，呕心沥血、甘当人梯曾家镇，参加解放战争荣获三等功包何祥等。简扼介绍40人，其中有中华人民共和国成立后担任副科级以上干部16人、具中级技术职务24人。收集名录215人，其中，明清时期耆宾、饮卿14人，监生、贡生、庠生等20人；中华人民共和国成立后，在机关事业、国营企业工作人员69人（包括退离职28人），大专院校毕业112人。

传 略

包　氏（1723—1799）原籍上漈头，陈正道原配夫人，祖居西地村新厝下。性情善良，一生行善，深受民众称赞和尊重。当年陈家建新房，由于木构房屋工程进度缓慢，木匠师傅（文成珊溪人）在陈家整整建3年，于乾隆四十年（1775）二月廿日卯时完工。三年来，包氏每周都为木匠师傅滋补身体杀鸡烧汤款待。木匠师傅回家后，因年老患严重风湿病，无法干活，讨饭度日，云游到陈家门楼时被包氏发现，即挽留木匠师傅在家服药照顾三年。病愈后赠稻谷5担送其回家。木匠师傅感激万分，觉得如此东家世上少有，随即叫东家拿来木工斧重登栋梁，三敲斧子念咒，并喝：保该房屋万年无火灾，屋里产妇千年顺产平安。人已去世，名垂青史。陈氏族谱专为夫人包氏撰写《中亭公暨德配包孺人传》纪念。

包上漩（1774—1849），字淑泗，号静川。有一套种植大仔（鸭掌粟）技术，不计报酬，为解决饥荒，带领村民大量种植鸭掌粟，提高农业效益促进村民增收。

陈运镖（1825—1890）监生，乳名玉鲁，字光参，号笃村。一生修行积德，先后做过修筑三重漈百步岭、三重漈桥（东平桥），溪源至西地岭等道路公益事业。

陈忠说（1884—1910）字梦卿，号敏山。宣统庚戌年，在西地本村任教。

曾民灯（1855—1922）字烛之，号黎庭。职为布政司街。终身在村内担任教员。

陈大开（1868—1943）字春甫，号舒农。医药为生，药到病除，特长为种牛痘预防天花。

包建款（1882—1944）字仲飞，号惠庭。曾经任过国民党玉西乡乡长。

包启宠（1862—1944）字师褒，号锡章。人品端方，学问通彻，终身任教员。

陈细开（1870—1930）字玉甫，号兴轩，医师。有一次，与陈大开兄弟二人路径福建寿宁坑底，见一小孩患天花已休克三天，随即医治，起死回生，闻名遐迩。

陈茂庆像照

陈茂庆（1877—1958）字积馀，号笃卿。年轻时经商（经营小店）持家，后以创办炼铁厂发家。勤俭朴素，乐善好施，村民尊之。对己简朴节约，对人慷慨解囊，三餐看是白米饭，碗底盛是地瓜丝，却每逢农历七月十五重要祭祀节，都给家家户户分大米，家庭人口多的 1 斗（3 公斤），人口少的 5 川（1.5 公斤）。曾经为抵御寇匪入侵修过炮楼。经常为共产党地下工作者提供服务，即楼下住着国民党警备队，楼上藏着共产党革命同志。

包　氏（1883—1958）原籍南溪村，陈茂庆原配夫人。年轻时以做豆腐帮助持家，勤勤恳恳，和气致祥，贤妻良母，人见人夸。心静性善，成人之美，常为村上纠纷之事解围，如有邻居要吃官司，主动拿出银元送上，并耐心劝阻。在她努力下，化解矛盾，摆平纠纷。夫妇俩前后相隔两天归终。

包氏像照

陈厚德（1902—1952）字贤修，号长明。医术精通，尤其是小儿科，远近驰名。经林蔚菘介绍参加中共地下党，为解放事业，做出贡献。

陈麟枝（1906— 1958）又名一中，字瑞生，官名震。民国时，前后分别担任浙江诸暨县、福建厦门同安县和邵武县公安局长。1944 年调往台湾军政任职。一生不染，两袖清风，从未给家里寄过一分钱。在邵武任公安局长时，其家父写信要求寄钱回来做寿坟，他仅回一首诗“略有盈余可持家、无需强钱置闲业”。

包建满（1905—1992）热心公益，解囊行善，曾经无偿修理过方圆几十里人行古道，特别修理苍南黄斜至鹿境段艰难路程，留下民众好口碑。1944 年前，曾为地下党做过不少工作。惜脱离组织关系。

陈灵祯（1913—1942）字伯祥，私塾教员。在斋堂教书时，1942年春在本村新垟陈氏宗祠被国民党兵用枪杆打成重伤，几天后去世，年仅29岁。

包建珊（1907—2001）字仲湖，号瑞庭，担任过西地村保长。一生行善积德，经常利用空闲时间修桥补路，如无偿建造三重漈电站段道路公益事业。

曾安春（1910—1990）字有静，号宣园，见经识经，精明能干。祖传泥水手艺，技术精湛，营造建筑，赫赫有名，如，宝林寺天王殿、吉祥庵大殿、宰阳庵、崇化寺大殿、寿宁山峰寺、长屿太姥山寺、泗溪溪东桥、西垟溪心宫等。

胡　英（1917—1998）出生松垟半坑大户人家，其父胡亦清在当地甚有名望，兄胡正藩毕业于黄埔军校第六期。年方十七嫁上寮王昌猛为妻之后举家迁至西地。一生克己勤俭、为人大度，无论高低贵贱，笑脸相迎、热忱相待。乞者到来，立身奉食，邻居借物，倾其所有，借给粮米，多出少回。芳龄四二，丈夫去世，守寡至终。从未进庙烧香，尤为敬畏神灵，敬畏万物。逢初一十五不杀生，凡洗过妇人内裤污水不入沟渠，滚汤热水不随意倒泼，恐伤生物，哪怕是一草一木、一鸟一虫。自采自制茶叶，为邻舍师生提供免费茶水，三十年如一日，直至离世前一年。

包乐生（1917—1981）字汝笙、号礼园，业余评书演员，村民也称之说戏先生。评书主要内容有《三国演义》《红楼梦》《水浒》《西游记》《封神演义》《薛家传》《狄家传》《陈十四夫人传》等。为全神贯注投入评书，曾经将家人交代借粮度餐生活要事搁在一边。包乐生讲究语言幽默、表演风趣评书演技，一生与民同乐、不求回报乐观心态，深受村民尊重和爱戴。

陈泽民（1918—1993）字守松，原莒溪鹿境人氏，年轻时入赘迁入西地新垟。聪明好学、淳朴无暇，任劳任怨，从善行事。少年时拜吴垟（横坑人）道师学艺，出师后奋力于道教技艺研究。法场艺术相当高超，闻名方圆几十里，许多信徒慕名上门请求法事服务。后有传承人吴村郑德旺、戈场周忠盆二位弟子。

曾安祥（1924—2008）字友瑞，号端园。中共党员，曾经给党和人民解放事业做出贡献。1955—1958年任过玉西乡副乡长，1969年下放，回乡任过西地大队大队长等职。

包何祥（1924—1998）中共党员。1949年参加白柯湾游击队，解放洲岭作战荣获三等功，1950年调至温州市公安大队，1952年复员，先后在泰顺县卫生工作队，玉西乡政府、泗溪供销社、东溪合作社工作，1985年退休。

陈传再（1925—2002）1952年参加土改工作，土地登记、确权、发证等土地改革工作，1962—1967年，曾任西地村会计。玉西综合厂创始人之一，并担任过厂负责人。

包道派（1927—2011）字序源。中共党员，1948年8月被征为国民党炮兵十三团任二等兵。1949年1月参加中国人民解放军，同年6月加入中国共产党。至1951年4月，历任28军82师246团2营4连战士、通讯员、副班长、班长。1952年7月至1953年

2月，前后在82师速成小学、28军集训队学习。1953年3月至1959年10月，前后任28军82师246团2营7连一排副排长、排长，6连副指导员、机枪连副指导员。1959年11月转业至弋阳县磷肥厂工作，1962年1月至1989年6月，先后任弋阳县石棉矿工会副主席、采矿工段段长，磷肥厂留守处负责人、磷肥厂段委员，工业局副主任，农机厂副主任，磷肥厂副主任、厂长，二轻局调研员，1989年6月离休。包道派爱人颜碰治，1936年11月出生，籍贯福建，弋阳县水泥厂退休职工。大女儿包俐月，1958年6月出生，弋阳县工商管理局退休干部（副主任科员），其丈夫王爱国，1954年1月出生，上饶市供电局退休职工。小女儿包俐英，1960年3月出生，江西省委党校办公室副处级调研员，其丈夫魏民，1957年6月出生，江西省人大常委会秘书长。

包道礼（1929—2004）字序和。中共党员，1949年2月参加志愿军，属温州军分区、温州人武部，担任连长，1977—1989年转业后分配到温州华侨商店担任经理工作。

周尔德（1929—2008）1947年，中共党员，任松东区农会副主任，同年12月在温州地委干校学习。1948年12月加入中国共产党，1949年任松东乡财粮员，1950年参加土改工作，兼任剿匪队组织干事，1952年6月，加入申苏友好协会会员。1952年至1964年9月，前后任松东区组织干事、县委组织部政工干事、县农工部组织委员、农业局组织委员、农业股股长。1964年10月参加省委派驻诸暨社教工作，1972年10月，任雅阳区委委员，南溪公社党委书记等职，1983年12月离休。

陈凤我（1929—1983）字逸臣，号成园。中共党员，1952年，受聘参加当地土地改革工作，为政府提供解放前大量真实事件，包括暗中资助共产党人员信息，从而确保相关人员避免枉受打击，使其合法财产得到政府保护。1953年2月正式参加工作，曾任泰顺县九峰乡政府文书，1959年1月调任玉西信用社工作。1961年国家困难时期，被下放回乡务农，多年担任西地村干部。1983年5月至逝世，享受单位定额补助待遇。

包日文（1931—2011）字育才，号明山。毕业于平阳师范学校，1951年，前后在泗溪中心校任教、泗溪区工作。1952年土改被评为地主。他曾写有“我一生荡漾在恶浪汹涛洋面上，过着飘帆虚度时光。赖天地盖载之德、日月照临之恩而生存。始有今日论家资如蜃楼一现，自营生计，孤榻独眠，形影相吊，祖屋古宅处身堪快感，布衣淡饭最称心，不羡官爵，不慕豪富，抢负义士之气，养生樸厚柯风”字句。因写一手好字，常为村里代笔写字，方便当地民众。

曾家镇（1931—2014）1956—1994年，中共党员，连任13届中共西地村支部副书记，兢兢业业，持之以恒，恪尽职守，甘当人梯。自1981年成立西地村治保调解委员会以来，一直奋斗在调解工作第一线。不拿报酬，不辞辛劳，走遍田间地头，踏平村民门槛，以“法、理、情”相结合，呕心沥血，苦口婆心，调解邻里、家庭、婚姻、宅地等各类民事纠纷千余起，维护社会稳定和谐，赢得众口称赞。并获上级肯定和赞扬，1984年，被县政府评为计划生育先进工作者，1986年，被县司法局评为调解先进个人，1986年，被县公安局评为治保工作先进个人，1990 年，被县委、县政府评为先进个人，1991 年，被温州市政府评为调解先进个人，2002 年，被省司法厅评为调解先进个人；当选中共泰顺县第七次党代表。

曾家钏（1940—1996）字子玉，1965 年 12 月参加中国人民解放军，1969 年退伍，分配到湖州航运公司工作。病故。

包周晓（1942—2004）字子恭，1964 年参加中国人民解放军，1969 年退伍。1970 年 5 月起，先后在百丈上林煤矿，中国农业银行仕阳营业所工作，1989 年调入安徽煤矿工作。

包松江（1942—2009）中共党员，1965 年 7 月参加工作，任三魁公社人武部副部长，1969 年 10 月调凤垟公社，前后任人武部部长、副主任、党委副书记等职，1980 年 10 月调东安公社任党委书记，1982 年 10 月调横坑公社任党委书记，1986 年 10 月调玉西乡任党委书记，1990 年调泗溪区任人大联络员、组织委员，1993 年任泗溪镇党委书记、人大主席，1999 年任泗溪镇主任科员。

包日江（1944—1989）字晓湖。1969 年毕业平阳师范学校，先后在玉西乡中心校任教，彭溪粮管所任职，后在雅阳中心校创办密封扣厂，1985 年到上海陈行镇创办密封扣厂、第二年将厂迁往江西戈阳县继续生产。是泰顺最先创办企业人带头人之一。

包道济（1925—1997）字序偶。中共党员，为人豪爽，心直口快，乐意公益事业。曾任玉西广播站站长。

包日偶（1946—1983）1965 年开始在前坪仔、西地、任教。擅长语言表达，爱好书法，常临摹毛泽东字帖。“文化大革命”后期，自谋生路。

简　介

副科级以上干部

陈　良　中共党员，1948 年 7 月毕业于浙南中学。1948 年 8 月至 1949 年 8 月在西地小学任教，1949 年 8 月至 1950 年 1 月任泗溪区出纳。1950 年 2 月至 1973 年，在永嘉县工作，曾任公安局、检察院秘书、公检法办公室主任、工商局副局长等职。1978—1987 年，在温州市工作，曾任检察院处长、检察员、市打经办副主任 . 检察院纪检组长、市人大法制委员会委员等职。1994 年退休。

郑敏行　女，1948 年 6 月毕业于瞿溪中学，曾任教师，温州市瓯海区老竹乡副乡长，娄桥乡乡长，市第三人民医院护士、医师，温州冶金厂医师。1989 年退休。

曾安镐　中共党员，1953 年 2 月至 1957 年 7 月，在 3856 部队警卫连服役。历任县水利局地质队技术员、总务，泗溪供销社干事会主任，玉西公社人武部部长、宣传委员、副主任，泗溪公社组织、宣传委员，玉西乡政府宣传、组织委员、人大主席。1994 年 1 月退休。

曾齐快　中共党员，1970 年 12 月应征入伍，1976 年退伍回乡，1977 年参加县委路教队，1978 年在雅阳公社工作。历任九峰乡党委委员、党委副书记、纪委书记、横坑乡党委副书记、九峰乡人大代表。2008 年 12 月退休。

曾家敏　中共党员。1970 年 12 月至 1978 年 1 月，分别在上海海军农场、宁波东海舰队服兵役。1978 年 1 月，先后在县工商行政管理局、县人武部工作。曾担任玉西公社人武部副部长，玉西乡人大主席、副书记，九峰乡书记，九峰乡人大主席，横坑乡书记，泗溪镇政府主任科员，2005 年 5 月起享受副县级待遇。

王尚钱　中共党员、高级经营师。1998 年 12 月毕业于浙江师范大学行政管理专业。1993 年 3 月开始，前后任九峰乡副乡长、党委副书记、乡长，雅阳镇党委副书记、镇长，西旸镇书记兼人大主席，县委办副主任、信访局党组书记、县信访局长，县委办副主任、史志办主任、县史志学会（县新四军历史研究会）会长。

陈旭华　中共党员，大学本科。2003 年 6 月毕业于国防科技大学政治学院法律专业。1977 年 9 月至 2013 年 5 月，分别在柳峰公社卓宅小学、玉西公社附中、半岗小学任代课教师，玉西公社文化站干部，泗溪区文化站站长；任九峰乡党委副书记、乡长，泗溪区司法特派员、司法所长，彭溪派出所副所长（主持）、政治指导员，雅阳派出所政治指导员，筱村派出所政治指导员，县司法局基层科长、罗阳司法所所长。2013 年 5 月按公务员法规定、经组织批准提前退休。2013 年 5 月创办泰顺县明正法律事务所，并任该所主任。

周细辉　又名包敏辉，中共党员，大专学历。1975 年 12 月，应征入伍在济南空军司令部（87410 部队）任卫生员，1980 年 4 月在横坑公社九峰乡卫生院工作，1984 年 10 月招聘为乡干部在县委党校学习，1985 年 1 月以后，任九峰乡、南溪乡、凤垟乡、泗溪镇党委委员人武部长，县委直属机关工作委员会委员人武部长，县档案局党组织成员副局长、主任科员。

郑春香　女，中共党员，1975 年参加工作，1976 年开始，前后任五里排公社妇联主任，横坑乡妇联主席、党委委员，凤垟乡组织委员、妇联主席，九峰乡妇联主席，下洪乡组织委员、妇联主席。1987 年、1994 年、1998 年，当选温州市妇女代表大会代表，曾当选泰顺县妇女代表大会五、六、七、八届代表。2005 年晋升为主任科员，2014 年 4 月退休。

王　锋　中共党员。1986 年 10 月至 1990 年 10 月，在武警上海四支队和五支队服兵役，2000 年 6 月毕业于浙江省委党校行政管理专业。1992 年后，分别任职于泗溪土地所、县国土资源局征地事物所副所长，泗溪镇副镇长，峰门乡乡长、党委书记，县城市建设管理委员会办公室党组书记、主任，县住房和城乡规划建设局党委书记、局长。

陈家锋 中共党员，1989 年 7 月毕业于金华商业学校企业管理专业，2003 年 7 月宁波大学法学（函授）本科毕业，大学本科学历、四级高级法官。1989 年 8 月后分别任职于县法院筱村法庭、刑庭副庭长、雅阳法庭庭长、行政庭庭长、审判委员会委员、执行庭庭长、县法院党组成员、执行局局长、纪检组长、副院长。

包雪梅 女，中共党员，政工师。1992 年 6 月毕业于浙江省平阳师范学校，1996 年 6 月毕业于温州师范学院政治教育系，被评为浙江省高校优秀毕业生。在职就读于浙江师范大学中文教育硕士、浙江省委党校行政管理研究生。1996 年后曾任浙省平阳师范学校教师、团委负责人；1998 年 12 月至今在温州市人大常委会工作，先后任《温州人大》编辑记者、教科文卫委员会办公室文秘、温州市人大培训（信息）中心副主任、温州市人大民族宗教华侨外事委员会办公室副主任，现任温州市人大民族宗教华侨外事委员会办公室主任，曾连续十年被评为温州市人大常委会机关先进工作者（优秀党员）。曾在全国、省、市多家媒体刊发文学新闻作品，多次获得全国、省、市宣传人大制度好新闻奖。

包松永 中共党员，大学文凭。1997 年 6 月毕业于杭州农校茶检专业，函授浙江大学行政管理学专业。1997—2011 年，曾任横坑乡团委书记、副乡长，东溪乡党委委员。现在泰顺县经济协作办工作，任副主任科员、综合科科长。

陈宇平 女，中共党员，大学本科学历，行政管理研究生，2005 年 6 月毕业于浙江传媒学院节目制作专业，2007 年 9 月至 2010 年 1 月在职就读东北财经大学行政管理专业毕业。2005 年 6 月至 2006 年 10 月在浙江省永康市电视台工作；2006 年 12 月至 2009 年 3 月任泰顺县仕阳镇人民政府综合办副主任；2009 年 3 月至 2012 年 7 月调任共青团泰顺县委员会、泰顺县直机关团工委书记；2012 年 8 月任（大安）生态科技创业园管委会主任助理兼办公室主任。

中级以上职称人员

陈科凤 中共党员，林业工程师，1975 年 9 月毕业于浙江林学院，进修于浙江林业大学。1975 年 9 月参加工作，曾在雅阳区农业技术推广站，上佛垟林场担任技术指导和主持林场日常工作，前后调任横坑乡、九峰乡林业站站长，至 2009 年 9 退休。

林勉华 女，中共党员，小学高级教师。1976 年 9 月至 1977 年 1 月在宁波市荪湖小学任教，1977 年 2 月至 2011 年 12 月在九峰乡中心校任教。兼任学校党支部副书记及出纳工作。

包松云 中共党员，林业工程师。1983 年 10 月参加工作，担任九峰乡林业站站长。

工作期间参加浙江林学院函授学习，于2002年7月结业。

王尚同 土建工程师。1981年起分别在泰顺地方建筑公司和泰顺第二建筑公司，现就职万洋集团泰顺华业有限公司。

曾 碧 中共党员，高级经济师。1981年10月至1984年10月，在南京军区无锡180师服兵役。1985年5月参加工作，先后在泗溪区公所、县企业局、经贸局工作。工作期间，参加中共党校函授学院学习，于1999年12月毕业，大学文凭。

陈爱月 女，中共党员，主管护师，1985年7月毕业于温州卫生学校。1985年8月参加工作，现任泰顺县人民医院麻醉科主管护师。

王行砚 大专学历，小学高级教师。2002年6月毕业于温州师范学院，现在九峰中心校任教。

包夏娇 女，大专学历，1987年6月毕业于浙江省物资学校计划统计专业、省委党校行政管理学专业，现在泰顺县人力资源和社会保障局工作。

陈彩云 女，学士学位，中学高级教师，1993年7月毕业于浙江师范大学地理教育系。1993年8月开始，分别就职于泰顺第三中学、泰顺第一中学、泰顺县教育局。

包松考 本科学历，工程师，1993年6月毕业于浙江省乐清师范学校（美术加强班），在职函授，先后毕业于浙江工业大学工业与民用建筑专业、浙江师范大学文化艺术教育专业（双专科），中央党校函授学院公共管理专业、大连理工大学和浙江大学土木工程管理专业（双本科）。曾在泰顺县九峰乡中心校、玉西中学任教；2001年2月至2008年12月，在温州中国鞋都管理委员会工作，期间分别担任工程科副科长、市政科科长、规划开发科科长等职；2009年1月至今，在温州市瓯江口新区开发建设管理委员会工作，现任温州市瓯江口新区管委会促进中心副主任、招商局副局长、瓯江口新区开发建设投资集团公司副总经理、温州港城发展有限公司总经理。

曾 长 中共党员，高级驾驶员，大专学历。1990年12月入伍，至1995年12月在部队任班长。1996年1月至2005年7月，于县长运公司工作。2005年8月至2010年5月，在温州经济技术开发区派出所工作。2010年6月至2012年6月，就职于龙湾区发展和改革局。2012年7月至2013年5月，于温州空港新区开发建设管理委员会工作。2013年6月就职于温州市政府办公室。

包夏冰 女，主治医师，2005年6月毕业于温州医学院。就业于安徽省广德县博爱医院。

王晚霞 女，小教高级教师，1994年6月毕业于平阳师范学校，2002年7月杭州师范学院汉语言文学专业毕业。1994年7月参加工作，分别在九峰乡中心校、玉西中学、乐清师范附小、乐清蒲岐镇第一小学、杭州市青蓝小学担任教师。

王丽琴 女，主治医生，1997年7月毕业于温州职工中等卫生学校。1997年8月参加工作，分别就职横坑乡卫生院、温州中山医院和瓯海茶山社区卫生服务中心，现任职瓯海区潘桥街道社区卫生服务中心。

包宇丽 女，大专学历，小学高级教师，2007年7月毕业于温州师范学院小学数学专业。现任泰顺县第二实验小学教师。

包雪峰 女，大学文凭，中药师，毕业南京中医药大学，就业于湖南益好医疗投资有限公司财务部副总监。

曾凌玲 女，中共党员，中级审计师，2001年6月毕业于浙江财经学院。1999年12月至2012年8月，担任九峰乡政府会计，2012年9月至今，就职于县机关事务管理局。

王亚星 女，中学一级教师，2004年7月毕业于浙江师范大学数理学院物理学系。2004年8月参加工作，分别在泰顺第三中学和泰顺县城关中学任教。

吴夏语 女，中共党员。技术职称投标师。2007年7月毕业于泰顺县技工学校建筑施工专业，2013年6月浙江大学人力资源管理专业毕业。任职中宇建设集团公司综合管理部经理。

陈春晓 女，小学高教师，2001年7月毕业于平阳师范学校。2001年8月参加工作，2003年7月经东北师范大学汉语言专业函授毕业，先后曾在玉西中心小学、温州瓯海潘桥第二小学、涤清小学任教。

周　升 又名包琼璟，工程师，2005年毕业于吉林大学生物医学工程电子系。2006—2007年，在上海台达公司研发部工作，2008年至今，担任上海浦东新区上海航天机电汽车软件工程师。

陈祥锋 本科学历，小学高级教师，2002毕业于平阳师范学校，2012温州大学小教专业函授本科。2002年9月分配九峰乡中心小学任教，2008年9月被聘入新城学校任教。

陈家要 本科学历，2011年6月毕业于江西科技学院应用英语系，现在上海卡尔冬斯公司工作。

陈静静 女，研究生，2013年6月毕业于温州大学语言学及应用语言学专业，现就职于浙江安防职业技术学院，任行政教员。

包珊珊 女，研究生，2012年6月毕业于安徽大学，华东政治大学政治学理论系研究生，现在平阳中国银行工作。

名 录

耆宾 饮卿

耆宾，指60岁以上德高望重者。清代耆宾名号加冕非常郑重，须由官方正式确认。按清制，每年各省州县儒学遴访一些年高德勋之乡绅，拜为大宾、介宾或众宾。所举宾介先由在籍儒学颁发资格执照，然后上报督抚核定，最后报礼部备案，注册后方称“乡饮耆宾”（饮卿）。乡饮耆宾享有参加由地方官吏主持“乡饮酒礼”礼遇。这种酒礼是一种尊老敬老宴乐活动，一般在每年正月某日和十月某日举行。

包大谟（1583—1658），耆宾，字子猷，号定国。

陈明亮（1702—1765），耆宾。

包祈昌（1715—1787），耆宾，字正隆，号期庭。

包光云（1746—1824），耆宾，字方波，号瑞山。

陈正文（1746—1829），耆宾，字成章。

曾顺邑（1749—1826），耆宾，有府学陆景华额“古道是遵”。

包光集（1757—1839），耆宾，字方翔，号时园。

包光瑶（1763—1845），耆宾，字方报，号杨川。

陈则楷（1769—1851），耆宾，字景模，号良坡。

曾官轩（1771—1836），耆宾，府学额有“敦厚可风”。

陈盛继（1817—1892），饮卿，字师承，号缉垣。

陈盛享（1826—1883），饮卿，字子嘉，号瞿。

陈盛业（1846—1922），饮卿，字志修，号精庭。

陈盛云（1780—1868），饮卿，字从龙，号潜。

历代科举

历代科举名录

表6-1

姓名	表字	称号	生卒年	学历
包光枢	方衡	蕴山	1760—1798	国学生
包世瑚	君夏	—	1602—1657	庠生
包世玖	—	—	—	庠生

续表 6-1

姓名	表字	称号	生卒年	学历
包光松	方丸	景山	1738—1802	邑庠生
包光琦	方斡	劲奄	1772—1837	国学生
曾官珍	—	—	1782—1867	贡生
曾以楠	—	—	1806—1889	庠生
包国葱	—	—	1809—1880	监生
包国仁	—	—	1815—1900	监生
曾清漩	—	—	1816—1882	监生
曾清漪	—	—	1822—1893	监生
陈俊标	仲庠	准廷	1823—1900	贡生
曾震东	—	—	1823—1898	监生
曾　莺	—	—	1828—1905	庠生
陈盛管	凤音	光垣	1832—1892	监生
曾秉彝	—	—	1836—1928	监生
陈开润	子芳	澄川	1843—1907	监生
陈锡周	子蒸	柳洲	1855—1906	贡生
陈飞鸿	子源	侠峰	1858—1923	监生
陈锡苞	子正	勤圃	1864— 1939	监生
包建锜	鼎臣	彝軒	1878—1956	佾生

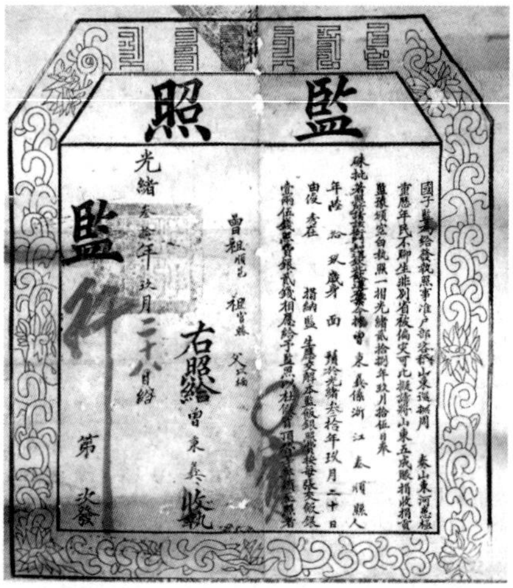

监照（监生学历证书）
清光绪三十年

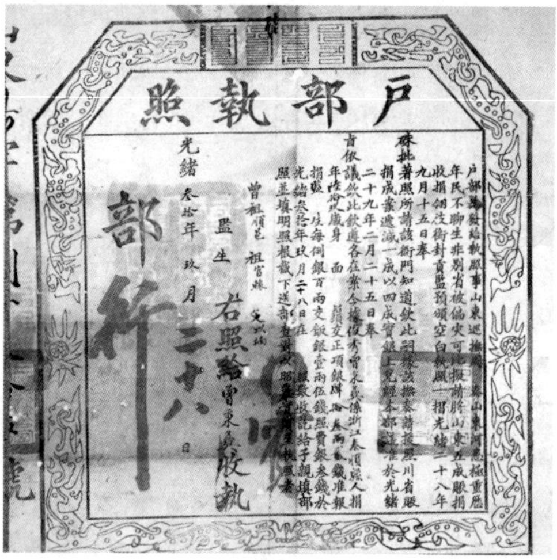

户部执照（捐官凭证）
清光绪三十年

工作人员

机关事业单位、国营（有）企业在职人员

表 6-2

姓名	出生年月	学历	工作单位	备注
曾家肥	1956–06	中专	泗溪邮电所投递员	
包松云	1957–12	大专	九峰乡林业站站长	林业工程师
曾春兰（女）	1959–07	大专	泗溪镇政府	
包裕华	1960–08	高中	县长途汽车运输公司	助理医师
庄金凤（女）	1963–09	中专	雅阳卫生院	
包松辉	1964–01	本科	柘荣县人民法院	
包晓玲	1964–06	中专	泗溪供销社	
毛丰华（女）	1966–09	初中	县长途汽车运输公司	
包春月（女）	1968–02	大专	雅阳信用社	
陈周南	1969–17	中专	泗溪供电所	
包小巧（女）	1972–12	中专	九峰卫生院	西药师
包子钦	1954–10	大专	泗溪镇农机站	
包松发	1973–07	大专	县广播电视台	
曾　长	1975–03	大专	温州市政府办公室	
包海萍（女）	1975–08	大专	罗阳卫生院	
包洪波	1977–05	本科	县第一人民医院	主管检验师
吴大遥	1977–05	大专	仕阳中学	
王丽亚（女）	1979–06	本科	县卫生局	
包细雪（女）	1979–10	本科	温州市江滨街道社区卫生服务中心	财会工作
魏大华（女）	1980–11	本科	县人力社保局	
曾凌萍（女）	1980–11	本科	温州市建设工程质量监测站	
林安宁	1981–04	大专	泗溪供电所	
陈海青（女）	1982–03	本科	县社会保障局	
包松赛	1983–03	本科	县经济商务和信息化局	
陈银森	1983–11	本科	湖北来凤县人民医院	

续表 6–2

姓名	出生年月	学历	工作单位	备注
陈宇平	1984–01	本科	共青团泰顺县委	
陈婷婷（女）	1984–05	本科	柳峰中心学校	
包丽红（女）	1984–08	大专	罗阳镇人民政府	
王德平	1985–03	大专	泗溪卫生院医师	
陈晓莉（女）	1985–08	本科	湖北来凤县委组织部	调研科科长
曾丽萍（女）	1985–08	本科	泗溪镇中心小学	
包长智	1985–02	本科	雅阳镇小	副校长
陈丽丽（女）	1986–08	本科	县人民医院	
包丽燕（女）	1987–02	大专	天安财产保险泰顺支公司	
包丽聪（女）	1988–01	大专	雅阳卫生院	
包雯倩（女）	1988–03	本科	中邮人寿保险股份有限公司浙江分公司	
包雅松	1988–05	本科	县人民医院	
包松照	1988–09	大专	县公安局禁毒大队	
包雪丽（女）	1988–10	本科	温州市人民医院	
曾江忠	1989–06	本科	温州市中心医院	
包松涛	1990–01	本科	建设银行泰顺分行	
曾伟忠	1990–05	本科	县财政局	
包宇珍（女）	1990–12	大专	峰文中心小学	

机关事业单位、国营（有）企业离退人员

表 6–3

姓名	出生年月	离退			备注
		单位	时间	别类	
包道敏	1914–07	上佛垟林场	1979–07	退休	已逝
包序好	1921–06	泰顺县农场	1981–06		已逝
包何祥	1924–12	泗溪供销社	1985–12		已逝
曾家钏	1940–04	湖州水泥厂	1995–10		已逝
陈风尔	1942–02	雅阳供电所	2002–05		已逝
包日家	1941–12	玉西信用社（曾任主任）	2002–12		

续表 6-3

姓名	出生年月	离退			备注
		单位	时间	别类	
王丽清（女）	1951-12	玉西医院（曾任院长）	2002-12	退休	
包序贤	1949-12	县公路段道班	2003-12		
曾家法	1945-07	九峰乡中心小学	2005-10		
包日德	1946-05	上佛垟林场	2006-05		
陈珏森	1946-06	九峰乡政府	2006-06		
陈全载	1944-08	泗溪等供销社	2006-08		已逝
王美桃（女）	1957-03	上佛垟林场	2007-05		
包日书	1952-08	葛坪茶场	2007-09		
陈科凤	1949-04	九峰乡政府	2009-04		
曾家庄	1924-09	县林业局森工站	1963-09	下放	已逝
陈凤我	1929-05	玉西信用社	1961-05		已逝
王行堪	1936-03	乌岩岭林场“万斤窑”	1961-03		
曾德元	1936-08	乌岩岭林场“万斤窑”	1961-08		已逝
陈全佃	1928-07	乌岩岭林场“万斤窑”	1961-07		已逝
陈全高	1933-11	乌岩岭林场“万斤窑”	1961-11		已逝
陈思期	1936-12	上佛垟林场	1963-12		已逝
卢颖芝（女）	1926-11	古院小学（民办教师）	1979-11	退职	
曾齐万	1959-09	玉西乡（农技员）	1991-09		
王尚员	1964-04	玉西乡卫生院	1991-06		
胡月莲（女）	1965-06	玉西乡卫生院	1991-10		
包松财	1971-06	上佛垟林场	1998-06	下岗	
包春月（女）	1973-10	泗溪信用社	离职创业	离职	
陈细训	1950-08	泗玉公路（养护工）	1995-10	改制离职	
曾齐旺	1953-12	泗玉公路（养护工）	1995-10		

大专院校毕（修）业人员

大专院校毕（修）业学生名录

表 6–4

姓名	出生年月	毕（修）业、在读院校 · 专业	毕业年月
陈科凤	1949–04	浙江林学院	1975–09
包松云	1957–12	浙江林学院	2002–09
王尚钱	1958–04	浙江师范大学行政管理专业	1998–12
陈旭华	1958–08	国防科技大学政治学院法律专业	1999–07
周细辉	1958–12	中共浙江省委党校函授学院	2004–06
曾　碧	1962–08	中共浙江省委党校函授学院	1999–12
庄金凤（女）	1963–09	温州医学院	2002–07
包松辉	1964–01	福建省委党校法律专业	2004–06
陈爱月（女）	1965–06	温州卫生学校	1985–07
王行砚	1966–02	温州师范学院	2002–06
包夏娇（女）	1969–02	浙江省物资学校计划统计专业	1989–08
王　锋	1969–02	浙江省委党校行政管理专业	2000–06
陈家锋	1969–09	浙江金华商业学校企业管理专业	1989–08
陈彩云（女）	1971–04	浙江师范大学地理教育系	1993–07
包小巧（女）	1972–12	温州市卫生干部学校	1999–07
包春月（女）	1973–10	杭州农大	1999–07
包松考	1974–07	浙江大学土木工程管理专业	2000–07
包雪梅（女）	1974–12	浙江省委党校行政管理专业	1996–07
曾　长	1975–03	北京语言大学法律专业	2002–12
包海萍（女）	1975–08	丽水卫生学校	2003–12
包夏冰	1976–07	温州医学院	2005–07
包洪波	1977–05	温州医学院	2007–07
王晚霞（女）	1977–05	杭州师范学院汉语言文学专业	2002–07
包松永	1977–09	杭州农校茶检专业	1997–06
王丽琴（女）	1977–11	温州职工中等卫生学校	1997–07
吴大遥	1977–05	平阳师范学校	1996–06
包宇丽（女）	1978–03	温州师范学院	2007–07
包雪峰	1978–06	南京中医大学	2002–07
傅　龙	1979–02	山东烟台职业学院酒店管理专业	2001–06

续表 6-4

姓名	出生年月	毕（修）业、在读院校·专业	毕业年月
王丽亚（女）	1979-06	中央党校法律系	2002-07
曾凌玲（女）	1979-09	浙江财经学院	2001-07
包细雪（女）	1979-10	温州商业学校计算机维护专业	2000-06
魏大华（女）	1980-11	中国农业大学法学专业	2000-06
曾凌萍（女）	1980-11	温州大学	2002-07
林安宁	1981-04	中国电子科技大学	2002-07
陈海青	1982-03	绍兴文理学院	在读学生
周祎铭	1982-03	江南大学环境艺术系	在读学生
曾齐宝	1982-04	中国美术学院雕塑系	在读博士
王亚星（女）	1982-09	浙江师范大学数理学院物理学专业	2004-07
吴夏语（女）	1982-09	浙江大学人力资源管理专业	2013-06
王钰铭	1982-09	武警天津医学院卫生事业管理专业	2007-06
包松赛	1983-03	河南大学经济学院经济学专业	2006-07
陈春晓（女）	1983-04	东北师范大学汉语言专业函授毕业	2003-07
陈银森	1983-11	安徽中医药大学中西医结合专业	1907-06
王立邈（女）	1983-12	中国农业大学园林专业毕业	2005-06
陈宇平	1984-01	浙江传媒学院电视节目制作专业	2005-06
周　升	1984-03	吉林大学生物医学工程电子专业	2005-07
王宇刚	1984-04	武汉理工大学工程管理专业	2007-07
陈婷婷（女）	1984-05	温州大学英语专业	1908-08
包丽红（女）	1984-08	绍兴文理学院英语专业	2006-07
陈祥锋	1984-09	温州大学小教专业函授本科	2012-07
吴怀杰	1985-01	江西九江学院应用化学专业	2006-06
王德平	1985-03	湖北荆门学院	2008-07
陈晓莉（女）	1985-08	湖北民族学院文学院	1908-06
曾丽萍（女）	1985-08	西南师范大学	2007-07
曾江美（女）	1985-12	浙江工业大学浙西分校商务英语专业	2007-07
包长智	1985-02	中央音乐学院	2007-07
包华科	1986-03	中国政法大学	在读学生
陈小余（女）	1986-02	浙江桐乡广播电视学院会计专业	2012-06
王晓刚	1986-02	温州职业中等专业学校	2006-06
梅月桃（女）	1986-03	杭州师范大学幼教专业	2010-06

续表 6–4

姓名	出生年月	毕（修）业、在读院校·专业	毕业年月
陈丽丽（女）	1986–08	北京大学护理学专业函授	2010–06
陈家要	1986–10	江西科技学院应用英语专业	2011–06
陈赛银（女）	1986–10	江西科技学院应用英语专业	2008–07
蒋丽英（女）	1987–01	厦门华夏职业学院财经专业	2008–07
包丽燕（女）	1987–02	台州科技职业学院农林专业	2011–06
曾雪云（女）	1987–05	闽南师范大学新闻传播专业	2011–06
陈静静（女）	1987–09	温州大学语言学及应用语言学专业	2013–06
包丽聪女	1988–01	宁波天一职业技术学院	2008–07
包雯倩（女）	1988–03	四川大学	2011–06
包珊珊（女）	1988–04	安徽大学、华东大学政治学理论系研究生	2012–06
包雅崇	1988–11	嘉兴医学院临床系	2012–06
曾江忠	1989–06	川北医学院	2012–06
包松照	1988–09	丽水学院生物专业	1910–06
包雪丽（女）	1988–10	温州医科大学护理专业	2013–06
包晚霞（女）	1988–12	绍兴职业技术学院电脑技术设计专业	2012–06
董玲玲（女）	1985–12	温州大学教育学院	2009–07
王江勇	1989–01	温州职业技术学院服装设计专业	2013–06
吴双双（女）	1989–07	浙江理工大学传媒专业	2010–06
陈家泉	1989–08	温州欧江学院机械设计专业	2012–06
曾丽雅	1989–09	浙江万里学院物流管理专业	2012–06
包海区	1989–09	浙江海垟学院东海科技学院	在读学生
包梦凡（女）	1989–10	浙江工商大学艺术设计学院	2013–06
陈祥全	1989–11	上海西南科技大学	在读学生
陈新富	1989–12	浙江科技学院包装工程专业	2012–06
包松涛	1990–01	中国计量学院测控技术与仪器专业	2013–06
曾伟忠	1990–05	温州大学瓯江学院土木程专业	2013–07
陈　伟	1990–05	长春外国语学院金融管理专业	在读学生
包雪芬（女）	1990–10	浙江理工大学科技与艺术学院产品设计专业	2013–06
包宇珍（女）	1990–12	温州师范学院	2010–06
陈　贵	1991–01	江西科技大学艺术设计系	2013–06
曾婷婷（女）	1991–02	浙江长征职业技术学院理财专业	2013–07
陈　敏	1991–03	嘉兴职业技术学院汽车运用技巧专业	2013–06

续表 6-4

姓名	出生年月	毕（修）业、在读院校 · 专业	毕业年月
曾俊健	1991-03	浙江丽水职业技术学院市场营销专业	2012-06
曾夏招（女）	1991-05	北京农业大学	在读研究生
陈丽清	1991-05	温州卫校护士管理系	2011-06
曾丽青（女）	1991-05	清华大学研究生，法学专业	在读学生
曾宇鹏（女）	1991-06	丽水学院商贸系	2012-07
包松波	1991-07	浙江树人城建学院土木工程专业	在读学生
陈　武	1991-10	浙江建设职业技术学院楼宇智能化工程技术	2013-06
陈彩萍	1991-10	杭州万向职业技术学院园艺专业	2014-06
包松峰	1991-11	湘潭大学物新能源材料与器材专业	在读学生
包赛琴（女）	1991-12	同济大学浙江学院工商管理专业	在读学生
胡月平	1991-12	安徽阜阳师范信息工程学院设计艺术系动画专业	在读学生
包淑娟（女）	1992-02	浙江越秀外国语学院英语专业	在读学生
王逢光	1992-02	湖北医学院毕业	在读学生
包长庆	1992-03	四川大学锦江学院机械设计及自动化系	2013-06
陈芳芳（女）	1992-06	同济大学浙江学院行政管理专业	在读学生
陈含星	1992-07	浙江同济学院	2011-07
包松永	1992-08	温州医科大学药学专业	在读学生
陈晓丽（女）	1992-12	海南大学三亚学院动漫专业	在读学生
王　勇	1993-01	四川亚南科技大学物联网系	在读学生
曾伟军	1993-03	中国刑警公安学校，治安专业	在读学生
曾欣欣（女）	1993-04	福州大学至诚学院生物工程系	在读学生
陈祥挺	1993-05	台州学院工商管理专业	在读学生
包文杰	1993-08	浙江树人大学数字媒体专业	在读学生
包浩钦（女）	1993-10	浙江经贸职业技术学院计算机网络技术专业	在读学生
包垟垟（女）	1993-11	绍兴电子学院电子系	在读学生
包雪婷（女）	1993-12	浙江金华职业技术学院医学院康复治疗技术专业	在读学生
包伟兴	1994-02	嘉兴学院南湖学院机械系	在读学生
陈晔晔（女）	1994-07	浙江旅游职业学院学习规划与管理系	在读学生
曾丽婷（女）	1994-10	浙江金融职业学院投资保险系投资与理财专业	在读学生
包翠琴（女）	1995-09	上海商业学院旅游管理专业	在读学生

丛 录

丛 录

重修施地新厝底陈氏族谱序

施地居四水之东偏，四围山色如屏，中多小阜罗列左右。其龙脉发源，由上伏而平畴旷野垟大岗峰蜿蜒而下，势如长途走马，背鬣停踪，山腰暂驻。虽无突兀峰峦，，树木阴翳；春耕夏耘，水旱无忧，俨具历山气象。世传筚路垦疆，祖其居者，为翁陈叶三姓。翁叶二姓，今则一线仅存，地多为曾包所隶。惟本宗新厝底之陈，岿然无恙。其新垟之陈，则又各祖其祖，后于新厝底者也。然追溯启山源流，实未知起自何代。谨按世谱，增修于同治甲子。是是非非，一遵古本抄录，绝无参互考订字样。所藏大明旧谱一册，卷大叶多，笔墨舛陋，增订不一其人，皆系江湖俗手鸦涂。而序文年代，亦经残破，想为时盖已久矣。前代文字古朴，所编家世，自周秦以迄李唐，事隔数千年远引。勋贵世胄，铺张扬历；附会宗支，系其名而不改其实，未可援为实录。惟注唐陈子贤，由浙江钱塘移居赤岸。厥后大真武转分平阳河前。五季间，遁公能察地理，又由河前走居湾头坭垟。所指前代，播迁祖名，不为无因。至第四世仲靖公，以坭垟厥居不利，于宋理宗时携眷复迁西地新厝底。此后叙次，凿凿可据。是施地肇基一世祖，应以仲靖公为断。而坭垟以上之谱帙，当别为前集，以冠诸首，俾资后世数典之助。顾本寻源，如此为正。夫谱所以叙昭穆，清支派，间世自当一修。自同治甲子越今丙辰五十余载，死生存亡，代有增益。且生齿日繁，亲疏易混，尤为敬宗修族，当务所宜急。今春，上舍同源，协同堂姪圣俭梦明圣露等，倡修谱事。以明清两谱，杂乱无章，非素谙义例者不辨。延芳至家，重新校核。设局梦明家之旭照轩。梦明知书识大体，曲尽东道。欢能会参古老遗传，举先世迁徙来，由居处墓庐，年寿卒葬，一一详加采集，因得细腻梳刷，会萃成书，换装佛面。自夏徂冬，而书告成。犹是谱也，而删陋订残，眉目头绪，灿如日星矣。况陈氏初祖，基自成周，胡公满实为虞舜之后。周武王永清大定，受封于陈州，指国为姓，颍川望。则再受锡于汉之陈金羊，此则陈氏受姓之始也。舜在侧微，耕于历山。而田者，让畔迄今，世界凌夷红羊日近，诸君子果能□□□□长安耕凿。尔无我虞，我无尔诈。守望相助，疾雍穆于变。今之施地，即古之历山也。其有不长养子孙，永昌祚胤者乎？工既竣，故泚笔乐为之叙。

民国五年岁次丙辰腊月越朔十日

前清庚戌岁贡生泗溪灌叟林锦芳撰

广严寺记

广严寺，古隶平阳三十九都归仁乡万头垅垟地方，即今施地，东偏所称湾头者也。重山峻岭，上接霄汉。五季时，南北干戈。陈遁公由平阳前遁居于此。四围群山列罗，旷野平畴中有小埠岿然，号为青墩。结屋而居，基计田三亩一角廿四步，垦田六十八亩二角三十六步半。该租一千二百石。春耕夏耘，出作入息，岁有余粮，乱寇罕及，诚幽居之胜概也。其裔孙德公，夜半

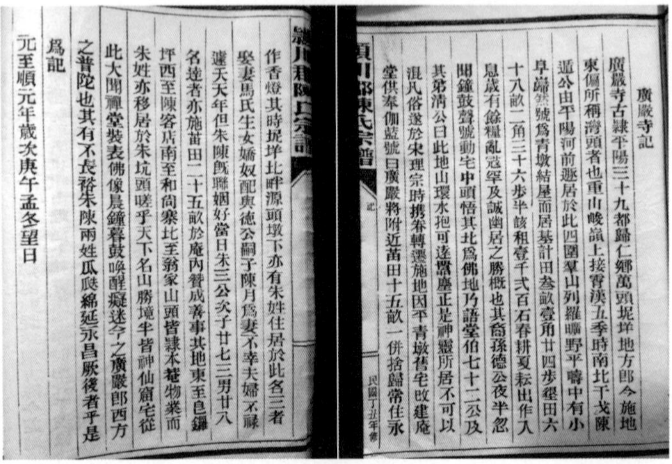

廣嚴寺記

廣嚴寺古隸平陽三十九都歸仁鄉萬頭垅垟地方即今施地東偏所稱灣頭者也重山峻嶺上接霄漢五季時南北干戈陳遁公由平陽河前遯居於此四圍羣山列羅曠野平疇中有小阜巋然號爲青墩結屋而居基計田叁畝壹角廿四步墾田六十八畝二角三十六步半該租壹千弍百石春耕夏耘出作入息歲有餘糧亂寇罕及誠幽居之勝概也其裔孫德公夜半忽聞鐘鼓聲號動宅中頭悟其北爲佛地乃語堂伯七十二公及其弟清公曰此地山環水抱可遠囂塵正是神靈所居不可以混凡俗遂於宋理宗時携眷轉遷施地因平青墩舊宅改建庵堂供奉伽藍號曰廣嚴將附近苗田十五畝一併捨歸常住永作香燈其時垅垟北畔源頭墩下亦有朱姓住居於此名三者娶妻馬氏生女嬌奴配與德公嗣子陳月爲妻不幸夫婦不祿遽夭天年但朱陳既聯姻好當日朱三公次子廿七三男廿八名達者亦施苗田二十五畝於庵內贊成善事其地東至皂鑼坪西至陳客店南至和尚寨北至翁家山頭皆隸本菴物業而朱姓亦移居於朱坑頭嗟乎天下名山勝境半皆神仙窟宅從此大闡禪堂裝表佛像晨鐘暮鼓喚醒癡迷今之廣嚴即西方之普陀也其有不長裕朱陳兩姓瓜瓞綿延永昌厥後者乎是爲記

元至順元年歲次庚午孟冬望日

広严寺记（古籍）

忽闻钟鼓声号动宅中头，悟其此为佛地。乃语堂伯七十二公及其弟清公曰：此地山环水抱，可远嚣尘，正是神灵所居，不可以混凡俗。遂于宋理宗时携眷转迁施地。因平青墩旧宅改建庵堂，供奉伽蓝，号曰广严寺。将附近苗田十五亩一并舍归常住，永作香灯。其时，垅垟北畔源头墩下亦有朱姓住居于此。名三者，娶妻马氏，生女娇奴，配与德公。嗣子陈月为妻，不幸夫妇不禄，遽夭天年。但朱陈既联姻好。当日，朱三公次子廿七，三男廿八。名达者亦施苗田二十五亩于庵内，赞成善事。其地东至皂锣坪，西至陈客店，南至和尚寨，北至翁家山头，皆隶本庵物业。而朱姓亦移居于朱坑头。嗟乎！天下名山胜境，半皆神仙窟宅。从此，大闻禅堂，装表佛像；晨钟暮鼓，唤醒痴迷。今之广严寺，即西方之普陀也。其有不长裕？朱陈两姓，瓜迭绵延，永昌厥后者乎？是为记。

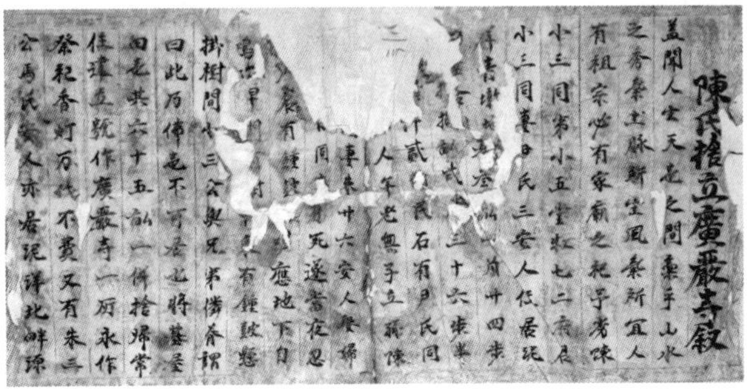

陳氏捨立廣嚴寺叙

蓋聞人生天地之間秉乎山水

陈氏捨立广严寺叙（宋理宗乙酉年）

元至顺元年　岁次庚午孟东望日

九里潭山居记

国朝洪武间，天下初定。寰宇干戈，余寇纷剿，人民涂炭。山陬僻壤，到处皆然。因思承祖有山场一片，坐石门九里潭边，薪水俱足。且径曲林深，人迹罕到。附近亦有田产，可安耕凿。遂构茅舍一所，以为往来栖止之地。今余年衰老，诚恐后裔置若罔闻，况四周山场皆系先人手创基业，各有改落，四至界址分明，子孙自宜世守勿替。因撮记大略，以系诸谱。

大明弘治年岁残缺　裔孙　友敬谨志

契约遗存

契约是证明租赁、出卖、抵押等文契，按现代话说就是一种信用合同或协议。契约有官契和民契，官契由政府确权认可，契约上一般印有公章；民契是双方私下自由买卖，虽然法律效力不及官契，但同样是政府认可具有时效性极强法律效力文书。境内发现祖上保存下来清代和民国两个时期完整契约 500 多份，多数内容为土地买卖、纠纷调解、婚嫁、禁约等。

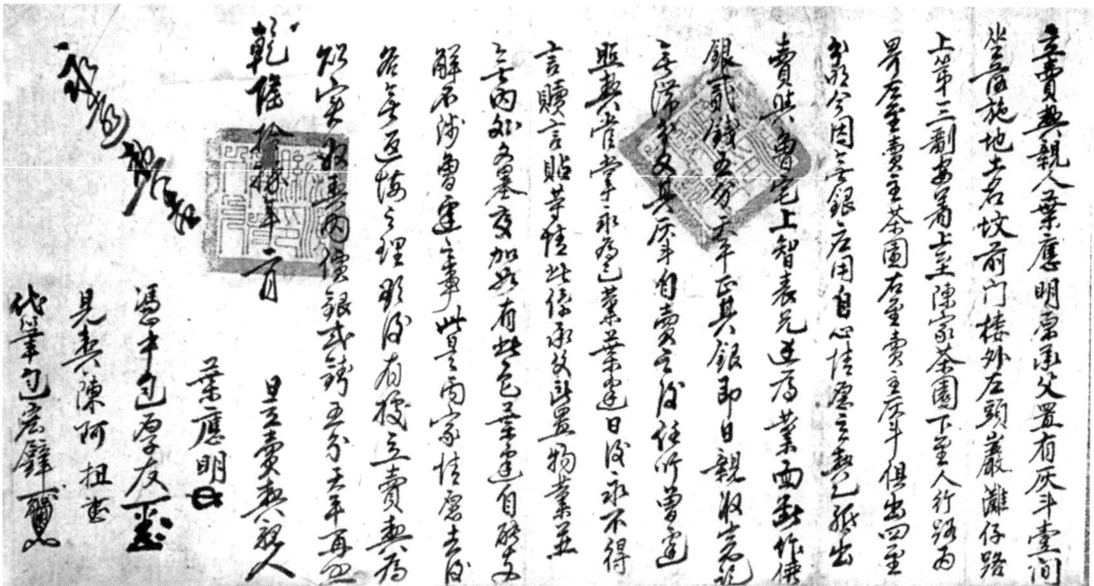

灰斗买卖契约（乾隆十八年）

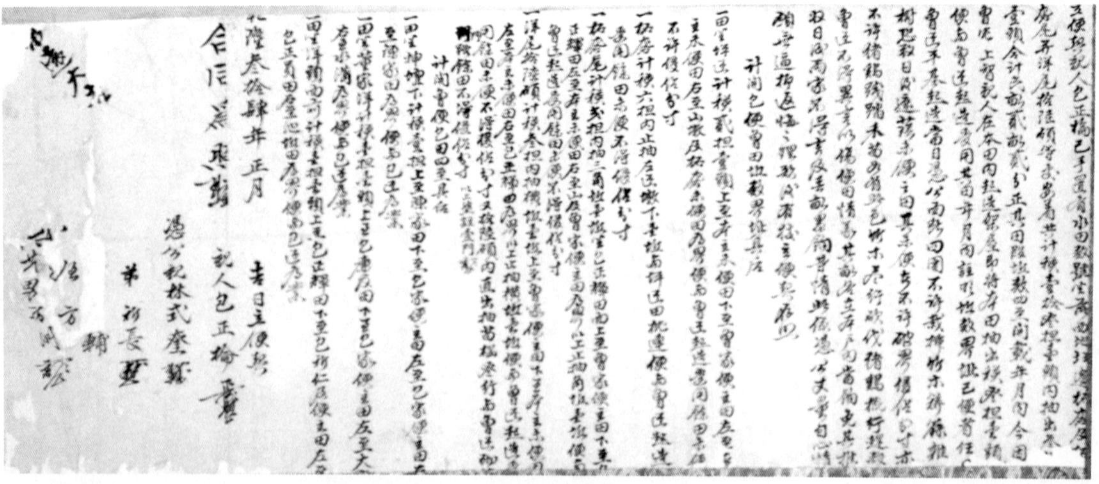

水田买卖契约（乾隆三十四年）

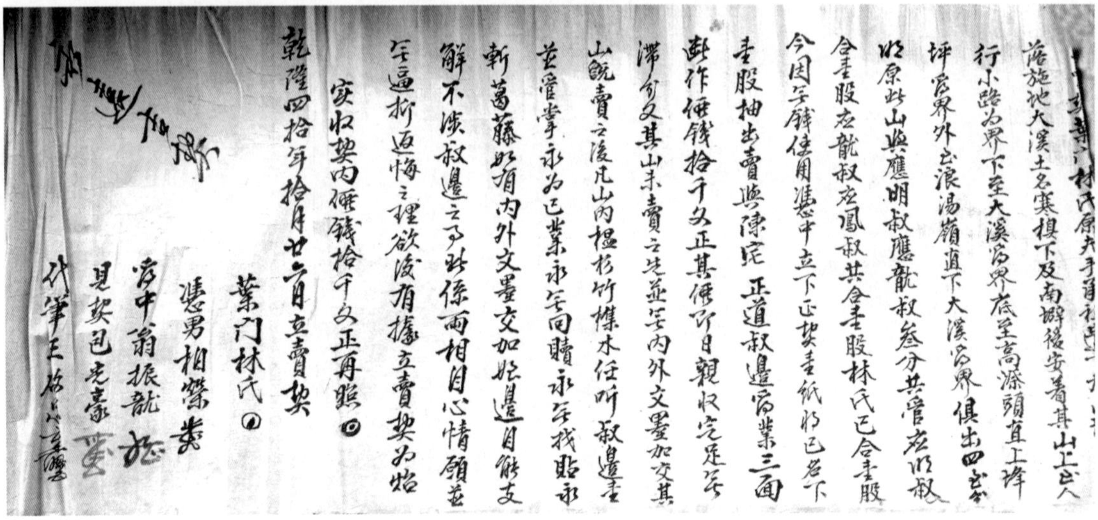

山场买卖地契（乾隆四十年）

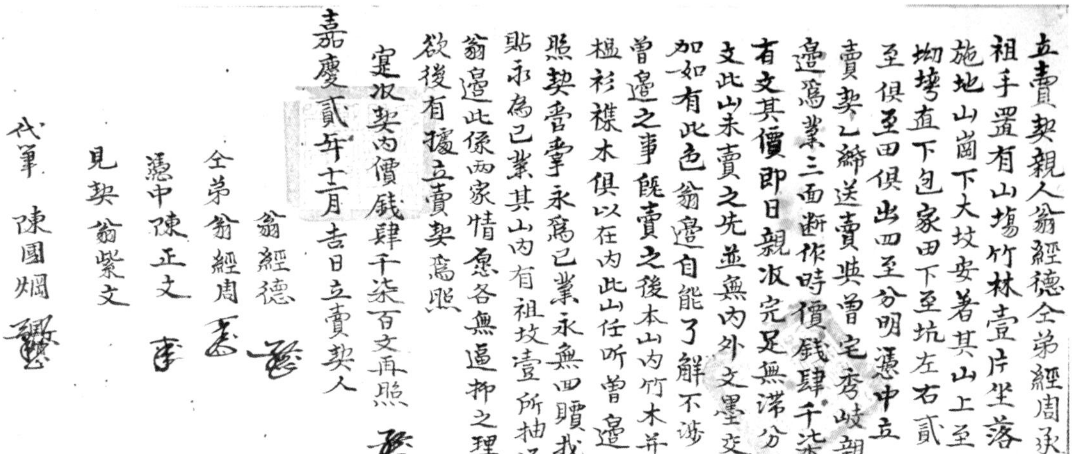

立賣契親人翁經德仝弟經周承
祖手置有山塲竹林壹片坐落
施地山崗下大坟安着其山上至
坳塝直下包家田下至坑左右貳
至俱至田俱出四至分明憑中立
賣契乙紙送賣與曾宅秀岐親
邊為業三面断作時價錢肆千柒
百文其價即日親收完足無滞分
文此山未賣之先並無內外文墨交
加如有此色翁邊自能了解不涉
曾邊之事既賣之後本山內竹木并
楹杉樸木俱以在內此山任听曾邊
照契管業永為已業永無回贖找
貼永為已業其山內有祖坟壹所抽还
翁邊此係兩家情愿各無逼抑之理
欲後有據立賣契為照
寔收契內價錢肆千柒百文再照
嘉慶貳年十一月吉日立賣契人
翁經德
仝弟翁經周
憑中陳正文
見契翁紫文
代筆 陳国烟

山场买卖地契（嘉庆二年）

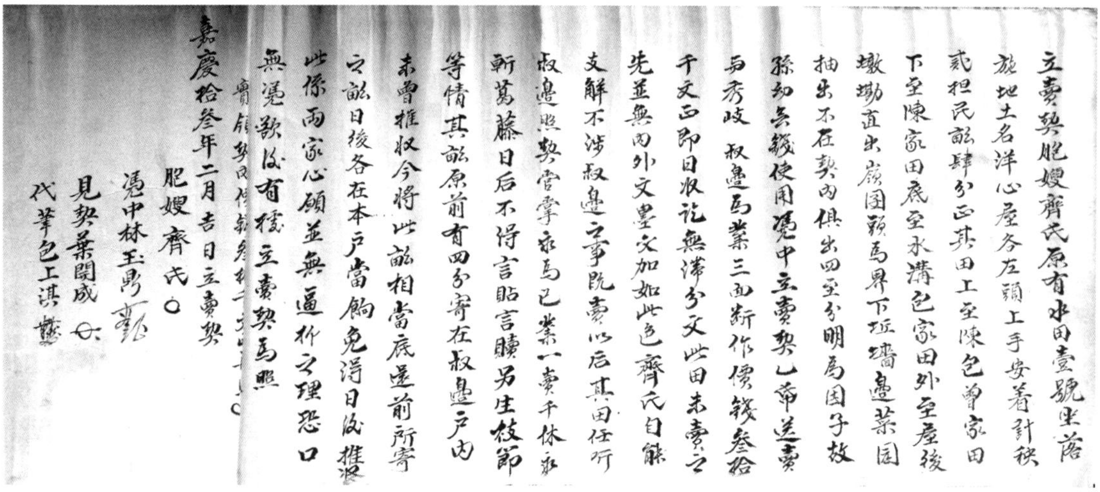

立賣契肥嫂齊氏原有水田壹號坐落
施地土名洋心屋各左頭上手安着計秧
貳担民畝肆分正其田上至陳邑曾家田
下至陳家田底至水溝邑家田外至屋後
墩塝直出嶺園頭爲界下坵墻邊菜園
抽出不在契內俱出四至分明爲因子故
孫幼無錢使用憑中立賣契乙紙送賣
與秀岐叔邊爲業三面斷作價錢叁拾
千文正即日收訖無滯分文此田未賣之
先並無內外文墨交加如此色齊氏自能
支解不涉叔邊之事既賣以后其田任行
叔邊照契管掌永爲己業一賣千休永
斷葛藤日后不得言貼言贖另生枝節
等情其畝原前有四分寄在叔邊戶內
未曾推收今將此畝相當底還前所寄
之畝日後各在本戶當餉免得日後推
此係兩家心願並無逼抑之理恐口
無憑欲後有據立賣契爲照
賣價契內價錢[illegible]
嘉慶拾叁年二月吉日立賣契
肥嫂齊氏○
憑中林玉昂
見契葉開成
代筆包工淇

水田买卖契约（嘉庆十三年）

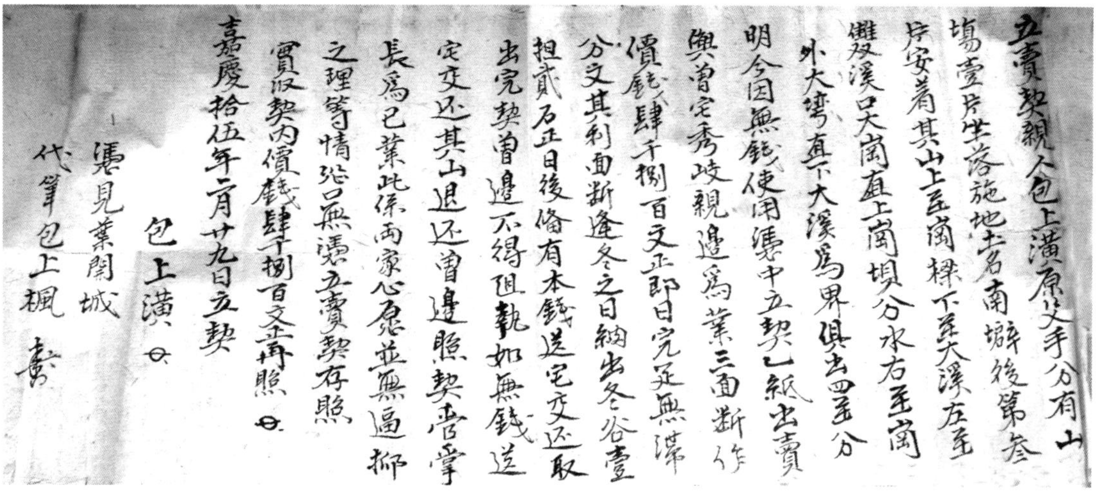

立賣契親人包上滿原父手分有山
場壹片坐落施地土名南塆後第叁
片安着其山上至崗棵下至大溪左至
雙溪口大崗直上崗埂分水右至崗
外大塆直下大溪爲界俱出四至分
明今因無錢使用憑中立契乙紙出賣
與曾宅秀岐親邊爲業三面斷作
價錢肆千捌百文正即日完足無滯
分文其利面斷逢冬之日納出冬谷壹
担貳石正日後倘有本錢送宅交还取
出完契曾邊不得阻執如無錢送
宅交还其山退还曾邊照契管掌
長爲己業此係兩家心愿並無逼抑
之理等情恐口無憑立賣契存照
實收契內價錢肆千捌百文正再照
嘉慶拾伍年二月廿九日立契
包上滿
憑見葉開城
代筆包上楓 書

山场买卖契约（嘉庆十五年）

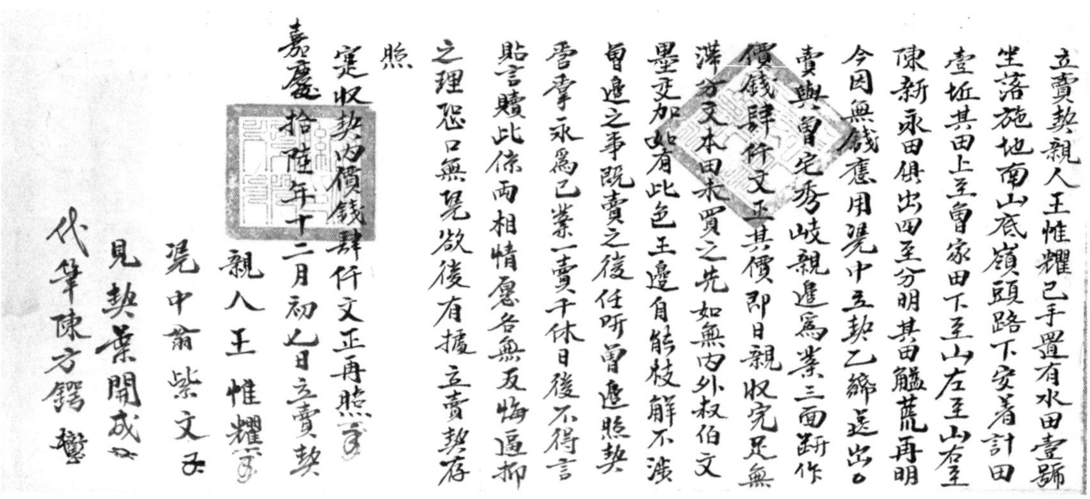

立賣契親人王惟耀己手置有水田壹號
坐落施地南山底嶺頭路下安着計田
壹坵其田上至曾家田下至山左至山右至
陳新永田俱出四至分明其田膽荒再明
今因無錢應用憑中立契乙紙送出
賣與曾宅秀岐親邊爲業三面斷作
價錢肆仟文正其價即日親收完足無
滯分文本田未買之先如無內外叔伯文
墨交加如有此色王邊自能枝解不涉
曾邊之事既賣之後任听曾邊照契
管掌永爲己業一賣千休日後不得言
貼言贖此係兩相情愿各無反悔逼抑
之理恐口無憑欲後有據立賣契存
照
實收契內價錢肆仟文正再照
嘉慶拾陸年十二月初七日立賣契
親人王惟耀
憑中翁紫文
見契葉開成
代筆陳方鍔

水田买卖契约（嘉庆十六年）

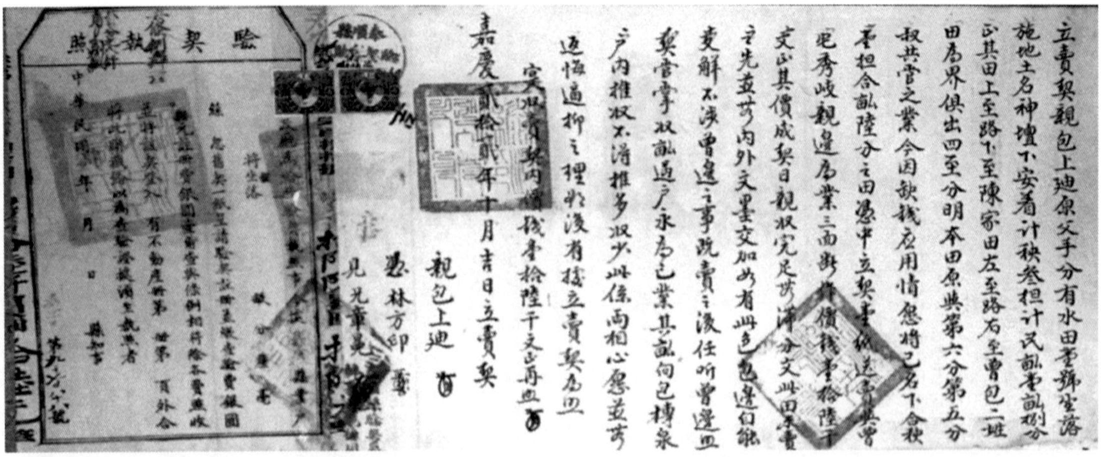

水田买卖契约（嘉庆二十二年）

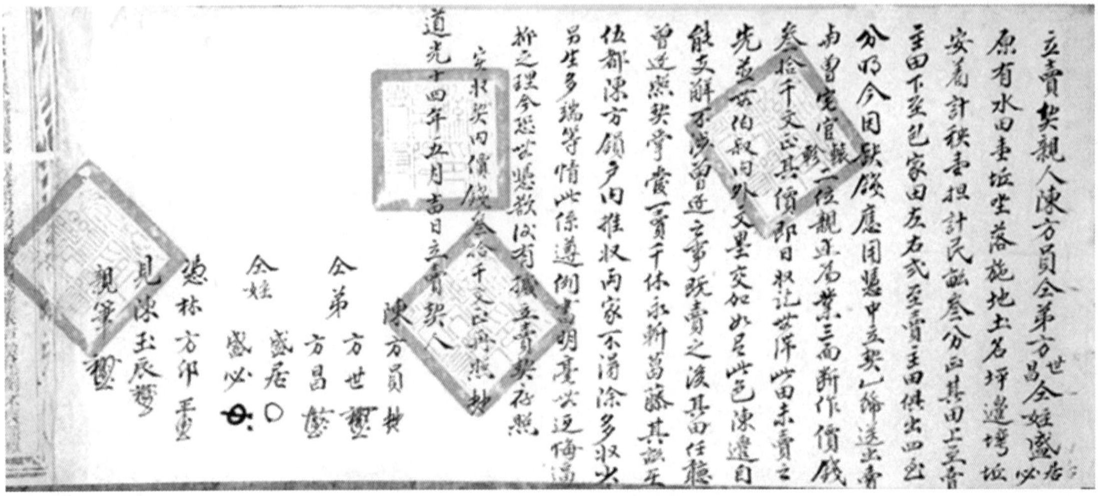

水田买卖契约（道光十四年）

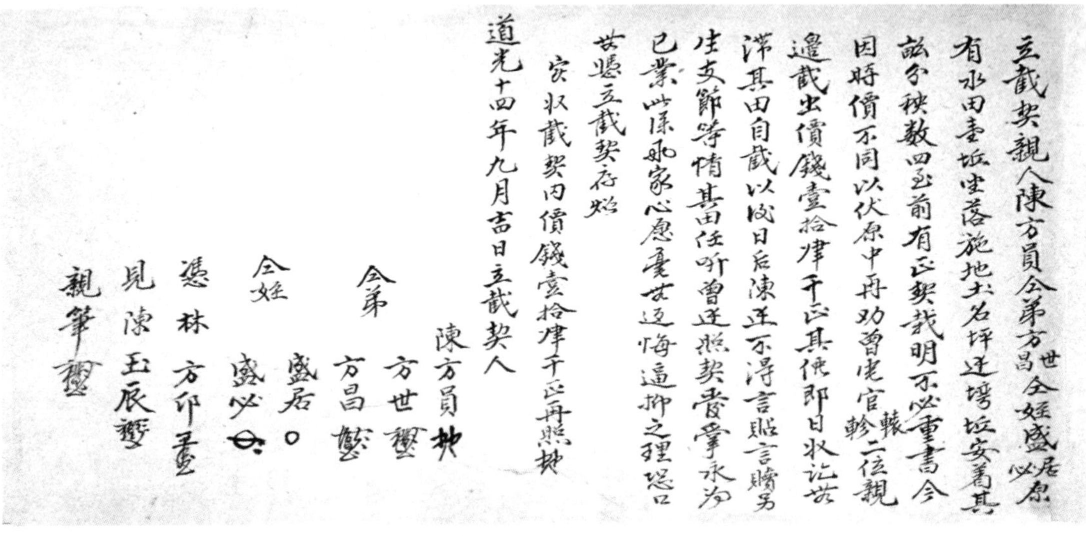

水田买卖契约（道光十四年）

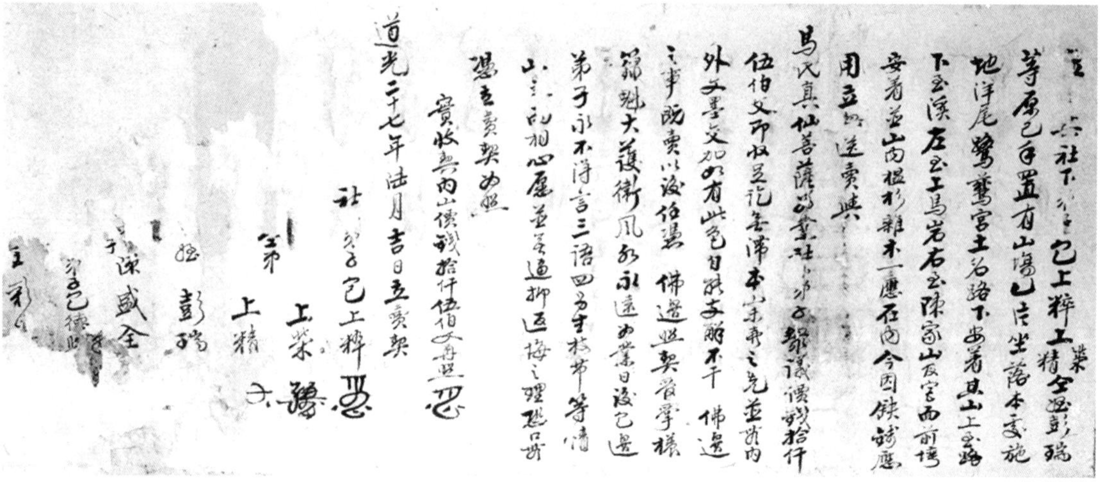

山场买卖契约（道光二十七年）

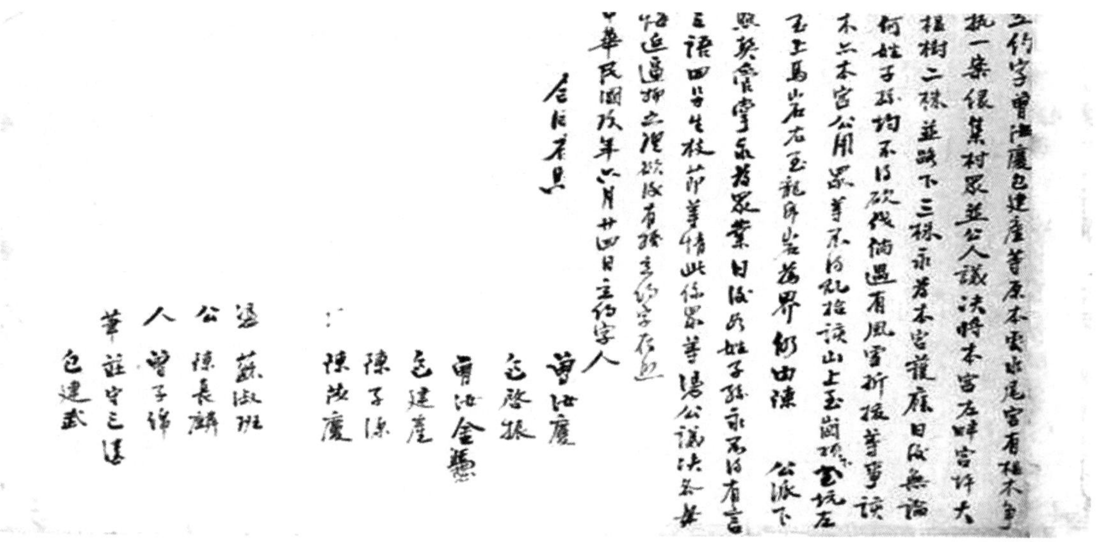

林木充公（宫庙）契约（民国九年）

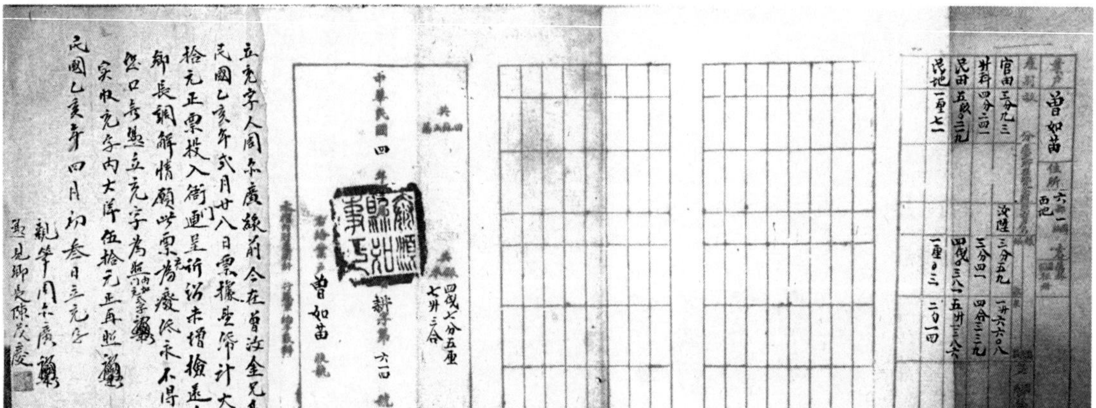

土地投充绝卖契约（民国乙亥年）

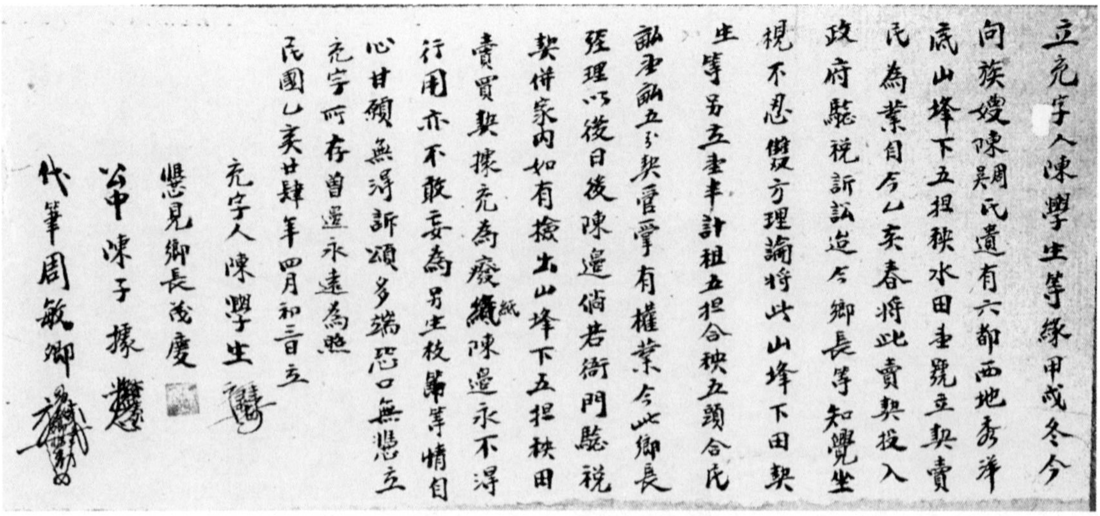

立充字人陳學生等緣甲戌冬今
向族嫂陳吳周氏遺有六都西地秀洋
底山峰下五担秧水田壹號立契賣
民為業自今乙亥春將此賣契投入
政府驗税訴訟追今鄉長等知覺坐
視不忍覺方理論將此山峰下田契
生等另立壹半計租五担合秧五頭合氏
訟壹面立分契價寧有權業今此鄉長
經理以後日後陳邊倘若衙門驗税
契併家内如有檢出山峰下五担秧田
賣買契據充為廢紙陳邊永不得
行用亦不敢妄為另生枝節等情自
心甘願無得訴頌多端恐口無憑立
充字所存曾還永遠為照
民國乙亥廿肆年四月初三日立
充字人陳學生
憑見鄉長茂慶
公中陳子據
代筆周敏卿

水田投充绝卖契约（民国乙亥年）

西地村工作笔记遗存

农业

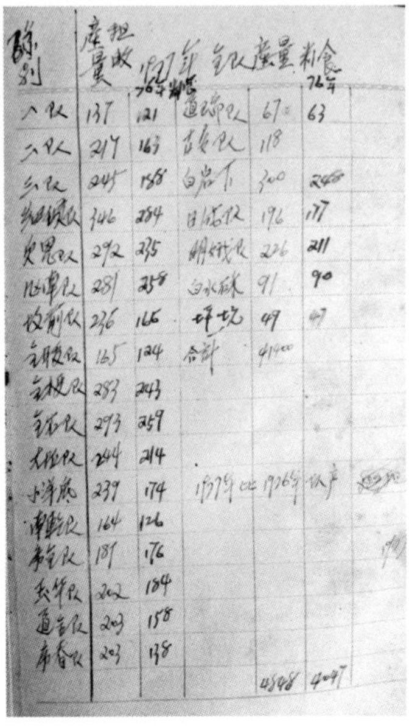

1977 年，各生产队粮食产量

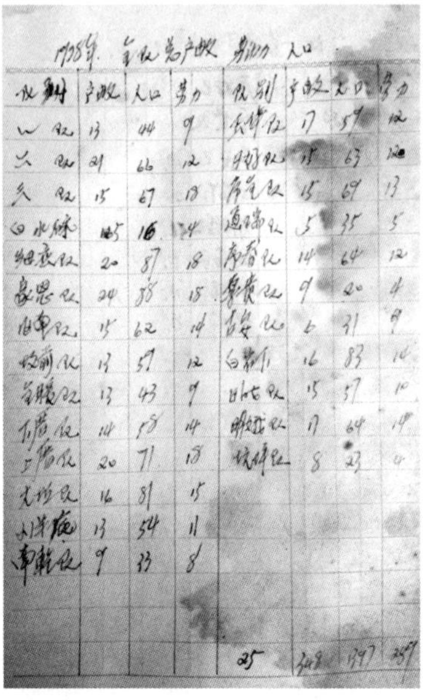

1978 年，各生产队户数人口劳动力

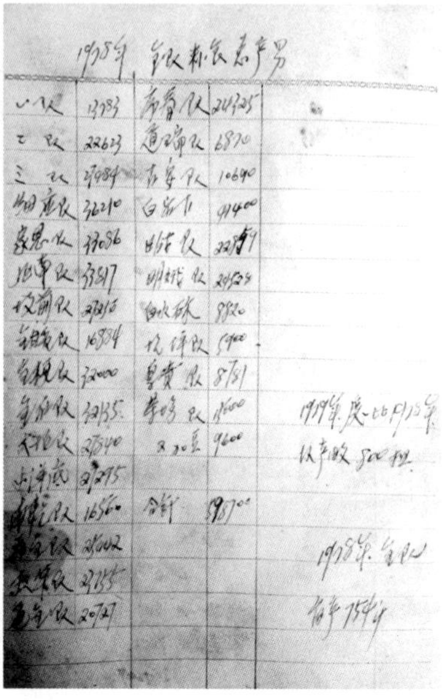

1978 年，各生产队粮食产量

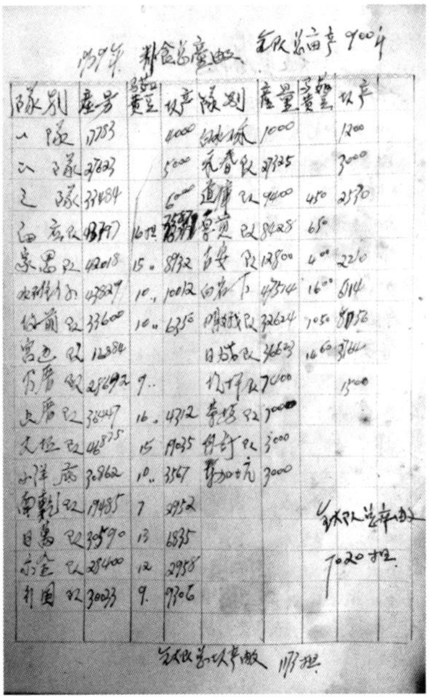
1979 年，各生产队粮食总产量

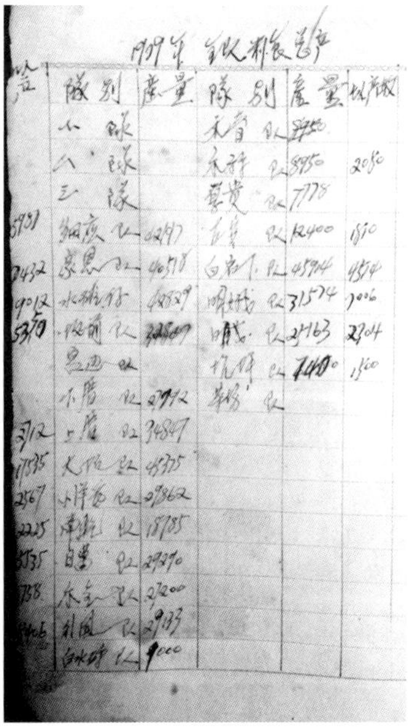
1979 年，各生产队粮食产量

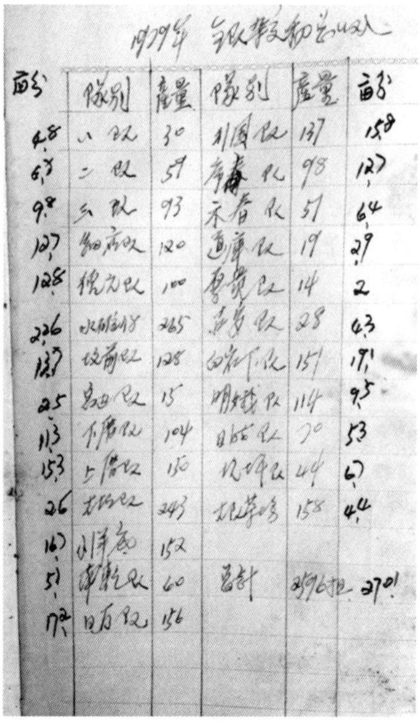
1979 年，杂交稻产量

1981 年，土地调整决定

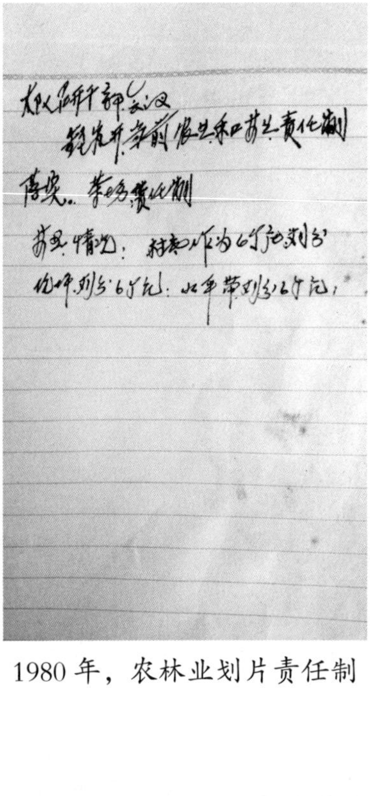
1980 年，农林业划片责任制

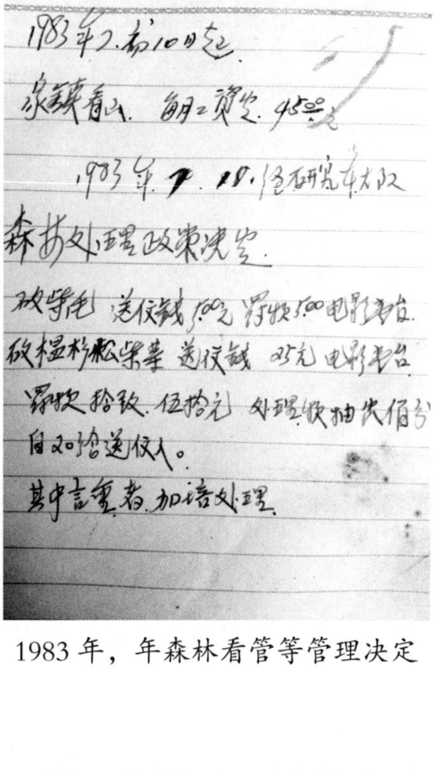
1983 年，年森林看管等管理决定

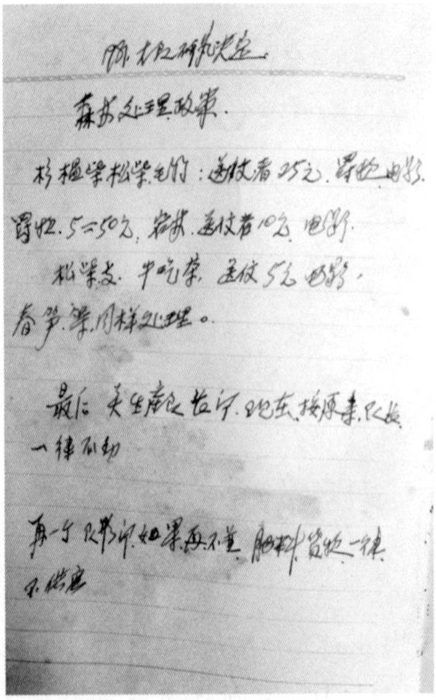
1981 年，森林管理（处理）决定

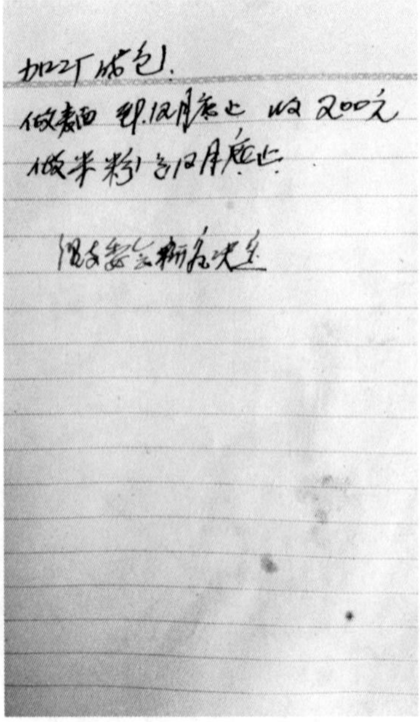
1980 年，加工厂划包截止日期

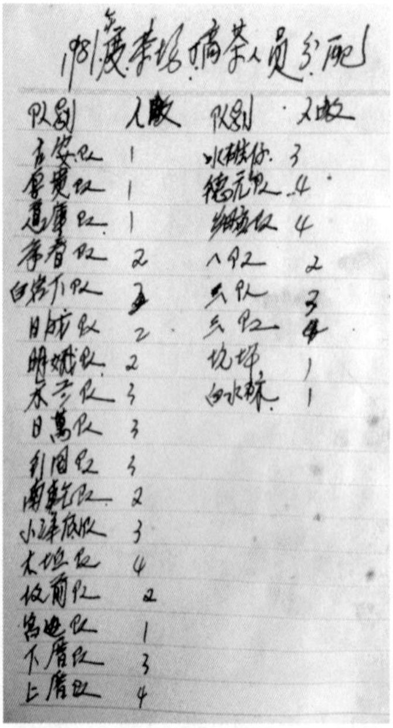
1981 年，茶场采茶人员分配安排

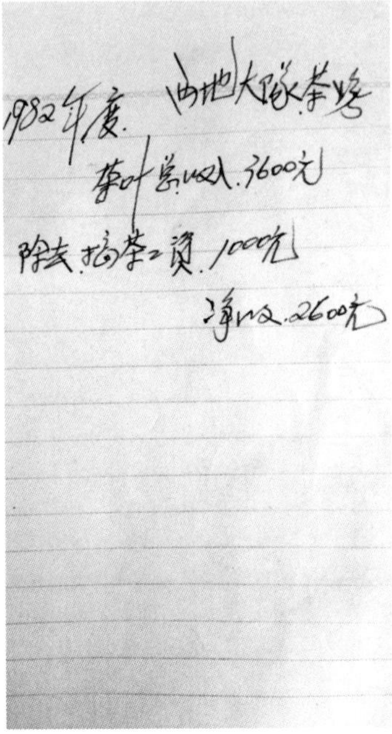
1982 年，茶场收入

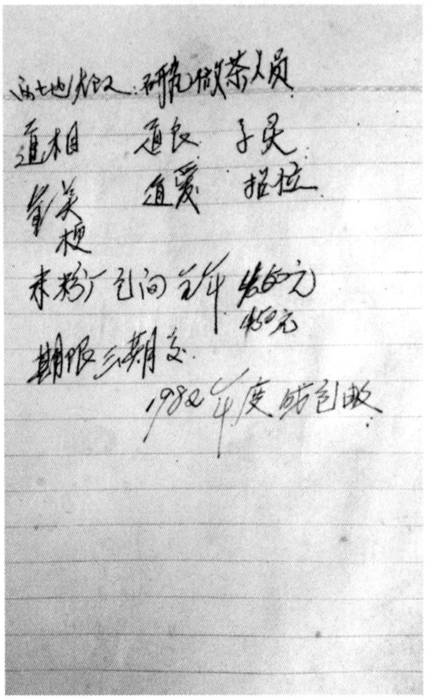
1982 年，制茶人员名单米粉厂包干事宜

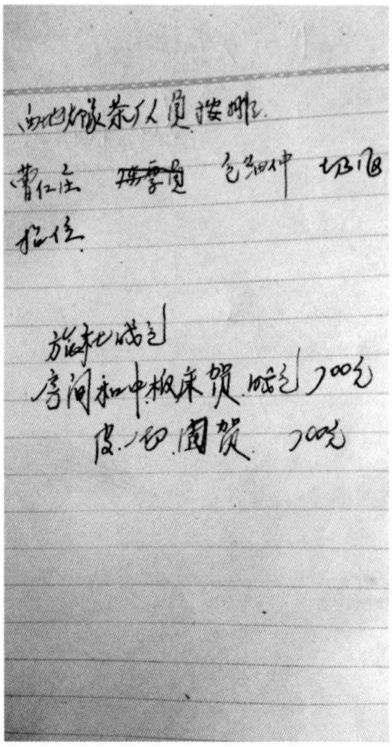
1983 年，茶厂人员旅社划包

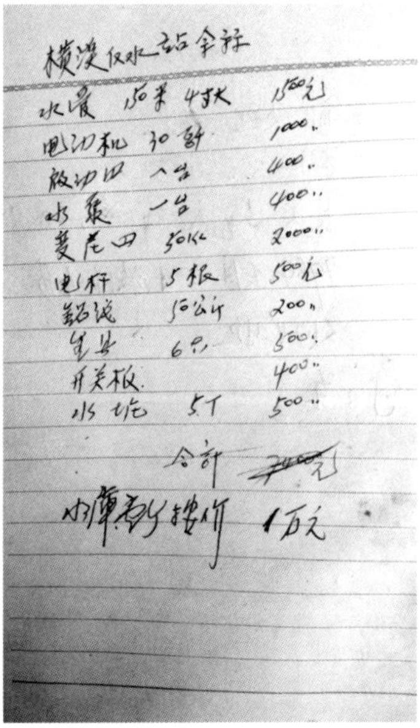

1983 年，供水站投入预算

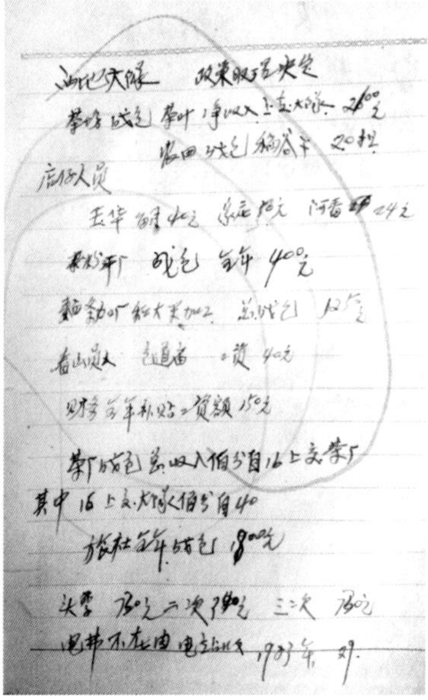

1983 年，场厂包干事宜

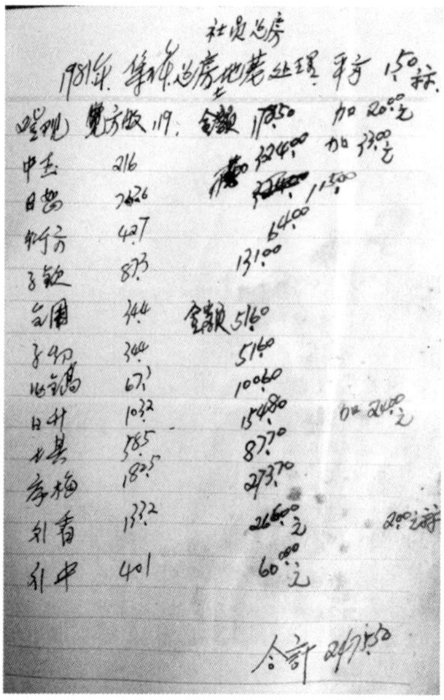

1981 年，建房地基合算处理

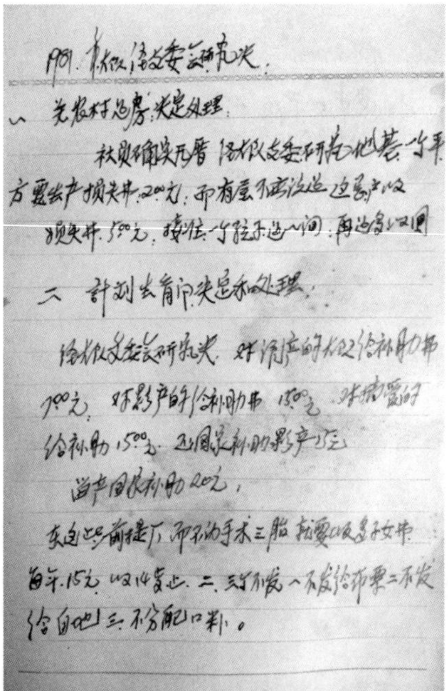

1981 年，有关建房计生政策性决定

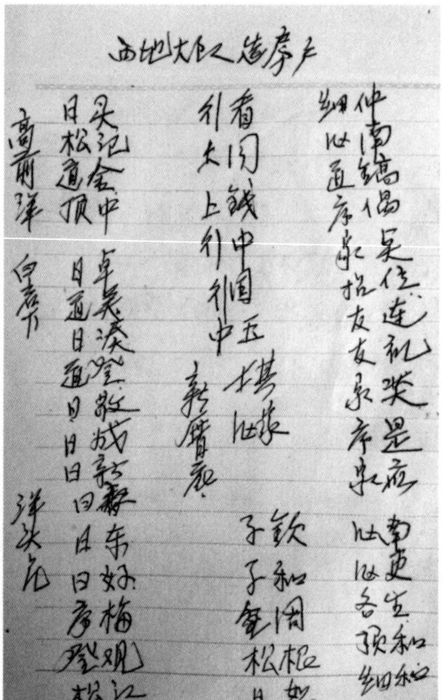

1982 年，建房户

救济

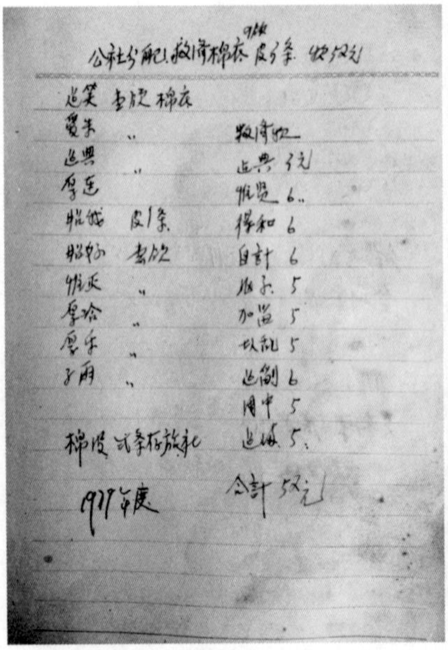

1981 年，建房地基合算处理

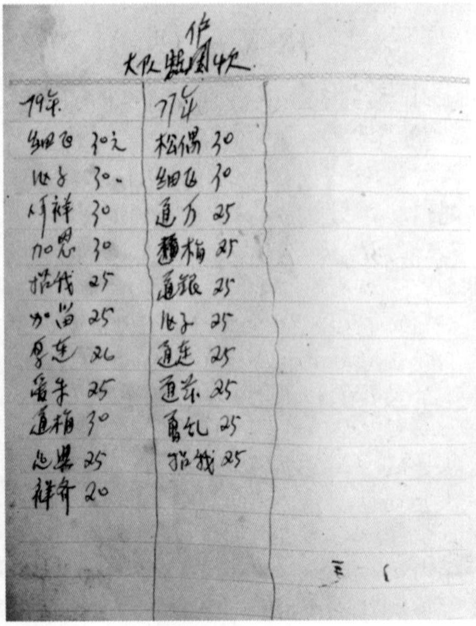

1979 年，照顾款

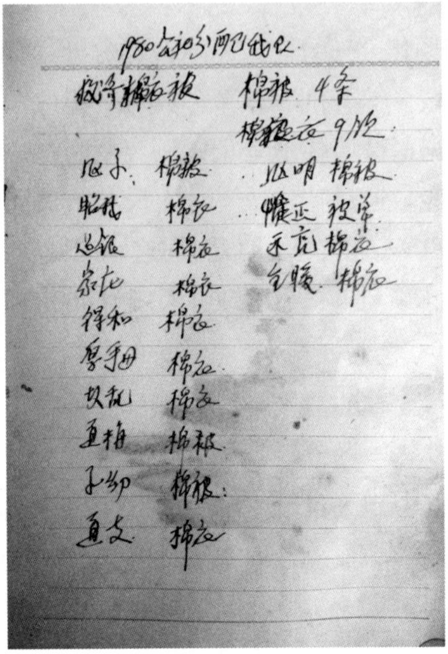

1980 年，救济棉衣棉被

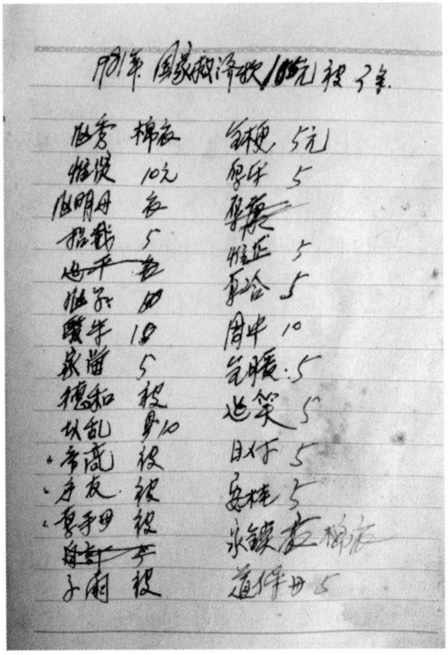

1981 年，救济棉被款项

综合

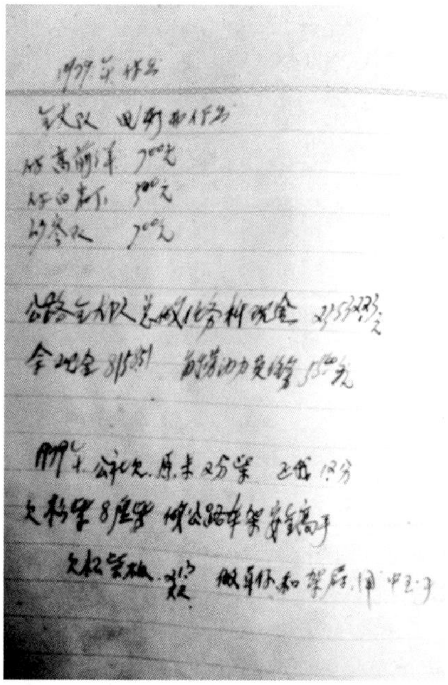

1979 年，有关来往账目

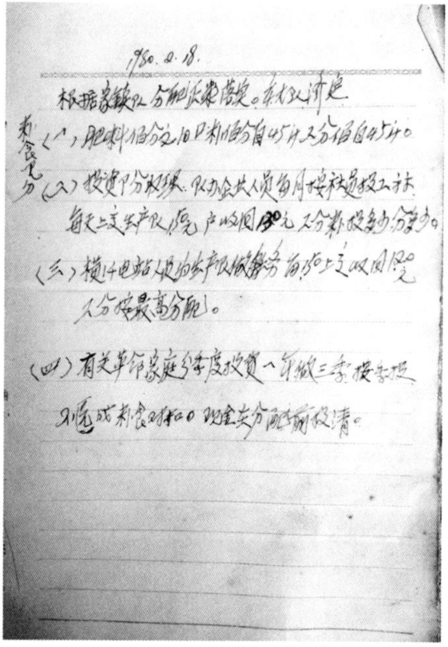

1980 年，口粮、肥料工分制电站投资事宜

2011 年“三分三改”村民名册

2011 年，根据市委、县委部署以要素市场化“三分三改”（政经分开、资地分开、户产分开和股改、地改、户改）为核心统筹城乡综合配套改革。其中“户改”（户籍制度改革），户口以实有人口、实有住所为依据，按居住地登记，剥离依附在户口制度上身份、职业、公共服务、社会保障等附属功能。通过“户改”，农民和市民同等享有城镇居民待遇，同时保护农民在原来农村享有正当权益，农民可以自愿进镇入城转变成市民，从而提高人民生活水平，加快推进城市化。年末统计“三分三改”人口为 460 户，1868 人。

垟头

垟头片村民名册

表 1

户号	称谓	姓名	性别	出生年月	户号	称谓	姓名	性别	出生年月
001	户主	包细好	男	1958-01-07		儿媳	洪银秀	女	1990-01-25
	母亲	许　氏	女	1920-10-10		孙女	包欣瑜	女	2010-04-27
	子	包松娟	男	1986-08-18	002	户主	包松海	男	1977-03-23

续表 1

户号	称谓	姓名	性别	出生年月	户号	称谓	姓名	性别	出生年月
	母亲	曾尾香	女	1954-09-09		女	包芬芬	女	1988-09-18
003	户主	包松贵	男	1974-11-06		女	包云芬	女	1992-04-14
	妻	陈细月	女	1984-07-11	009	户主	翁小兵	男	1983-10-28
	子	包遵泽	男	2006-02-08		母亲	曾细员	女	1941-09-07
004	户主	包月楷	男	1958-01-02		父亲	翁登观	男	1937-03-08
	妻	郑爱月	女	1968-01-20		妻	彭晓芳	女	1986-06-08
	子	包松庆	男	1986-10-05	010	户主	翁文斌	男	1971-07-21
	女	包丽芬	女	1993-01-12		妻	王慧玲	女	1972-12-29
	子	包松明	男	1984-04-02		子	翁旭璟	男	1998-05-16
	儿媳	丁丝丝	女	1987-09-28	011	户主	翁文含	男	1964-05-01
	孙女	包鑫妍	女	2010-11-24		妻	陈夏飞	女	1976-07-06
005	户主	包士鹏	男	1975-04-17		女	翁丽娜	女	1987-05-01
	妻	卢爱春	女	1974-05-05		子	翁旭敏	男	2001-07-03
	女	包碧雯	女	2002-07-28	012	户主	王行堪	男	1937-03-20
	女	包意茜	女	2006-04-17		妻	包美串	女	1936-04-12
	子	包豪喆	男	2007-09-12		子	王　锋	男	1969-02-24
006	户主	包尚琳	男	1975-04-17		儿媳	陈彩云	女	1971-04-26
	妻	陈爱青	女	1975-02-26		孙女	王韵泽	女	2008-11-13
	女	包一鸣	女	2002-05-04	013	户主	王尚同	男	1960-03-02
	女	包一函	女	2009-01-06		妻	吴包金	女	1955-03-02
	子	包一博	男	2011-07-28		子	王宇刚	男	1984-04-01
007	户主	包爱华	男	1959-01-15		子	王晓刚	男	1986-02-28
	妻	林爱芳	女	1958-09-25	014	户主	卢爱玉	女	1957-05-19
	子	包长庆	男	1992-03-09		丈夫	王尚钱	男	1958-04-08
	女	包笑丹	女	1989-12-23	015	户主	王钰铭	男	1981-09-23
	女	包珊珊	女	1988-04-21		妻	吴夏语	女	1982-08-11
008	户主	包伟华	男	1963-07-05		女	王一乔	女	2009-05-10
	妻	包秋桃	女	1969-11-02	016	户主	王尚定	男	1974-08-05
	子	包剑松	男	1994-10-15		妻	林细桃	女	1975-07-05

续表 1

户号	称谓	姓名	性别	出生年月	户号	称谓	姓名	性别	出生年月
	子	王翰霖	男	2004-11-04		子	包雅松	子	1988-11-19
	子	王　浩	男	2000-01-19	023	户主	包日东	男	1950-11-19
017	户主	王行国	男	1943-05-05		妻	曹秋林	女	1954-09-19
	妻	曾包香	女	1948-06-10		父亲	包序兰	男	1928-03-02
018	户主	王尚平	男	1961-01-18		子	包松雨	男	1976-12-20
	妻	包秋荣	女	1964-04-12		儿媳	洪细珠	女	1975-06-26
	子	王江勇	男	1989-01-04		孙子	包星区	男	2000-08-09
	子	王　勇	男	1993-01-02	024	户主	包日派	男	1933-10-27
019	户主	包日平	男	1965-08-31		妻	曾春菊	女	1941-04-09
	妻	包细娥	女	1970-06-26		孙女	包梦菲	女	1999-10-25
	女	包柳丽	女	1989-10-11		孙子	包瑞升	男	2004-05-03
	女	包丽芳	女	1991-07-11		子	包松波	男	1976-11-30
020	户主	包序全	男	1939-02-14		儿媳	张腊安	女	1974-12-21
	妻	陈东香	女	1942-02-02	025	户主	包松满	男	1972-11-25
	子	包小平	男	1968-05-01		妻	苏月兰	女	1971-02-08
	儿媳	姚宝连	女	1967-01-17		子	包鹿兴	男	1999-09-21
	孙子	包松乐	男	1988-10-11		女	包晶晶	女	1994-08-06
	孙子	包松凑	男	1989-07-16	026	户主	包日类	男	1957-03-15
	孙女	包丽秀	女	1992-09-20		妻	陈小红	女	1964-05-25
021	户主	包日正	男	1964-10-27		子	包仰松	男	1994-07-03
	妻	林月英	女	1964-12-25		女	包亚平	女	1985-08-29
	子	包松军	男	1986-11-10		女	包亚晶	女	1989-03-26
	女	包赛玲	女	1989-04-07		女	包松陈	女	1993-03-08
	女	包海燕	女	1992-11-05	027	户主	包日香	男	1933-02-06
	父亲	包序清	男	1925-09-25		妻	林桂莲	女	1938-03-15
022	户主	包日富	男	1962-12-19		子	包松库	男	1978-02-14
	妻	陈美英	女	1969-05-31		子	包松引	男	1967-06-29
	子	包宁崇	男	1993-02-21		孙子	包恩升	男	1995-05-28
	子	包崇松	男	1991-02-23		孙女	包静怡	女	2005-02-19

续表 1

户号	称谓	姓名	性别	出生年月
	儿媳	陈晓爱	女	1971-07-29
	儿媳	欧丽亚	女	1982-12-24
	孙子	包文轩	男	2010-06-12
028	户主	包松云	男	1957-12-07
	妻	庄金凤	女	1961-09-19
	子	包扬航	男	1996-02-13
029	户主	胡英龙	男	1960-07-19
	妻	曾秋增	女	1966-09-17
	女	胡旭平	女	1986-01-06
	女	胡月平	女	1991-12-07
	女	胡柳平	女	1989-05-21
030	户主	陈美华	男	1963-11-22
	子	陈伟杰	男	1993-02-05
	子	陈　伟	男	1990-05-18
	妻	陈美荣	女	1970-07-31
	女	陈文静	女	1998-12-01
031	户主	陈碗华	男	1959-10-29
	子	陈伟江	男	1989-08-18
	子	陈　贵	男	1991-01-06
	妻	包爱女	女	1962-11-23
032	户主	包日参	男	1973-06-26
	母亲	陈阿莲	女	1935-02-26
	子	包松会	男	1997-11-07
	妻	胡爱香	女	1974-12-24
033	户主	包日才	男	1956-07-03
	妻	王细兰	女	1959-12-11
	长子	包松利	男	1978-11-09
	次子	包松兆	男	1981-04-25
	儿媳	李香莉	女	1983-04-16

户号	称谓	姓名	性别	出生年月
	孙子	包康琦	男	2004-11-07
	儿媳	张敏洁	女	1981-04-25
	孙子	包晨新	男	2009-12-02
034	户主	陈细德	男	1961-11-06
	妻	陈兰英	女	1971-05-05
	子	陈少波	男	1996-01-03
	女	陈晔晔	女	1994-07-27
035	户主	陈先德	男	1957-05-11
	妻	陈细英	女	1967-06-12
	长女	陈秋红	女	1988-10-23
	二女	陈丽红	女	1992-01-29
036	户主	曹忠玉	男	1943-08-29
	妻	包细女	女	1950-07-19
	子	曹一松	男	1974-08-09
	孙子	曹伟峰	男	2004-01-28
	儿媳	韦应玲	女	1980-10-10
037	户主	包道爱	男	1944-01-22
	妻	陈周春	女	1948-08-22
	孙女	包思盈	女	2009-06-21
	孙女	包思思	女	1998-11-21
	儿媳	包夏梅	女	1976-05-12
	子	包日辉	男	1972-06-01
	子	包海宇	男	1985-07-01
038	户主	包松怀	男	1976-09-26
	子	包新涛	男	1999-07-17
	妻	张采茶	女	1980-01-13
039	户主	包松兵	男	1974-06-10
	妻	卢美莲	女	1978-10-03
	子	包学兴	男	2004-07-06

续表 1

户号	称谓	姓名	性别	出生年月
040	户主	包松宝	男	1979-06-26
	女	包雪婷	女	2006-11-24
	父亲	包日好	男	1951-01-19
	妻	韦春祝	女	1983-09-13
041	户主	包日家	男	1941-12-31
	妻	王丽清	女	1951-12-06
	子	吴大遥	男	1977-05-23
	儿媳	包海萍	女	1975-08-22
	孙子	包舒泰	男	2002-11-27
042	户主	包松钱	男	1967-05-25
	妻	包晚玉	女	1969-02-27
	二女	包晶晶	女	1989-04-12
	三女	包晓晓	女	1991-11-17
	女	包王芬	女	1995-08-13
	子	包新鹏	男	1995-08-13
043	户主	包日养	男	1939-08-30
	妻	李曾兰	女	1946-10-31
	子	包海松	男	1974-10-17
	儿媳	周春花	女	1982-04-30
	孙女	包梦萱	女	2007-07-31
	孙女	包依依	女	2010-02-02
044	户主	包飞江	男	1973-01-06
	母亲	林秀英	女	1946-11-15
	子	包东东	男	1966-05-04
045	户主	包飞雄	男	1976-07-20
	妻	夏晓云	女	1975-04-26
	子	包兴涛	男	2003-03-09
046	户主	包细兰	男	1932-09-19
047	户主	胡月莲	女	1965-06-02
	丈夫	王尚员	男	1964-04-21
	子	王　鹏	男	1991-03-24
048	户主	王小宝	男	1976-09-26
	妻	包阿兰	女	1976-01-25
	子	王宏达	男	1999-08-03
	子	王宏升	男	2006-02-28
049	户主	王尚正	男	1970-02-10
	妻	包青映	女	1971-04-09
	女	王楚君	女	1993-08-20
	子	王启航	男	1995-01-01
050	户主	王行忠	男	1939-04-20
	妻	许翁梅	女	1940-04-04
	子	王尚宝	男	1974-12-23
	儿媳	包阿李	女	1977-02-04
	孙女	王祉馨	女	2004-10-31
	孙女	王　蓉	女	2001-03-13
	孙子	王　盟	男	2009-08-29
051	户主	包细能	男	1962-02-08
	妻	王美凤	女	1964-11-29
	女	包丽秀	女	1990-11-22
	子	包松学	男	1989-10-02
052	户主	包序武	男	1936-10-11
053	户主	陈亦水	男	1938-10-05
	妻	包　氏	女	1930-11-04
	子	陈高兵	男	1963-09-09
	儿媳	包三娇	女	1971-05-20
	孙子	包松景	男	1989-01-22
	孙女	包玲玲	女	1991-05-12
054	户主	包序甫	男	1949-02-21

续表 1

户号	称谓	姓名	性别	出生年月
055	户主	吴同男	男	1953-03-02
	二女	包夏冰	女	1976-07-19
	三女	包小斌	女	1978-06-30
	四女	包飞飞	女	1983-04-10
056	户主	包松厚	男	1978-02-15
	父亲	包日员	男	1942-11-11
	妻	毛增花	女	1981-06-19
	女	包雅萱	女	2010-04-07
057	户主	包松足	男	1974-01-03
	妻	陈月兰	女	1975-07-29
	子	包兴强	男	2000-09-30
058	户主	包日方	男	1947-05-05
	子	包松火	男	1981-04-01
059	户主	包松赞	男	1978-12-15
	妻	周晓月	女	1978-08-27
	子	包文康	男	2004-08-09
	女	包文硕	女	2009-05-04
060	户主	王许英	女	1957-04-06
	子	陈赛应	男	1984-07-04
	子	陈祥应	男	1981-10-03
061	户主	包道庄	男	1925-04-23
	子	包日明	男	1949-09-22
	儿媳	雷阿玉	女	1952-06-17
	子	兰朝洋	男	1975-09-22
	孙子	包松科	男	1982-01-23
	孙女	包阿芬	女	1996-10-03
062	户主	包道敬	男	1966-12-27
	父母	王　菊	女	1923-06-09
	子	包志刚	男	1996-10-13
	女	包娇娇	女	1993-11-11
063	户主	包细爱	男	1947-06-22
	妻	陈三英	女	1953-04-17
	子	包小伟	男	1982-02-21
	子	包冬伟	男	1984-12-28
	孙女	包思燕	女	2010-01-22
064	户主	包细华	男	1951-10-01
	妻	周秋桃	女	1960-04-25
	子	包松军	男	1987-05-12
065	户主	包细钦	男	1965-10-25
	妻	翁秋芝	女	1968-09-28
	子	包松河	男	1989-04-13
	子	包松江	男	1993-05-13
066	户主	包晚玉	男	1961-02-07
	妻	包细花	女	1968-12-24
	子	包海金	男	1987-10-28
	女	包宇珍	女	1990-12-29
067	户主	包细富	男	1967-09-15
	妻	王冬秀	女	1970-06-15
	子	包松城	男	1995-02-06
068	户主	陈三德	男	1964-02-10
	妻	杨江兰	女	1968-09-08
	女	陈昌丽	女	1993-08-06
	子	陈贵海	男	1995-06-26
	子	陈海文	男	1997-04-13
069	户主	包日万	男	1947-02-09
	妻	苏周松	男	1954-08-24
	子	包松渐	女	1984-01-16
	儿媳	陈林琴	女	1982-07-09

续表 1

户号	称谓	姓名	性别	出生年月	户号	称谓	姓名	性别	出生年月
070	孙女	包舒璨	女	2007-08-03		妻	曹秋英	女	1956-08-20
	户主	包松娇	男	1974-11-26		子	包松贤	男	1982-06-18
	妻	林阿夏	女	1974-10-13		母亲	陈知兰	女	1927-05-12
	子	包宙星	男	2000-06-20		孙子	包兴翔	男	2008-07-03
071	户主	包玉华	男	1948-12-26		儿媳	祖洪艳	女	1982-06-19

白岩下

白岩下片村民名册

表 2

户号	称谓	姓名	性别	出生年月	户号	称谓	姓名	性别	出生年月
072	户主	包日久	男	1940-04-01		三女	包娜娜	女	1990-03-10
	妻	陈冬莲	女	1945-09-24		二女	包婉珍	女	1989-08-07
	子	包松钱	男	1969-04-10	077	户主	包道美	男	1934-03-01
	儿媳	包美春	女	1974-09-23		妻	林　英	女	1943-02-17
	孙子	包学裕	男	1997-01-24		子	包日洋	男	1978-03-31
073	户主	包松金	男	1963-08-08		儿媳	朱文娟	女	1983-08-08
	妻	曾晓玉	女	1968-02-24		孙子	包崇熨	男	2005-09-21
	子	包学利	男	1991-03-18		孙女	包雅静	女	2009-09-21
074	户主	包松银	男	1969-10-25	078	户主	包松尧	男	1975-08-01
	妻	陈晓玲	女	1972-11-16		妻	翁美香	女	1977-03-30
	子	包学伟	男	1989-01-11		子	包伟健	男	1999-09-16
	女	包淑绿	女	1986-06-13		女	包萱萱	女	2005-02-02
075	户主	包日亮	男	1961-10-02	079	户主	包日敬	男	1949-10-18
	妻	周爱金	女	1968-05-04		妻	陈菊	女	1956-01-12
	子	包长双	男	1989-04-10		次子	包松赛	男	1983-03-01
	子	包长挺	男	1989-05-06		孙子	包海迪	男	1996-06-27
076	户主	包日海	男	1965-03-05	080	户主	包文青	男	1984-06-05
	妻	李杏丽	女	1967-11-05		妻	雷晶晶	女	1987-12-07
	子	包松浙	男	1997-02-19		子	包立健	男	2010-02-20

续表2

户号	称谓	姓名	性别	出生年月	户号	称谓	姓名	性别	出生年月
081	户主	包松偶	男	1958-08-17		女	包温倩	女	2004-02-21
	妻	林尾兰	女	1962-06-12		女	翁晓玲	女	1977-11-03
	女	包淑贞	女	1981-03-24	091	户主	包松侣	男	1977-10-26
082	户主	包松劝	男	1969-01-07		女	包淑迪	女	1999-11-12
	妻	王冬银	女	1969-01-07		妻	樊春红	女	1977-03-14
	子	包伟雄	男	1997-04-01		子	包俊杰	男	2007-06-08
	女	包丽丽	女	1991-04-08	092	户主	包日卓	男	1939-01-27
083	户主	包子莲	男	1941-01-12		妻	王包英	女	1941-11-17
	妻	曾陈玉	女	1950-02-04		子	包松齐	男	1980-09-27
	次子	包松全	男	1974-10-31		孙女	包乐晖	女	2007-05-21
	儿媳	车林艳	女	1978-03-03		孙子	包韩威	男	2009-04-02
	孙子	包伟秦	男	1998-06-13		儿媳	包素珍	女	1983-06-18
084	母亲	王三玉	女	1953-02-28	093	户主	包松爱	男	1963-01-07
	户主	包学飞	男	1969-02-17		妻	郑丽琴	女	1970-06-20
	妻	翁曾林	女	1972-04-09		女	包婉露	女	1999-05-01
	子	包敏强	男	1994-08-20	094	户主	包松顶	男	1967-01-05
085	户主	包学葵	男	1978-09-23		妻	罗忠英	女	1975-01-30
	妻	雷淑梅	女	1984-11-15		女	包丹丹	女	1998-06-19
	女	包冰燕	女	2005-07-02		子	包伟波	男	1996-03-08
086	户主	包松增	男	1959-12-24	095	妻	文水英	女	1966-01-04
	子	包学苗	男	1984-12-23		户主	包松明	男	1969-10-06
	女	包晚霞	女	1988-12-19		子	包文涛	男	2006-05-02
087	户主	包松与	男	1980-09-17		女	包文静	女	2004-06-30
	妻	包周霞	女	1980-02-24	096	户主	包洪波	男	1977-06-08
088	户主	包松河	男	1977-12-07		妻	陈海清	女	1982-03-24
089	户主	包闽江	男	1986-04-12		子	包致远	男	2007-10-14
	子	包日成	男	1954-01-24		姐	包林秀	女	1966-10-14
	妻	苏爱香	女	1960-01-24		外甥女	包怡倩	女	1991-01-18
090	户主	包松平	男	1979-09-23	097	户主	包松付	男	1976-10-21

续表 2

户号	称谓	姓名	性别	出生年月	户号	称谓	姓名	性别	出生年月
	妻	包爱平	女	1977-07-27	101	户主	包日表	男	1968-05-16
	子	包伟达	男	1997-07-01		妻	陈爱秋	女	1974-04-01
	女	包丹艳	女	2002-05-16		子	包志伟	男	1999-05-19
	母亲	林　英	女	1958-05-19		女	包亚青	女	1990-03-12
098	户主	包长跑	男	1977-10-04	102	户主	包子放	男	1950-12-26
	妻	包柳春	女	1977-04-05		妻	曾陈美	女	1953-05-30
	子	包鸿豪	男	2002-01-25		子	包松展	男	1979-03-15
	母亲	林细娇	女	1946-06-24		儿媳	杨通芳	女	1984-02-10
099	户主	包松虎	男	1972-05-28		孙女	包珊珊	女	2009-02-05
	妻	曾婉玲	女	1975-04-10		孙女	包淑君	女	2004-08-23
	女	包淑蓉	女	1998-07-10	103	户主	包松叠	男	1972-03-13
	子	包剑豪	男	2004-08-09		妻	包晓朱	女	1972-07-11
100	户主	包日匀	男	1956-07-26		子	包学杰	男	1995-06-18
	妻	王林梅	女	1961-09-12					
	子	包松票	男	1975-12-14					
	儿媳	陈小秋	女	1983-12-13					
	孙女	包语晨	女	2010-08-07					

大坵

大坵片村民名册

表 3

户号	称谓	姓名	性别	出生年月	户号	称谓	姓名	性别	出生年月
104	户主	包周养	男	1944-01-02		子	包松金	男	1979-02-02
	子	包松海	男	1966-10-30		孙子	包新晨	男	2007-09-21
	儿媳	林陈桃	女	1968-09-28		子	包松合	男	1975-12-18
	孙女	包新雅	女	1989-10-27		儿媳	翁美娥	女	1973-10-21
	孙子	包新枝	子	1991-03-23	106	户主	包松怀	男	1974-04-21
105	户主	包周贰	男	1944-12-18		妻	卢爱辉	女	1978-06-15
	妻	王爱香	女	1953-02-09		女	包祺莹	女	2003-03-07

续表 3

户号	称谓	姓名	性别	出生年月	户号	称谓	姓名	性别	出生年月
	子	包新元	男	2011-10-26		孙女	包浩钦	女	1993-10-19
107	户主	包细和	男	1945-10-07		孙子	包仁昆	男	2000-09-01
	妻	包细赖	女	1953-06-27		女	曾赛平	女	1971-12-02
	女	包荣荣	女	1995-01-22	116	户主	曾　长	男	1975-05-11
	子	包松久	男	1981-05-13		妻	包丽凤	女	1973-02-25
	孙女	包雨清	女	2005-12-10		女	曾丹妮	女	2001-01-05
	孙子	包新堂	男	1996-03-20		女	曾丹娜	女	2009-04-06
	子	包松里	男	1975-01-18	117	户主	包鼎和	男	1939-12-28
108	户主	包长美	男	1929-03-01		女	包三雪	女	1981-11-28
	妻	周　梅	女	1929-08-20		子	章德足	男	1980-11-22
	子	包周新	男	1969-11-09		孙女	包含之	女	2008-12-04
	孙子	包兴涛	男	2005-09-13		女	包雪梅	女	1974-12-20
109	户主	包松秋	男	1969-10-18		子	包松考	男	1974-06-23
	妻	白甘花	女	1971-10-01		孙子	包容之	男	2002-06-30
	子	包新全	男	1994-08-20	118	户主	包细凑	男	1959-03-10
	女	包爱辉	女	1988-10-24		妻	简夏春	女	1966-09-01
110	户主	曾乃好	男	1979-03-28		子	包松华	男	1985-11-24
	妻	金再芬	女	1985-10-02		女	包晓燕	女	1988-07-06
	子	曾祥彬	男	2006-10-20		子	包延龄	男	1987-10-05
111	户主	曾乃村	男	1976-11-08	119	户主	包美员	男	1952-05-27
112	户主	曾乃宝	男	1980-03-22		妻	包细妞	女	1958-04-22
113	户主	曾齐银	男	1936-02-06		女	包丽红	女	1984-04-25
114	户主	曾庆凑	男	1954-01-06		子	包松永	男	1978-02-28
	妻	林春桃	女	1957-02-09		儿媳	金哑里	女	1985-11-15
	女	曾夏招	女	1991-05-21		母亲	包阿珠	女	1938-03-19
115	户主	包春娇	女	1948-05-19		孙女	包冰冰	女	2008-11-24
	配偶	曾家法	男	1945-07-33	120	户主	曾庆相	男	1963-11-01
	子	包　刚	男	1969-11-02		妻	陈曾桃	女	1965-06-04
	儿媳	包春秋	女	1972-07-27		子	曾乃军	男	1985-04-30

续表 3

户号	称谓	姓名	性别	出生年月	户号	称谓	姓名	性别	出生年月
	女	曾宇鹏	男	1991-03-26		妻	胡碎香	女	1975-11-03
	儿媳	王亚琴	女	1984-06-18		子	陈祥迪	男	2002-06-03
	母亲	林美莲	女	1935-09-17		户主	包松广	男	1960-07-27
	孙子	曾祥鋆	男	2012-04-08	127	妻	吴春兰	女	1968-06-13
	户主	包周荣	男	1961-05-02		子	包新枫	男	1995-11-06
	妻	包细秋	女	1963-09-17		户主	包松际	男	1967-08-25
121	子	包洋洋	男	1990-11-09	128	妻	陈林林	女	1980-02-20
	女	包文娟	女	1987-05-26		子	包兴健	男	2001-01-27
	侄女	包武娟	女	1991-10-21		户主	包松概	男	1961-07-02
122	户主	王德平	男	1985-05-19		妻	王林秋	女	1966-07-07
	户主	包日程	男	1949-05-04		女	包茉茉	女	1989-07-08
	妻	王　玉	女	1948-05-19	129	女	包宇珍	女	1994-12-13
123	子	包松亮	男	1975-10-26		母亲	胡莲花	女	1937-07-18
	儿媳	包丽平	女	1981-09-09		女	包昕莉	女	1988-02-14
	孙子	包梓铭	男	2007-11-18		户主	包日良	男	1977-02-08
	户主	陈阿送	男	1979-07-21		女	包思怡	女	2001-11-26
	父亲	陈凤肥	男	1934-07-21	130	妻	卢旭芳	女	1976-12-28
124	母亲	包桃连	女	1935-04-13		子	包韩松	男	2007-11-30
	妻	陈金莲	女	1840-92-84		女	包静怡	女	2005-07-10
	女	陈　净	女	2010-03-17		户主	陈昭强	男	1968-11-02
	户主	包子和	男	1948-10-22	131	子	陈　霖	男	1996-05-04
	妻	林细姆	女	1952-05-27		妻	陈玉容	女	1972-12-12
	子	包松平	男	1973-04-27	132	户主	陈赛华	男	1968-10-29
	女	包赛辉	女	1981-09-28		子	陈徐彪	男	1988-12-05
125	孙子	包杭新	男	2000-08-10	133	户主	陈珏森	男	1946-06-22
	儿媳	曹　菊	女	1988-07-01		妻	王陈春	女	1945-03-29
	孙女	包函琪	女	2011-04-08		户主	王林花	女	1966-03-22
	孙女	包函晶	女	2011-04-08	134	女	陈阿燕	女	1984-03-08
126	户主	陈昭从	男	1973-10-13		子	陈新全	男	1988-05-19

续表 3

户号	称谓	姓名	性别	出生年月
135	户主	陈正华	男	1969-05-12
	妻	包阿柳	女	1970-01-02
	子	陈鑫长	男	1997-01-03
	女	陈婷婷	女	1993-03-26
136	户主	陈昭信	男	1965-09-24
	妻	曹林桃	女	1970-10-21
	子	陈祥彩	男	1993-12-08
	子	陈祥贵	男	1995-12-28
137	户主	陈周中	男	1935-02-19
	妻	包林英	女	1939-03-02
	子	陈昭文	男	1975-12-26
	儿媳	李老之	女	1985-01-20
	孙女	陈青妙	女	2011-03-25
	孙子	陈祥俊	男	2011-01-10
138	户主	陈昭平	男	1960-10-29
	妻	包爱香	女	1967-02-20
	子	陈祥波	男	1983-12-28
	女	陈赛银	女	1986-10-01
	儿媳	包秋雪	女	1990-07-17
	孙女	陈诗语	女	2012-02-22
139	户主	包子宽	男	1963-04-20
	子	包松君	男	2000-01-25
	女	包婷婷	女	1995-08-20
140	户主	陈加荣	男	1976-05-28
	妻	陈满英	女	1977-09-11
	女	陈亚庆	女	1998-10-01
	子	陈文泽	男	2006-05-17
141	户主	陈全周	男	1943-12-11
	妻	曾冬媚	女	1948-12-23
	子	陈曾泳	男	1980-06-21
	女	陈桂玲	女	1982-10-17
	孙女	陈瑜萱	女	2007-04-11
	儿媳	洪爱琴	女	1983-01-10
142	户主	曹　花	女	1932-01-15
	孙子	包星炉	男	1997-03-10
143	户主	包松南	男	1965-07-24
	妻	林小青	女	1969-03-15
	长子	包有星	男	1989-11-18
	次子	包正星	男	1992-04-17
	女	包柳娟	女	1987-09-07
144	户主	吴县秀	男	1953-08-22
	妻	王美爱	女	1962-12-04
	女	吴夏芝	女	1981-08-07
	子	吴怀杰	男	1985-01-14
	子	傅　龙	男	1979-02-26
145	户主	包松伟	男	1953-06-05
	妻	王细珠	女	1961-11-18
146	妻	曾陈兰	女	1984-01-22
	户主	包再新	男	1980-10-10
	女	包原源	女	2005-04-10
	男	包可遇	男	2008-09-17
147	户主	包新星	男	1979-02-28
	妻	郑伟玲	女	1977-08-01
	子	包立邦	男	2002-12-05
	子	包立朝	男	2007-09-19
148	户主	包子钦	男	1954-10-27
	妻	曾春兰	女	1959-07-17
	子	包华斌	男	1980-01-09

续表 3

户号	称谓	姓名	性别	出生年月
	子	包华科	男	1986-03-05
	儿媳	徐巧娟	女	1982-05-19
	孙子	包锦坤	男	2009-02-28
149	户主	包松跑	男	1958-08-13
	妻	周秋娥	女	1963-08-03
	长子	包新周	男	1982-10-11
	次子	包学宝	男	1986-06-13
	女	包彩娟	女	1994-09-22
150	户主	包道善	男	1947-02-19
	妻	林爱花	女	1952-06-07
	次子	包晓军	男	1983-08-04
	女	包晓霞	女	1981-09-30
151	户主	陈祥艳	男	1979-10-19
	妻	曾圆圆	女	1979-04-24
	女	陈语熙	女	2004-11-17
152	户主	陈昭永	男	1958-05-16
	妻	蔡莲花	女	1962-03-15
153	户主	包衍芳	男	1956-07-31
	妻	林小花	女	1952-09-21
	子	包晓鹏	男	1996-10-24
154	户主	包新静	女	1995-08-18
155	户主	包松鸟	男	1970-06-18
	子	包学贵	男	1990-08-23
	子	包新科	男	1997-08-08
	妻	潘井香	女	1969-07-17
156	户主	包子员	男	1936-01-31
	妻	胡双顶	女	1937-09-28
	子	包松求	男	1971-12-25
157	户主	包松光	男	1973-05-08
	妻	吴冬玲	女	1977-12-18
	子	包锦轩	男	2005-06-01
158	户主	包昭光	男	1971-04-25
	妻	庄秀凤	女	1972-02-26
	子	包文希	男	2003-02-15
159	户主	包日超	男	1947-10-21
	子	包松洋	男	1977-11-13
	妻	王春香	女	1950-02-04
	儿媳	林　荣	女	1979-02-27
	孙女	包梦瑶	女	2003-09-14
	孙子	包新隆	男	2007-01-24
160	户主	戴盛兵	男	1971-12-25
	妻	包夏荣	女	1970-03-31
	女	包淑娟	女	1992-02-10
	子	包新城	男	1997-04-08
161	户主	包日快	男	1945-11-11
	妻	杨美琴	女	1946-07-07
	子	包长伟	男	1972-02-04
	儿媳	郭细英	女	1974-09-24
	孙子	包新达	男	1996-01-27
	孙女	包智怡	女	2006-07-13
162	户主	包序本	男	1937-09-19
163	户主	包春英	女	1936-02-05
	子	包琼璟	男	1984-03-11
164	户主	包日广	男	1974-03-15
	妻	张晓燕	女	1974-12-13
165	户主	包裕华	男	1960-08-23
	妻	毛芳华	女	1966-09-16
166	户主	卢颖芝	女	1926-12-08

续表 3

户号	称谓	姓名	性别	出生年月	户号	称谓	姓名	性别	出生年月
	子	包晓玲	男	1964-07-29	168	户主	包日楷	男	1947-10-04
	儿媳	周赛辉	女	1963-09-05		妻	包吴玉	女	1954-04-27
	孙女	包梦凡	女	1989-10-13	169	户主	包松跑	男	1980-11-21
	孙子	包　杭	男	1998-03-11		男	包文轩	男	2006-02-11
167	户主	包松志	男	1971-12-28		妻	林苏红	女	1979-11-10
	妻	苏细娇	女	1973-07-30		女	包心怡	女	2010-04-06
	子	包申来	男	1995-05-21	170	户主	包周凑	男	1955-10-03
	女	包秋平	女	2000-08-05		妻	包爱月	女	1964-12-02

高畲垟

高畲垟片村民名册

表 4

户号	称谓	姓名	性别	出生年月	户号	称谓	姓名	性别	出生年月
171	户主	包松快	男	1966-02-23		孙女	包旭欣	女	2010-10-03
	妻	林陈菊	女	1964-04-16	175	户主	包松记	男	1957-08-06
	女	包彩辉	女	1989-01-11		妻	苏东芳	女	1957-12-22
	子	包新福	男	1990-10-18	176	户主	包益新	男	1977-02-16
172	户主	包劲松	男	1963-05-06		妻	陈雪夏	女	1976-10-23
	妻	曾汪玉	女	1964-09-08		女	包蕾蕾	女	2002-10-28
	子	包学康	男	1995-02-17		子	包立轩	男	2010-12-12
173	户主	曾安辉	男	1959-04-14	177	户主	包益辉	男	1979-07-11
	妻	曾细辉	女	1968-10-01		子	包培炫	男	2003-09-04
	女	曾碗莉	女	1988-08-08		妻	曾海霞	女	1980-08-06
	次子	曾家信	男	1993-08-15	178	户主	包晚松	男	1964-08-06
	长子	曾宝恩	男	1991-10-20		妻	林曾香	女	1966-09-13
174	户主	林　英	女	1939-03-20		女	包海燕	女	1988-07-18
	女婿	陈林何	男	1973-11-20		儿媳	施素娟	女	1985-02-16
	女	包桃柳	女	1975-03-25		子	包海丰	男	1984-07-28
	孙子	包松慰	男	1999-10-21		孙女	包洋洋	女	2000-02-24

续表 4

户号	称谓	姓名	性别	出生年月	户号	称谓	姓名	性别	出生年月
	孙子	包钧灏	男	2009-02-26		子	包松勇	男	1977-09-06
	孙女	包樱垚	女	2011-12-13	187	户主	包周松	男	1955-08-30
179	户主	包松凑	男	1978-07-07		妻	林东香	女	1957-12-31
	妻	徐小芹	女	1978-02-14		子	包学跑	男	1980-09-24
	子	包帅军	男	2007-04-30		孙子	包俊浩	男	2009-10-24
	母亲	苏美银	女	1948-09-23		儿媳	曾丽飞	女	1986-10-22
	妹	包阿晓	女	1983-04-02	188	户主	包松桃	男	1959-08-12
180	户主	包松标	男	1974-05-19		妻	陈春月	女	1964-10-14
	子	包欣瑶	女	2002-07-16		子	包新龙	男	1981-10-28
181	户主	包松丰	男	1971-01-04		子	包学龙	男	1983-03-18
	妻	林秀和	女	1977-12-29		女	包丽燕	女	1993-11-28
	子	包新源	男	1999-02-18	189	户主	包日娥	男	1950-05-01
182	户主	包日平	男	1963-11-16		子	包松雨	男	1976-05-12
	子	包志伟	男	1988-04-01		儿媳	翁林华	女	1980-11-23
	妻	曾秀华	女	1968-09-29		孙子	包新泉	男	2011-03-24
183	户主	曾安银	男	1955-02-22		孙女	包馨怡	女	2003-07-27
	男	藤昭黑	男	1995-07-06	190	户主	包松青	男	1968-12-03
	女	藤满妹	女	1999-10-20		妻	施美金	女	1973-03-25
	妻	吴老长	女	1963-11-25		女	包莎莎	女	1998-11-02
184	户主	陆泽干	男	1976-05-10		二女	包森森	女	2004-03-27
	妻	包丽芳	女	1978-02-19		子	包竣臻	男	2004-03-27
	子	包伟强	男	2000-05-08	191	户主	包日德	男	1946-05-03
	父亲	包日双	男	1954-02-13		妻	陈美凤	女	1946-08-06
	女	包丽桃	女	1995-01-02	192	户主	包松旺	男	1973-05-15
185	户主	包序明	男	1933-10-26		妻	林陈娇	女	1966-03-03
	妻	陈阿员	女	1933-06-07		子	包新要	男	1997-11-23
	子	包日南	男	1981-11-19		女	包秋连	女	1993-08-30
186	户主	包明娥	男	1934-03-16	193	户主	包松财	男	1970-07-04
	妻	周杏玉	女	1935-08-17		妻	曹爱芳	女	1972-11-14

续表 4

户号	称谓	姓名	性别	出生年月
	女	包宇萍	女	1997-06-06
	子	包文国	男	2011-01-27
194	户主	包松如	男	1958-02-28
	妻	王冬花	女	1965-10-08
	子	包学付	男	1984-06-12
	儿媳	林武静	女	1986-07-28
195	户主	包学东	男	1973-02-03
	妻	王柳员	女	1973-05-16
	女	包秀秀	女	1997-03-03
	子	包立翔	男	2006-08-16
196	户主	包科新	男	1972-02-21
	妻	包汪金	女	1977-03-07
	女	包彬彬	女	1991-12-21
	女	包雅婷	女	1998-10-03
197	户主	包巨雄	男	1942-01-07
	妻	包王英	女	1949-01-29
	儿媳	许爱珠	女	1979-01-10
	孙子	包宇航	男	2003-12-07
	子	包新农	女	1980-10-08
	孙女	包宇彤	女	2008-10-02
198	户主	包新海	男	1973-10-05
	妻	洪爱娇	女	1975-03-27
	女	包雅庆	女	1996-04-18
	子	包言杰	男	2002-12-24
199	户主	包松库	男	1967-08-08
	女	包慧娟	女	1994-09-23
	子	郑林志	男	1993-03-13
	妻	林秋菊	女	1965-07-18
200	户主	包松钦	男	1946-07-17

户号	称谓	姓名	性别	出生年月
	妻	曾林媚	女	1949-09-15
	二女	包景文	女	1976-11-23
	孙女	包雅欣	女	2008-04-12
	儿媳	洪美云	女	1982-03-27
	次子	包学文	子	1979-03-05
	孙子	包士航	男	2011-03-15
	孙女	包依航	女	2011-03-15
201	户主	包日相	男	1961-09-14
	妻	陈夏玲	女	1966-06-08
	女	包丽聪	女	1988-01-24
	子	包长智	男	1985-02-24
	儿媳	董玲玲	女	1985-02-24
	父亲	包道金	男	1927-10-05
	母亲	胡郑莲	女	1937-11-25
202	户主	包松竹	男	1943-02-25
203	户主	包日成	男	1935-09-15
	妻	林爱娥	女	1947-09-03
	子	包松秀	男	1976-04-18
	儿媳	包丽平	女	1982-07-12
	孙子	包韩杰	男	2008-08-16
204	户主	包长辉	男	1969-07-01
	女	包雪婷	女	1993-12-08
205	户主	包顶忠	男	1941-08-03
	妻	包阿女	女	1945-12-31
206	户主	包松贵	男	1962-09-19
	妻	包陈玉	女	1963-04-25
	子	包海新	男	1989-11-27
	父亲	包日示	男	1925-12-21
207	户主	包松敬	男	1976-07-12

续表 4

户号	称谓	姓名	性别	出生年月	户号	称谓	姓名	性别	出生年月
	妻	王考莲	女	1976-09-03	209	户主	包日亮	男	1954-01-27
	子	包伟杰	男	2003-08-05		妻	包美玉	女	1959-05-27
208	户主	包日侣	男	1949-04-11		子	包松余	男	1983-06-10
	妻	章包英	女	1956-07-27		儿媳	陈萍荷	女	1974-07-30
	子	包松江	男	1975-03-27		孙女	包思婷	女	2010-07-15
	子	包松周	男	1980-08-17	210	户主	包松玉	男	1941-01-22
	子	包细江	男	1977-10-19		妻	王苏媚	女	1948-08-24
	儿媳	曾小琼	女	1988-05-26		子	包新新	男	1981-12-07
	孙子	包承涛	男	2010-08-12	211	户主	包新波	男	1977-06-17
	孙女	包亚琴	女	2009-05-12		妻	翁爱云	女	1979-06-18
						子	陈之帆	男	2000-09-23

新厝底

新厝底片村民名册

表 5

户号	称谓	姓名	性别	出生年月	户号	称谓	姓名	性别	出生年月
212	户主	陈全有	男	1974-02-21	215	户主	陈三训	男	1954-07-19
	妻	钟新梅	女	1973-07-02		儿媳	包美兰	女	1978-07-25
	子	陈健清	男	2002-03-10		孙女	陈莉娜	女	1999-07-15
213	户主	陈全明	男	1970-12-25		子	陈家平	男	1972-12-03
	子	陈智多	男	1999-08-02		孙子	陈　鑫	男	2010-06-22
	妻	李瑞平	女	1976-08-06	216	户主	陈全成	男	1960-08-16
	父亲	陈高财	男	1931-01-14		子	陈家海	男	1988-02-03
	母亲	蔡　眉	女	1932-01-02		妻	邓金枝	女	1963-12-11
214	户主	陈全寿	男	1965-10-03		父亲	陈厚酬	男	1930-10-16
	妻	蔡晓秋	女	1969-01-28	217	户主	陈宝全	男	1963-02-27
	子	陈建伟	男	1990-07-14		长子	陈齐辉	男	1984-06-04
	男	陈维存	男	1994-03-07		次子	陈永江	男	1989-08-17
	女	陈梦洁	女	2004-06-05		妻	包爱莲	女	1965-04-06

续表 5

户号	称谓	姓名	性别	出生年月	户号	称谓	姓名	性别	出生年月
218	户主	陈新南	男	1957–06–28		女	陈巧荣	女	1997–02–27
	女	陈丽琴	女	1983–11–15		妻	王凤姣	女	1975–07–23
	女	陈赛琴	女	1986–04–26	225	户主	陈家董	男	1973–04–06
	妻	周　兰	女	1964–06–25		女	陈慧芸	女	2000–06–26
	子	陈法位	男	1988–10–04	226	户主	陈家东	男	1958–11–26
219	户主	陈全棒	男	1934–01–18		妻	翁细娇	女	1960–04–13
	子	陈家祥	男	1979–03–04		子	陈新岳	男	1982–12–19
	孙子	陈柳新	男	2001–06–08		女	陈小双	女	1984–08–16
	儿媳	李细桃	女	1977–08–05		儿媳	何玉琴	女	1982–05–15
220	户主	陈新田	男	1962–07–17		孙子	陈皓宇	男	2009–09–06
	妻	陈秋英	女	1966–11–07		孙女	陈宇婷	女	2007–04–13
	子	陈法葵	男	1984–12–26		外孙女	陈琪萱	女	2010–01–27
	儿媳	翁金叶	女	1987–12–14	227	户主	陈全梗	男	1936–07–23
	孙子	陈孝晨	男	2010–07–23		妻	包　菊	女	1948–11–28
221	户主	陈周南	男	1969–06–17		子	陈家窕	男	1979–01–04
	妻	包丽平	女	1970–06–03		孙子	陈苏杭	男	2001–05–25
	长子	陈　敏	男	1991–03–17		儿媳	郑秋娥	女	1977–08–13
	母亲	周阿香	女	1929–01–08		孙女	陈苏蓉	女	2009–01–09
222	户主	陈全参	男	1973–09–26	228	户主	陈全如	男	1965–10–24
	妻	包爱凤	女	1976–02–09		女	陈春丽	女	1996–03–05
	女	陈海珍	女	1999–04–25		妻	张定全	女	1969–07–73
	二女	陈惠闽	女	2005–01–06		女	陈海丽	女	2001–09–18
	子	陈家进	男	2008–01–30		女	陈海燕	女	2003–10–16
223	户主	陈江峰	男	1976–12–28		女	陈丽君	女	2005–11–06
	子	陈　辞	男	2002–05–19	229	户主	陈全兰	男	1956–05–22
	妻	包哈哈	女	1982–01–12		妻	王爱娟	女	1965–01–07
	次子	陈　弋	男	2008–10–27		女	陈婷婷	女	1984–05–10
224	户主	陈细田	男	1970–07–26		子	陈家要	男	1986–12–11
	子	陈明明	男	1997–01–24		儿媳	吴双双	女	1989–07–04

续表 5

户号	称谓	姓名	性别	出生年月
230	户主	陈　祖	男	1943-02-08
	妻	章何眉	女	1947-09-17
	女婿	陈新伟	男	1966-08-06
	女	陈小金	女	1972-09-30
	孙子	陈法裕	男	1995-01-23
	孙女	陈淑映	女	1992-05-05
	孙女	陈映旭	女	1989-12-28
231	户主	陈细训	男	1950-08-23
	妻	陈友莲	女	1955-11-08
	子	陈河峰	男	1980-09-22
	孙女	陈　诺	女	2007-12-18
	女	陈静静	女	1987-09-08
	儿媳	朱雪丽	女	1980-09-03
232	户主	陈三田	男	1974-11-03
	妻	石丽平	女	1973-03-02
	子	陈发挺	男	2006-11-08
	长女	陈　莉	女	1996-04-06
	父亲	陈家焱	男	1930-12-19
	母亲	陈梨娇	女	1934-12-23
233	户主	陈家锋	男	1969-09-26
	妻	吴梦星	女	1970-09-24
	女	陈涵清	女	2001-07-20
234	户主	陈全宜	男	1961-01-27
	妻	陈连香	女	1961-09-11
	长子	陈家露	男	1982-10-09
	次子	陈细露	男	1984-03-10
	儿媳	陈志花	女	1984-01-19
	孙女	陈苏慧	女	2011-01-25
235	户主	陈全库	男	1953-12-26
	子	陈增平	男	1980-02-29
	子	陈赛平	男	1976-02-11
	儿媳	张秀梅	女	1976-05-25
	孙女	陈璐	女	1999-04-01
	孙子	陈子煊	男	2011-09-27
	孙女	陈子涵	女	2011-06-02
	儿媳	季芳	女	1979-11-16
	孙女	陈涵韵	女	2011-06-02
236	户主	杜本强	男	1979-11-07
	妻	陈冬云	女	1976-11-23
	女	陈　晨	女	2003-06-21
	子	陈弘宇	男	2007-09-21
237	户主	陈全解	男	1955-10-26
	妻	苏爱玲	女	1965-07-31
	长子	陈小祥	男	1984-07-11
	二女	陈赛红	女	1989-12-31
238	户主	翁吴娇	男	1950-10-18
	外孙女	王晨曦	女	2008-01-12
	女	陈秋云	女	1979-12-05
239	户主	陈全孝	男	1961-04-14
	妻	胡春凤	女	1963-05-28
	子	陈银坤	男	1982-03-04
	子	陈银森	男	1984-12-24
	儿媳	占玉林	女	1984-01-22
	孙	陈可羽	男	2009-08-08
	儿媳	陈晓莉	女	1985-08-25
240	户主	陈家良	男	1954-11-18
	妻	陈碗花	女	1963-04-05
	二女	陈美琴	女	1988-11-16

续表 5

户号	称谓	姓名	性别	出生年月	户号	称谓	姓名	性别	出生年月
	三女	陈晓琴	女	1990-10-10		子	陈三兵	男	1984-06-28
241	户主	陈全亿	男	1948-07-02		儿媳	陈程程	女	1983-04-11
	子	陈家忠	男	1984-11-03	251	户主	陈全快	男	1937-03-31
242	户主	陈全斌	男	1975-03-19		长子	陈增家	男	1961-08-31
	子	陈俊杰	男	2002-12-07		孙子	陈新琳	男	1989-08-29
	妻	包晓秋	女	1977-11-25	252	户主	陈全美	男	1957-05-17
	女	陈乐宜	女	2007-09-20		妻	周阿花	女	1959-05-23
	女	陈远宜	女	2007-09-20		子	陈家泉	男	1989-08-29
243	户主	陈怀德	男	1980-11-25		二女	陈小余	女	1986-02-23
	妻	包丽芳	女	1982-03-18		女	陈彩蔚	女	1983-03-14
	子	陈俊毅	男	2007-10-16	253	户主	陈国新	男	1985-02-23
	子	陈家钰	男	2011-06-30		妻	许东春	女	1982-07-26
244	户主	陈细飞	男	1972-12-25		子	陈想	男	2011-12-09
	子	陈良峰	男	1997-02-27	254	户主	陈细龙	男	1984-08-03
	妻	陈满清	女	1974-12-06		妻	何秋红	女	1983-06-25
245	户主	陈连飞	男	1966-10-21		女	陈　茜	女	2009-10-20
	妻	包晓辉	女	1971-08-07	255	户主	陈上加	男	1949-02-12
	子	陈良松	男	1989-10-06		妻	包阿臭	女	1958-07-14
	女	陈丽映	女	1991-12-17	256	户主	陈全偶	男	1966-10-26
246	户主	陈全暖	男	1938-06-19		子	陈家表	男	1997-05-04
	妻	林曾眉	女	1944-01-03		妻	马绍梅	女	1977-03-18
247	户主	陈全亩	男	1940-07-06	257	户主	陈亦辉	男	1966-06-04
248	户主	陈全放	男	1958-09-23		妻	许曾玉	女	1975-01-14
	妻	吴美英	女	1964-05-25		子	陈含新	男	1992-07-11
	子	陈家来	男	1987-03-16		女	陈婉仪	女	2001-12-03
249	户主	陈全是	男	1942-01-18	258	户主	陈新龙	男	1979-11-13
	妻	郑爱焦	女	1957-06-27		女	陈舒雅	女	2005-08-02
	子	陈家财	男	1983-11-14		妻	季金莲	女	1982-03-10
250	户主	陈兰芳	女	1954-12-11	259	户主	陈细平	男	1976-12-04

续表 5

户号	称谓	姓名	性别	出生年月	户号	称谓	姓名	性别	出生年月
	母亲	汪阿玉	女	1938-01-28		妻	包晓青	女	1968-08-12
	女	陈慧欣	女	2001-06-15		女	陈金专	女	1991-05-06
	女	陈宝微	女	2006-07-13		母亲	刘阿花	女	1928-09-13
	妻	颜文君	女	1978-11-30		子	陈新锦	子	1986-10-19
260	户主	陈晓辉	男	1972-08-29		儿媳	王旭丽	女	1988-02-22
	妻	陈素英	女	1974-07-11	267	户主	陈全镐	男	1961-12-07
	女	陈红艳	女	2001-07-23		子	陈家程	男	1984-09-16
	女	陈娴艳	女	1995-12-26		次子	陈旭光	男	1989-04-03
	女	陈　艳	女	2004-07-06		妻	周美春	女	1964-03-08
261	户主	陈风家	男	1939-03-24	268	户主	陈家存	男	1979-11-28
	妻	林陈菊	女	1943-01-17		子	陈启航	男	2008-01-11
262	户主	陈增辉	男	1962-01-02		妻	陈阿燕	女	1983-12-06
	妻	林阿支	女	1965-07-27	269	户主	陈家钦	男	1983-03-05
	女	陈夏冰	女	1982-11-23		母亲	王春花	女	1953-05-26
263	户主	陈仰辉	男	1963-12-13		妻	吕旭友	女	1981-01-14
	妻	陈细荣	女	1968-07-29		女	陈欣怡	女	2007-05-03
	女	陈彩萍	女	1991-10-03		子	陈俊伟	男	2010-04-23
	子	陈为民	男	1988-07-08	270	户主	陈志家	男	1966-12-17
264	户主	陈全业	男	1949-03-10		女	陈芳芳	女	1992-06-06
	妻	包美花	女	1955-12-01		母亲	林　妞	女	1930-06-12
	子	陈家蓬	男	1980-02-22	271	户主	陈全机	男	1936-12-01
	儿媳	赵如凤	女	1978-12-28	272	户主	陈全环	男	1943-12-30
	孙子	陈文俊	男	2004-10-30	273	户主	陈旭家	男	1963-11-17
265	户主	陈全娇	男	1963-12-28		子	陈　川	女	1999-06-01
	妻	李包录	女	1969-12-30		女	陈红霞	女	1995-09-21
	二女	陈赛红	女	1989-08-12		妻	潘老然	女	1963-04-08
	女	陈翠红	女	1988-02-18	274	户主	陈超家	男	1959-07-29
	三女	陈晓丽	女	1992-12-21		妻	王细银	女	1962-09-22
266	户主	陈家斗	男	1962-10-07		长子	陈新宝	男	1987-05-07

续表 5

户号	称谓	姓名	性别	出生年月	户号	称谓	姓名	性别	出生年月
	次子	陈新富	男	1989-12-09		妻	李细爱	女	1954-06-06
275	户主	包日贵	男	1956-02-08		子	陈位静	男	1991-12-15
	妻	卢紫香	女	1957-11-12	278	户主	陈家雄	男	1977-09-15
	子	陈家回	男	1998-09-12		女	陈雅柳	女	1997-01-17
	女	陈春秋	女	1995-05-09		妻	包赛琴	女	1986-05-08
276	户主	毛陈煜	男	1944-03-26		女	陈雅琪	女	2010-08-02
	妻	包美秀	女	1957-03-23		子	陈朝新	男	2003-08-29
	三子	陈家胜	男	1981-05-18	279	户主	陈家催	男	1975-03-10
	女	陈双锦	女	1983-08-09		子	陈新豪	男	1997-08-12
	儿媳	包艳军	女	1978-09-18		妻	刘会英	女	1978-01-14
277	户主	陈全顶	男	1956-02-06		子	陈新林	男	2005-12-16

路下

路下片村民名册

表 6

户号	称谓	姓名	性别	出生年月	户号	称谓	姓名	性别	出生年月
280	户主	包日库	男	1966-01-20	286	户主	包细和	男	1967-10-06
	子	包长兵	男	1994-06-25		女	包淑晶	女	1991-08-22
	女	包王引	女	1989-08-26		妻	包三凤	女	1976-01-10
	妻	王阿芳	女	1973-05-18	287	户主	包日河	男	1956-06-09
281	户主	包日灵	男	1957-08-17		子	包松柏	男	1981-09-29
	女	包柳琴	女	1989-03-04		儿媳	许秋婵	女	1989-02-04
282	户主	包日安	男	1960-11-06	288	户主	包小明	男	1968-09-26
283	户主	包道城	男	1947-01-15		妻	潘秋兰	女	1968-06-14
	妻	曾阿花	女	1952-02-06		子	包松峰	男	1991-11-15
	次子	包日渐	男	1978-11-14		子	包松健	男	1994-11-09
284	户主	包细利	男	1964-10-02	289	户主	包日晓	男	1973-09-06
	妻	石桂香	女	1970-05-03		妻	林美金	女	1978-01-31
	子	包志军	男	1996-11-22		女	包思思	女	2002-06-06
285	户主	包道银	男	1930-02-27	290	户主	包细辉	男	1971-03-03

续表 6

户号	称谓	姓名	性别	出生年月
	妻	刘雪丽	女	1976-08-26
291	户主	包大辉	男	1967-08-21
	子	包叶挺	男	1992-07-01
	妻	包细凤	女	1973-04-05
292	户主	包日风	男	1977-09-30
	子	包永强	男	2007-02-10
	妻	金乃条	女	1982-01-14
293	户主	包序程	男	1968-12-01
	子	包海宁	男	2000-11-20
	女	包雪贞	女	1993-01-13
	妻	潘老念	女	1970-09-06
294	户主	包日豹	男	1961-09-08
	妻	王月兰	女	1970-03-26
	子	包松竣	男	1995-03-17
	女	包王娟	女	2002-02-13
295	户主	包序有	男	1937-08-24
	妻	张春珠	女	1950-03-10
	儿媳	王小青	女	1974-11-20
	孙子	包伟松	男	1994-04-28
	孙子	包伟鹏	男	1995-05-01
296	户主	包序付	男	1947-06-10
	妻	翁玉英	女	1954-02-06
	子	包海华	男	1988-01-23
	女	包胡凤	女	1987-07-07
297	户主	包道库	男	1960-01-10
	子	洪杨松	男	1972-02-17
	长女	包小兰	女	1974-02-08
	孙女	包莉莉	女	1995-11-06
	孙子	包义环	男	1998-04-27
298	户主	包序算	男	1953-11-29
	妻	林月秀	女	1963-11-21
	次子	包细平	男	1985-03-19
	母亲	陈　氏	女	1922-09-04
299	户主	包海平	男	1981-12-29
	妻	周米云	女	1983-10-03
	女	包雅玲	女	2005-07-24
300	户主	包日和	男	1964-09-23
	妻	翁爱英	女	1968-10-16
	子	包进文	男	2000-09-13
301	户主	包松东	男	1974-11-08
	子	包奥乐	男	2008-08-29
	妻	包彩仪	女	1971-10-28
302	户主	包序养	男	1945-07-11
	妻	林阿莲	女	1945-07-11
	次子	包日会	男	1984-08-30
	儿媳	包晓冰	女	1987-02-03
	孙子	包义乐	男	2005-04-19
303	户主	包日漂	男	1974-03-04
	妻	包满香	女	1975-03-26
	子	包松位	男	1996-07-13
	女	包丽娟	女	1994-10-07
304	户主	包日冲	男	1971-06-16
	妻	宋仙英	女	1973-01-23
	长子	包松洋	男	1994-05-21
	长女	包蔡红	女	1991-02-21
305	户主	包日齐	男	1950-11-20
	妻	包美香	女	1956-07-26
	子	包海区	男	1989-09-27
306	户主	包松武	男	1977-12-11
	女	包微微	女	2000-06-06

续表 6

户号	称谓	姓名	性别	出生年月	户号	称谓	姓名	性别	出生年月
	子	包兴翔	男	2002-08-01	314	户主	包日钱	男	1976-04-09
	妻	任永梅	女	1981-05-05		妻	陈包芽	女	1980-08-31
307	户主	包松区	男	1980-10-20		女	包慧彬	女	2000-12-09
	妻	包小柳	女	1980-07-13		母亲	郑爱荣	女	1958-03-09
	子	包云杰	男	2005-05-18	315	户主	包子华	男	1975-07-07
308	户主	包世古	男	1929-04-30		子	包松黔	男	2000-07-27
	子	包日田	男	1960-11-10	316	户主	包日溪	男	1961-06-19
	儿媳	林陈爱	女	1964-03-07		子	包松记	男	1984-09-10
	孙子	包松周	男	1992-01-18		妻	邱秋桃	女	1961-08-03
	孙子	包松敏	男	1992-01-18		儿媳	石玉林	女	1986-07-22
309	户主	包序生	男	1934-12-25		孙女	包绿绿	女	2009-02-08
	妻	郑陈珠	女	1943-12-10		孙女	包欣怡	女	2010-08-21
	子	包日国	男	1977-03-02	317	户主	包日葵	男	1961-07-24
310	户主	包日子	男	1973-03-10		妻	林三兰	妻	1966-08-22
	女	包欣欣	女	1999-03-30		子	包松利	子	1988-08-21
311	户主	包日炉	男	1966-01-20	318	户主	包道捧	男	1934-10-11
	妻	张世最	女	1966-12-15	319	户主	包日静	男	1963-08-16
	子	包松强	男	1993-01-27		妻	曹小花	女	1967-06-11
	女	包芳芳	女	1994-07-05		长子	包松能	男	1991-07-08
	女	包松晶	女	1988-11-10		次子	包松波	男	1991-07-08
312	户主	林美连	女	1949-08-04		长女	包丽琴	女	1986-05-13
	子	包日跑	男	1982-06-29		女	包雪丽	女	1988-10-20
	孙子	包韩城	男	2004-12-07	320	户主	包日如	男	1972-02-01
	儿媳	林丽蓉	女	1985-04-05		妻	洪阿华	女	1970-09-01
	子	包日快	男	1984-09-07		长子	包松永	男	1992-03-14
	孙子	包翔予	男	2007-09-22		次子	包伟兴	男	1994-02-20
313	户主	包日来	男	1978-10-23	321	户主	包大表	男	1963-02-24
	子	包小康	男	2006-04-23		妻	陈羽梅	女	1966-04-03
	妻	余胜兰	女	1981-08-15		二女	包丽颖	女	1990-09-03

续表 6

户号	称谓	姓名	性别	出生年月	户号	称谓	姓名	性别	出生年月
	三女	包丽清	女	1990-09-03		孙子	陈　武	男	1991-10-06
	子	包松云	男	1988-10-12		孙女	陈海燕	女	1990-09-19
	母亲	林秋莲	女	1939-12-03		儿媳	周小平	女	1970-11-22
322	户主	包细表	男	1965-01-14	328	户主	陈厚良	男	1950-03-25
	妻	陈冬玉	女	1968-05-16		妻	林美春	女	1966-01-10
	子	包文杰	男	1993-05-03		女	陈雪琴	女	1989-07-08
	女	包雪芬	女	1990-10-17		子	陈细跑	男	1988-02-08
323	户主	陈厚贵	男	1948-10-04		孙女	陈荟结	女	2009-04-01
	妻	苏月媚	女	1954-02-05		儿媳	范剑萍	女	1985-03-04
324	户主	陈全雄	男	1973-07-20	329	户主	包道江	男	1957-09-07
	妻	刘红香	女	1982-12-16		妻	陈露英	女	1963-06-26
	子	陈敏健	男	2010-04-23		子	包日分	男	1981-11-26
325	户主	陈全江	那	1984-03-02		女	包丽萍	女	1980-08-08
	妻	郑春莲	女	1985-03-27		儿媳	包春夏	女	1986-04-06
	子	陈家城	男	2005-01-17		孙女	包珍珍	女	2007-05-12
	女	陈心怡	女	2008-10-15		孙子	包礼杰	男	2001-07-27
	子	陈士炜	男	2010-07-14	330	户主	包日书	男	1952-08-29
326	户主	陈厚守	男	1942-09-13		女	包晶晶	女	1990-07-17
	子	陈周辉	男	1972-06-05	331	户主	包日付	男	1976-01-20
	儿媳	李春梅	男	1979-10-19		子	包松庆	男	1999-12-28
327	户主	陈厚相	男	1940-07-17					
	子	陈全月	男	1971-04-17					

垟心

垟心片村民名册

表 7

户号	称谓	姓名	性别	出生年月	户号	称谓	姓名	性别	出生年月
332	户主	曾齐寿	男	1966-01-30		子	曾伟鹏	男	1989-09-27
	妻	包雪琴	女	1970-11-19		子	曾江鹏	男	1992-01-08

续表 7

户号	称谓	姓名	性别	出生年月
	母亲	杨　氏	女	1930–11–16
333	户主	洪阿香	女	1958–06–12
	子	曾庆余	男	1986–03–28
	女	曾洪秀	女	1978–04–03
334	户主	曾德富	男	1953–06–23
	妻	王晓云	女	1962–03–17
	孙子	曾庆涵	男	2004–07–31
	儿媳	郭春香	女	1978–08–21
	子	曾齐燕	男	1980–09–21
335	户主	曾齐旺	男	1953–12–11
	妻	林玉秋	女	1957–11–12
	子	曾庆赛	男	1982–05–10
	儿媳	王美	女	1982–08–24
	孙子	曾皓凌	男	2005–09–19
336	户主	曾齐超	男	1954–10–06
	妻	苏玉朱	女	1962–09–13
	子	曾庆忠	男	1983–08–09
	儿媳	饶小	女	1986–05–08
	孙子	曾繁霖	男	2008–07–08
337	户主	曾齐赵	男	1972–07–11
	子	曾庆威	男	1995–02–16
	子	曾庆谱	男	1993–07–28
	妻	包晓华	女	1972–12–06
338	户主	曾家恩	男	1929–05–27
	妻	林梅英	女	1936–01–11
	子	曾齐记	男	1968–09–19
	孙女	曾丽静	女	1999–11–21
	儿媳	包曾英	女	1976–06–08
339	户主	曾齐亮	男	1963–05–01
	妻	胡细枝	女	1967–12–03
	长女	曾春燕	女	1987–06–03
	长子	曾晓伟	男	1990–05–10
	母亲	林娥	女	1935–08–10
340	户主	曾齐修	男	1974–08–15
	妻	包丽亚	女	1974–02–14
	子	曾庆杰	男	1998–01–12
341	户主	曾齐不	男	1966–03–28
	子	曾庆河	男	1994–04–16
	子	曾伟忠	男	1990–05–23
	母亲	李氏	女	1930–05–30
	妻	曾碗玉	女	1968–06–07
342	户主	曾齐区	男	1963–12–02
	妻	王金花	女	1971–01–08
	子	曾小强	男	1990–10–28
	子	曾江忠	男	1989–06–21
343	户主	曾齐用	男	1957–06–29
	女	曾宿芬	女	1992–10–28
344	户主	陈细辉	男	1970–03–29
	妻	包赛玉	女	1971–03–08
	女	陈杭雨	女	1999–03–21
	女	陈阿柳	女	1996–04–03
	女	陈丹丹	女	1991–02–18
345	户主	曾齐广	男	1973–01–17
	女	曾雪兵	女	1989–11–13
	子	曾庆志	男	1991–12–14
	母亲	林阿梅	女	1946–01–22
	妻	包曾颖	女	1974–08–17
346	户主	曾细环	男	1967–04–08
	妻	包兰英	女	1972–07–17
	子	曾俊健	男	1991–03–04

续表 7

户号	称谓	姓名	性别	出生年月	户号	称谓	姓名	性别	出生年月
	女	曾丽婷	女	1994-10-04		孙子	曾涛	男	2004-08-17
	父亲	曾家镇	男	1931-09-17		女	曾玲雯	女	1979-10-03
	母亲	包阿娥	女	1931-03-20	353	户主	曾庆江	男	1976-07-26
347	户主	曾齐环	男	1964-02-13		妻	陈林香	女	1976-11-07
	妻	包美娇	女	1966-07-31		女	曾倩倩	女	2001-01-08
	女	曾丽雅	女	1989-09-28		子	曾繁溢	子	2006-09-26
	长子	曾庆岳	男	1985-12-12		女	曾逸轩	女	2005-08-04
348	户主	陈祥辉	男	1967-10-27	354	户主	曾细旺	男	1956-09-08
	子	陈晓波	男	1993-03-19		妻	包晓春	女	1965-04-20
	子	陈时波	男	1990-01-17		女	曾雪云	女	1987-05-11
	妻	包柳枝	女	1967-07-31		孙女	曾飞飞	女	2007-03-23
	女	陈欣	女	2002-11-08		子	曾庆钱	男	1984-05-28
349	户主	曾德荣	男	1954-07-29		儿媳	林丽娟	女	1984-01-15
	子	包日快	男	1982-09-08	355	户主	曾满钦	男	1943-04-26
	儿媳	杜德芬	女	1988-02-01		妻	赖夏莲	女	1943-10-25
	孙女	包玮琦	女	2009-09-27		子	曾齐宾	男	1976-11-13
350	户主	曾齐怀	男	1961-08-05		孙女	曾思思	女	2001-12-30
	妻	蔡细花	女	1965-10-05	356	户主	曾闽生	男	1978-02-10
	子	曾伟波	男	1985-04-24		女	曾文琪	女	2002-08-29
	女	曾敏凤	女	1988-05-25		妻	包赛金	女	1982-06-22
	子	曾江伟	男	1990-12-13		子	曾文博	男	2011-07-29
351	户主	曾德科	男	1935-11-25	357	户主	曾德和	男	1941-10-05
	长女	曾连凤	女	1969-09-15		妻	陈爱花	女	1954-01-04
	孙女	曾桃丽	女	1991-01-28		子	曾齐国	男	1987-11-05
	孙子	曾庆周	男	1994-05-06		子	曾齐雄	男	1971-05-16
352	户主	曾齐快	男	1949-09-10		孙子	曾庆旭	男	1993-03-29
	妻	童美芳	女	1955-06-26		孙子	曾庆宋	男	2010-12-05
	子	曾庆伟	男	1978-03-03		儿媳	宋仁琼	女	1984-12-02
	孙女	曾荟	女	2009-03-30	358	户主	曾齐万	男	1959-09-19
	儿媳	洪曾金	女	1979-03-28		女	曾江美	女	1985-12-17

续表 7

户号	称谓	姓名	性别	出生年月
	妻	柏树琴	女	1972-07-02
	孙女	包墨馨	女	2011-02-10
	女婿	包晓军	男	1983-08-04
359	户主	曾齐迎	男	1950-11-18
	妻	包爱莲	女	1953-09-29
	子	曾庆张	男	1979-11-30
	子	曾伟权	男	1983-01-29
360	户主	曾德渊	男	1938-06-03
	妻	叶包梅	女	1937-11-03
361	户主	曾齐标	男	1972-03-16
	妻	陈阿香	女	1973-05-09
	子	曾庆瑞	男	2000-02-08
	女	曾茜茜	女	1995-06-15
362	户主	曾细标	男	1974-02-08
	妻	刘玉花	女	1977-10-06
	女	曾思羽	女	2007-06-07
363	户主	包衍厚	男	1952-08-03
	妻	林爱兰	女	1957-07-26
	子	包日水	男	1980-01-07
	子	包日忠	男	1986-11-20
	孙子	包宇浩	男	2009-10-30
	儿媳	丁菊梅	女	1989-08-25
364	户主	包细东	男	1964-11-18
	妻	包细连	女	1967-01-20
	子	包松茂	男	1981-09-23
	女	包爱女	女	1991-11-20
	子	包松江	男	1983-06-06
	子	包松华	男	1986-03-23
	儿媳	林清辉	女	1979-02-17
	儿媳	廖翠娥	女	1990-02-10
365	户主	包日针	男	1958-08-03
	妻	周荣	女	1965-07-05
	孙子	包博文	男	2009-06-17
	子	包松海	男	1986-09-18
	子	包松胡	男	1988-12-05
	父亲	包道傲	男	1937-05-18
	儿媳	翁丽娟	女	1989-12-24
366	户主	包道钏	男	1954-09-25
	妻	陈美串	女	1965-03-09
	子	包日富	男	1984-11-02
	女	包金花	女	1990-01-10
	孙女	包雅婷	女	2010-06-28
	儿媳	黄丽春	女	1984-03-29
367	户主	陈招雷	男	1975-09-30
	女	陈意欣	女	2009-11-20
	子	陈锦标	男	2007-05-05
	妻	李华英	女	1985-04-15
	母亲	郑秋香	女	1940-08-23
368	户主	陈海凤	男	1949-03-03
	妻	张包梅	女	1959-04-04
	女	陈小冲	女	1987-10-15
	孙女	潘本秀	男	2009-04-13
	女婿	陈馨悦	男	1979-07-26
369	户主	陈昭胆	男	1975-02-14
	子	陈祥杰	男	2000-01-14
	妻	王林英	女	1974-11-02
370	户主	陈招余	男	1984-09-10
	母亲	包三姆	女	1947-10-30
	妻	王文义	女	1982-06-01
	子	陈祥炫	男	2004-08-05

续表 7

户号	称谓	姓名	性别	出生年月	户号	称谓	姓名	性别	出生年月
371	户主	陈昭雄	男	1967-02-11		子	陈祥武	男	1990-07-29
	妻	包爱华	女	1966-02-24	377	户主	包子平	男	1966-11-21
	子	陈祥体	男	1990-03-19		妻	吴秀英	女	1966-11-11
	子	陈祥锋	男	1984-09-10		子	包辉阳	男	1988-10-24
	儿媳	梅月桃	女	1986-03-01		女	包丽燕	女	1987-02-07
	孙子	陈展	男	2010-05-20	378	户主	包日厚	男	1962-10-07
372	户主	曾齐昌	男	1972-04-19		妻	王爱春	女	1964-02-19
	子	曾庆林	男	2001-01-09		女	包丽红	女	1984-08-19
	母亲	汪芳凤	女	1935-03-02		长子	包松照	男	1988-09-03
	弟弟	曾齐久	男	1974-07-23		次子	包松涛	男	1990-01-07
	妻	邱桂红	女	1977-12-06	379	户主	包道稿	男	1941-01-09
	女	贺琼鑫	女	2003-05-01		妻	许林菊	女	1941-09-29
373	户主	陈科凤	男	1949-04-26		子	包小平	男	1968-04-08
	妻	王美桃	女	1957-03-04		儿媳	林爱玲	女	1971-02-03
	子	陈景新	男	1977-01-12		孙子	包松齐	男	1994-06-12
	儿媳	黄爱秋	女	1977-04-07		孙女	包敏丽	女	2000-04-19
	孙女	陈梦之	女	2002-09-30	380	户主	陈招和	男	1955-02-12
	孙女	陈润之	女	2008-01-10		妻	曾齐飞	女	1959-02-02
374	户主	陈凤南	男	1935-11-26		子	陈祥伟	男	1979-11-02
	子	陈招木	男	1975-11-04		女	陈晓引	女	1995-02-06
	孙子	陈祥思威	男	2004-10-29		母亲	许美员	女	1932-03-20
	儿媳	洪花乳	女	1977-05-21		孙子	陈鸿博	男	2006-11-03
	妻	缪柏香	女	1951-05-22	381	户主	陈凤跑	男	1946-08-24
375	户主	陈招鹏	男	1970-07-03		妻	周月英	女	1948-02-08
	妻	曹细荣	女	1974-08-02		女	陈晓珍	女	1981-04-06
	女	陈妍妍	女	1997-06-12		女婿	柴中强	男	1978-11-27
	子	陈祥略	男	2004-03-02		孙子	柴墨轩	男	2011-05-16
376	户主	陈招松	男	1961-11-17	382	户主	包衍东	男	1961-12-14
	妻	毛彩绿	女	1964-08-19		妻	陈冬兰	女	1969-01-13
	子	陈常军	男	1987-01-11		子	包晓永	男	1990-09-18

续表 7

户号	称谓	姓名	性别	出生年月	户号	称谓	姓名	性别	出生年月
	子	包晓刚	男	1988-10-15		女	陈彬彬	女	1989-12-23
383	户主	包松法	男	1973-02-07	389	户主	陈招汉	男	1972-03-15
	妻	翁爱金	女	1974-02-08		妻	陈细芳	女	1976-07-30
	女	包亦萱	女	1999-03-05		女	陈丹丹	女	2002-05-02
384	户主	陈凤义	男	1937-07-19		子	陈祥俊	男	2009-02-23
	妻	曾爱芳	女	1942-09-15	390	户主	陈各凤	男	1945-11-06
	子	陈招怀	男	1970-03-07		妻	林春桃	女	1953-04-23
	孙子	陈达阳	男	1996-10-25		孙女	陈施怡	女	2006-01-27
385	户主	陈招亮	男	1962-09-30		儿媳	陈雪云	女	1981-12-21
	妻	包爱金	女	1966-10-10		子	陈招相	男	1980-06-29
	子	陈祥泰	男	1989-01-24		孙女	陈紫函	女	2010-08-29
	子	陈常超	男	1985-02-23		孙子	陈煜翔	男	2010-01-12
	儿媳	曾翁娟	女	1984-07-24	391	户主	曾细应	男	1944-06-17
	孙子	陈伊航	男	2008-06-23		妻	洪满员	女	1951-10-16
386	户主	陈昭羽	男	1957-11-24		儿媳	林周花	女	1979-05-19
	妻	曾细妞	女	1963-01-27		孙女	曾诗意	女	2005-10-17
	子	陈祥迟	男	1981-03-12		孙子	曾庆鹏	男	2003-11-16
	儿媳	施丽芝	女	1983-12-03		子	曾齐锦	男	1979-02-14
	孙子	陈瞳瞳	男	2007-12-02	392	户主	曾家派	男	1951-08-22
387	户主	包日献	男	1947-10-21		妻	包细凤	女	1956-07-07
	妻	张秀英	女	1946-05-14		孙子	曾庆豪	男	2002-03-01
	子	包松招	男	1976-11-13		子	曾齐慰	男	1975-12-14
	孙子	包朝峰	男	2002-02-26		儿媳	胡爱娟	女	1976-04-23
	子	包松敏	男	1979-11-25		孙子	曾庆俊	男	1995-04-10
	孙子	包俊烨	男	2003-10-06	393	户主	曾家肥	男	1956-06-12
	儿媳	王淑春	女	1978-12-23		子	曾齐静	男	1981-09-20
	儿媳	吴蔡女	女	1979-11-25	394	户主	曾家龙	男	1976-02-15
388	户主	陈招行	男	1968-06-03		妻	石本银	女	1975-10-03
	妻	王美秀	女	1968-02-12		女	曾芳芳	女	1998-12-16
	子	陈祥挺	男	1993-05-17		子	曾齐能	男	2005-10-21

续表 7

户号	称谓	姓名	性别	出生年月	户号	称谓	姓名	性别	出生年月
395	户主	曾家领	男	1957-01-12	401	户主	曾小武	男	1975-10-06
	妻	王细妞	女	1958-11-29		妻	包东月	女	1976-11-18
	子	曾齐满	男	1983-02-28		女	曾晶晶	女	2001-10-23
	子	曾齐江	男	1977-11-26		子	曾庆市	男	2006-02-01
	儿媳	包秋辉	女	1978-09-10	402	户主	曾家魏	男	1964-08-03
	孙女	曾文烨	女	2009-09-15		子	曾齐锡	男	1992-11-21
	父亲	曾有圭	男	1924-09-09		女	曾晓丽	女	1994-11-23
396	户主	曾峰	男	1974-07-05		妻	胡碎月	女	1972-10-06
	妻	包春媚	女	1974-03-22	403	户主	曾家奖	男	1956-11-08
	女	曾慧君	女	1998-10-25		妻	周桃	女	1959-10-01
	女	曾雨君	女	2003-03-06		孙子	曾伟祺	男	2010-06-11
	母亲	吴许花	女	1939-08-12		女	曾丽明	女	1981-11-05
	父亲	曾安镐	男	1934-09-13		孙女	曾水清	女	2004-02-09
397	户主	曾细凤	男	1945-11-08		孙女	曾淑婷	女	2007-04-17
	女	曾小红	女	1973-10-31	404	户主	林邦荣	男	1965-06-18
	孙女	曾青霞	女	1999-06-21		妻	林爱桃	女	1964-07-05
	女婿	陈风德	男	1965-05-15		子	曾赣生	男	1988-07-14
	孙女	陈伊婷	女	2006-01-16		子	曾齐好	男	1989-08-18
	孙子	曾陈康	男	2009-09-08		子	曾齐露	男	1992-05-26
398	户主	曾齐永	男	1958-12-24	405	户主	曾小明	男	1971-12-02
	妻	吴文菊	女	1959-12-11		妻	包爱玲	女	1969-02-21
	孙子	曾繁勋	男	2007-07-29		子	曾伟军	男	1993-03-14
	子	曾庆炬	男	1981-03-11	406	户主	曾齐金	男	1957-02-13
	儿媳	杨雪萍	女	1983-09-21	407	户主	曾育万	男	1968-10-01
	孙子	曾繁赫	男	2011-07-30	408	户主	曾家勇	男	1953-07-11
399	户主	曾家田	男	1947-11-22		妻	陈爱兰	女	1960-02-18
	妻	陈春玲	女	1955-02-25		女	曾旭桃	女	1980-01-20
400	户主	曾齐武	男	1974-07-01		孙子	曾伟任	男	2002-07-05
	妻	陈雪飞	女	1976-03-19		子	曾齐放	男	1978-02-12
	子	曾庆城	男	1999-07-24		儿媳	曾雪琴	女	1980-01-21

续表 7

户号	称谓	姓名	性别	出生年月
409	户主	包道招	男	1954-10-25
	妻	包细桃	女	1963-09-19
	子	包日在	男	1986-06-27
	子	包日钱	男	1988-02-25
410	户主	杨秋莲	女	1961-11-15
	女	曾柳萍	女	1988-09-28
	子	曾贡贤	男	1990-07-22
411	户主	曾家楷	男	1933-05-18
412	户主	陈三辉	男	1976-12-26
	母亲	王春英	女	1939-04-11
	妻	李生芹	女	1977-09-03
413	户主	曾有礼	男	1931-12-04
	妻	王翁梅	女	1939-02-08
	子	曾家程	男	1969-12-12
	孙子	曾齐南	男	1996-04-07
414	户主	曾齐和	男	1954-08-29
	子	曾庆士	男	1982-04-08
	孙女	曾岢清	女	2006-12-04
	儿媳	李　杰	女	1985-11-27
415	户主	曾家招	男	1964-02-03
	妻	陈包英	女	1963-08-16
	子	曾齐洋	男	1989-10-07
	母亲	陈三妞	女	1934-02-15
416	户主	曾家松	男	1934-08-09
	妻	包玉英	女	1939-09-08
	儿媳	包爱凤	女	1965-09-19
	子	曾齐晓	男	1967-02-27
	孙子	曾庆乐	男	1989-08-06
	孙女	曾素青	女	1991-12-29
417	户主	曾家荣	男	1955-03-26
	妻	包爱华	女	1962-10-08
	子	曾齐清	男	1981-07-09
	母亲	包氏	女	1925-02-26
	儿媳	李亚	女	1988-07-26
	孙子	曾翰宸	男	2011-02-21
418	户主	曾齐生	男	1968-06-27
	妻	包冬英	女	1968-10-12
	女	曾欣欣	女	1993-04-04
	女	曾菲菲	女	1995-06-06
	女	曾婷婷	女	1991-02-02
419	户主	曾家富	男	1962-02-23
	妻	陈曾兰	女	1968-08-07
	子	曾齐沛	男	1989-09-25
420	户主	曾安起	男	1934-08-24
	儿媳	陈珠凤	女	1975-10-12
	子	曾家木	男	1974-10-22
	孙子	陈杰	男	1998-07-07
	孙子	曾俊	男	2007-10-08
421	户主	曾家应	男	1942-09-23
	妻	胡爱凤	女	1947-08-04
	子	曾齐灵	男	1971-04-04
	儿媳	包小钗	女	1973-10-26
	孙女	曾倩倩	女	1997-02-10
	孙女	曾杭怡	女	2003-04-30
422	户主	曾家财	男	1966-02-18
	妻	曾美桃	女	1969-01-21
	女	曾苏丽	女	1990-09-12
	子	曾齐愉	男	1987-11-03
423	户主	曾家久	男	1969-05-30
	妻	包丽辉	女	1974-09-29

续表 7

户号	称谓	姓名	性别	出生年月	户号	称谓	姓名	性别	出生年月
	子	曾齐展	男	1999-08-02		妻	郭细英	女	1966-09-22
	女	曾雅琴	女	1996-12-29		子	包松展	男	1999-11-24
424	户主	曾齐宽	男	1966-01-10		女	包赛琴	女	1991-12-18
	子	王庆杰	男	2007-08-25		女	包翠琴	女	1995-09-02
	妻	王冬莲	女	1973-06-13	432	户主	林上育	男	1945-07-06
	子	曾庆之	男	1993-07-05		妻	包美荣	女	1957-09-13
425	户主	曾家利	男	1975-05-12		子	林展达	男	1985-06-13
	子	曾亚杰	男	2002-11-03		子	林福生	男	1986-12-18
	妻	孙晓娟	女	1982-08-24		孙女	林思怡	女	2007-12-15
426	户主	曾有连	男	1936-10-05	433	户主	陈福荣	男	1965-05-24
	子	曾家华	男	1968-10-28		妻	韦永梅	女	1972-12-03
	孙女	曾欣馨	女	2006-08-13		女	陈爱萍	女	1993-01-29
427	户主	包道渊	男	1955-04-04		女婿	艾高建	男	1985-07-16
	妻	陈春花	女	1954-01-31	434	户主	包玉珠	女	1935-09-07
	孙子	包鸿杰	男	1999-01-29		子	徐成军	男	1966-10-13
	子	包日怀	男	1976-06-04		孙子	徐亦辉	男	1999-09-24
	儿媳	王老补	女	1984-10-16		儿媳	蒋建芝	女	1969-10-21
	孙女	包睿睿	女	2010-03-08	435	户主	翁家顶	男	1942-09-07
428	户主	包日儒	男	1956-07-20		妻	林美芳	女	1947-11-28
	子	包松玲	男	1982-07-23		子	翁学超	男	1973-11-17
	儿媳	候成仙	女	1982-05-03		子	翁学亮	男	1978-05-25
429	户主	包道祥	男	1970-10-24		儿媳	胡金凤	女	1978-07-08
	妻	常德芬	女	1974-04-24		孙子	翁胡军	男	2003-02-27
	子	包日旺	男	2009-06-14	436	户主	翁齐凑	男	1971-10-02
	女	包丽桃	女	1999-09-13		子	曾伟志	男	1993-01-26
430	户主	曹翁桃	女	1968-09-16		子	曾伟宁	男	1998-12-13
	女	包晓珍	女	1991-09-16		妻	徐金莲	女	1976-01-15
	女	包丽珍	女	1989-10-19	437	户主	陈招龙	男	1969-11-02
	子	包日挺	男	1994-03-14		女	陈玲	女	1998-08-21
431	户主	包晓辉	男	1962-09-22		子	陈祥志	男	2007-07-20

续表 7

户号	称谓	姓名	性别	出生年月	户号	称谓	姓名	性别	出生年月
	父亲	陈凤你	男	1937-06-06		女	包欣雨	女	2000-09-21
438	户主	陈玉斌	男	1972-07-29		女	包亚娟	女	1993-08-11
	子	陈存裕	男	1997-07-22	445	户主	包道良	男	1930-01-10
	母亲	包爱香	女	1932-12-29		妻	洪连玉	女	1934-12-07
	妻	包苏河	女	1975-12-04	446	户主	包日虎	男	1954-08-25
	子	陈梓浩	男	2010-11-03		妻	林爱花	女	1962-09-10
439	户主	包日广	男	1962-09-06		女	包赛芬	女	1981-06-05
	妻	陈阿香	女	1966-02-15		外孙女	曾柯以	女	2008-01-18
	子	包松旺	男	1994-09-08		子	包松敏	男	1983-01-21
	女	包夏景	女	1989-05-02		儿媳	胡益静	女	1987-06-16
	女	包冬夏	女	1991-10-02		孙子	包苏来	男	2006-03-19
440	户主	包细荣	女	1965-01-09	447	户主	翁学付	男	1958-10-20
	丈夫	陈旭华	男	1958-06-12		妻	陈尾英	女	1964-07-23
	女	陈宇萍	女	1984-01-27		子	翁士华	男	1986-01-14
	孙子	陈腾腾	男	2011-07-20		女	翁海丽	女	1987-10-30
441	户主	陈招宝	男	1955-06-19		儿媳	吴培郡	女	1984-09-07
	妻	周爱眉	女	1963-02-28	448	户主	陈值伟	男	1964-08-13
	子	陈祥波	男	1982-05-14		妻	陈阿英	女	1966-03-26
	女	陈海霞	女	1985-11-01		子	陈祥全	男	1989-01-01
	儿媳	林阿霞	女	1985-01-24	449	户主	包美香	女	1951-01-25
442	户主	包日纯	男	1974-11-10		子	包子江	男	1979-07-07
	妻	翁旭华	女	1977-08-21		儿媳	陶柳青	女	1979-03-12
	母亲	陈友春	女	1953-06-15		孙女	包诗曼	女	2010-05-01
	子	包义生	男	2007-09-09	450	户主	林勉华	女	1956-11-26
	父亲	包序贤	男	1939-12-14		配偶	曾家敏	男	1952-10-23
443	户主	包日静	男	1977-07-17		女	曾凌玲	女	1979-09-21
	子	包松唐	男	2001-09-07		孙子	曾岩皓	男	2007-03-20
444	户主	包晓平	男	1971-06-04		女婿	曾安宁	男	1981-04-19
	妻	包二凤	女	1973-11-06					
	子	包俊杰	男	2001-11-13					

插图索引

插图索引

第一篇　地　理

第二篇　政治

第三篇　经　济

第四篇　文　化

题词　撰书

第五篇 社会

第六篇　人　物

丛录

表录索引

表录索引

第一篇　地　理

第二篇　政　治

第三篇　经　济

第四篇　文　化

第五篇　社　会

第六篇　人　物

丛　录

本志主要资料来源简介表

编序	编目	资料来源
01	村域人口	①古迹遗址；②族谱；③泰顺县志、地名志；④乡镇农业年报统计；⑤户籍资料；⑥ 1990 年后实况考查；⑦核实口碑；⑧走访各姓族人
02	环境资源	①县志、土地志、泰顺土壤；②气象部门实据；③实地考查；④采访记录；⑤老者介绍；⑥九峰乡镇府档案；⑦县档案局档案资料
03	党群村政	①民国时期资料来自老者回忆；②当代党政材料来自中共泰顺县组织史；③村级机构演变由当事人帮助回忆、查考
04	兵事	①县、局志；②参与人提供；③调查、采访；④县军事志；⑤县人武部档案
05	农业林业	①县志买卖；②县林业志；③村档案；④实况考查；⑤泰顺统计年鉴；⑥泰顺年鉴；⑦县档案局档案资料
06	水利电力	①县志、县局水利志、泰顺年鉴；②村档案；③当事人帮助回忆、查考；④泰顺统计年鉴；⑤县档案局档案资料
07	工　　业	①县志、泰顺年鉴、泰顺第二次经济普查材料；②采访；③泰顺统计年鉴；④县档案局历年报表资料
08	金融商业	①泰顺联社志；②当事人回忆供材；③实况调查、采访、考证；④玉西信用社档案资料
09	教育文化	①学校档案；②宗谱；③碑文；④当事人回忆供材；⑤实物、实况；⑥口碑；⑦调查、采访、考证所得；⑧县教育志；⑨泰顺统计年鉴
10	体育卫生	①实况；②当事人回忆供材；③多数老者回忆供材；④口碑；⑤县卫生志；⑥九峰中心小学、玉西中学档案资料；⑦泰顺统计年鉴
11	居民生活	①交通、邮政志；②实况；③经办人及参与人供材；④多数老者回忆供材；⑤县志；⑥实况调查、采访、考证；⑦县档案局历年报表资料；⑧泰顺统计年鉴；⑨西地村档案
12	习俗宗教	①泰顺县志；②遗址；③实况调查、采访、考证；④当事者建议；⑤口碑核实
13	社保救助	①泰顺年鉴；②调查、采访；③九峰乡政府档案；④西地村档案
14	人　　物	①族谱；②县、局志；③各种报刊杂志所载有关资料；④被邀请入编者或家属或单位提供材料；⑤未供材料的未予记载；⑥乡贤需是全村性团体负责人（为西地村办过实事），撰稿人听取多数乡贤的建议、供材后进行采访核实撰写，不向其本人征稿

编后记

一方水土养一方人，生活在西地这片土地上的人们，对自己的家园，自己走过的岁月有着深深的感情，难以割舍的热爱。

2010年秋，里哲王尚钱，为留住乡愁、记录已逝岁月而提出编纂村志，得到村两委班子的一致赞同，随即成立编纂委员会。村里有接触过志书的人很少，懂得编纂志书的更是凤毛麟角，大部分资料的搜集与整理，志稿的起草与编辑，都是主编王尚钱亲力亲为，而且分文不取。为了尽可能地多写村民参与的人和事，使他们能在村志中找到自己和自己家族长辈，他还自费亲临文成、苍南、平阳、瑞安、寿宁、霞浦等地采集和核对资料。修志是一项“众手成书”工程，为修志积极提供资料的村民有翁登观、曾德科、曾安镐、陈风家、陈凤肥、陈家东、陈煜、包道良、陈凤南、王行堪、包美钊、包序养、包道美、包日久、包细和、包顶和、包玉华、包日程、包松云、陈科凤、曾庆贤、曾家镇等。

至2017年春，断断续续历时六年的修志，终于完成。先后虽经无数次的核对修改和四阶段的组织审稿，由于年代久远，很多资料散失，存在不少的盲点和肤浅。加之编写水平有限，表述多有差距，这些都影响了志书的质量，不免有些遗憾。但是毕竟完成一项前人没有做过的工作，给乡亲们留下一部书写自己历史的志书，也是让全体编委、编辑人员感到十分欣慰的事情。能让读者了解西地历史，看到西地人辛勤耕耘，追求理想，赢得日异月新的村容村貌，我们也就心满意足了。

《西地村志》的完成，离不开专家名人的指导和鼓励，北京大学教授周公度（泰顺泗溪人），旅西华侨、巴塞罗那华人商贸总会会长戚显进，国家著名工艺美术大师爱新觉罗・恒珏（汉名关维霖）为志书亲笔题词；上海市援藏干部（云南省迪庆州发改委副主任）陈超（祖籍西地），温州市二轮修志主编张声和，泰顺县二轮修志主编吴久籁为志书撰序。借之，由衷地向他们道一声感谢。

《西地村志》编纂委员会

2017年3月